前　言

　　"管理学"是一门系统研究管理过程的普遍规律、基本原理和一般方法的学科，自20世纪初产生以来就备受关注。从重视生产过程的效率提升，到强调决策与资源整合，再到思考创新、履行社会责任、构建学习型组织等，管理理论不断发展，管理思想和实践方法也日臻丰富与完善。由于"管理学"具有很强的实践性和广泛的应用性，因此一直作为经济管理类专业的基础必修课，承担培养学生专业兴趣、阐明管理基本原理和主体框架、传授管理基本思维和分析方法的任务。

　　过去，"管理学"课程教学以理论知识传授为主，学生较少接触管理实践中的真实素材和情境，往往难以将抽象的理论和管理现实联系起来。随着高校转型发展，为适应应用型本科人才培养模式的需要，"管理学"的教学目标日益强调理论素养和实践能力相结合，注重培养学生的实践能力、创新精神和社会责任感，以适应信息化、全球化的时代要求。为此，编者结合当前教学改革需要，本着系统性、实用性和前瞻性原则，编写了这本面向应用型本科院校的《管理学(概念、案例与实训)》。

　　本书以管理的基本职能为主线设计结构内容，兼顾知识学习和技能训练，力求做到理论部分内容精、成系统，实训部分形式多、针对性强。全书共十一章，每章由学习目标、管理故事、基础理论单元、技能训练单元等部分构成。为突出对学生管理思维和动手能力的培养，本书在系统介绍管理理论的基础上，针对教学中的核心知识点，设计了案例分析、情景模拟、小组辩论等多种实训形式，为学生创设逼真有趣的管理情境，激发学生的学习兴趣和管理潜能，使其既掌握管理学的基本理论、基本方法和实用的分析工具，又能与现实的管理情境及变化特点相联系，提升解决现实问题的能力。

　　本书由沈阳大学工商管理学院沈平、王丹、陈畅、李玉龙、陈默五位老师编写。其中，沈平编写第二、六、八章，王丹编写第四、七、十章，陈畅编写第三、十一章，李玉龙编写第一、九章，陈默编写第五章。沈平负责本书的体例设计和定稿。

　　编者在编写本书的过程中，参考了许多学者和同行的相关著作、教材与案例资料，在此一并表示感谢。

　　限于编者水平，书中难免存在一些疏漏和不妥之处，敬请广大读者和同行专家不吝指正。反馈邮箱：wkservice@vip.163.com。

编　者

2018年1月

目 录

第一章 管理学总论

学习目标 💡

➢ 掌握管理的概念及基本职能；

➢ 了解管理学的基本原理，能鉴别重要的领导特质和行为；

➢ 掌握管理者在管理活动中扮演的角色和应具备的技能，了解管理伦理及影响因素；

➢ 了解企业社会责任的内容及国际标准。

管理故事 分粥中的哲学

有七个生活并不宽裕的人住在一起，大家每天早上都要分食一锅粥。开始，大家指定一个人负责分粥。但很快，大家发现，无论选谁，负责分粥的人分到的粥总是最多。接着，有人提出大家轮流主持分粥。这样看起来是公平的，但导致每个人在一周中只有一天吃得饱，其余六天都饥肠辘辘。后来，大家推选七人中品德最高的人主持分粥，但好景不长，不久后，他就给跟自己关系好的人多分粥。再后来，大家选出分粥委员会和监督委员会，形成监督制约。这样做虽然实现了公平，但由于监督委员会经常提出种种议案，而分粥委员会又常常据理力争，等分粥完毕时，粥早就凉了。

这七个人非常烦恼，想不到更好的办法，只好求助于管理大师。大师给出方案：每个人轮流主持分粥，但是分粥的那个人必须最后一个领。于是，令人惊奇的结果出现了，七碗粥每次都是一样多。这是因为，每一个主持分粥的人都意识到，如果七只碗里的粥不一样多，那么自己无疑将享用最少的那份。

资料来源：https://zhidao.baidu.com/question/567645776.html. 有改动

思考：大师的分粥哲学蕴含怎样的管理智慧？

基础理论单元

第一节 管理的内涵与基本职能

■ 一、管理的概念

给"管理"下过定义的专家学者有很多，他们分别从不同视角对管理的内涵进行了阐

释。以下是西方管理领域中公认的几位大师定义的管理。

F.W.泰罗从管理者与被管理者的关系的角度给管理下了定义，他认为，管理就是"确切地知道你要别人去做什么，并使他用最好的方法去做"，即指挥他人用最好的工作方法去工作。亨利·法约尔从管理职能的角度解释了管理，他认为"管理就是实行计划、组织、指挥、协调和控制"，企业的全部活动可分为技术活动、商业活动、财务活动、安全活动、会计活动和管理活动。切斯特·巴纳德从组织协作的角度指出，"管理是组织中协调各分系统的活动，并使之与环境相适应的力量"。彼得·德鲁克阐述了管理目标的重要性，认为任何管理活动都是为了达到一个目的，"管理就是谋取剩余"，即产出大于投入的部分。诺赫伯特·西蒙认为，管理就是制定决策，管理者所做的一切工作归根结底是在面对现实与未来、面对环境与员工时不断地做出各种决策，使组织可以持续运行下去，直到获取满意的结果，实现令人满意的目标及要求。哈罗德·孔茨从管理活动过程的角度指出，管理是指设计并保持一种良好环境，使人在群体中高效地完成目标，"管理就是通过别人来使事情做成的一种职能"。

要理解上述定义，应明确以下几点。

(一) 管理具有不同的范围和领域

管理拥有广阔的作用空间和领域，大到一个世界、一个国家，小到一所学校、一家企业、一家医院，甚至一个家庭，都离不开管理。不同范围、不同领域的管理具有不同的特点，即使同为企业管理，各个企业也拥有不同的管理秘诀，体现为不同的管理风格，因此，必须强调管理的环境适应性。

(二) 管理服务于组织目标

任何组织都是为了一定的目标而建立和发展的，管理不过是促进组织实现既定目标的手段。德鲁克认为，管理的目标是充分发挥和利用每个人的优势与知识；管理是帮助组织产生成效的特殊工具、特殊功能、特殊手段；管理存在的目的是帮助组织取得成效，它的出发点应该是预期的成效，它的责任是协调组织的资源取得这些成效。评价管理工作是否有效，不但要考察组织活动的效率如何，而且必须考察组织是否取得了好的效果，两者兼顾，才能评价管理是否有效地实现了组织目标。

(三) 管理的主体是人

不管是对人的管理还是对物、环境的管理，人都是管理的主体。毫无疑问，管理是由管理者实施的，所以在组织中有管理者与被管理者之分。作为管理主体的人，不仅指处于管理岗位上的管理者，也包括大量处于非管理岗位上的被管理者，后者在很大程度上参与管理过程甚至参与决策制定。传统上常常把管理定位为"管人"，而随着全球化进程的加快和知识经济的发展，特别是信息技术的运用和劳动者素质的提高，协调成为现代管理的核心，管理不再是"管人"，而是领导人、协调人，共同致力于组织目标的实现，这才是现代管理的真谛。

(四) 管理是在特定环境下进行的

任何组织都存在于一定的环境之中，而环境又是经常变化的，多变的环境日益成为影响组织运行的重要因素。因此，对环境进行管理以及为适应不断变化的环境进行灵活管理，越来越受关注，并蕴含于管理概念之中。在当今时代，能够适应环境，懂得如何利用有利环境和回避不利环境，是优秀管理者的必备素质。正因为如此，德鲁克提出了全新管理范式的基本原则，"只要能影响组织绩效和成效，就是管理的中心和任务"，不管是在组织内部还是在组织外部，也不管组织是能控制的还是完全不能控制的。

(五) 管理是通过一系列职能来实现的

达成组织目标是需要资源支持的，管理的实质在于对有限的现实资源进行有效整合，而整合资源的过程就是各种管理职能发挥作用的过程。

综合上述观点，从本质上说，管理就是指在特定的环境条件下，管理者为了实现组织目标而对组织资源进行计划、组织、领导和控制的过程。

■ 二、管理的性质

既然管理目标是在管理者运用计划、组织、领导与控制的手段整合相关资源的动态过程中实现的，那么它必然具有自然属性和社会属性。同时，由于动态环境下不可能存在一种"放诸四海而皆准"的理论，它又必然具有科学性和艺术性。

(一) 管理的自然属性和社会属性

管理的自然属性是指管理作为保证社会化大生产顺利进行的必要条件，是合理组织生产过程的一般要求，它是由生产力与社会化大生产所决定的。社会化的共同劳动需要管理，需要按照社会化大生产的要求合理地进行计划、组织、领导和控制。没有这种管理，由协作而发展的社会生产力难以发挥，生产中物的要素和人的要素也会陷入物不能尽其用、人不能尽其才的局面，无法达到提高劳动生产率和经济效益的目的。可以说，只要是社会化大生产，只要是集体劳动，就需要管理。它与企业的生产关系性质无关，不因社会制度的改变而改变，不论在何种社会制度下，企业均面临生产力要素的合理组织问题。管理是企业共有的职能，具有普遍性和永久性的特征。

管理的社会属性是指管理总是在一定的生产关系下进行，谁占有生产资料，谁就掌握管理权，并可按照自己的利益和意志进行管理。管理的每一种表现形式都和一定的社会形态相联系，都是某一特定时期经济基础的反映，并且能体现出那个时代、那个地方经济体制的特点。不同的社会制度、不同的历史阶段、不同的社会文化，都会使管理呈现一定的差别，管理不仅受时代影响，还受国情的制约。管理的社会属性是社会生产关系的体现和反映，是由生产关系、社会制度所决定的。因此，管理除了具有发展生产力的职能外，还有维护生产关系的职能。

(二) 管理的科学性和艺术性

管理作为一个活动过程，是有规律可循的，管理具有科学性。管理的科学性反映了蕴含在纷繁复杂的现象中的规律，强调了理论的指导作用。正是人们对管理活动与管理对象规律性的科学总结，管理知识才逐渐系统化，并形成由一系列概念、原理、原则和方法构成的理论体系。这一理论体系内容完整、知识全面、方法多样，能阐明理论、指导实践，能帮助管理人员从过去的经验中汲取精华，找出不同情况下事件和变量的基本因果关系，并解决实际问题。另外，管理知识是可以通过学习和传授获得的，要成为优秀的管理者，必须经过系统的管理知识的学习和训练，这样才能达到融会贯通的效果。

管理的艺术性就是管理的实践性，是指灵活运用管理知识和技能的技巧和诀窍。管理的主体是人，不同的人有不同的文化背景，他们在思想观念、行为方面差异很大，加之管理对象分别处于不同环境、不同行业、不同的产出要求、不同的资源供给条件等状况下，导致对每一个具体的管理对象的管理没有唯一的有章可循的模式，特别是对那些非程序性的、全新的管理对象，则更是如此。因此，背熟了管理原则，不一定能有效地实施管理。这就要求管理者除了掌握管理原理和基本方法外，更重要的是具备随机制宜的能力，能够灵活地运用管理技巧，创造性地解决实际问题。管理是一项创造性的劳动，很多工作技巧是无法量化的。管理科学不能完全取代管理经验和管理艺术，管理者只有在实践中结合经验来提高自己的管理技艺，才能不断提高管理水平，实现管理创新。

■ 三、管理的基本职能

计划、组织、领导、控制作为管理的四大职能，彼此相互关联，共同构成了管理工作连续不断、循环往复的完整过程。

(一) 计划

计划职能是指管理者对要实现的组织目标和应采取的行动方案做出选择和具体安排。具体包括明确组织使命、研究环境、分析条件、确定目标、选择行动方案、制定战略、筹划资源、拟定实施步骤等。一个清晰且具有指导意义的计划应该明确告诉管理者和执行者做什么、为什么做、谁来做、什么时候做、在哪里做、如何做。所以，计划是管理的首要职能，有效的管理活动都应该以计划工作开始。正确发挥计划职能作用，有利于组织主动适应市场需求和环境变化，根据组织的竞争态势，对经营活动做出统筹安排；有利于组织正确地把握未来，应对外部环境带来的不确定性；有利于将全体员工的注意力集中到组织目标上来；有利于对有限的资源进行合理分配和使用，以取得较高的效率和效益。

(二) 组织

组织职能是指管理者根据计划对组织活动中的各种要素和人的相互关系进行合理的安排。具体包括设计组织结构、建立管理体制、分配权力和资源、配备人员、建立有效的

信息沟通网络、监督组织运行和组织变革。管理工作虽然确定了目标，又拥有实现目标的人力、物力、财力等各种必需的资源，但最终目标不一定能实现。因为目标的实现需要有效地整合各种资源，需要将组织的目标和任务分解之后，遵循最有利于实现目标的要求，将人力、物力、财物等资源按一定的方式组合成一个个单位或部门，设计出合理的组织结构，设置相应的职务以及组织运行模式，将权力分授到相应的层次或职务，并规定各个层次、各个职务应该承担的相应责任，形成既分工授权又协调一致的工作关系网络。

(三) 领导

领导职能是指为了实现目标而运用沟通、奖惩、激励等方式对组织成员施加影响，通过职权影响力和非职权影响力，统御和指引组织成员的活动。值得注意的是，领导和领导者是两个不同的概念。领导是一种影响并感召人们和群体去追求某些目标的行为与过程，领导的实质体现为感召和追随。领导者是实施领导的人，是利用影响力带领人们和群体实现组织目标的人。计划和组织工作做好了，并不能保证组织目标的实现，因为组织目标的实现要依靠全体成员的共同努力，而处于不同岗位的人员由于各自的人生观、价值观、需求等各不相同，合作中必然会产生矛盾和冲突。因此，就需要有权威的领导者进行领导。领导职能的具体内容是指导人们的行为，协调各种关系，激励每个成员自觉地为实现组织目标而努力。

(四) 控制

控制职能是指按照预定的组织目标、计划和标准对管理活动的各个方面的实际情况进行检查，以发现差距、分析原因、采取措施、予以纠正，使管理活动能按照计划进行，保证预定组织目标的实现。控制职能与计划职能是密不可分的。计划是控制的前提，为控制职能提供了目标和标准，管理者必须及时获得计划执行情况的相关信息，并将相关信息与组织目标和计划标准进行比较，以发现实践活动中存在的问题，分析原因并采取措施。因此，没有计划就不存在控制，同时控制又是实现组织目标和计划的手段。从管理活动的纵向看，各级管理层都要重视控制职能；从管理活动的横向看，对各项管理活动、各个管理对象都要进行控制。没有控制工作，组织目标和计划就不可能实现。

上述各项管理职能带有普遍性。所有管理者，不论其担任什么职务、在何种岗位上、处于哪一个管理层次，都要执行这些管理职能。

第二节　管理学基本原理

上一节论述了管理的内涵，本节将从一门学科的角度论述管理学所包含的基本原理。所谓管理学，就是指管理者在长期从事管理活动的实践中，探索、总结管理活动的过程和基本客观规律与一般方法的综合性科学。以社会学、经济学为基础，本书总结了管理学五大基本原理，分别是系统原理、人本原理、效益原理、反馈原理和弹性原理。

■ 一、系统原理

(一) 系统与系统原理的概念

"系统"一词最早出现于古希腊语中，原意是指由部分组成的整体(集合)。从管理的角度界定，系统是由相互依存、相互制约的若干个要素所组成的在一定环境中具有一定结构和特定功能的整体。该定义实际包含三层具体定义：一是任何系统均由两个以上的要素组成，单个要素不能构成系统；二是系统中的要素与要素、要素与整体以及整体与环境之间是相互作用、彼此影响的，形成特殊的系统结构；三是系统具有不同于各组成要素独立功能的新功能，即系统不是各要素的简单相加，而是各要素有机结合而成的一个具有新特性和新功能的整体。

系统整体具备的功能可能大于、等于或小于部分功能之和，这主要取决于系统的结构，即各要素的组合方式及排列顺序。如果结构合理，会使系统中各要素之间联系紧密，形成合力，实现整体功能提升；反之，如果结构不合理，会使系统中各要素之间的协调出现障碍，甚至产生内耗，最终导致整体功能小于部分功能之和。

管理学认为，社会组织都是由人、财、物、信息等组成的系统。现代管理的各个基本要素之间、要素与系统之间以及系统与其他各个系统之间，都存在各式各样的联系。因此，管理者在认识和处理管理问题时，应该把组织看成一个系统，运用系统的观点去认识和指导管理活动，对各种管理要素及其相互关系进行系统的分析，从而更好地实现管理的整体功能，这就是管理的系统原理。对管理对象进行系统的分析，主要涉及系统组成与结构、系统功能、系统影响因素、系统间联系以及系统演变规律等内容。

(二) 系统原理的观点

系统原理是现代科学管理中的首要原理。要实现组织的宗旨和目标，一个重要的方面就是根据环境条件对组织进行科学设计和再设计，使组织的社会功能、结构体制、权责配置、运行机制等与外部环境保持动态平衡；另一个重要的方面就是对组织发展过程中遇到的各种问题进行系统分析，从整体的、开放的、发展的和关联的角度观察和处理问题。系统原理要求管理者认清管理系统的基本特征，树立联系观点、结构观点、目的观点、层次观点、开放观点以及整体观点，学会优化与调控管理过程，以达到管理的最佳境界。在现实组织管理中，系统原理具有丰富的内涵，主要包含以下几个方面。

1. 目的性与竞争性

任何系统都必须有明确的目的或社会功能，这是其存在的意义。系统的开放性决定了系统之间存在竞争关系，系统的生存与发展关键取决于其竞争实力。因此，一方面，需要根据环境变化及时对组织进行重新设计，对组织的职能、结构、权责、体制及管理方式等进行调整，对目的或功能不明、存在价值降低或失去存在价值的系统必须予以调整或撤销；另一方面，在管理工作中要重视管理的目的，以目的统一过程，过程要为目的服务，讲求效率和效益，切实引入竞争机制，不断改进工作手段，从而不断增强组织的竞争实

力，避免重过程、轻目的的现象发生，这是提高组织效率和竞争能力的重要保证。

2. 层次性与专业性

现代社会分工的复杂性和社会组织的规模化，决定了任何社会组织都需要在内部进行纵向层次间和横向职能间的分工，做到分工明确、权责一致、各司其职、各负其责。在纵向上，任何大型组织上级对下级都应通过制度、目标与政策进行宏观的控制与监督，要善于授权，防止越级领导；在横向上，则应以职能为依据，进行机构、职位设置以及权力、责任和人员配置。同时，应建立健全工作与协调制度，对各层次之间以及同一层次不同机构、职位间的关系做出明确规定。这是避免彼此之间扯皮推诿、争权夺利，从而提高组织运行效率的重要前提。

3. 整体性与控制性

任何组织都是一个具有特定功能、相对独立的系统，都由若干相互联系、相互制约的要素按一定结构关系构成，都与外部环境不断进行物质、能量和信息的交换，都是更大系统的一个子系统，都在系统内部存在一定的纵向和横向分工。系统内部所有要素和子系统都围绕系统的整体目标共同构成可分割的统一整体，都要为系统整体功能服务。为了保持系统的统一性和整体性，防止系统成为"各自为政"的一盘散沙，必须对系统内的权力运行进行必要控制。一方面，需要沿着权力产生、运行的各个环节形成一个连续的监督与制约链条，建立群众的参与机制，同时为了便于监督制约，还需要按不同性质对权力进行分解，使它们彼此之间相互制衡；另一方面，在系统内要实行统一指挥，防止多头领导，注意及时对环境信息进行搜集、处理和分析，以实现对管理过程的控制。

4. 开放性与关联性

系统的各个要素及子系统之间相互联系、相互制约，任何一个要素或子系统发生变化，都可能会对其他相关要素、子系统或系统整体产生影响。同时系统又是开放的，与外部环境不断进行物质、能量和信息的交换，不仅拥有自己的子系统，而且自身还是更大系统的一个子系统。因此，任何组织在分析问题和解决问题时都不能封闭自己，而应把系统内外各个方面、各种因素的制约与影响联系起来综合考虑，统筹兼顾，重点突出。忽视任何一个方面，都可能造成决策失误，从而危及自己的生存，更谈不上发展。

5. 适应性与动态性

任何系统都不能脱离环境而存在，环境对系统具有决定性作用，因此系统需要根据环境变化不断调整自己的职能、结构、权责、体制和人员配置等，与外部环境保持动态平衡。虽然事物的发展都有其内在规律性，我们可以据此对环境变化趋势做出预测，并进一步制定决策和计划。但由于环境因素结构与作用的复杂性，我们往往难以对环境变化做出准确预测。因此，进行决策、制订计划时需要保持必要的弹性，从而对环境变化保持一定的应变能力。另外，随着环境的变化及由此导致的系统变革，人的素质能力与职位要求可能不再匹配。因此，还需要加强人员编制与使用管理，保持人员素质能力与职位要求间的动态平衡，做到能进能出、能上能下，时刻适应环境的变化。

系统原理在管理中的应用很多，其中最主要的方法是系统工程。系统工程是以系统思想为指导解决社会实践问题的一种方法，它是20世纪40年代由美国贝尔电话公司率先提出

来的，20世纪60年代以后得到了迅速发展和广泛应用。系统工程在管理领域的应用始于第二次世界大战期间美国的"曼哈顿"计划，以后逐步形成一门组织管理系统技术。这门技术是以大规模的复杂系统为研究对象，综合了系统理论、科学管理理论、运筹学、控制论及信息论等学科而形成的一门交叉学科。目前，系统工程技术不仅应用于军事方面，而且渗透到社会、经济与自然等各个领域，逐步分解为工程系统工程、管理系统工程、区域规划系统工程、环境生态系统工程、能源系统工程、水资源系统工程、农业系统工程和人口系统工程等，已经成为一种行之有效的研究复杂系统的技术手段。

■ 二、人本原理

(一) 人本原理的内涵

人本原理，顾名思义就是以人为本的原理，即从人性的角度出发来分析问题，以人为中心，按人性的基本状态来进行管理的一种管理方式。在管理活动中，以人为本的管理思想主要包括以下几层含义。

1. 人本管理是以人为中心的管理

管理的核心是人，人是管理活动的核心和组织管理诸要素中最重要的要素，也是最关键的要素。这是人本管理与以"物"为中心的管理的最大区别，它意味着组织的一切管理活动都围绕如何识人、选人、用人、育人、留人而展开。人成为组织最核心的资源和竞争力的源泉，而组织的其他资源(如资金、技术和土地)都围绕如何充分利用人这一核心资源、如何服务于人而展开。

2. 人本管理是一种全员参与的管理

从过程管理的角度来看，对于员工的管理不可能是全过程的，这就有必要让员工自我管理。不仅如此，最好是让员工主动参与到组织管理中去。人本管理的主体是全体员工，在实行人本管理的组织中，每位员工都是真正的主人，管理人员与普通员工之间是一种合作分工关系。在工作秩序上，应鼓励全体员工对工作进行策略性思考，视保证工作质量为己任，形成自下而上的自主工作秩序。对组织管理者来讲，重要的是把授权工作做好，让每位员工都享受权利、信息、知识和酬劳，从而产生授权赋能的感觉。只有尊重员工、信任员工，才能充分发挥他们的聪明才智，使他们竭尽全力为组织服务。

3. 人本管理以组织目标与组织成员的个人目标都能实现为标志

对于组织而言，对外要从服务于用户需求出发，向社会提供一定的物质产品或服务，进而保证自身生存与发展目标的实现；对内要通过管理对员工形成一种引导力和强制力，推动员工实现自身的职业生涯规划和自我价值。只有将组织目标与组织成员的个人目标有效地结合起来，才能增强凝聚力，充分发挥全体员工的主动性、积极性和创造性，使组织获得长久的发展。

4. 人本管理强调激励的作用

人本管理以激励作为主导思想，彻底打破了传统的管理思想和模式，不仅强调物质形

式的激励，也强调精神形式的激励。它把物质激励和精神激励相结合，在组织中建立健全有效的激励机制。通过加强目标激励、榜样激励、奖惩激励、机遇激励、晋升激励和情感激励等，充分调动企业员工的积极性与创造性。

(二) 人本原理应遵循的原则

1. 个性化发展原则

在组织中，以人为本的管理从根本上说应该以全体组织成员的自在发展为出发点。尽管人的个性化发展仅仅是人的全面自在发展的起步，但相较于过去"组织仅将员工看作某一岗位的'操作工'，只培养完成这一岗位要求的技能即可"前进了一大步。个性化发展的原则要求组织在成员的岗位安排、教育培训、工作环境、文化氛围、资源配置过程等诸多方面均要以有利于当事人个性潜质的发挥和长远的发展来考虑，而不仅仅是从组织的功利性目标出发。

2. 引导性管理原则

以人为本的管理提倡以引导来代替权威和命令，把原来由领导者的权威和命令来组织、协调、监控的管理方式转变为组织成员间友好地相互建议、相互协调的方式，从而使组织成员凝聚在一起，更好地实现人与人之间的协作配合、资源的合理安排，最终有效地完成既定的组织目标。引导性管理原则实际上要求管理主体不仅仅将管理作用于他人、他物，更要将管理作用于自己，特别是在作用于他人时不应像过去那样命令指挥，而应建议和引导。这种管理主体的角色变化，对于组织中的高层管理者来说尤为重要。

3. 环境创设原则

以人为本的管理就是创设一个能让人全面发展的场所，间接引导他们自由地发展自己的潜能。这样的环境主要包括两个方面：一是物质环境，包括工作条件、设施、设备、文化娱乐条件及生活空间安排等；二是文化环境，即组织拥有特别的文化氛围。组织要努力创设良好的物质环境和文化环境，以利于组织成员的个性化发展和自我管理。

4. 人与组织共同成长原则

组织要与个性化全面发展的个人一起成长，就要使组织本身的发展与人本管理方式相适应，即组织体系、架构以及运作功能都要逐步突显人本主义理念，改变科层制结构，建立学习机制，从而极大地激发人的潜能，并使之成为组织发展的内在动力。这一原则要求在组织的发展过程中，不能单方面要求组织成员修正自己的行为方式、价值理念等来适应组织，而要尽可能地使两者在理念和行为上保持一致。组织和个人成长的最终目标实质上是在个人的个性化全面发展的基础上建立一个真正以人为本的组织。

▋ 三、效益原理

(一) 效益与效益原理的概念

管理活动的出发点和归宿，在于利用最少的投入或消耗，创造出更高的效益，对社会

做出贡献。"效益"包括"效率"和"有用性"两方面，前者是"量"的概念，反映耗费与产出的数量比；后者属于"质"的概念，反映产出的实际意义。效益表现为量与质的综合、社会效益与经济效益的统一，其核心是价值。现代社会中的任何一种有目的的活动，都存在效益问题，它是组织活动的综合体现。效益是管理的永恒主题，任何组织实施管理都是为了获得效益，效益的高低直接影响组织的生存与发展。所谓管理的效益原理，是指从组织目标出发，充分发挥管理职能，使组织的各项活动彼此协调、相互配合，以较少的劳动和时间消耗，取得较好的综合效益。

组织如果能有效地发挥管理职能，就能够充分利用资源，提高组织效益；反之，落后的管理会造成资源的损失和浪费，降低组织活动的效率，影响组织效益。如今，向管理要效益、通过管理提高效率已成为人们的共识。

(二) 效益原理应遵循的原则

1. 价值原则

效益的核心是价值，必须通过科学而有效的管理，对人、组织、社会有价值方面的追求，实现经济效益和社会效益的最大化。在实际工作中，综合评价效益时，必须首先从组织及其劳动者所创造的价值来定量考虑。

2. 投入产出原则

效益是一个对比概念，通过尽可能少的投入取得尽可能多的产出是效益最大化的体现。在一定的时间内，如果消耗的物资、能源等因素越少，而产生的效果越好，就意味着效率越高；反之，如果消耗的物资、能源等因素越多，而产生的效果越差，就意味着效率越低。

3. 边际分析原则

边际分析是把追加的支出和追加的收入相比较，两者相等时为临界点，也就是投入的资金所得到的利益与输出损失相等时的点。在经济管理研究中，常用的边际量有边际收入、边际成本、边际产量、边际利润等。在很多情况下，可通过对投入产出微小增量的比较来考查实际效益的优劣并做出科学的决策。

(三) 影响效益的因素

1. 管理者

管理者在管理中处于主导地位，其观念、行为方式和管理水平对效益有显著的影响，主要通过他在管理活动中的决策、计划、组织、领导和控制等环节来实现。这就要求管理者在管理活动中树立效益意识，注重管理的科学性和民主性，自觉提高管理水平。

2. 管理对象

管理效益往往要通过管理对象来实现，因此，管理对象也是影响管理效益的重要因素。管理对象是由人、财、物和信息等构成的有机体系。其中，人是最重要的因素，对财、物、信息、时间及技术等因素的管理，最终也是通过对人的管理来实现的。人的素质、工作责任心与发挥主观能动性的程度决定着其他管理对象发挥作用的程度。因此，必

须认识到被管理者对提高管理效益的意义，注重调动他们的积极性。

3. 管理环境

效益是通过管理活动来实现的，而管理活动又是在一定环境的影响下进行的，因此环境会影响管理效益。影响管理效益的环境因素包括政治环境、经济环境、科学技术环境和社会文化环境等。虽然一个管理者不能从根本上改变环境，但是他可以开发和利用环境中有利于提高效益的因素。对于不利于提高效益的环境因素，应该积极应对，争取化不利为有利。

4. 生产方式

在某种意义上，管理活动是生产方式的外在表现，有什么样的生产方式就有什么样的管理活动。生产方式既决定管理的性质，也决定管理的效益。

(四) 遵循效益原理的基本途径

1. 确立可持续发展的效益观

自然资源的短缺与自然环境的恶化已严重威胁整个人类社会的生存和发展，因此，组织管理者在提高效益的过程中，必须确立可持续发展观。将可持续发展与效益原理结合起来，兼顾需要与可能，在讲求经济效益的同时，保持与生态环境和社会环境的协调发展，既要注重技术的先进性与经济的合理性，又要注重对社会的效用性和天人合一的和谐性。

管理者追求组织长期稳定的高效益，一方面，不仅要"正确地做事"，更为重要的是，要"做正确的事"。这是因为效益与组织的目标方向紧密相连，如果目标方向正确，工作效率越高，获得的效益就越高；如果目标方向完全错误，工作效率越高，效益反而会出现负值。另一方面，组织管理者不能只满足眼前的效益水平，必须居安思危，不断拓展新思路，推出新产品，迎接市场的各种挑战。只有持续创新，坚持不懈地进行产品开发和人才开发，才能保证组织获得长期稳定的效益水平。

2. 建立有效的评价体系

管理的有效性，应是管理的效率、效果和效益的统一，其实现的重要途径是确立有效管理的评价体系。科学的效益评价应做到以下几方面：第一，在评价标准方面，要注意直接成果和价值的实现。直接成果可以从组织获取的产值、利润等方面来考察，而价值的实现则体现为组织文化、经营哲学、组织形象的塑造和开发以及向市场推出消费者欢迎的产品、服务特色等方面的管理追求。第二，在评价内容方面，应以工作绩效为主，并分清主客观条件对工作绩效的影响。具体来讲，对管理者的评价，主要考察德、能、勤、绩等方面的内容；对部门集体的评价，主要考察服务态度与质量、与相关管理部门的协调性等。第三，要采取多方面、多层次的指标体系。效益评价是经济管理领域的一项综合性活动，涉及组织各个方面的情况，应该采取多方面、多层次的评价指标体系。例如，对企业经营效益的评价，可以划分为财务效益、资产营运、偿债能力和发展能力等多个方面，并分别设计相应的评价指标。第四，评价主体和评价方法应尽量多元化。一般来说，评价主体可以是管理者(机构)本身，也可以是上级主管或职工，还可以是有工作往来和服务关系的其他管理者或管理部门。在选用方法时，应将定量分析和定性分析相结合。只有综合不同评价

主体的评价结果，并做到定性分析与定量分析相结合，才能保证评价结果的全面性、客观性和公正性。

3. 处理好局部效益和全局效益的关系

局部效益和全局效益是统一的，局部效益是全局效益的基础。没有局部效益的提高，全局效益的提高难以实现；全局效益很差，局部效益的提高就难以持久。相比之下，全局效益比局部效益更为重要，当局部效益与全局效益发生冲突时，管理者必须把全局效益放在首位，做到局部效益服从全局效益。管理者在实践中把握这一关系，要做到以下两点。

(1) 应该遵循整体优化原则，即经过系统地分析和综合，提出不同方案、途径和办法。从不同的方案中，选出符合整体优化原则的方案，做出科学的决策。无论在哪一类组织中，从事任何一项工作，都应该提出两个以上的方案，并将远期和近期、直接和间接的效果进行整体分析比较，因事、因时、因地制宜，做出整体、而科学的评价。在选择整体优化方案之后，有时还要进行局部试验，成功之后进行全面推广，实行由点到面的工作方法。

(2) 应该遵循要素有效性原则。任何一个组织的管理都离不开人、财、物、时间和信息，这些要素互相作用，管理者为取得组织整体效益的最优化，必须充分激发每个要素的作用。这一原则要求管理者用科学手段来处理系统内部矛盾，以便做到人尽其才、物尽其用。

四、反馈原理

(一) 反馈的含义及作用

所谓反馈是指控制系统把信息传送出去，把其作用结果返送回来，并对信息的再输出产生影响，从而起到控制作用，达到预定的目标。反馈原理就是在管理活动中利用反馈作用，进行协调和控制，以保证有效地实现管理目标。

反馈分正反馈和负反馈两种，前者使系统的输入对输出的影响增强，后者则使其影响减弱。反馈的最终目的就是对客观变化做出应有的反应，完成封闭的过程，控制管理工作的不确定性。运用反馈原理，会显著改善组织管理系统的功能，提高效率，增强内部的凝聚力、驱动力和竞争力，并使系统本身产生自我激发功能，促进组织良性循环。

(二) 有效反馈的要求

反馈原则在管理活动中已得到广泛应用，但要使其充分发挥有效的作用绝非易事。为了使反馈原则真正有效，必须满足以下要求。

1. 准确、及时地接收信息

与传统的管理活动相比，现代管理活动涉及的内外部因素更多、更复杂，且常常变化难测，这就导致要处理的信息量急剧增长，对信息收集工作在质、量、时间方面也有了更高的要求。

及时、有效地收集和接收组织系统内外部信息，是开展反馈活动的前提，是有效应用反馈原则的基本要求。没有及时、准确地接收信息，反馈活动就成了无源之水、无本之木。为此，组织要努力加强信息的接收活动，一方面，建立高度灵敏的信息接收部门；另一方面，通过加强人员培训、提高接收设备先进性等手段，加强信息接收的科学性，为反馈活动的有效进行提供可靠保证。

2. 科学地分析并处理信息

初级信息大多是某一方面的情况及其形成的原因的客观说明以及改进建议等，要求管理者必须对其做出科学的分析和处理，具体措施包括去伪存真、对照比较、分门别类等，以把握"计划出入"和"行动偏差"，分析原因，从而提供可供决策参考的信息资料。

3. 有效反馈

在现代管理中，反馈所涉及的因素复杂且变化多样，因此反馈系统的存在非常重要。管理工作必须遵守反馈原则，重视信息的收集，重视调查研究，从而在不断变化的客观实际中，保证管理活动科学、有根据地进行。对于组织来讲，应该根据组织自身的客观条件建立有效的经营活动监控系统；对于管理者而言，则要善于利用反馈系统所提供的信息做出正确的决策。

■ 五、弹性原理

(一) 弹性与弹性原理的概念

弹性，一般指物体在外界的作用下，能做出反应并维持自身稳定性的能力与特性。在管理工作中，弹性具有两方面的含义：第一，组织内部应具有适应外界环境变化的应变能力，注意管理活动的动态性，能及时对管理目标做出相应的调整，在发展中做好管理工作；第二，当组织外部发生某种不平衡现象时具有自我调整的能力，即在系统内外条件变化时，随时保证对过程进行调节和控制，以实现最佳的管理效果。

在事先考虑系统外部环境和内部情况的不确定性，并充分认识、推断发展变化的诸多可能性及其概率分布的基础上，在制定目标、计划、策略等方面适当地留有余地，有所准备，以增强组织系统的可靠性和管理未来态势的应变能力，这就是管理的弹性原理。

(二) 增强管理弹性的途径和方法

1. 树立全面的积极弹性观念

在管理活动的每一个方面、环节、位置，都存在"弹性"问题，并且在每一个"点"上，都有积极弹性与消极弹性之分。卓有成效的管理追求的是积极弹性，它是在对充满不确定的未来作科学预测的基础上，留有一定的余地，通俗点说，就是"多一手"或"多几手"。组织系统应当备有多种方案和预防措施，其目的在于一旦发生重大变故，能够方寸不乱、有备无患地做出灵活的应变反应，从而保证系统的可靠性。消极弹性则是降低可能实现的目标，做什么都"留一手"，闲置部分资源，用"不求上进"或"巨大浪费"为代

价，来增强所谓的"弹性"。因此，管理者必须树立全面的积极弹性观念，充分考虑未来可能出现的多种情况和风险因素，多准备几套方案，以免出现不利局面时措手不及，只能被动地适应环境变化，失去管理活动的主动性。

2. 提高组织系统的弹性

组织系统的弹性必须通过富有弹性的管理来实现，既包括增强组织内各组成部分的局部弹性，如在确定各部门、各环节的职能时留有余地；还包括增强组织系统的整体弹性，如通过调整组织系统内各组成部分的相互关系来增强组织系统的应变能力。

提高局部弹性主要是通过提高关键环节的弹性来实现的。所谓关键环节，是指那些对组织整体目标的实现有举足轻重的影响、确定性程度低、变化可能性高、变化方向不定、变化程度非常高且难以直接控制的环节。当然，并非同时具备上述所有特性的环节才称为关键环节。同时，所谓的关键与非关键环节之分也不是一成不变的。要提高关键环节的弹性，首先，要对某一问题、对象在未来将产生多少不同方向的变化以及变化的概率做出判断；其次，要根据判断结果采取相应的防范措施，防患于未然；最后，在变化处于萌芽状态时，及时采取措施，消除不利因素，促使局面向有利方向发展。

通过提高局部弹性，可以增强整体弹性，但现代管理大多是从整体入手来解决管理弹性问题。比如，为避免单一产品市场的不稳定，企业可采取多角化经营方式，同时生产和经销多种不同的产品，以提高企业整体弹性，扩散和减弱市场风险。当然，提高整体弹性的方案确定后，还要靠各方面局部弹性的增强来支持。

3. 增强计划、目标、战略的弹性

要增强积极弹性，很重要的一点是计划要留有余地。计划作为现代管理的一项重要活动内容，必须体现长远性，但长远的未来无法精确预测，只能在总体方向、目标方面做出明确规定。同时，计划的行动指导性又要求精确、严密，因此，制定计划的具体指标时必须留有余地，以便在现实发展中，进一步细化、明确。这就要求在制订计划时，既要充分考虑各种有利条件，又要充分考虑各种不利因素，指标既不过高又不过低，留有余地，以便根据外部环境及内部条件的变化，适时、适当地加以调整。在制定组织系统的目标和方案时也要留有余地，制订计划和决策要充分考虑需要与可能，从最坏处着想，从最好处入手，指标不能过高或过低，应以平均水平为准，既要防止任务过重、目标过高造成组织承受压力太大而使组织断裂，又要防止任务过轻造成资源浪费。方案和目标的制定与实施要有阶段性、灵活性，要不断根据条件的变化进行调整，防止一成不变的僵化和形而上学。

4. 增强管理者随机应变、灵活管理的能力

管理活动本身并无一成不变的规定，针对管理过程中可能出现的各种新情况、新问题，管理者必须运用经验和智慧审时度势、随机应变、巧妙应对，提高管理的艺术性。做到这一点的关键是要提高管理者的素质。

提高管理者的素质是增强管理弹性的重要条件。管理人员要培养自己应对环境变化、处理意外情况的应变能力。这种应变能力具有弹性和能动性。要增强管理者处理非程序性管理问题的能力，必须提高其科学知识水平，丰富并提高其随机应变、灵活管理的管理技巧和艺术水平。管理者应在管理理论的学习和管理实践的锻炼中，有意识地提高自己的理

论水平和艺术水平，培养自己的组织才能和社交才能，以提高解决管理问题的应变力，从而增强管理的弹性。

第三节　管理者的角色与技能

一、管理者的角色

管理者是整个组织的核心和灵魂，管理者的工作是否有效，最终决定组织目标能否实现。按照管理者所承担的职责及其在行政管理体系中所处的层级，可以简单地将其分为三个层次：高层管理者，中层管理者，基层管理者。从管理者所从事的工作职责的角度出发，管理学者进行了系统又卓有成效的研究。本书以亨利·明茨伯格的管理者角色研究成果为依据，对管理者角色进行阐述。

亨利·明茨伯格提出了管理者扮演的10种相互关联的角色。这10种角色可以划分为3大类，分别是人际关系角色、信息传递角色、制定决策角色，如表1-1所示。

表1-1　管理者的角色分类

管理者的角色		代表性活动
人际关系角色	挂名首脑	履行法律性或社会性的例行义务，如签署文件、接待外部来访者等
	领导者	激励、指挥和动员组织成员，进行人力资源配置和培训，沟通，解决冲突等
	联络官	出席有外部人员参加的重要仪式或活动，保持并扩大组织与外界的联系等
信息传递角色	监听者	通过多种媒体、报告或私人谈话等形式，了解和掌握组织内部和外部信息
	传播者	选择适当的渠道，将自己掌握的有关信息向组织内部相关人员发布
	发言人	代表组织向外部发布本组织的有关计划、政策、行动或结果
制定决策角色	企业家	在动态的环境中积极寻找新机会，开发新项目，制定新战略
	混乱局面的驾驭者	当组织面临危机或发生混乱时，积极面对并果断采取应对措施
	资源分配者	对组织资源进行预算、调度、安排和调整
	谈判者	代表组织与外界有关各方进行谈判

组织中的管理者在执行管理职能、履行管理职责时，常常与表1-1中所列的各种角色对应。当然，由于管理层次和职责分工的不同，不同层级的管理者在角色扮演时有不同的侧重点。高层管理者既要扮演企业家的角色，对环境进行估计和判断、发现机会，还要利用大部分时间和精力扮演挂名首脑、发言人、传播者、联络官等角色；中层和基层管理者则主要扮演资源分配者、领导者等角色。

二、管理者的技能

从管理者的职能和扮演的角色可以看出，管理者所承担的任务是复杂、多样的。因此，管理者要掌握多方面的技能。罗伯特·卡兹曾指出，管理者需要具备三种基本技能，

即技术技能、人际技能、概念技能，如图1-1所示。任何管理者，不管其所处的管理位置如何，都应具备这三种技能，但应根据管理层次的不同而有所侧重。

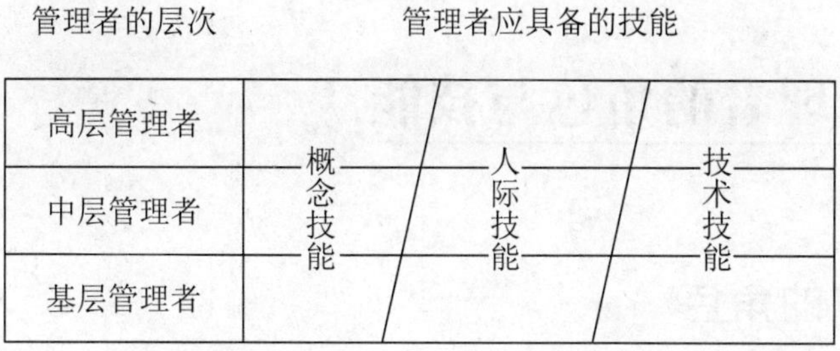

管理者的层次　　　　　管理者应具备的技能

高层管理者	概念技能	人际技能	技术技能
中层管理者			
基层管理者			

图1-1　管理层次与管理技能之间的关系

(一) 技术技能

技术技能是指运用工具、程序、技术和技巧等来完成一项特定的任务的能力，如工程师的设计能力、会计师编制和分析财务报表的能力、医生的医术、教师的授课能力、律师起草法律文件的能力等。对于一个管理者来说，其技术技能往往是双重的。例如，一位负责一个研究项目的经理本身可能就是该研究领域的技术专家，具有很强的研究与开发能力；但作为一名管理者，他必须掌握和能够运用各种管理技术，如决策技术、计划技术、评价技术等。

技术技能对基层管理者来说是最重要的，因为他们直接与一线的普通员工打交道，直接接触具体的技术问题，需要为本部门的员工提供技术指导和帮助。一个基层管理者如不具备较专业的技术能力是很难胜任工作的；技术技能对高层管理者的重要性则相对小一些，因为他们较少直接接触日常具体的工作。但是，也有许多企业和公司的最高领导往往因他们具有相当的技术专业知识而深受下属的尊敬。获得技术技能较为容易，常见的渠道有高等学校专业教育、组织内部的在职培训等。

(二) 人际技能

人际技能是指与他人协作的能力，具体体现为与他人融洽相处，时常激励他人并能有效地与他人沟通。首先，管理者必须学会与下属沟通并影响下属的行为；其次，管理者还要与上级和同级人员打交道，与组织外部的利益相关者打交道。人际技能对每个层次的管理者来说都是同样重要的，因为各层次的管理者都必须与不同职位的人员进行有效的沟通并相互配合，共同实现组织目标。

(三) 概念技能

概念技能是指管理者综观全局、系统分析的能力。也就是说，管理者应能把组织看成一个整体，能看到组织中的各个部门与组织的关系，并能洞察组织与环境相互影响的复杂性。在组织的最高层，概念技能是所有成功的行政管理中最重要的技能，一个行政负责人可能在技术技能和人际技能上有所欠缺，但只要他的下级在这些方面较强，他仍然可以成

为一个有效的行政管理者。但是，如果他的概念技能不强，则将危及整个组织的成功。

需要注意的是，管理者对所需技能的认识和理解，是一个不断发展和完善的过程。管理学家孔茨补充了一种管理者设计技能。设计技能是指采取对组织有利的方法解决问题的能力。一个高效的管理者，特别是组织内的高层管理者，不仅要善于发现问题，还必须像一个优秀的设计工程师那样，能根据实际条件找出解决问题的方法。管理者如果仅能看到问题，只能算作"问题观察家"，他必须面对现实，设计出解决问题的切实可行的办法。管理学者格里芬增加了诊断和分析两项技能。他认为成功的管理者必须具备诊断技能，能根据组织出现的症状来诊断问题，并通过表象分析问题的实质。分析技能类似思想技能，是指管理者在某一形势下鉴别关键变量的能力，并能分析它们之间的相互关系，找出最值得关注的因素。诊断技能可使管理者理解并认识所处的形势，而分析技能则能使管理者决定在该形势下如何行动，它是诊断技能的补充，为组织决策奠定基础。

第四节　管理伦理和社会责任

■ 一、管理伦理

(一) 管理伦理的内涵

一些管理学者曾阐释了管理伦理的内涵。韦伯斯特给管理伦理下的定义是：组织的管理者在其业务活动中采用的行为或道德评判标准。劳拉·纳什则认为，管理伦理研究的是如何将个人道德规范运用到商业企业的行为和目标之中。它不是单一的道德标准，而是研究企业如何影响代表企业的个人对特定问题的立场。可见，对于管理伦理，可以从两个方面来理解：一方面是指组织管理者的伦理(道德)，另一方面是指管理组织的伦理。管理组织即企业管理、行政管理、社会管理的各种管理对象，它可以是企业，也可以是学校、医院、非营利组织等其他社会单位。管理者的伦理与管理组织的伦理有一定的区别，但两者之间也存在一定的内在联系。应该说，管理者的伦理是管理组织的伦理的核心和基础，前者对后者起主导影响作用。

(二) 管理伦理的内容

管理伦理包括个人、组织、社团、社会等多个层次，对组织管理者而言，其主要内容涉及以下4个方面。

1.组织目标

任何管理都是以组织为载体的管理。但是，组织管理者的思想道德水平高低，又直接关系管理水平的高低和管理目标能否实现。因为组织者在制定管理目标时，不仅要考虑管理目标的可行性，而且要考虑管理目标的道德性，两者兼顾才能使管理目标成为有效的目标。

2. 实现组织目标的手段

手段是为实现一定目的或目标而采取的途径、方法、办法和策略的总和。任何组织管理目标的实现，都要通过一定的手段。至于采取什么样的手段、达到什么样的效果，则取决于组织管理者对手段的选择。采用正当合法的手段，符合道德准则，是实现管理目标的基本要求。

3. 人际关系管理

任何组织的有效管理，都要通过组织中的人来执行并实施其管理职能。人际关系管理既是社会管理的重要内容，又是领导者提高领导效率的核心问题。组织中的人际关系管理，除与社会性质相关，还受血缘、地缘、业缘、个性、价值观、态度、倾向等因素的影响，从而造成人际关系管理的复杂性和管理层次的多样性。调整和协调组织内外不同的人际关系，或同一种人际关系中的不同层次的人际关系，都需要有不同层次的道德规范。在组织的选人、用人过程中坚持一视同仁，使组织内外人际关系朝着平等、和睦、协调和有序的健康方向发展，是组织管理伦理建设的一项重要内容。

4. 财物管理

资金和物资是实现组织管理目标的物质基础，恰当运用物质基础有助于实现管理目标。在管理实践中，物资要交给组织机构中的相关人员掌管和运用，管钱管物的人的道德素质高低与财物所面临的风险成反比。如果管钱管物的人利欲熏心、贪污挪用、化公为私，就必然会动摇或削弱组织管理的物质基础。

(三) 影响管理伦理的道德因素

管理伦理是管理实践活动的内在要求，是一种特殊的道德现象。管理伦理要受到管理者道德发展阶段、个人特征、组织结构设计、组织文化和道德问题强度的影响。

1. 道德发展阶段

国外学者劳伦斯·科尔伯格的研究表明，道德发展要经历3个层次，即前惯例阶段、惯例阶段、规范与原则阶段，每个层次又分2个阶段。随着阶段的上升，个人的道德判断受外部因素的影响越来越小。道德发展所经历的3个层次和6个阶段如表1-2所示。

表1-2 道德发展的层次与阶段

发展层次	道德判断	阶段特征描述
前惯例阶段 (自我导向)	满足个人需要的就是正确的。仅受个人利益的影响，按怎样对自己有利制定决策，按奖赏或惩罚标准来确定自己的行为	(1) 严格遵守规则以避免物质惩罚 (2) 为了满足自己的需要遵守规则
惯例阶段 (他人导向)	得到他人同意的、合法的就是正确的。受他人期望的影响；遵守法律；对重要人物的期望做出反应，保持对人们的期望的一般感觉	(3) 做周围人期望的事情 (4) 通过履行自己赞同的准则来维护传统秩序
规范与原则阶段	尊重个人权利和社会契约的就是正确的。受自己对个人道德原则的认识的影响，它们可以与社会准则和法律一致，也可以不一致	(5) 尊重他人权利，支持不相关的价值观和权利 (6) 遵循自己选择的道德原则，即使它们违背了法律

道德发展的最低层次是前惯例层次。在这一层次，个人只有在其利益受到影响的情况

下才会做出道德判断。道德发展的中间层次是惯例层次。在这一层次，道德判断的标准是个人能否维持平常的秩序并满足他人的期望。道德发展的最高层次是原则层次。在这一层次，个人试图在组织或社会的权威之外建立道德准则。有关道德发展阶段的研究表明：第一，人们一步一步地依次通过这6个阶段，不能跨越；第二，道德发展可能中断，可能停留在任何一个阶段上；第三，多数成年人的道德发展处于第4阶段。

2. 个人特征

每个人在进入组织时，都有一套相对稳定的价值准则。这些准则是个人早年从父母、老师、朋友和其他人那里发展起来的，是关于什么是对、什么是错的基本信念，这就使组织管理者通常具有不同的个人准则。

个人行为一般受两个个性变量的影响：一是自我强度；二是控制中心。

自我强度是衡量个人信念强弱的一种个性量度。一个人的自我强度越高，克制冲动并遵守其信念的可能性越大，更加可能做他们认为正确的事。我们可以推断，对于自我强度高的管理者，其道德判断和道德行为会更加一致。

控制中心用来度量人们能在多大程度上主宰自己的命运。具有内在控制中心的人认为，他们控制着自己的命运；而具有外在控制中心的人则认为，他们的生命中发生什么事是由运气或机会决定的。从道德角度看，具有外在控制中心的人不大可能对其行为后果负责，更可能依赖外部力量；相反，具有内在控制中心的人则更可能对后果负责并依赖自己内在的是非标准来指导其行为。相比之下，具有内在控制中心的管理者的道德判断和道德行为可能更加一致。

3. 组织结构设计

组织结构设计有助于管理者道德行为的产生。一些组织结构提供了有力的指导，而另一些组织结构令管理者感到模糊。模糊程度最低并时刻提醒管理者什么是"道德的"的组织结构设计有可能促进道德行为的产生。正式的规章制度可以降低模糊程度，职务说明书和明文规定的道德准则就是正式指导的例子。不断有研究表明，管理者的行为对个人的道德或不道德行为有着最重要的影响。人们密切关注管理者在做什么并以此作为可接受的行为和对他们的期望标准。一些绩效评估系统只评估结果，另一些则既评估结果又评估手段。在仅根据结果来评价的地方，人们会不择手段地追求结果。与评估系统密切相关的是报酬的分配方式。奖赏或惩罚越依赖于特定的结果，管理者所感受到的取得结果和降低道德标准的压力就越大。在不同的组织结构中，管理者在时间、竞争和成本等方面的压力也不同。压力越大，越可能降低道德标准。

4. 组织文化

组织文化的内容和强度也会影响道德行为。最有可能产生高道德标准的组织文化是那种有较强的控制能力以及风险和冲突承受能力的组织文化。处于这种文化中的管理者，具有进取心和创新精神，能够意识到什么是不道德的行为，并且会对他们认为不现实或不满意的需要或期望进行自由、公开的挑战。

与弱组织文化相比，强组织文化对管理者的影响更大。如果组织文化是强的，并支持高道德标准，它就会对管理者的道德行为产生重要而积极的影响；而在弱组织文化中，管

理者更有可能以亚文化准则作为行为指南。其中，工作小组和部门标准会对弱文化组织中的道德行为产生重要影响。

5. 道德问题强度

影响管理者道德行为的最后一个因素是道德问题本身的强度，它取决于某种道德行为对受害者的伤害有多大或受益者的获利有多大，主要体现为危害的严重性、因不道德产生舆论的可能性、产生危害的可能性、后果的直接性、与受害者的接近程度以及影响的集中性。道德问题强度越大，管理者越有可能采取道德行为。

■ 二、社会责任

(一) 社会责任的内涵

鲍文于1953年撰写的《企业人的社会责任》被认为是第一本阐述企业社会责任的书籍。鲍文认为，企业社会责任包含"企业人按照社会普遍认可的社会目标和价值观来追求相应的政策，作相应的决策，或遵循相应的行动标准"。企业社会责任经历了长达50年的演变，进入21世纪以后，企业社会责任的研究呈现新的特点，主要表现在：企业社会责任与企业战略管理理论紧密结合；对企业社会责任与企业的可持续能力、可持续性竞争优势的关系的探讨较为普遍；认为企业社会责任与全球的经济、社会、环境可持续发展日益相关。

(二) 企业社会责任的古典观和社会经济观

1. 古典观

古典观亦称纯经济观，其代表人物为米尔顿·弗里德曼。他认为，从事企业经营管理的经理并不拥有他们所经营管理的企业，他们只要对企业的股东负责。因此，他们的主要责任就是按股东的利益来经营业务，即追求最高的财务收益率。当这些经营管理者追求利润以外的目标，将企业组织资源用于"社会产品"时，则必然导致企业的利润相关人为这种资产的再分配付出代价。如果社会责任行为降低了利润和股息，那么股东的利益会受损；如果必须降低工资和福利来支付"社会行为"所需的投入，那么雇员的利益会受损；如果用提高价格来补偿"社会行为"的开支，那么消费者的利益会受损；如果市场不接受更高的价格，销售额下降，那么企业也许将无法生存，在这种情况下，企业组织的全部要素将会受到损失。

从微观经济学的角度看，企业的社会责任行为必将增加企业的经营成本。因而，古典观认为，为了获得更高的投资回报率，企业必须将这些社会成本以高价转嫁给消费者；相反，如果担负社会责任的企业不能将这些社会成本转嫁给消费者，而不得不在内部吸收，它的回报率就会降低。在一个充满竞争的市场中，如果一个企业具有较高的社会责任感，则在较长的时间内，投资基金就会从担负较高社会责任的企业中流出来，而流向那些社会责任感较低或者不需要承担社会责任的企业，因为后者将会产生更高的投资回报率。这种

情况甚至意味着，在一个特定的国家中，企业的社会责任会导致额外的社会成本，并可能致使国内全部产业的生存受到社会成本较低或不存在社会成本的外国竞争者的威胁。因而，古典观认为，无论是市场上的单个企业，还是整个国家的所有企业，为了自身的发展，都不应该承担较高的社会责任，企业唯一的社会责任就是追求利润最大化。

2. 社会经济观

这一观点的代表人物是阿基·B.卡罗，他认为，企业社会责任是社会在一定时期对企业提出的经济、法律、道德和慈善期望。企业社会责任的概念之所以受到重视，是人们对社会环境的日益关注和社会契约的变化结果。支持这一观点的学者认为，时代发生了变化，社会对企业的期望也随之发生了变化，企业已经不是一个只对股东负责的经济实体，利润最大化是企业的第二位目标，而不是第一位目标，企业的第一位目标是保证自身的生存。在此后的20多年里，这一观点成为企业社会责任研究领域较为著名的理论基础之一。

社会经济观的支持者认为，企业的经营管理者为了求得企业的长远发展，应该关心的是企业长期资本收益率的最大化。为了实现这一点，他们必须承担社会义务以及由此产生的社会成本，他们必须以不污染、不歧视、不从事欺骗性的广告宣传等方式来保护社会福利；他们必须融入自己所在的社区及资助慈善组织，从而在改善社会中扮演积极的角色。此外，良好的公众形象、和谐的工作氛围也有利于企业的长远发展。这是因为，一个公众形象良好的企业，可以获得更多的顾客、更好的雇员，可以更顺畅地进入货币市场以及获得其他益处，而一个企业要想获得良好的公众形象，必须致力于相应的社会目标。同样，和谐的工作氛围也能使企业创造出更好的生活质量和更令人向往的团体，而要想创造出和谐的工作氛围，也需要企业承担一定的社会责任。

很显然，古典观反对企业承担社会责任，而社会经济观赞同企业承担社会责任，两种观点是对立的。两者赞成和反对企业承担社会责任的理由如图1-2所示。

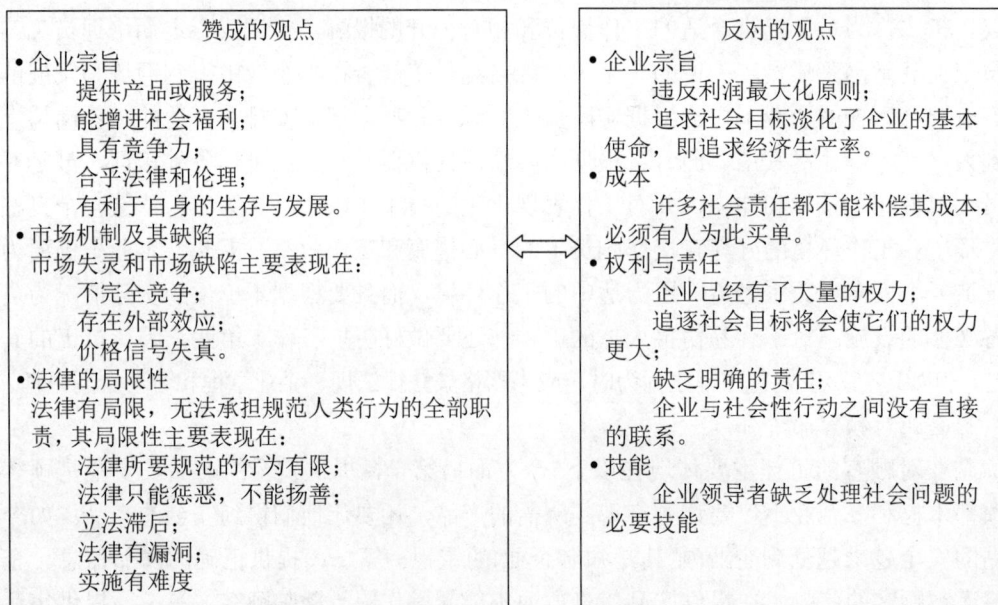

赞成的观点	反对的观点
• 企业宗旨 　　提供产品或服务； 　　能增进社会福利； 　　具有竞争力； 　　合乎法律和伦理； 　　有利于自身的生存与发展。 • 市场机制及其缺陷 市场失灵和市场缺陷主要表现在： 　　不完全竞争； 　　存在外部效应； 　　价格信号失真。 • 法律的局限性 法律有局限，无法承担规范人类行为的全部职责，其局限性主要表现在： 　　法律所要规范的行为有限； 　　法律只能惩恶，不能扬善； 　　立法滞后； 　　法律有漏洞； 　　实施有难度	• 企业宗旨 　　违反利润最大化原则； 　　追求社会目标淡化了企业的基本使命，即追求经济生产率。 • 成本 　　许多社会责任都不能补偿其成本，必须有人为此买单。 • 权利与责任 　　企业已经有了大量的权力； 　　追逐社会目标将会使它们的权力更大； 　　缺乏明确的责任； 　　企业与社会性行动之间没有直接的联系。 • 技能 　　企业领导者缺乏处理社会问题的必要技能

图1-2　赞成和反对企业承担社会责任的理由

(三) 企业社会责任的具体体现

企业履行社会责任是对企业基本的管理伦理要求。履行社会责任不仅可以提高企业的商誉，增加企业的效益，还能降低个体交易成本，增加社会福利，赢得更多的合作者，拓宽自身的发展空间。企业作为一个社会组织单位，除履行社会经济职能之外，它还是一个社会性实体，这就要求企业不但要对自己的经济盈利负责，还要对社会全体负责。根据利益相关者理论，企业与环境、员工、消费者/客户、股东、竞争者以及社区等构成经济利益共同体，企业可以依据与利益相关者的关系来承担社会责任。因此，社会责任主要体现在以下几个方面。

1. 企业对环境的责任

企业既受环境的影响又影响着环境。从自身的生存和发展的角度看，企业应承担保护环境的责任。企业对环境的责任主要体现在以下3个方面：第一，企业要在保护环境方面发挥主导作用，特别要在推动环保技术的应用方面发挥示范作用。企业要紧密跟踪生态生产技术的研究进展，在条件许可的情况下，将最新的生态生产技术应用到生产中去，使研究出来的生态生产技术尽快转化为生产力，造福于人类。第二，企业要以"绿色产品"为研究和开发的主要对象。企业研制并生产"绿色产品"既体现了企业的社会责任，推动了"绿色市场"的发育，也推动了环保宣传教育，提高了整个社会的生态意识。第三，企业要治理环境。污染环境的企业要采取切实有效的措施来治理环境，"谁污染、谁治理"，不能推诿，更不能采取转嫁生态危机的不道德行为。

2. 企业对员工的责任

员工是企业宝贵的财富。企业对员工的责任主要体现在如下4个方面：第一，避免性别、年龄、宗教等方面的歧视。现代企业的一个显著特征是员工队伍呈现多元化，为了调动各方面的积极性，企业要平等对待所有员工，尊重每一位员工的人格，认真听取员工的建议。第二，为员工提供合适的工作岗位和相对公开的报酬，定期或不定期培训员工。影响员工尤其是高素质员工去留的一个关键因素是员工能否在本企业中得到锻炼和发展的机会。有社会责任的企业不仅会根据实际员工的综合素质，把他安排在合适的工作岗位上，做到人尽其才、才尽其用，而且会根据实际情况的需要，对员工进行各种培训，鼓励并帮助员工掌握相关技术和知识，并对工作表现出色的员工予以奖励。第三，营造一个良好的工作环境。工作环境的好坏直接影响员工的身心健康和工作效率，因此，企业不仅要为员工营造一个安全、关系融洽、压力适中的工作环境，而且要根据本单位的实际情况为员工配备必要的设施。对于容易伤害人体的工种，还要做好防护工作。第四，善待员工的其他举措。例如，当发生处罚和解雇行为时，应当严格按法律法规、企业章程和劳动合同办理。

3. 企业对顾客的责任

企业对顾客的责任主要体现在以下5个方面：第一，提供安全的产品。安全是顾客的一项基本权利，企业不仅要让顾客得到所需的产品，还要让他们得到安全的产品。如今，产品的安全越来越受到企业(尤其是知名企业)的重视。第二，提供正确的产品信息。企业要想赢得顾客的信赖，在提供产品信息方面不能弄虚作假、欺骗顾客。第三，提供售后服务。企业要把售后服务看作对顾客的承诺和责任，要建立与顾客沟通的有效渠道，如设立

意见箱、热线电话等，及时解决顾客在使用本企业产品时遇到的问题和困难。第四，提供必要的指导。在使用产品前或使用过程中，企业要尽可能为顾客提供培训或指导，帮助他们正确使用本企业的产品。第五，赋予顾客自主选择的权利。顾客拥有自主选择产品的权利，企业不能限制竞争，以防止垄断或限制的出现给顾客带来不利的影响。

4. 企业对竞争对手的责任

在市场经济中，竞争是一种有序的竞争。有社会责任的企业不会为了短期利益，采用不正当手段挤垮对手。企业不能压制竞争，也不能参与恶意竞争，要处理好与竞争对手的关系。企业要反对垄断，与合作者平等相待、互助互利，恪守信用，在竞争中合作、在合作中竞争。

5. 企业对投资者的责任

投资者是企业最终财产的终极所有者，企业管理者受聘经营企业，就必须对投资者负责，保护投资者的财产并使其增值。企业要为投资者带来有吸引力的投资报酬。那种只想从投资者手中获取资金，却不愿或无力给投资者以合理报酬的企业是对投资者极不负责的企业，这种企业注定会被投资者抛弃。此外，企业还要将财务状况及时、准确地报告给投资者。企业错报或假报财务状况，是对投资者的欺骗。

6. 企业对所在社区的责任

一方面，企业要为所在地区的居民提供劳动就业机会，增加地方财政资源；另一方面，企业应关心社区发展，积极参与社区公益活动，尊重社区文化，帮助维护社会公共秩序，在力所能及的前提下支持社区公共设施建设，为增进社区公共福利做贡献。有社会责任的企业应能意识到通过适当的方式把利润中的一部分回报给所在社区是其应尽的义务，积极参与各种社会行动，不仅回报了社区和社会，还可为企业树立良好的公众形象。

(四) 企业社会责任标准

在经济全球化的背景下，跨国公司的势力范围越来越大，企业社会责任也渐渐超越国界，成为全球性的问题。国际非政府组织、工会、行业协会都越来越关注劳动者的劳动条件、环境、人权等社会问题，并通过社会舆论、行业规制以及各种国际性社会责任标准不断推动企业社会责任的发展。许多国际组织也在按企业社会责任的要求积极酝酿新的企业行为标准。迄今为止，占据主流地位的企业社会责任标准有：SA 8000社会责任认证标准，ISO 14000系列标准(1996)，联合国全球契约，等等。

1. SA 8000社会责任认证标准

随着发展中国家具有国际竞争力的廉价劳动密集型产品大举进入发达国家市场，发达国家的工会等相关利益团体要求实行贸易保护主义的呼声日益高涨。其中，美国等国家为保护国内市场，减轻政治压力，对发展中国家的劳工条件及劳工环境的批评指责声越来越多。在美国的倡导下，1997年8月，全球首个企业社会责任标准SA 8000(Social Accountability 8000)制定并公布。这是根据《国际劳工组织公约》《世界人权宣言》《联合国儿童权益公约》等国际条约制定的第一个全球性企业道德规范资质标准，也是第一个可用于第三方认证的社会责任国际标准。它旨在通过有道德的采购活动，改善全球工人的

工作条件，最终达到公平而体面的工作条件。该标准具有通用性，不仅适用于发展中国家，还适用于发达国家；不仅适用于各类工商企业，还适用于公共机构。另外，SA 8000标准还可以代替公司或行业制定的社会责任守则。SA 8000标准中规定的企业社会责任是：企业或组织在赚取利润的同时，必须主动承担对环境、社会和利益相关者的责任。

2. ISO 14000系列标准

ISO是世界上最大的非政府性国际标准化机构，成立于1947年2月，主要从事各行业国际标准的制定。其下设若干技术委员会，其中第207技术委员会专门负责环境管理工作，主要的工作目的就是支持环境保护工作，改善并维持生态环境的质量，减少人类各项活动所造成的环境污染，使之与经济社会发展达到平衡，从而促进经济的可持续发展。进入20世纪90年代以后，环境问题变得越来越严峻，温室效应加剧，空气和水源严重污染，土地大量荒漠化，草原退化，森林锐减，许多珍稀野生动植物濒临灭绝……为了对社会的基本组织——企业的环境行为进行约束与规范，第207技术委员会(TC 207)借鉴ISO 9000标准的成功经验，于1996年9月推出了ISO 14000系列标准，由此形成环境管理体系认证制度。

ISO系列标准是国际标准化组织针对环境管理推出的第二个管理系列标准，内容涉及环境管理体系、环境审核、生命周期评价等国际环境领域内的诸多焦点问题。在ISO 14000系列标准中，以ISO 14001标准最为重要。它是站在政府、社会、采购方的角度对组织的环境管理体系提出的共同要求，目的是有效预防和控制污染并提高资源与能源的利用效率。ISO 14001标准是组织建立与实施环境管理体系和开展认证的准则。企业可参照这套标准在内部倡导和推行环境管理，根据企业的具体情况找出环境因素，对环境因素进行控制管理，从而达到保护环境、节约资源的目的。

3. 联合国全球契约

联合国全球契约由联合国前秘书长安南在1999年的达沃斯世界经济论坛年会上提出。2002年2月，在纽约召开的世界经济峰会上，36位首席执行官呼吁企业履行其社会责任，其理论根据为：企业社会责任是核心业务运作至关重要的一部分，是企业核心竞争力的重要形式。同年，联合国正式推出《联合国全球契约》(UN Global Compact)，其目的是使全球协议及各项原则成为企业战略和业务的组成部分，推动主要利益相关者之间的合作，促进合作伙伴关系的形成与发展，以支持联合国的各项目标的实现。协约共有9项原则，联合国恳请企业在对待员工和供货商时都要遵循其规定的9项原则。之后，又增加一条反腐败原则，构成"全球契约关于人权、劳工、环境及反腐败4大方面的10项原则"。

技能训练单元

实训一：升任总裁后的思考

【实训目标】分析郭宁从入职到升任总裁的职业生涯角色变化。

【实训内容与要求】参加实训者必须按要求进行，以达到较好的实训效果。

郭宁最近被一家生产机电产品的公司聘为总裁。在他准备去接任此职位的前一天晚上，他回忆起自己在该公司工作20多年的经历。他在大学时学的是工业管理专业，毕业获得学位后就到该公司工作，最初的职位是液压装配单位的监督助理。他当时感到很迷茫，不知道如何开展工作，因为他对液压装配所知甚少，也没有实际的管理经验，工作起来总是手忙脚乱。为了尽快适应工作，他一方面仔细查阅该单位编制的工作手册，努力学习有关的技术书刊；另一方面主动请教监督长。他渐渐摆脱了困境，胜任工作后又经过半年多时间的努力，他已有能力独担液压装配的监督长工作。但当时公司没有提升他为监督长，而是直接提升他为装配部经理，负责包括液压装配在内的4个装配单位的领导工作。

在郭宁担任监督助理时，他主要负责每日的作业管理，这项工作技术性很强。而在他担任装配部经理时，他发现自己不能只关心当天的装配工作状况，还要做出此后数周乃至数月的规划，完成许多报告和参加许多会议，并没有多少时间从事自己喜欢的技术工作。担任装配部经理不久，他就发现原有的装配工作手册已基本过时，因为公司安装了许多新设备，吸收了一些新技术。于是，他花了整整一年时间去修订工作手册，使之切合实际。在修订手册的过程中，他发现要让装配工作与整个公司的生产作业协调起来是很有讲究的。

他主动到几个工厂去访问，学到了许多新的工作方法，并把这些新方法编入新的工作手册中。由于该公司的生产工艺频繁变化，工作手册也不得不经常修订，郭宁在这一方面表现得很出色。他工作几年后，不但自己学会了这些工作，而且学会如何把这些工作交给助手，教他们如何做好。这样，他就可以腾出更多的时间用于规划工作、指导下属、参加会议、批阅报告和完成工作汇报。

郭宁担任装配部经理6年之后，正好该公司负责规划工作的副总裁辞职应聘于其他公司，郭宁便主动申请担任此职务。在与另外5名竞争者较量之后，郭宁被正式提升为规划工作副总裁。他自信拥有担任新职位的能力，但由于该职务工作的复杂性，他在刚接任时遇到了不少麻烦。例如，一家新工厂的开工，乃至一个新产品的投入生产，一般都需要提前做准备，可是他很难预测1年之后的产品需求情况。同时，在新岗位上他还要不断处理市场营销、财务、人事、生产等部门之间的协调工作，这些事项他过去都不熟悉。随着职位的上升，仅仅按标准的工作程序来开展工作是不够的。但他还是渐渐适应了，做出了成绩，之后又被提升为负责生产工作的副总裁，而这一职位通常是由该公司资历最深、辈分最高的副总裁担任的。到了现在，郭宁被提升为总裁。他知道当一个人成为公司最高主管时，应该自信有处理任何突发情况的才能，他也意识到自己尚未达到这样的水平。因此，一想到自己明天就要上任了，也不知今后数月的情况会是怎样，他不免为此担忧。

案例来源：中国MBA网校，2012-3-21.

【实训步骤】

第一步，实训准备。每个人认真阅读并分析案例，初步了解本次实训的目标要求。

第二步，以小组为单位进行案例分析，小组成员充分发表个人观点。

第三步，对小组成员的各种观点进行记录，如表1-3所示。

表1-3 "升任总裁后的思考"案例分析记录

专业班级			组　别		
记 录 人			时　间		
小组成员					
讨论记录	1.郭宁对升任总裁后的担忧主要源于什么？试预测他下一步将采取的行动。 2.你认为郭宁能否胜任这一职务？胜任这一职务还需要从哪些方面做出努力？				成　绩
	组员1				
	组员2				
	组员3				
	组员4				
	组员5				

第四步，各小组选出一名代表发言，对小组讨论结果进行总结。

第五步，对小组成员的各种观点进行分析、归纳和要点提炼，填写案例分析发言提纲，如表1-4所示。

表1-4 "升任总裁后的思考"案例分析发言提纲

姓　名		专业班级	
学　号		成　绩	
小组成员			

1.郭宁对升任总裁后的担忧主要源于什么？

2.试预测他下一步将采取的行动。

3.你认为郭宁能否胜任这一职务？胜任这一职务还需要从哪些方面做出努力？

【实训时间】大约需要20分钟。

【实训场地】多媒体教室。

【实训成绩评定】

按照是否掌握管理者的角色和技能、能否理解管理的本质和职能，将实训成绩分为优秀、良好、中等、及格、不及格5个等级，并对各组进行评价。

实训二：同仁堂的社会责任观

【实训目标】了解企业履行社会责任的方式，理解企业承担社会责任与企业发展的关系。

【实训内容与要求】认真阅读案例，要求发言提纲语言流畅、条理清晰。

北京同仁堂是中药行业闻名遐迩的老字号，始建于清康熙八年(公元1669年)，创始人为乐显扬。清雍正元年(公元1723年)，同仁堂开始供奉御药房用药，享受皇封特权，历经8代皇帝，长达188年。历代同仁堂人始终恪守"同修仁德、济世养生"的理念，践行"炮制虽繁必不敢省人工，品味虽贵必不敢减物力"的堂训。仅在2003年突如其来的"非典"

疫情面前，面对承担社会责任和遭受巨大损失的选择，同仁堂就把中国的优良传统精神淋漓尽致地展现在世人面前。

2003年2月底3月初，广东省爆发"非典"疫情，板蓝根需求量剧增。4月，疫情蔓延到北京，北京市民人心惶惶。在媒体公布了一些专家推荐的预防"非典"的中药方后，北京市抓药人数剧增，市场供应严重不足。面对此种局面，北京市政府发出号召，要求北京各大医药企业积极行动起来，投入到抗击"非典"的行动之中，保证北京市抗"非典"的药品供应充足。

同仁堂作为国有大型医药企业，积极响应政府号召，全员行动，竭力解决药店人力不足的问题。然而，由于市场需求量超过同仁堂日常供应量的10倍左右，而且抓药程序复杂，供应速度明显跟不上。在这种情况下，同仁堂报北京市药品监督管理局批准，直接将药材煎制成汤剂出售。同时，将两条国公酒的生产线改为抗"非典"瓶装待煎液的生产线，有效地满足了消费者的需求，大大方便了市民。

在提供抗"非典"药品期间，同仁堂的61家药店供应了北京市近一半的抗"非典"药品，药材用量比平日突增十几倍，后期采购量更是越来越大。一方面，药材涨价失控，抗"非典"药方中几种用量比较大的药材，如苍术从每公斤5元涨到26元，贯众从每公斤1元涨到8元，金银花从每公斤40元涨到260元；另一方面，又要坚守国家对抗"非典"药品的限价令，保证"非典"药品的充足供应。因此，同仁堂承受着巨大的经济压力，但仍从政治的高度看待抗击"非典"行动，苦心支撑着局面。除了在供应抗"非典"药品上的损失，同仁堂在国公酒、乌鸡白凤丸、六味地黄丸这三大王牌产品上也有巨大损失。春秋两季是三大王牌产品的销售旺季，而在"非典"期间，同仁堂因全力生产抗"非典"药品，这些畅销药就在市场上断货了。

正是这种"同修仁德，济世养生"的理念，成就了同仁堂数百年的基业，也使其在现代社会的激烈竞争中得以健康发展。在中国上市公司发展潜力50强的评比当中，同仁堂成为连续七届入选的两家企业之一。

思考：1. 同仁堂在"非典"期间采取的行动是在履行企业社会责任吗？

2. 你是否赞同同仁堂的上述做法？为什么？

案例来源：经济观察报，2003-05-24.

【实训步骤】

第一步，实训准备。每个人认真阅读并分析案例，初步了解本次实训涉及的理论基础知识。

第二步，以小组为单位进行案例分析，每个小组成员充分发表个人观点。

第三步，对小组成员的各种观点进行记录，如表1-5所示。

表1-5　"同仁堂的社会责任观"案例分析记录

专业班级		组　别	
记录人		时　间	
小组成员			

(续表)

讨论记录	1. 同仁堂在"非典"期间采取的行动是在履行企业社会责任吗？试预测"非典"以后，同仁堂承担社会责任的行为将产生的效果。 2. 企业是否一定要履行社会责任？为什么？	
	组员1	
	组员2	
	组员3	
	组员4	
	组员5	

第四步，各小组选出一名代表发言，对小组讨论结果进行总结。

第五步，对小组成员的各种观点进行分析、归纳和要点提炼，填写案例分析发言提纲，如表1-6所示。

表1-6 "同仁堂的社会责任观"案例分析发言提纲

姓　名		专业班级	
学　号		成　绩	
小组成员			

1. 同仁堂在"非典"期间采取的行动是在履行企业社会责任吗？

2. 试预测"非典"以后，同仁堂承担社会责任的行为将产生的效果。

3. 企业是否一定要履行社会责任？为什么？

【实训时间】大约需要20分钟。

【实训场地】多媒体教室。

【实训成绩评定】

按照是否掌握管理者的角色和技能、能否理解管理的本质和职能，将实训成绩分为优秀、良好、中等、及格、不及格5个等级，并对各组进行评价。

本章主要参考文献

[1] 孙晓红，闫涛，冷泳林. 管理学[M]. 大连：东北财经大学出版社，2016：5-14.

[2] 黄涌波，王岩，等. 管理学基础——理论、案例、实训[M]. 大连：东北财经大学出版社，2016：8-12.

[3] 焦叔斌，杨文士. 管理学[M]. 4版. 北京：中国人民大学出版社，2014：15-20.

[4] 冯光明. 管理学[M]. 北京：北京邮电大学出版社，2011：7-17.

[5] 赵丽芬. 管理学——全球化视角[M]. 北京：中国人民大学出版社，2013：6-21.

[6] 周丹. 管理学实训教程[M]. 北京：电子工业出版社，2012：15-33.

第二章 管理理论的形成与发展

> ➤ 了解中外早期的管理思想；
> ➤ 掌握古典管理理论的代表人物及主要贡献；
> ➤ 掌握行为科学理论的代表人物及主要贡献；
> ➤ 了解领导理论的新发展；
> ➤ 了解现代管理理论的主要流派及观点；
> ➤ 了解当今管理理论与实践的新趋势。

管理故事 南风和北风的故事

南风和北风是一对冤家，每次见面总是要争谁更厉害。这一天，它们又凑到了一起。南风说："我们总是争来争去也不是办法，这样吧，那边有一个人过来了，我们谁能把他的衣服吹掉，谁就厉害。"

北风不服气地说："比就比，怕你啊！"于是，北风气势汹汹地冲过去，对着那个人一顿猛吹。刹那间，寒风刺骨，行人的衣服被吹得瑟瑟作响，行人赶忙把衣服裹得紧紧的，任凭北风怎么吹，也不放手。最后北风吹累了，垂头丧气地停下来。

南风微微一笑，走上前去徐徐吹动，顿时风和日丽，行人因为觉得春意盎然，解开纽扣，继而脱掉大衣，南风获得了胜利。

资料来源：http://www.feel-bar.com/html/Article/2015/032950.html.

思考： 什么样的管理才能令人信服？管理者想要达成目标应该怎么做？

基础理论单元

第一节 中外早期的管理思想

管理的历史与人类的历史一样源远流长，人类早期的协作实践活动，促进了管理思想的形成和发展。

一、中国早期的管理思想

中国古代管理思想在许多著作中都有记载和论述，如《论语》《老子》《墨子》《韩非子》《资治通鉴》《孙子兵法》等，涵盖政治、经济、军事等多个领域。其中，儒家、法家、道家的管理思想比较具有代表性。

(一) 儒家的管理思想

儒家是春秋末期最重要的思想学派，以孔子和孟子为代表，他们倡导利益一元化的管理体制，在"人性本善"的前提下提出了以仁为核心、以礼为准则、以和为目标、以仁政和德治为主要内容的管理思想模式，具体表现在以下三个方面。

1. 仁政的管理理念

"仁者，爱人"，孔子竭力主张"行仁德之政，因民之所利而利之"，管理活动要"以民为本"，把关爱民众作为统治民众的前提。孟子也指出"得民心者得天下"。这些言论虽然是站在统治阶级的立场而发，但强调的"民生为本"的思想蕴含着一定的管理智慧。

在孔子看来，管理一个国家首先要管理人，而人的管理又分为"正己"的自我管理和"安人"的社会管理两大部分。孔子十分强调管理者的"正己"在管理中的巨大影响，提出了"其身正，不令而行；其身不正，其令不从"的观点，认为"安人"必先"正己"。在此基础上，孔子针对如何平天下的问题，提出一个逻辑次序，"身修而后家齐，家齐而后国治，国治而后天下平"。

2. 和与中庸的管理准则

孔子主张"礼之用，和为贵""君子和而不同，小人同而不和"，这里的"和"是协调、和睦的意思，指社会成员之间要建立良好的关系，但并不意味着要为了和睦而放弃原则。凡是无关原则的小事，要讲协调、重和睦，不要小题大做、破坏团结；凡事关重大的原则问题，则要坚持原则，不应苟同。孟子也指出，"天时不如地利，地利不如人和""得道者多助，失道者寡助；寡助之至，亲戚畔之；多助之至，天下顺之。以天下之所顺，攻亲戚之所畔，故君子有不战，战必胜矣"。

要做到"和"，孔子认为"中庸之为德也，其至矣乎"，即中庸作为实现道德的法则，是再好不过的。孔子主张要把握"过"和"不及"两个极端而用中庸之道去引导人们，这其实就是今天讲求的合理和适度。因为管理的目的就是使人与物处于合理和适度状态，这才能发挥出最佳效益。

3. 义利与礼的管理手段

管理目标的实现有赖于恰当地运用管理手段。孔子主张"君子以义为上""君子以义为质""君子喻于义，小人喻于利"，这充分代表了孔子的义利观，即义应当成为人的内在本质，取义、尚义、重义、守义，先义而后利，是治国治民的重要条件。"行义以达其道""道之以政，齐之以刑，民免而无耻；道之以德，齐之以礼，有耻且格"，这实际上道出了儒家"德礼之治"的管理手段。儒家管理思想认为，单纯依靠政令、刑法等强制性

的政治举措，实施惩罚性的管理手段进行管理，对于治民虽然可能有效，但并不会取得理想的效果，即使在短期内能够奏效，其作用也不会长期持续下去。而以道德教化贯穿管理过程，把重义轻利的价值观念灌输到民众的头脑中并化为其内心的自觉行为，就能达到控制民众思想和稳定社会秩序的目的。孔子极力主张用"礼"的规范来约束人们的行为。在古代，对于不同社会等级的人的言行，都有关于"礼"的明确规定，要求每一个人必须按照"礼"的规定来约束自己，要顺乎礼义、以礼制欲，必须把"礼"贯彻到自己的一切言行之中，做到"非礼勿视，非礼勿听，非礼勿言，非礼勿动"。这种"齐之以礼"的礼治就是用合乎"仁"的道德规范、行为准则和典章制度来进行管理的治理方式，从而实现社会管理的目标。

(二) 法家的管理思想

法家的管理思想是春秋战国时期建立在"人性本恶"的前提下，以法制、刑治为主要内容的管理思想体系，主要代表人物有商鞅、申不害、慎到、韩非子等。法家倡导的是"法""术""势"三位一体的极端专制的中央集权制，"法""术""势"是法家的主要论点。

"法"是指管理的法律制度，主要内容包括定法和执法两大部分，即制定和执行法律、政令。法家重视法律，而反对儒家的"礼"，认为法律有"定分止争""兴功惧暴"的作用，能约束百姓的行为。"法者，编著之图籍，设之于官府，而布之于百姓者也""人生有好恶，故民可治也""明其法禁，必其赏罚"。由于人性的趋利避害，法家认为君王可以运用手中的权势惩罚违法之人，奖赏顺服王法的人，通过赏罚来督促百姓，也就是现在所说的有法可依、有法必依、违法必究。

"术"是指驾驭群臣、掌握政权、推行法令的策略和方式，即管理的策略手段。申不害建议君主应以"独视""独听""独断"的方式来统治国家。他认为，"独视者谓明，独听者谓聪。能独断者，故可以为天下主"。法家韩非子则提出了统治、管理之"七术"：众端参观，必罚明威，信赏尽能，一听责下，疑诏诡使，挟知而问，倒言反事。他还将其分为三大类：形名术、用人术和治奸术。"形名术，就是循名而责实"，也就是按照官职名分来追究他的实绩，用下属的言论去衡量他所做的事和取得的功效。关于"用人术"，韩非子提出"内举不避亲，外举不避仇"，应注意排除从众干扰，坚持任人唯贤，并对有功之臣给予激励。"治奸术"是用来防止君主统治权被削弱以致被篡夺的一系列策略，包括防微杜渐、任人毋重、以法治吏等。

"势"是指统治者的个人威势。它是指一种具有绝对权威的强制力，也就是至高无上的君主统治权，它强调营造一种号令天下、令行禁止的管理氛围。韩非子认为"设法度以齐民，信赏罚以尽民能，明诽誉以劝沮。名号、赏罚、法令三隅。故大臣有行则尊君，百姓有功则利上，此之谓有道之国也"。这段话的意思是，靠设置法律制度来统一民众的行为，以赏罚有信来充分激发民众的才能，靠公开的赞誉或批判来鼓励善行或阻止作恶。把"名号、赏罚、法令"这三者结合起来使用，就可以形成一种"势"。法家还认为"势"的成因不能仅仅归结为权力，还与当权者的人格形象有关。"人主者，天下一力以共戴

之，故安；众同心以共立之，故尊。"这段话的意思是，作为君主，天下人齐心合力地拥护他，他的地位才能稳固；民众同心同德地推举、辅佐他，他的地位才尊贵。由此可见，法家所强调的"势"，从表面上看是一种权势、威势，而本质上却是一种影响力。

(三) 道家的管理思想

道家是春秋战国时期诸子百家中重要的思想学派之一。老子是道家学说的创始人，著有《老子》一书，又称《道德经》。老子的思想体系不仅有着深远的哲学思想，还包含政治、经济、文化、军事诸多方面涉及社会及国家的管理思想。道家倡导"道法自然""无为而治"，其以弱胜强、以柔克刚、以退为进等思想对中外管理思想的发展产生了深刻影响。

1. 无为而治的管理原则

"道"是中国古代哲学的重要范畴，用以说明世界的本原、本体、规律或原理。在中国哲学史上，道的原始含义指道路、坦途，后来逐渐形成"道理"的义项，用以表达事物的规律性。这一变化经历了相当长的历史过程。春秋后期，老子最先把"道"看作宇宙的本原和普遍规律，认为万物都是由"道"派生出来的，成为道家的创始人。老子所说的"道"有3方面的含义，即道是先于天地的混成之物；道是存在于万物之中的普遍法则；道无形无象。他还高度概括了"道"的运动规律，提出"反者道之动""有无相生，难易相成，长短相形，高下相倾，音声相和，前后相随""曲则全，枉则直；洼则盈，敝则新；少则得，多则惑"，意思是矛盾的任何一方面都不能孤立存在，而是互相依存、互为前提，对立面的互相转化是"道"的运动规律，物极必反。老子崇尚自然无为，认为人应该遵循道，也要做到无为。于是，"无为"就成为老子及道家管理的最高原则。

2. 以柔克刚的管理策略

老子关于"道"的另外一个重要思想是"贵柔"。他提出，"兵强则灭，木强则折""天下之至柔，驰骋天下之至坚"，意思就是说坚强的事物实际上是正在接近死亡的事物，柔弱的事物才有生命力，才是无坚不摧的。在自然界万事万物中，老子崇尚水，认为，"上善若水，水善利万物而不争，此乃谦下之德也；故江海所以能为百谷王者，以其善下之，则能为百谷王。天下莫柔弱于水，而攻坚强者莫之能胜，此乃柔德；故柔之胜刚，弱之胜强坚"。他认为水之所以能滋养万物，显示强大的适应性与生命力，恰恰是因为水能"守柔"且"上善"。理想中的圣人是道的体现者，他的言行类似于水，虽不见其形，却可以进入没有缝隙的东西中，处处谦让别人，处事有条不紊，很好地把握时机，将柔转化为刚、弱转化为强。由此，以静制动、以弱胜强、以柔克刚、以少胜多等也成为后来政治、军事方面的战略原则。

■ 二、西方古代的管理思想

西方古代的管理思想和实践有着悠久的历史，远在奴隶制时代，古巴比伦、古埃及、古希腊、古罗马人等就在指挥军队、治国施政、管理教会和工程建筑等活动中形成了有效

的管理制度和方法。

(一) 古巴比伦的管理思想

古巴比伦在国王汉穆拉比的统治下，建立了强大的中央集权国家，由国王总揽国家司法、行政和军事权力。汉穆拉比发布的《汉穆拉比法典》是古代历史上著名的法典，全文共二百八十五条，其内容几乎无所不包。其中，提出了许多经营管理思想，如控制信贷、贵金属的存放和付给、货物的经营贸易、最低工资、会计和收据的处理、责任承担、生产控制、激励方式等。

(二) 古埃及的管理思想

古埃及建立了以法老为最高统治者的国家机构，法老之下设各级官吏，最高为宰相。各级官吏各有专职，实施分工管理。由宰相辅助法老处理全国政务、监督公共工程的兴建，大臣及地方官吏则管理财政、水利及地方事务。古埃及人用原始工具建造了举世闻名的金字塔，其工程之浩大、技术之复杂，至今仍让人惊叹不已，可见当时的组织管理水平已达到一定的高度。此外，在《圣经》中也记载了古埃及人的一些管理思想，如"领导者对未来要有所打算""你应该一视同仁，应该对认识你的人和不认识你的人，接近你的人和不接近你的人一视同仁"等，足以证明古埃及人在数千年以前就认识到计划的必要性，以及公正分权原则在管理中的重要意义。

(三) 古希腊人的管理思想

在古希腊，当时的思想家对管理也有许多卓越的见解。大哲学家苏格拉底和亚里士多德曾指出公务管理和家务管理有共同性，从而肯定了管理的普遍性。苏格拉底还在历史上第一次揭示了"什么是管理"，他认为"管理是区别于技术和经验的一种技能"，这和现代关于管理职能的见解相当接近。另一位著名古希腊哲学家色诺芬则写成《家庭管理》一书，研究优秀的主人应如何处理自己的财产，并提出以财富是否增加作为判断家庭管理水平高低的标准。此后，柏拉图也对劳动分工原理作了阐述。他认为，人的天赋是单方面的，只做适合其天赋的一种工作，而且在恰当的时机去做，他就能做得更多、更好而且更容易。

(四) 古罗马人的管理思想

古罗马人继承与发扬了古希腊的管理思想，从一个小城市发展为一个庞大帝国，并统治了几个世纪，实行的是集权与分权相结合的统治方式。古罗马不仅确立了一个严格的体制和权力层次来保证各种国家职能的履行，而且在各军政机构之间进行了具体分工，对各地方官只授予内政方面的权力，至于驻扎在地方的兵力，则由中央统帅。由此可看出，古罗马已经实践了现在我们所熟悉的集权与分权、有效管理幅度等管理思想。另外，由古罗马天主教会左右成效的组织管理实践也为有关权力的阶梯、职能的专业化、幕僚运用等管理理论研究做出了极为重要的贡献。美国管理学家孔茨和欧登列尔评价说："罗马天主教

的组织，实为西方文化历史上最为有效的一种正式组织。"

三、国外工业革命时期的管理思想

工业革命又称为产业革命，是指以资本主义的机器大工业取代手工技术为基础的工厂手工业的一场重大变革。工业革命使工业从农业中分离出来，社会上出现了一类新的组织——工厂。从18世纪中叶到19世纪，英、美、德、法等国先后开始并完成了工业革命，从而开创了生产力发展的新纪元。工业革命不仅仅是技术上的革命，也带来了专业化分工的发展和生产组织变革。为了破解工业革命带来的管理难题，一些学者从各自原有的学科出发，对管理进行了理论研究，提炼了先进的管理思想，代表人物主要有亚当·斯密、罗伯特·欧文、查尔斯·巴比奇、弗雷德里克·哈尔西等。

(一) 亚当·斯密的管理思想

亚当·斯密是英国古典政治经济学家，他在1776年出版的《国富论》(全名为《国民财富的性质和原因的研究》)一书中系统地论述了国民财富的源泉和劳动分工对于提高劳动生产率、增加财富的重要意义。

亚当·斯密认为，劳动是国民财富的源泉。他同时指出，劳动创造价值是工资和利润的源泉。经过分析，他得出了"工资越低，利润越高；反之，工资越高，利润就会降低"的结论，揭示了资本主义经营管理的中心是增加剩余价值的本质。

亚当·斯密提出的分工理论和"经济人"观点对管理理论发展有重大影响。他认为，劳动分工是提高劳动生产率的重要因素，具体表现在：劳动分工可以使人重复完成单项操作，从而提高劳动熟练程度，提高劳动生产率；劳动分工可以减少由于变换工作而损失的时间；劳动分工可以简化劳动，使劳动者的注意力集中在一种特定的对象上，有利于创造新的工具和改造设备。另外，他认为，人们在经济活动中追求的是个人利益，社会利益是由个人利益之间的相互牵制而产生的。这些内容后来成为西方科学管理理论的重要依据之一。

(二) 罗伯特·欧文的管理思想

罗伯特·欧文是英国空想社会主义代表人物，也是一名企业改革家，被人们誉为"现代人力资源管理的先驱"。欧文的管理思想主要体现于人事管理方面的实践与理论中。为了改善由工业革命造成的苛刻的劳动条件，欧文提出了缩短劳动时间、禁止招收童工、设置工人教育设施和住宅、改善工人生产条件和生活条件等社会改良政策，并在自己的工厂里付诸实施。他认为，只要对雇员加以指挥，改善其目前的生产和生活条件，就可以提高50%～100%的生产率，从而使工厂雇主的收入大大增加；而如果把这些支出用于改善机器性能，则只能赚取15%的报酬。所以，应善待雇员，并提供培训，以免他们在生活上、精神上受到委屈。

(三) 查尔斯·巴比奇的管理思想

查尔斯·巴比奇是英国剑桥大学的数学家、机械学家，也是计算机先驱，他曾用几年时间到英、法等国工厂了解和研究管理问题。他的代表作是1832年出版的《论机器和制造业的经济》。在本书中，查尔斯·巴比奇通过研究时间和成本控制，分析了劳动分工使生产率提高的原因，提出了劳动分工、运用科学方法有效地使用设备和材料等观点。为了调动劳动者的积极性，查尔斯·巴比奇提出了一种工资利润分享制以谋求劳资之间的调和。他认为，工人除了工资外，还应按工厂所创利润的百分比额外得到一部分奖金作为报酬。此外，查尔斯·巴比奇还对实施管理的经理人员提出了许多建设性意见。例如，重视研究发展工作，应用时间研究技术，采用比较分析法分析企业机构的实际工作，根据以所得为基础的统计资料来确定所需，采用集权化的生产程序管理方法，厂址选择要邻近原料供应地，建立对人人有利的建议制度，等等。这些管理思想无论是在深度还是在广度上，都较前人或同代人有了较大的进步。可以说，他是科学管理思想和定量管理思想的先驱者。

(四) 弗雷德里克·哈尔西的管理思想

弗雷德里克·哈尔西对管理的贡献体现在工资制度方面。1891年，他向美国机械工程学会提交了一篇题为"劳动报酬的奖金方案"的论文。该论文指出了当时普遍使用的三种报酬制度的弊端：计时制对员工积极性的发挥无激励作用；计件制常因雇主降低工资率而扼杀工人提高产量的积极性；利润分享制导致部门间良莠不齐，有失公允。据此，他设计提出了全新的工资奖金方案，即不管工人业绩如何，均可获得一定数额的计日工资。工人增加生产量，就可得到奖金，从而消除因激励工资而引起的劳资纠纷。工人奖金仅为超出部分的1/3，即使工人增产1倍也不会使工资太高，雇主从中获益2/3，因而就不会总想降低工资率。以工人过去的业绩为基准，旨在鼓励工人比过去进步。工人所要超越的是他本人过去的业绩，而不是根据动作和时间研究制定出来的标准。

尽管这些先驱者从不同的角度提出了一些管理思想，但他们毕竟没有专门研究管理理论，因此他们的研究并没有形成一种系统化的管理理论体系。这也与当时社会普遍注重生产组织、减少浪费、增加产量、追求最高利润有关，人们关注的是具体方法而不是理论。在这一阶段，由于没有系统的管理理论作指导，管理工作呈现以下几个特点。

首先，管理的重点是解决分工与协作问题。当时的管理着眼于如何进行分工协作，以保证生产过程的顺利进行；或着眼于怎样减少资金的消耗，提高工人的日产量指标，以取得更多的利润。管理的内容局限于生产管理、工资管理和成本管理。

其次，管理的方法仅凭个人经验。从农业国变成工业国意味着没有"管理阶层"，既没有普遍适用的有关如何进行工厂管理的知识体系，也没有共同的管理行为准则。因此，当时流行的是经验管理思想，管理工作的成败主要取决于管理者个人的经验、特点和工作作风。

最后，管理的主体即企业管理者由资本家直接担任。由于劳动三要素是由资本聚集起来的，拥有资本的工厂主自然而然成了企业管理者。随着企业的发展，越来越多的工厂

主开始认识到，单凭自己的经验和直觉已越来越难胜任整个企业的生产经营管理工作，最好的办法是让那些有管理才能的人来代替自己做一些管理工作。于是后期出现了厂长、监工、领班等特种雇佣人员。尽管如此，企业的总体管理还是由资本家亲自掌握。

第二节　古典管理理论

随着资本主义工厂制度的进一步发展，无论是在理论还是在实践方面，对管理思想进行系统的归纳、整理和提炼的需求都逐渐增强。在这种背景下，西方古典管理理论应运而生。古典管理理论的发展时期为20世纪初到20世纪30年代，在美国、法国、德国等国家分别活跃着具有奠基人地位的管理大师，如"科学管理之父"泰勒、"管理过程理论之父"法约尔以及"组织理论之父"马克斯·韦伯等。

一、泰勒的科学管理理论

弗雷德里克·温斯洛·泰勒出生于美国费城一个富裕的律师家庭，长大后在米德维尔钢铁公司先当过工人、车间管理员、技师、工段长、总机械师、总绘图师、总工程师。由于长期从事企业管理工作，具有丰富的实践经验。1886—1890年，他担任美国机械工程师协会主席，并在哈佛大学开设工厂管理的相关课程。他在《计件工资制》(1895)、《工厂管理》(1903)、《科学管理原理》(1911)等管理方面的著作中，系统地论述了他的科学管理理论，被称为"科学管理之父"。

(一) 泰勒科学管理理论的主要观点

1. 科学管理的中心问题是谋求提高工作效率

泰勒认为，劳资双方的利益并不矛盾，最高的工作效率是雇主和雇员达到共同富裕的基础，它能使较高工资和较低的劳动成本统一起来，从而扩大再生产，促进生产的发展。

2. 提高工作效率必须运用科学化、标准化的管理方法

泰勒认为，提高工作效率的重要手段是在管理实践中出台各种明确的规定，用科学化、标准化的管理方法代替旧的经验管理，使一切科学化、制度化是提高管理效率的关键。

3. 为实施科学管理，需要开展一场"心理革命"

泰勒认为，雇主和工人双方应把注意力从分配剩余的问题上移开，转向增加剩余，以友好合作和相互帮助来代替对抗和斗争，共同为提高劳动生产率而努力。他强调雇主和工人在精神上和思想上都必须进行一场"心理革命"，必须使工人认识到，科学管理对他们有好处。只有改进操作方法，才能在不增加体力消耗的条件下提高效率，增加工资；同时，也只有实现科学管理，才能降低成本，满足雇主的利润要求。

(二) 泰勒的科学管理方法

根据以上观点，泰勒提出了一些基本的管理制度。

1. 挑选和培训一流的工人

泰勒主张科学地选择工人，应根据工人的具体能力安排恰当的工作，使其胜任自己的工作。为了提高劳动生产率，必须挑选一流的工人。一流的工人包括两个方面：一是该工人的能力适合他所从事的工作；二是该工人从内心愿意从事这项工作。要根据工人的不同能力和天赋把他们分配到相适应的工作岗位上，使之成为一流的工人。对那些不适应从事其现任工作的工人，应加以培训，使之适应工作需要，或把他们重新安排到其他适宜的工作岗位上去。泰勒认为，培训一流的工人是领导的重要职责。

2. 制定工时定额，推进标准化

工时研究是泰勒制的研究基础，它通常把一项工作分解为各种基础的组成部分，先做测试，然后根据其合理性重新安排，以确定最佳的工作方法。通过研究工人工作时动作的合理性，去掉多余的动作，改善必要动作，并规定完成每一单位操作的标准时间，制定出劳动时间定额。此外，除了操作方法标准化外，泰勒还对工具、机械、原料和作业环境等进行改进，最终使与任务有关的所有要素都实行标准化。

3. 实行计件工资报酬制度

泰勒在制定标准定额的基础上实行差别计件工资制。泰勒通过大量的工时与动作研究，找出每一个基本动作的最好、最快的操作方法，这构成了他确定日工作定额的基础。在标准定额的基础上，泰勒建议实施差别计件工资制，即根据工人完成定额的不同，采用不同的工资率。例如，工人完成定额的80%，则只按80%付酬；超定额完成120%，则按120%计算工资。工资的支付标准，是工作表现而不是职位和工作类别，这样便于刺激工人更好地劳动，千方百计地完成工作定额。

4. 实行职能工长制

泰勒把管理工作称为计划职能，把工人的劳动称为执行职能。为了实现计划部门与执行部门的分离，泰勒对公司的组织结构进行了一系列改革，提出了职能工长制，将管理从现场操作中分离出来，保证管理人员能够完全控制工作内容，而实际工作的现场则完全按照计划部门的指示开展工作，从而促进了工作的标准化、简单化和专业化。泰勒认为，每一个工人在其工作中的任何一个具体方面只有一个职能工长领导，因此不会引起多头领导带来的工人无所适从的现象。此外，由于每个职能工长学会履行有限的职责即可，其培训工作也变得较为容易。

5. 实施例外原则

在组织管理中，泰勒提出了例外原则，即上级对下级充分授权，使下级各有分管的领域，而上级只保留对例外事务的决策权。通常上级会将程序化的工作交给下级部门或机构处理，使自己可以集中精力处理一些"例外"的事宜。这里，泰勒强调了企业中经理人员的特殊作用。例外原则对于帮助经理人员摆脱日常具体事务，集中精力对重大问题进行决策监督是非常必要和有利的。执行这一原则时要求将例行的一般事务授权给下级，同时要求日常业务工作标准化、制度化，这样，下级人员才能有章可循。

(三) 对科学管理理论的评价

科学管理的提出是管理发展史上的一次伟大革命，它不仅是管理方法的革命，也是管理思想的革命。科学管理的提出标志着管理学作为一门科学开始形成。泰勒是科学管理理论的创始人，作为一个伟大的思想体系，其不仅对当时的社会生产发挥了重要的作用，也对以后的管理理论发展产生了深远的影响。泰勒使管理从经验上升为科学，将小生产的思维方式转变为现代社会化大工业生产的思维方式，提高了管理理论的科学性。科学管理理论一经提出，立即风靡世界，美国企业的生产效率也有了大幅度提高。从本质上讲，科学管理理论突破了工业革命以来一直延续的传统的经验管理方法，其倡导的讲求效率的优化思想和调查研究的科学实践精神成为现代管理系统合理组织生产的基础。

当然，泰勒科学管理理论也存在许多不足，主要表现在以下三个方面：一是这一理论是基于"经济人"假设提出的，认为工人的主要动机是获取经济利益，工人最关心的是增加金钱收入，对作业的科学化完全是无知的；二是仅重视技术因素，忽视了社会、群体因素对管理的影响；三是仅注重基层管理或车间现场管理，这只是解决了一些具体工作的作业效率问题，而没有解决企业作为一个整体如何经营与管理的问题，如供应、财务、销售、人事等方面的活动基本没有涉及。

(四) 科学管理理论的发展

在科学管理理论的发展过程中，不少人曾是泰勒的合作者和追随者；也有一些人针对泰勒科学管理理论中的局限，提出不同的观点；还有部分曾经的追随者后来成为科学管理理论的批判者，并将研究兴趣转移到其他领域。其中，巴斯、甘特、吉尔布雷斯夫妇、福特等人从理论和实践等方面发展了科学管理的思想体系。

1. 巴斯

巴斯生于挪威，1881年移居美国，擅长数学。1899年，泰勒邀请巴斯参加金属切削实验，主要是为了解决金属切削中进刀量设计这一复杂的数学问题。巴斯对科学管理的贡献主要表现在三个方面：一是发明了计算尺，协助泰勒解决了金属切削实验中的数学难题；二是对成本会计的贡献；三是对泰勒科学管理思想的传播。在泰勒的合作者和追随者中，巴斯无疑是最忠实的，他先后于1911—1916年和1919—1925年在哈佛大学商学院开设"科学管理"课程，并于1919—1923年在芝加哥大学开设了同样的课程。

2. 甘特

甘特曾是泰勒的亲密合作者，也是科学管理运动的先驱者之一。甘特非常重视工业中人的因素，因此他也是人际关系理论的先驱者之一。甘特对科学管理理论的重要贡献包括：一是设计了著名的甘特图。该图表是一种用线条表示的生产计划进程控制表，通过对生产时间和产量的控制，来控制生产进度，在生产现场得到普遍应用，后来演变成为项目管理中的PERT(Program Evaluation and Review Technique，计划评审技术)。二是发展了泰勒的刺激性薪酬制度。他提出了"计件奖励工资制"，即除了按日支付有保证的工资外，超额部分给予奖励，完不成定额的可以按原定日工资支付，该制度弥补了泰勒差别计件工

资制的不足。三是重视管理中人的因素。甘特认识到科学管理的局限性，晚年开始关注人的激励、领导等问题，强调民主管理和重视人的领导方式，对科学管理理论进行了修正，这对后来的人际关系理论的产生与发展有较大的影响。

3. 吉尔布雷斯夫妇

美国工程师吉尔布雷斯与夫人在动作研究和工作简化方面取得了突出成就，他们在管理思想方面的主要贡献有：一是开展了动作研究，提出了"动作经济原则"并推广到工人中，使工效大为提高；二是进行了疲劳研究，分析了影响疲劳的三大类因素——人的变量、环境变量和动作变量，谋求合理搭配工作和休息并对环境进行恰当布置，通过减轻工人的疲劳而提高效率；三是关注工人的培训和发展问题，强调给予工人适当的工资和岗位提升机会，并建立系统化的制度管理体系和提升管理人员的具体计划。吉尔布雷斯夫妇的这些贡献为后来企业劳动定额的科学制定和工效学的形成奠定了基础。

4. 福特

亨利·福特是美国著名的汽车制造商，福特汽车公司的创始人。他被认为是大规模生产的第一位倡导者，首创了一套适合大规模生产的管理制度。福特认为，高工资和低成本能够同时实现，从而形成一种良性循环；标准化和流水线作业能大幅度提高效率；要防止金融资本介入企业经营，企业主应积极提高工人待遇而不是与工人谈判。福特在生产方面贯彻标准化，具体包括制品的单一化、工厂的专业化、零部件的互换性、生产的准确性、机械用途的单一性、操作的简单化6个方面。他率先成功地将流水线作业应用到汽车生产中，以让劳动者适应机械的速度来加强对他们的管理，这种生产管理方式被后人称为"福特模式"。

■ 二、法约尔的一般管理理论

亨利·法约尔与泰勒生活在同一时代，被称为"管理理论之父"。法约尔出生于法国一个富裕家庭。1860年，他毕业于法国国立采矿学院后进入一家采矿企业工作，并在这家企业度过了整个职业生涯。由于他担任了30多年的高级管理职务，对全面管理工作有深刻的体会和了解，积累了管理大企业的丰富经验。他的管理理论是以一个整体的大企业为研究对象，同时涉及工商企业、军队、机关、宗教、慈善团体等的管理问题。1916年，法约尔出版了他的代表著作《工业管理和一般管理》，标志着一般管理理论的诞生，对管理学的形成和发展做出了巨大的贡献。

(一) 法约尔一般管理理论的主要内容

法约尔与泰勒的不同之处在于他们选择的角度不同。泰勒研究的重点内容是企业内部具体工作的效率，法约尔则是以企业整体为研究对象。法约尔一般管理理论的主要内容涉及企业活动、管理职能、管理者的素质、管理原则等几个方面。

1. 企业活动

法约尔认为，企业无论大小，无论简单还是复杂，其全部活动都可以概括为以下6种

基本活动，这些活动统称为经营，经营指导一个组织趋向目标。

(1) 技术活动。具体指生产、制造、加工。

(2) 商业活动。具体指购买、销售、交换。

(3) 财务活动。具体指资金的筹集和运用。

(4) 安全活动。具体指维护设备与保护职工安全。

(5) 会计活动。具体包括存货盘点，资产负债表的制作、核算、统计等。

(6) 管理活动。具体指组织内计划、组织、指挥、协调和控制等活动。

法约尔对这6类工作进行分析之后发现，对基层工人或其他人员主要要求其具有技术能力。随着组织层次中职位的提高，管理将越来越重要，而技术能力的重要性相对降低。

2. 管理职能

法约尔进一步将管理要素划分为计划、组织、指挥、协调和控制5种职能，并对这5种管理职能进行了详细的分析和讨论。他认为，计划是最重要的管理职能，并拟出计划的依据，指出良好的计划应具备的特征，以及作为计划制订者的领导应具备的条件和能力；组织包括人力和物力的组织两方面；组织作用的发挥离不开指挥，即把任务分配给各级各类领导人员，使他们承担相应的职责；协调与控制旨在统一、调节、规范所有的活动，核实工作进展，防止和纠正工作中可能或已经出现的偏差。

3. 管理者的素质

法约尔认为，企业活动的整个过程就是职能分化的过程，而一般管理的职能就是全部智能的统帅与灵魂。职能分化的必然结果就是企业对于不同从业人员的不同素质和能力要求。法约尔把管理者的素质和能力归结为6个方面：身体条件、智力、道德、通用知识(一般文化)、专业知识、经验。

4. 管理原则

为了使管理者更好地履行管理职能，法约尔总结出管理应遵循的14条一般原则，具体内容如下所述。

(1) 劳动分工。实行劳动的专业化分工可以提高效率。这种分工不仅限于技术工作，也适用于管理工作。

(2) 权力与责任。权力是指"指挥他人的权以及促使他人服从的力"。责任则是随着权力而来的奖罚，是权力的当然结果和必要补充。有权力行使的地方，就有责任，权力和责任互为因果。

(3) 纪律。纪律实际上是领导人同下属人员之间在服从、勤勉、积极、举止和尊敬方面所达成的一种协议。纪律对于组织取得成功是绝对必要的。

(4) 统一指挥。无论何时，一个下属都应该接受而且只应接受一个上级的命令，这是普遍的、永久的原则。

(5) 统一领导。凡实现同一目标涉及的全部活动，仅应有一个领导人和一套计划。

(6) 个人利益服从整体利益。员工要以组织大局为重，当然，集体目标要包含员工个人目标，领导者要以身作则并接受监督。

(7) 合理的报酬。报酬制度应当公平，对工作成绩与工作效率优良者应有奖励，但奖

励不应超过适当的限度。

(8) 等级制度。等级制度是由从上级到最下级的各层权力组成的等级结构，是一条权力线，用以贯彻执行统一的命令和保证信息传递秩序。在保证命令统一的前提下，法约尔还提出了横跨权力执行路线的"跳板"，以防止信息延误，提高直接联系水平。

(9) 集权程度。集权就是降低下级的作用。集权的程度应视管理人员的个性、品质、下级的可靠性以及组织的规模、条件等情况而定。

(10) 秩序。秩序即人和物等要素各尽其能。建立秩序就是要按照事物的内在联系事先选择好要素的恰当位置。

(11) 公平。公平是由善意和公道产生的，即亲切、友好和公正。它不仅指报酬上的公平，还包括一种立场和观念，管理者应尽力让公平感深入人心。

(12) 人员稳定。员工要高效地、熟练地从事某项工作，需要经历相当长的时间，组织应鼓励员工长期为自身服务并适时补充人力资源。

(13) 首创精神。构想一个计划并实施就是首创，首创精神并不局限于领导者，而是包括所有成员，必须大力提倡、充分鼓励首创精神。

(14) 人员的团结。团结就是力量，要努力在组织内营造和谐与团结的气氛，避免"下属关系分裂"和"滥用书面联系"。

法约尔还指出，应灵活运用以上14条原则。在管理工作中，要运用智慧和经验来把握尺度。在同样的条件下，应注意各种可变因素的影响。

(二) 对一般管理理论的评价

作为古典管理理论的重要组成部分，法约尔的一般管理理论具有很强的理论性和系统性。该理论对管理5大职能的分析为管理学提供了科学的理论框架，对现代管理科学具有直接的重大影响。法约尔从最高管理者的角度概括总结的管理理论具有普遍意义，适用于企业之外的其他领域，成为管理过程学派和经理人角色学派研究的重要基础。这一理论揭示了管理活动的一般原理与法则，使管理教育成为可能。但法约尔的一般管理理论也有一定的局限性，它的不足之处是对具体的管理过程重视不够，研究方法较偏重经验。

■ 三、韦伯的科学组织理论

马克斯·韦伯被称为"组织理论之父"，他在管理思想史上的主要贡献是提出了官僚组织理论，其代表作是《社会和经济组织的理论》。

(一) 韦伯的组织管理理论的主要内容

韦伯认为高度结构化的、正式的、非人格化的理想行政组织体系是一种合理的、高效率的有效形式，适用于各种行政管理工作，该理论主要包括如下内容。

1. 解释了组织与权威的关系

权力与权威是一切社会组织形成的基础。对于任何组织来说，只有权威存在，才能实现

目标，才能变混乱为秩序。韦伯认为，组织赖以建立的权威有三种：传统权威、感召权威与合法权威。

(1) 传统权威。传统权威以确立已久的习俗和传统为基础，其根本特点是反映社会的连续性传承，一些存在已久的习惯、习俗、制度、社会或政治体系、价值、信仰等作为不容置疑的规则被公众普遍接受。传统权威是同传统社会行动相统一的，又分为老年人统治、族长制、世袭制三种表现形式。老年人统治和族长制是简单的传统权威，是纯粹的人治，世袭制则复杂得多。

(2) 感召权威。感召权威又称克里斯玛型权威或人格魅力型权威，是以领袖人物的非凡才能为根据行使政治权力的社会控制形式。这种权威的基础是个体的人格力量，也就是人的超凡魅力，通过激发忠诚、情感依赖甚至献身的精神对其他人进行心理控制，进而扩大权威和稳定领导地位。韦伯指出，这种权威与个人地位、社会位置或职务无关，而纯粹是领导人作为某种英雄或者圣人来施加影响。

(3) 合法权威。合法权威是以对法律确立的职位权力的服从为基础的社会控制形式。合法权威最终取决于正式的宪法规则，这些规则制约或限制着公共权力和公职人员的权力行为。与前两种类型相比，这种类型的优点在于权威附属于职位而非个人，它被滥用或者造成不公正的可能性更小。它有利于维系"有限政府"的存在，还能够通过劳动分工提高效率。韦伯用"官僚制"来称呼这一类型，并认为它是在现代社会中占主导地位的权威制度。

2. 归纳了官僚制组织的特点

"官僚"，是指这种组织的成员是专门化的职业管理人员，并不含有一般语境中使用"官僚"一词的贬义。为了避免误解，有些学者把韦伯所说的"官僚组织"改称"科层组织"。韦伯认为，官僚组织是对大规模社会群体进行有效管理的基本形态。官僚制具有如下几个基本特征。

(1) 合理的分工。在组织中明确划分每个组织成员的职责权限，并以法规的形式将这种分工固定下来。

(2) 自上而下的等级系统。在组织中实行职务等级制和权力等级化，整个组织是一个层级节制的权力指挥体系。

(3) 正规的员工选择和晋升机制。组织中人员的选用完全根据职位的要求，因事设职，专职专人，通过正式考试或教育训练来实现。管理人员有固定的薪金和明文规定的升迁制度。

(4) 依照规程办事的运作机制。管理人员必须严格遵守组织中的规则和纪律，在组织中任何管理行为都不能随心所欲，都要按章行事。

(5) 人与人关系的非人格化。非人格化是理性化的另一种表述。官僚组织是规章的体制，是排斥个人魅力的，组织内人与人之间的关系以理性准则为指导。组织的运行不以个人的意志为转移，不受个人的感情所支配。职务活动被认为是私人事务以外的事情，受规则和制度制约，公私分明，对事不对人。

(二) 对组织管理理论的评价

韦伯的组织管理理论是为了适应传统封建社会向现代工业社会转变的需要提出的。官僚制作为一种理性的和有效率的管理体制，满足了工业大生产的生产模式和管理复杂化的需要，迎合并推动了近代资本主义的工业化进程。同时，它以非人格化、制度化的特征纠正了传统社会各种组织中普遍存在的任人唯亲、人身依附、任意决策等弊端，从而得到了科学理性时代的文化认同，成为行政组织和管理机构广泛推行的一种"经典组织范式"。韦伯组织管理理论是对泰勒、法约尔理论的一种补充，对后人影响深远。但官僚组织理论在实践中也受到了自身缺陷的影响。随着新公共管理运动的兴起，官僚制面临极大的挑战。例如，过分强调层级节制体制，忽视了下级人员的主动性和积极性；过分强调专业分工和职能权限的划分，易滋生本位主义的问题；过分强调人员的稳定性，易导致管理人员产生得过且过的想法；等等。

第三节　行为科学理论

科学管理理论尽管在提高劳动生产率方面取得了显著的成绩，但它通常把人看作生产的机器，片面强调对工人进行严格的控制和动作的规范化，忽视了公认的社会需求和情感需求，从而引起了工人的不满和社会的责难。在这种情况下，一些研究人员开始把管理研究的角度转移到对人的工作行为的研究上，并最终导致行为科学理论的产生。

一、早期行为学家

行为科学的产生在很大程度上得益于梅奥及霍桑实验对人性的探索。在此之前，就有一些管理学家对人的心理和人的行为做了一些研究，并建立了工业心理学。其中，雨果·芒斯特伯格和玛丽·福莱特是较为著名的早期开拓者。

雨果·芒斯特伯格是一位德国心理学家，被誉为"工业心理学之父"。他先后出版了《心理学与工业效率》《一般心理学和应用心理学》《企业心理学》等著作，探讨现代社会中人员选择、员工训练、工作设计与员工激励等方面的问题。他是最早提出心理学能应用于工业以提高劳动生产率的学者，他的思想促使人们对工作中的行为问题的关注以及工业心理学的建立。

玛丽·福莱特是美国的管理学家、政治哲学家，其主要著作有《新国家》《动态的管理》《自由和协作》等。她认为组织应建立在群体伦理而非个人主义基础之上，管理者和工人应把对方看成合作伙伴。她的有关利益结合、形势规律的论述与泰勒的精神革命、职能管理的精神是一致的。同时，她认为管理者应依靠自己的专长和知识去领导下属而不是靠他们的职权。她的关于协作、相互影响等方面的论述又与人际关系学说创始人梅奥等人的论点相似，影响了后人对领导、权力、激励等问题的看法。

■ 二、霍桑实验和人际关系理论

(一) 梅奥与"霍桑实验"

乔治·埃尔顿·梅奥是美国著名的心理学教授、人际关系理论创始人,其代表作为《工业文明的人类问题》。在1924—1932年,以梅奥为首的一批学者在美国芝加哥西方电气公司所属的霍桑工厂进行了长达8年的有关科学管理的一系列实验,即"霍桑实验",整个实验共4个阶段。

1. 工人照明实验(1924—1927年)

这一实验的实验对象是挑选来的12名绕线工人。实验时,将工人分成两组,一组是实验组,其照明条件经常改变;另一组是参照组,其照明条件始终保持不变。实验的结果出乎研究人员的预料,两组的产量都在不断提高。后来,他们又采取了相反的措施,逐渐降低实验组的照明强度,还把两名实验组的女工安排在单独的房间里劳动,使照明度一再降低,以至降到和月光差不多的程度。这时,产量才开始下降。实验表明,劳动绩效与照明无关。

在这一阶段,研究人员还针对工作报酬(集体工资和个人计件工资)、休息时间、工作日和工作周的长短等方面进行了实验。结果表明,这些条件的变化也不是影响生产效率的决定性因素。研究人员感到毫无意义,并纷纷退出实验小组,霍桑实验陷入困境。

2. 福利实验(1927—1932年)

1927年,梅奥率领的哈佛实验小组连同电器公司的人员成立了一个新的研究小组,霍桑实验的第二阶段从此开始。梅奥等人挑选了5名装配工和1名画线工,让他们在与其他工人隔离的控制条件下工作。在实验过程中,逐步增加一些福利措施,如缩短工作日、安排工间休息、调节工厂温度、免费供应茶点等,结果产量提高了。两个月后,他们取消了这些福利措施,发现产量不仅没有下降,反而继续上升。实验表明,增加福利措施对生产效率并无直接影响。研究人员进一步调查了解后发现,原来在实验时,管理人员经常与工人交流,态度较和蔼,工人之间的关系比较融洽,工人能在友好、轻松的气氛中工作,从而激发了劳动热情。实验表明,在调动积极性、提高产量方面,人际关系是比福利措施更重要的因素。

3. 访谈实验(1928—1931年)

为了探究人际关系对劳动绩效的影响,在两年多的时间里,梅奥等人组织了大规模的调查,倾听了两万以上人次的谈话。在访问的过程中,访问者起初提出的大多是一些"直接问题"。例如,工厂的督导工作及工作环境等方面的问题,虽然访问者事先声明将严格保守秘密,可是受访者在回答问题时,仍然遮遮掩掩、存有戒心。后来改用了"非直接问题",让受访者自行选择适当的话题,这样职工在谈话中反而无所顾忌。在这次大规模的访问中,搜集了有关工人态度的大量资料。经过研究分析,了解到工人的工作绩效与他们在组织中的身份和地位以及与其他同事的关系有密切联系。同时,这次大规模的实验还取得了意想不到的效果,就是在这次谈话实验以后,工厂的产量大幅度增加。研究者分析认为,这是

因为工人长期以来对工厂实行的各项管理方法有许多不满，但无处发泄，而这次实验，使工人无话不谈，发泄了心中的怨气，因而使产量大幅度增加。

4. 继电器线圈装配组观察实验(1931—1932年)

继电器线圈装配组观察实验又称为群体实验，为了系统地观察在群体中人们之间的相互影响，研究人员在车间里挑选了14名男工，其中有9名绕线工、3名焊接工和2名检验员，安排他们到一个专门的房间里工作。研究者在实验开始时向工人说明，他们可以尽量卖力工作，报酬实行个人计件工资制。研究者原以为，这套奖励办法会使这些工人努力工作。但结果出乎预料，产量只保持在中等水平，原因是工人不愿因超额完成工作而成为"快手"，也不愿因完不成定额而成为"慢手"。实验表明，工人有一套非正式的群体规范来维护班组内部的团结，抵御物质利益的引诱。梅奥由此提出"非正式群体"的概念，他认为在正式组织中存在自发形成的非正式群体，这种群体有自己的特殊规范，对人们的行为起着调节和控制作用。

通过8年的霍桑实验，梅奥获得了大量的第一手资料，为人际关系理论的形成及后来的行为科学理论的产生打下了基础。

(二) 人际关系理论的主要内容

霍桑实验的研究结果否定了传统管理理论对于人的假设，表明了工人不是被动的、孤立的个体，他们的行为不只受工资的刺激，影响生产效率的重要因素不是待遇和工作条件，而是工作中的人际关系。梅奥据此于1933年出版了《工业文明中的人类问题》一书，提出了与古典管理理论不同的新观点，构成了早期人际关系理论的主要内容，主要归纳为以下几个方面。

1. 工人是"社会人"

泰勒的科学管理以"经济人"理论作为背景，把人当成"会说话的机器"，认为工人工作积极性的高低主要取决于物质利益的多少，以此来实施管理；而梅奥认为工人不只是"经济人"，还是"社会人"，即工人除了有经济需求之外，还有社会和心理方面的需求，如友情、尊重、理解等。因此，管理者若能设身处地地关心下属，注意情感交流，工人的劳动生产率就会有较大幅度的提高。

2. 士气和情绪是影响效率的重要因素

工人的生产效率主要取决于与周围人群的人际关系和工人的工作态度。在影响生产效率的诸多因素中，工人的满意度处于首要位置，而生产条件、工资报酬只处于第二位。因此，管理者在组织中营造良好的工作氛围，让工人保持高昂的士气，对于生产效率的提高起着至关重要的作用。

3. 企业正式组织中存在"非正式组织"

正式组织是组织设计工作的结果和表现，是经由管理者通过正式的筹划，并借助组织结构图和职务说明书等文件予以明确规定的，具有严密的组织结构。在正式组织运作中，常常会存在一个甚至多个非正式组织。这种组织是未经正式筹划而由人们在交往中自发形成的社会关系网络，具有自发性、内聚性和不稳定性的基本特征。

非正式组织与正式组织相互交错并同时存在于一个单位、机构或组织之中，这是一种不可避免的现象。非正式组织可以用来作为改善正式组织信息沟通效果的工具，在有些场合中，还能满足成员心理上的需求和鼓舞成员的士气，营造一种特殊的人际关系氛围，弥补成员之间在能力和成就方面的差异，促进工作任务的顺利完成。当然，非正式组织也有消极作用，它在有些时候可能会和正式组织构成冲突，影响组织成员间的团结和协作，对正式组织的活动产生不利影响，妨碍组织目标的实现。因此，正式组织的领导者应善于因势利导，最大限度地发挥非正式组织的积极作用，克服其消极作用。

(三) 对人际关系理论的评价

梅奥的人际关系理论为管理思想的发展开辟了新的领域，也为管理方法的变革指明了方向，其最大贡献在于实现了管理学研究从关注工作到关注人的转变。非正式组织的发现为正式组织理论的诞生奠定了基础。人际关系理论的研究引发了管理领域的一系列改革，其中许多措施至今仍是管理者所遵循的信条，具体包括：强调对管理者和监督者进行教育和训练，以改变他们对工人的态度和监督方式；提倡下属参与企业的各种决策，以此来改善人际关系，提高职工士气；加强意见沟通，允许职工对作业目标、作业标准和作业方法提出意见，鼓励上下级间进行意见交流；建立面谈和调解制度，以消除不满和争端；改变衡量干部工作成绩的标准，重视管理人员自身的人际关系以及协调人际关系的能力；重视各种非正式组织的积极作用，注意美化工作环境和宿舍环境，增加娱乐、运动、生活福利设施等。

梅奥的人际关系理论的局限在于：过度强调非正式组织的作用；过多地强调感情以及满足感对工作效率的影响；过度否定经济报酬、工作条件、外部监督和作业标准的影响；虽然否定科学管理"见物不见人"的做法，但仍然将人当作被操纵的客体，只是操纵的方式不同而已。

三、行为科学理论的内容及观点

行为科学理论是指运用多学科的知识来研究人类行为产生、发展、变化的规律，以预测、控制和引导人的行为，充分调动人的积极性的理论。霍桑实验后，美国掀起了人际关系研究的热潮，人们从各方面开展了对人的本性、需要、动机、行为等的研究，许多大学也开设了与群体关系相关的课程。1948年，美国成立了全国性的劳动关系研究组织；1949年，在美国芝加哥讨论会上第一次提出了行为科学的概念。之后，越来越多的心理学家从研究个体需要的角度出发，关注管理中的激励问题，行为科学研究迎来了20世纪五六十年代的鼎盛时期。

(一) 行为科学理论的研究内容及主要观点

行为科学的研究大致可以分为两类：一类关注个体行为，另一类则关注组织和领导行为。在有关个体行为的研究中，比较有代表性的有马斯洛的"需要层次论"、赫茨伯格

的"双因素理论"、奥尔德弗的"ERG理论"、麦克利兰的"成就需要理论"、弗鲁姆的"期望理论"、亚当斯的"公平理论"、斯金纳的"强化理论"、麦克雷戈的"X-Y理论"等。在有关组织与领导的研究中，德国心理学家勒温的"场理论"开启了对群体组织结构、领导方式的探究，而俄亥俄州立大学提出的"领导行为四分图"、布莱克和莫顿提出的"管理方格图"等则从另外的角度对领导行为展开了系统研究。

行为科学理论虽然涉及的研究范围较广，但仍然可以归纳出以下几个共同的观点：一是主张从人的需求出发，探索个体行为的规律，从而制定相应的管理政策和管理方法。虽然在构建理论方面，不同的学者进行了不同的归纳和总结，但他们都试图通过了解人的需求以及需求对群体行为的影响，来探索合适的激励方法，为调动人的积极性提供理论依据。二是以心理学理论为依据，对个体行为进行解释，提出了通过改变动机来激励个体的方法。这些观点认为，刺激和反应之间存在中间变量而非直接联系，即需求和行为之间存在动机这一中间变量，改变动机能影响个体的行为。三是注重个体、群体和组织之间相互关系的研究，强调个体的行为不是孤立的，不能脱离群体和组织去理解行为，并试图找出个体行为与环境之间的关系。

(二) 对行为科学理论的评价

行为科学学派的出现对管理学的发展具有深远的影响，不仅促成了组织行为学的诞生，而且成为人力资源管理的重要基础。然而，该学派的观点仍然存在一定的局限性，主要体现在：一是行为科学理论中虽有部分学者提到了"环境"，但采用的仍是一种封闭的组织观，将组织与外部环境割裂开来，只在组织内部的封闭环境中解释个体行为的规律；二是该理论过于强调人的因素而忽略了经济、技术等其他方面的因素，存在认知上的偏差；三是该学派注重实验分析和经验归纳的研究方法，但对于如何保证实验归纳结论的可信度、克服归纳结论的偶然性，还没有找到有效的解决方法。

第四节　现代管理理论丛林

第二次世界大战后，人类科技发展进入新的阶段，系统论、控制论和信息论的广泛研究对管理领域造成了巨大影响，管理理论呈现分散化趋势。1961年，美国管理学家哈罗德·孔茨把各种有影响、有体系的管理理论概括为"管理理论丛林"，具体分为6大学派，即管理过程学派、经验或案例学派、人类行为学派、社会系统学派、决策理论学派、数学学派。1980年，孔茨发表《再论管理理论的丛林》一文，承认理论流派的增加和发展，并对自己原来的观点进行了补充和完善，将管理理论概括为11个学派，包括经验学派、人际关系学派、群体行为学派、社会协作系统学派、社会技术系统学派、决策理论学派、系统学派、数学学派、权变理论学派、经理角色学派、管理过程学派。这些学派拥有不同的理论背景，导致它们对管理活动关注的角度不同，所形成的研究重点也不同，但是，它们最终都与管理学的核心概念和原理结合起来。所以，孔茨认为，"丛林"中的管

理理论是有可能走向统一的。

下面，我们介绍几个比较有代表性的学派。

一、管理过程学派

管理过程学派又叫管理职能学派或经营管理学派，是继西方古典管理学派和行为科学管理学派之后历史最久和影响较大的一个管理学派，其创始人法约尔以5大职能和14条原则的基本框架，奠定了这个学派的根基。第二代以厄威克和古立克等人为代表，他们在法约尔的基础上进一步梳理和分析管理活动，提出了"七职能说"和部门分工准则。1950年以后，这一学派的影响迅速扩大，无论是企业还是政府，都开始以法约尔理论来指导并衡量自己的管理工作，从而使这一学派成为管理领域影响最大的学派，涉足其中的学者也越来越多。孔茨是管理过程学派的集大成者，他继承了法约尔的理论，并使法约尔的理论更加系统化、条理化。所以，人们一般把孔茨看作这一学派的第三代表。

管理过程学派认为，管理是一种在正式组织中通过别人并同别人一起去完成工作的过程。管理过程的职能具有普遍性，应该运用职能分析法分析这一过程，从理论上加以概括，确定一些基础性的原理，并由此建立认知管理的理性知识体系。这一知识体系以现实的管理经验为基础，根据不同的经验提炼出真知灼见和基本原理，在人们理解和改进管理时指明方向、形成启示，并在实践中灵活应用。

管理过程学派是较为系统的学派，它所确定的管理职能和管理原则，为训练管理人员提供了基础，对后世影响很大，许多有关管理学原理的教科书都是按照管理的职能来写的。当然，管理过程学派是以静态的观点来分析管理问题的，所归纳出的管理职能不适合所有的组织，比较适应静态的、稳定的生产环境，难以适应动态多变的生产环境。

二、社会系统学派

社会系统学派从社会学的角度来研究管理。这个学派的创始人切斯特·巴纳德把各种社会组织中人们的相互关系看成由物质、个人和社会要素组成的开放的协作系统。作为正式组织的协作系统，不论其级别高低和规模大小，都包含3个基本要素，即共同目标、协作意愿和信息联系。共同目标是组织的基本要素，有共同目标就可以决策，统一组织中各成员的行动；协作意愿就是组织成员愿意为实现组织目标做出贡献的意志；信息联系是指组织的一端是共同的目标，另一端是参与组织的具有协作意愿的成员，把两端用信息连接起来。管理者的作用就是在协作系统中作为联系的中心，对各要素的协作进行协调，以保证系统的顺利运转，实现组织目标。

社会协作系统学派把管理者的职能与组织的要素、组织的生存和发展联系起来，这是其他学派所没有的。它提出的能动的人性观、开放的组织观、正式组织理论、管理责任与道德等对管理学有着非凡的贡献，管理学家和经理人员由此对组织的信息沟通问题、组织权力的制度基础问题、外界对企业的影响问题、非正式组织的性质和作用问题等有了更深

刻的理解，可以更清晰地看待文化环境对组织的压力、组织内部的冲突及其消解途径，使组织的理论研究和实际运作更加理性、更加明智，更为重视来自社会学的影响。但是，这个学派同其他学派的差别，有些仅仅出于词义上的分歧。社会系统学派对管理和组织的定义域过于宽泛，反而导致对许多管理基本概念、原则和方法的忽视。

■ 三、决策理论学派

决策理论学派是从巴纳德创立的社会系统理论学派中独立出来的，主要代表人物是美国经济学家和社会学家赫伯特·西蒙。西蒙等人以社会系统理论为基础，吸收了行为科学、系统理论、运筹学和计算机程序等科学的内容，建立了决策理论，从此决策由经验上升到科学。西蒙认为，决策是管理的中心，决策贯穿企业管理的全过程，管理就是决策；决策是一个复杂的过程，它包括收集情报、拟订方案、选择方案和评价方案4个阶段；决策的标准是"满意"而不是"最优"；决策可划分为定型化决策和非定型化决策两类，两种决策应用的技术不同，而且承担决策的管理层次不同。

决策学派重视理性，集中精力于选择合理决策的方法，部分学者的关注点扩展到心理、社会、决策环境和决策者等方面，而主要的分析方法是理性选择工具。所以，他们相当热衷于构建模型和数学分析，动辄使用效益最大化、边际效应、帕累托改进、相关系数和曲线、风险倾向等经济学术语。不少学者对此提出了异议，认为管理是一种复杂的社会现象，管理内容比决策丰富得多，仅靠决策无法给管理者有效的指导。

■ 四、系统理论学派

系统理论学派是20世纪60年代后期在西方盛行的管理理论派别，它是在一般系统理论的基础上建立起来的。这一学派的代表人物有理查德·约翰逊、弗里蒙特·卡斯特、詹姆斯·罗森茨韦克。他们三人合著的《系统理论与管理》一书，从系统概念出发，建立了企业管理的系统模式，成为系统理论学派的代表作。

系统管理理论认为，企业组织是一个人造的开放系统，它由人、财、物和信息等要素组成，具有内部和外部的信息反馈网络，能够不断地自行调节，以适应环境和企业自身的需要。系统管理学派强调系统的综合性、整体性，强调构成系统各部分之间的联系，提出了有关整体和个体组构及其运营的观念体系：组织是人们建立起来的相互联系并共同运营的要素(子系统)所构成的系统；任何子系统的变化均会影响其他系统的变化；系统具有半开特性——既有自己的特性，又有与外界沟通的特性。

系统管理理论通过对组织的研究来分析管理行为，使人们从整体的观点出发，更清楚地了解组织中各个子系统的地位和作用，以及它们之间的相互关系。同时，它也使人们注意到任何社会组织都具有开放系统的性质，从而要求管理者不仅要分析组织的内部因素，还必须了解组织的外部环境因素，为人们处理和解决各种复杂的组织管理问题提供了一种十分有用的思路和方法。但是，系统理论只是笼统地提出一些原理和观点，与其他管理理

论相比较，它在解决具体的管理问题上的研究有些不足，许多人只是把它看作解决管理问题的一种新方法，而不是一种新的管理理论。

五、经验主义学派

经验主义学派又称经理主义学派，该学派认为，管理学就是研究管理经验，强调研究企业管理的实际经验而不是一般原理，强调用比较的方法来研究和概括管理经验。该学派的主要代表人物有彼得·德鲁克、欧内斯特·戴尔和威廉·纽曼等。该学派在管理的性质、任务和目标管理方面有独到的见解，认为传统的管理理论和行为科学不能完全适应企业发展的需要，管理的科学应该从企业管理的实际出发，以管理实践为主要研究对象，侧重实际应用，而不是纯粹的理论研究；有任务才有管理，应综合以工作为中心和以人为中心的管理方法，实行目标管理。目标管理法是德鲁克理论给管理学领域带来的最大贡献，它能使职工发现工作的兴趣和价值。同时，企业的目标也因职工的自我实现得以实现，这样就把工作和人性两者统一起来。目标管理在当今仍是运用较多的管理方法。

经验主义学派所采用的案例法和比较法的研究思路，拓展了管理学的研究领域，事实上已经成为西方商学院培养MBA和其他管理人才的主要教学方式，也是被证明行之有效的方式。同时，经验主义学派把研究的焦点集中在企业的领导者或者高级管理者身上，可谓抓住了管理的关键。但该学派过于强调经验，刻意回避带有普遍意义的管理原理，忽视了一般性理论研究的重要意义，因而总结出的管理原则必然是零散的、不系统的，而且得出的原则也有可能互相冲突，使人们无所适从。此外，该流派主张针对具体案例进行归纳和演绎，以此逼近管理本质，过分地依赖未经提炼的实践经验和历史经验来解决管理问题，否定定量分析，很容易在变化的环境中产生以偏概全的风险，得出的结论的应用价值也有限。

六、管理科学学派

管理科学学派是泰勒科学管理理论的继续和发展，它借助数学模型和计算机技术重点研究操作方法和作业方面的管理问题。有时，人们把数理学派、决策学派和系统学派统称为管理科学学派。这个学派的主要代表人物有美国的管理学家埃尔伍德·斯潘塞·伯法等。

管理科学学派强调以运筹学、系统工程、电子技术等科学技术手段解决管理问题，力求减少决策中的个人艺术成分，注重定量研究，力图利用数学工具建立数学模型，研究各个变数和因数之间的相互关系，寻求一个用数量表示的最优化答案。管理科学学派认为，只要管理是合乎逻辑的过程，就可以把这个过程用数学模型加以描述和表达，也可以用数学的方法对这个数学模型进行分解。这使复杂的、大型的问题有可能分解为较小的部分，有助于管理人员评估不同的选择。如果明确各种方案包含的风险与机会，便更有可能做出正确的选择。但并不是所有管理问题都能定量，这就影响了它的使用范围。一方面，实际的管理人员可能很难理解复杂、精密的数学方法，无法做出正确评价；另一方面，管理科

学专家一般不了解企业经营的实际情况，因而提供的方案不能切中要害，难以解决问题。此外，采用此种方法大多需要相当数量的费用和时间，考虑到费用问题，它往往只适用于那些大规模的复杂项目。

七、权变理论学派

权变理论是20世纪70年代在西方形成和发展起来的一种管理理论。该学派的代表人物有美国管理学家弗雷德·卢桑斯和英国学者伍德沃德等。权变理论的核心思想认为，在组织管理中不存在一成不变的、普遍适用的"最好"的管理理论和方法，强调在管理中要参考组织所处的内外部环境的变化，随机应变，针对不同情况寻找不同的方案和方法。该学派的主要观点有：环境变量与管理变量之间存在函数关系，即权变关系，这里的环境变量既包括组织的外部环境，也包括组织的内部环境；而管理变量则指管理者在管理中所选择和采用的管理观念及技术。在一般情况下，环境是自变量，管理观念及技术是因变量，如果环境条件一定，为了更快地达到目标，必须采用与之相适应的管理原理、方法和技术。管理模式不是一成不变的，要适应不断变化的环境而有所变革，要根据组织的实际情况来选择最适宜的管理模式。

权变理论提出了管理的动态性，这为人们分析和处理各种管理问题提供了一种十分有用的方法。它要求管理者根据组织的具体条件及其面临的外部环境，采取相应的组织结构、领导方式和管理方法，灵活处理各项具体管理业务。权变理论也因此得到了越来越多的人的支持，成为具有重大影响的管理学派之一。但权变理论学派存在一个根本性的缺陷，即没有统一的概念和标准。虽然权变学派的管理学者采取案例研究的方法，通过分析大量案例，从中概括出若干基本类型，试图为各种类型确认一种理想的管理模式，但始终没有提出统一的概念和标准。

第五节　现代管理理论的新趋势

科学的管理是组织实现目标的关键因素，是社会进步的重要动力。随着社会经济发展水平、科技水平的不断提高，管理理论研究呈现新的发展趋势，出现了新的管理理论。

一、战略管理理论

战略管理是指对组织战略实施全面和动态管理的过程。在这个过程中，组织从整体利益和长远利益出发，科学分析环境变化，及时把握有利机会，整合内外部资源，以谋求长远发展。战略管理理论于20世纪60年代形成基本框架。进入20世纪80年代，哈佛大学商学院的迈克尔·波特提出了竞争战略理论，他从产业角度来考察战略，强调了企业选择行业的重要性，特别是企业外部竞争环境对战略制定的决定性作用。该理论的一大贡献是将

企业战略理论动态化，强调在制定战略过程中要考虑竞争对手的反应。1990年，普拉哈拉德和哈默尔在《哈佛商业评论》上发表了"公司核心能力"一文，提出企业在战略上的成功源于其在发展过程中的核心能力，积累、保持、运用核心能力是企业的长期根本战略。他们强调核心能力是企业长期积累和学习的结果，和企业初始要素投入、追加要素投入、企业的经历等密切相关，具有明显的路径依赖性，它存在于员工的身体、战略规划、组织规划和文化氛围之中。此后，战略体系的重心逐步从外部环境分析转移到注重能力分析的竞争主题，并置于学术研究和企业实践的前沿地位。随着经济全球化的影响，特别是互联网、电子商务等信息技术的迅速发展，企业的竞争环境与竞争方式正在从根本上发生改变，企业之间的联系比以往任何时候都要紧密。在此背景下，美国公司DEC总裁简·霍普兰德和管理学家罗杰·奈杰尔提出了战略联盟，这种新兴的战略管理思想迅速流行开来，其核心是在竞争中合作、在合作中竞争，即所谓的"竞合"。企业之间的战略联盟为企业带来的好处是：实现优势互补，减少重复投资，优化资源配置，扩大市场份额，迅速获取技术，降低经营风险以及增强企业实力。联盟者之间的关系完全是平等互利的关系，联盟行动的基本原则是"合则聚，不合则散"。以众多企业的实践来看，核心优势互补、实力大体相当、市场交叉程度低、文化兼容是成功实行战略联盟的关键。

在新的环境下，企业战略管理理论的研究在环境和内容两方面已进一步趋向动态化。当前，复杂多变的外部环境使得组织将管理重点由提高生产效率转向适应环境变化。因此，作为研究组织与环境之间的相互关系、为组织生存和发展指明方向的战略管理，已被越来越多的组织所关注和研究。对战略管理的研究和实践，已成为现代管理领域的热门话题。

二、新型组织理论

20世纪80年代末，经济全球化浪潮迅速席卷世界，企业必须整合全球资源，在全球市场上赢得消费者信赖，才有获得生存和发展的空间。由于在层级内部进行分权化变革的分工式组织已无法适应现代化企业管理的要求，团队组织、虚拟组织等组织的创新形式及新的组织理论应运而生。

(一) 学习型组织

彼得·圣吉在1990年出版的《第五项修炼——学习型组织的艺术与实践》一书中提出了学习型组织。学习型组织是指人们能够在其中不断积累创造未来的能量，培养全新、前瞻而开阔的思考方法，全力实现共同愿望，并持续共同学习的组织。彼得·圣吉认为，未来唯一持久的竞争优势就是有能力比你的竞争对手学习得更快，学习型组织正是人们可从工作中获得生命意义、实现共同愿望和获取竞争优势的组织形式。彼得·圣吉还指出，创建学习型组织意味着在领导、结构、授权、沟通和信息共享、文化方面都要进行变革，要通过五项修炼来实现。

第一项修炼：自我超越。自我超越的修炼是指深刻了解自我的真正愿望，客观地观察

现实，并对客观现实做出正确的判断。它是学习型组织的精神基础。

第二项修炼：改善心智模式。心智模式是指根深蒂固于人们心中的思维方式和行为模式，它对人或组织的行为有重大的影响。改善心智模式就是把自己的工作组织看成学习的场所，把工作看成转向自己的镜子，并学会有效地表达自己的想法，以开放的心灵容纳他人的想法。

第三项修炼：建设共同愿景。共同愿景是指一个组织中各个成员发自内心的共同目标。组织都在设法以共同的愿景把大家凝聚在一起，个人要通过努力学习，激发自己追求更高目标的热情，从而获得组织的鼓舞，使组织拥有一种能够凝聚成员并坚持实现共同愿望的能力。

第四项修炼：团队学习。在现代组织中，学习的基本单位是团体，而不是个人。团体的集体智慧高于个人智慧，团体拥有整体搭配的协作力量。团队学习可以使团队整体获得出色的成果。此外，相较于其他学习方式，这种学习方式可使个别成员获得更快的成长速度。

第五项修炼：系统思考。系统思考的修炼是建立学习型组织中最重要的修炼，它高于其他四项修炼。少了系统思考，就无法探究各项修炼之间是如何互动的。系统思考能够强化其他每一项修炼，并不断地提醒我们，融合整体获得的效力将大于各部分简单加总的效力。

(二) 虚拟组织

1994年，史蒂文·戈德曼等合著的《灵捷竞争者与虚拟组织》中首次提出虚拟组织的概念。虚拟组织不同于传统的实体组织，它紧紧围绕核心能力，以快速获取全球各处能为其所用的资源进行合作为目的，使用的方法简便、灵活。虚拟组织强调利用计算机信息技术、网络技术及通信技术与全球企业开展互补、互利的合作，许多独立的公司、供给者、主顾甚至是从前的竞争对手，通过信息技术联系起来形成临时性网络，他们分享技术、分摊成本，互相进入共同的市场。虚拟组织既没有组织机构，也没有领导层级，而是一种为利用某种特定的机遇而迅速联合起来的协作集团。合作目的达到后，合作关系随即解散。另外，虚拟组织还可避免环境的剧烈变动给组织带来的冲击。由虚拟组织可看出，现代组织形式创新的发展趋势是分立化、柔性化、虚拟化以及网络化。

(三) 企业再造理论

企业再造是指针对企业业务流程的基本问题进行反思，并进行重新设计，以便在成本、质量、服务和速度等用于衡量当前企业绩效的重要尺度上取得显著的进展。1993年，美国麻省理工学院教授米切尔·哈默和詹姆斯·钱皮在其合著的《企业再造——管理革命的宣言书》中提出了企业再造的概念。他们通过考察企业发现，在许多绩效不佳的公司，企业的业务流程、政策和企业文化都妨碍了企业的工作效率。他们认为，在后工业时代，以任务为导向安排工作岗位的做法已经过时，应以流程为中心去安排工作，将最简单、最基本的操作重新连成协调一致的业务流程，进行企业再造。企业再造不是基于传统管理模式的渐进式改造，而是强调从根本上着手，实现从传统的工业产品链到信息价值链的转

变，形成企业价值的增值过程。当然，这样的企业再造革命是建立在信息网络遍布企业内各部门的基础之上的。

(四) 供应链管理理论

随着各种自动化和信息技术在制造企业中的不断应用，制造生产率已被提高到相当高的程度，制造加工过程中的技术手段对提高整个产品竞争力的潜力开始变小，市场竞争逐渐演变成供应链之间的竞争。为了进一步挖掘降低产品成本和满足客户需要的潜力，人们开始将目光从管理企业内部生产过程转向产品全生命周期中的供应环节和整个供应链系统。

供应链管理是指借助信息技术和管理技术，将供应链上的业务伙伴的业务流程相互集成，从而有效管理从原材料采购、产品制造、分销到交付给最终用户的全过程，在提高客户满意度的同时，降低整个系统的成本、提高各企业的效益。供应链管理把供应链中的所有节点企业看作一个整体，强调核心竞争力，体现"横向一体化"，广泛开展合作性竞争，通过管理库存和合作关系来实现高水平的服务，而不是仅仅完成一定的市场目标。为此，企业要辨别自身的核心业务，然后狠抓核心资源，对于非核心业务可采取外包的方式分散给业务伙伴，与业务伙伴结成战略联盟关系。要实现成功的供应链管理，首先，企业要放弃"大而全、小而全"的封闭式经营思想，与供应链中的相关企业建立战略伙伴关系，以此关系为纽带向优势互补的合作关系转变；其次，企业要建立分布广泛的、透明的信息集成系统，保持信息沟通渠道的畅通和透明度，让所有的人和部门对共同任务有共同的认识和了解，解除部门障碍，实行协调工作和并行化经营；最后，要建立基于信任的风险分担与利益共享激励机制。

(五) 知识管理理论

知识管理是信息管理的延伸和发展，其本质是将信息转化成为知识，用知识来提高特定组织的应变能力和创新能力。企业未来的生存空间就是知识的空间，要实现有效的知识管理，企业应拥有合适的软件系统并提供充分的培训，企业领导层应把集体知识共享和创新视为获得竞争优势的支柱，建立有利于员工之间合作的创新性方式，开发员工的知识创新能力。

知识管理的概念是由美国管理学教授彼得·德鲁克提出的，他指出社会中最基本的经济资源不再是资本、自然资源和劳动力，而应该是知识；未来的典型企业以知识为基础，由各种各样的专家组成，这些专家根据来自同事、客户和上级的大量信息，实行自主决策和自我管理。20世纪90年代中后期，美国波士顿大学教授托马斯·H.达文波特提出了知识管理的两阶段论和知识管理模型，这是指导知识管理实践的主要理论。与此同时，日本管理学教授野中郁次郎博士针对西方的管理人员和组织理论家片面强调技术管理而忽视隐含知识的观点提出了一些质疑，并系统地论述了关于隐含知识和外显知识之间的区别，为我们提供了一种利用知识进行创新的有效途径。进入新世纪，瑞典企业家与企业分析家卡尔-爱立克·斯威比博士将对知识管理的理论研究引向了与实践活动紧密结合并相互比照

的道路，他从企业管理的具体实践中得出，要进一步强调隐含知识的重要作用，并指出个人知识的不可替代性。

技能训练单元

实训一：管理理念的认知

【实训目标】分析管理理念。

【实训内容与要求】认真阅读下文，结合本章所学知识发表自己的见解，要求有理有据、条理清晰。

王教授的观点：管理就是"累死别人"

北京大学光华管理学院教授王建国来到杭州，为中南财经政法大学EMBA浙江班的浙商们讲授六维管理。六维管理以文化为中心，在扬弃西方现代管理理论的基础上，融入东方的管理经验和智慧，总结提炼当代的管理实践，提出了一些创新的管理理念和工作方法。在授课过程中，王教授将经典和创新相结合，提出的一些观点引起了学员的激烈争论。

1. 尽可能地把工作任务当作包袱甩给别人

王教授说，作为一个管理者，懂得"累死别人"的道理才能做好管理工作，即尽可能地把工作任务当作包袱甩给别人，排除没必要亲自去做的事情，只管理非管不可的事情。自己把所有事情都做了，结果"累死了自己"，这叫做事，不是管理，而"累死别人"才叫管理。作为一个管理者，应学会把工作分给别人，如果每一个人都有"累死别人"的理念，每一级管理者都把没必要亲自做的事情甩给别人，这样一级一级下去，结果就是人人都想"累死别人"，反而人人都没累死，人人都做了自己应该做的事情，而且人人心里都还很舒服。他说，诸葛亮事必躬亲就是一个很好的例子，结果累死了自己。

2. 管理要理性地选择自己应该承担的任务

西方的管理思想强调理性管理，对很多事情都从理性的角度出发进行管理，对可管可不管的、他人管也一样或差不多的事情，不加以管理。就算做同一件事情，下属做得比你差一些，也要让他做，这样可以锻炼下属。王教授说，管理就像吃自助餐，先别急于夹菜，应先绕餐桌走一圈，看看哪些是自己最喜欢的，然后再来挑选，不要一上来就夹菜，先吃饱了，后面上的美味佳肴就会吃不下的。管理者应时刻保持清醒的头脑，理性地选择自己应该承担的任务。

3. 无为而治是管理的高境界之一

好的管理就是不管理，这叫无为而治。王教授强调，一位高管应树立这样的管理观念：凡是重复的事都不做，因为重复意味着没有效率，重复的事应交给制度、政策、规则来解决；凡是没有必要自己做的事，别人做也一样，那就让别人做；如果没有掌握信息就不要去决策，让掌握信息的人去决策；事不关己，高高挂起，可将重复的事情整理成流

程，以弥补管理的空白。

资料来源：http://blog.sina.com.cn/s/blog_4a0e196a0100b6vo.html.

【实训步骤】

第一步，阅读资料，结合中外管理思想及理论进行思考。

第二步，请3位同学就王教授的观点发表见解。

第三步，对同学提出的观点进行点评。

【实训时间】 大约需要15分钟。

【实训场地】 教室。

【实训成绩评定】

按照能否依据相关理论清晰阐述个人观点，将实训成绩分为优秀、良好、中等、及格、不及格5个等级。

实训二：管理方法的应用

【实训目标】 理解管理分工与例外原则的重要性。

【实训内容与要求】 认真阅读案例，编写发言提纲，要求语言流畅、条理清晰。

两个企业老板的一天

1. 企业老板甲

下午1点钟，老板甲还没有吃午饭，今天的第36个电话响起。

财务总监电话请示：因为企业库存增大，占用很多资金，应该怎么办？

放下电话后，营销部经理敲门进来，手上拿着一摞用款单。有几个营销员要出差，请老板签字。另有某款PC机降价100元钱，请老板答复是否可以出售。

一个在企业工作了4年的业务员找到老板要求辞职，原因是对企业的薪酬制度不满意。老板甲和他谈完话，开始考虑：这个业务员走后，他手上的十几个客户怎么办？

这时，他忽然想起，今天晚上约请一位重要人物吃饭，还没有订地方，于是按铃请秘书进来，去安排今晚吃饭的地方。

财务经理急匆匆赶来请示：税务局明天要来查账，我们应该怎么应付？

……

老板甲一直忙到晚上12点，才拖着疲惫的身体回到家里，家人已进入梦乡。

2. 企业老板乙

老板乙坐在前往机场的专车上，浏览分布在全球各地的下属单位通过网络传来的财务分析报告和库存记录。此时，企业高管也都在各自的领域有条不紊地忙碌着：

运营总监正把刚刚制定的一份将存货期从7天压缩到5天的计划传给老板。

企业高级财务官刚刚从银行出来，随身带着收购某企业的120亿美元的贷款协议。

技术总监与市场总监正在探讨3天前研制出的一个新产品样机的上市前准备工作。

在企业的管理学院中，有30多名学员正在学习"高级管理培训课程"。

企业9位董事正在听取一家著名咨询公司为企业制定的进入新市场的战略投资报告。

资料来源：沈平，王丹.管理学[M].北京：中国电力出版社，2015.

【实训步骤】

第一步，学生认真查阅关于管理原则及管理者角色的理论基础知识。

第二步，以小组为单位进行课堂讨论和分析，小组成员充分发表个人观点，并做好记录，如表2-1所示。

第三步，对各种观点进行分析、归纳和总结。

表2-1 "两个企业老板的一天"案例分析记录

专业班级		组 别	
记 录 人		时 间	
小组成员			
讨论记录	1. 两个企业老板的管理方式有何不同？试分析各自产生的效果。 2. 如何把握管理中的有效分工和例外原则？		成 绩
	组员1		
	组员2		
	组员3		
	组员4		
	组员5		

【实训时间】大约需要30分钟。

【实训场地】多媒体教室。

【实训成绩评定】

按照能否深刻理解管理者的角色及分工的重要性，能否清晰、准确地表达个人观点，将实训成绩分为优秀、良好、中等、及格、不及格5个等级，并对各组进行评价。

实训三：管理理论的应用

【实训目标】培养学生灵活运用管理理论的能力。

【实训内容与要求】认真阅读案例，根据你对所学相关理论的认识对案例中的观点进行评价，要求依据充分、条理清晰。

管理理论真能解决实际问题吗

海伦、汉克、乔、萨利4个人都是美国西南金属制品公司的管理人员。海伦和乔负责产品销售，汉克和萨利负责生产。前不久，他们参加了某大学举办的为期两天的管理培训学习班，主要学习权变理论、社会系统理论和一些有关职工激励方面的内容。他们对所学的理论有不同的看法，并展开激烈的争论。

乔说："我认为系统理论对于像我们这样的公司是很有用的。例如，如果生产工人偷工减料或做手脚，如果原材料价格上涨，就会影响我们的销售。系统理论中提到的环境影

响与我们公司的情况很相似。我的意思是，在目前这种经济环境中，一个公司会受到环境的极大影响。在油价暴涨时期，我们还能控制我们的公司；而现在，我们要想改进我们的销售，每前进一步都要经过艰苦的战斗，你们大概都深有体会吧？"

萨利插话说："你的意思我已经知道了。我们的确有过艰苦的时期，但是我不认为这与社会系统理论存在必然的内在联系。我们曾在这种经济系统中受到伤害。当然，你可以认为这与系统理论一致，但是我并不认为我们有运用系统理论的必要。我的意思是，如果每样东西都是一个系统，而所有的系统都能对某一个系统产生影响，我们又如何预见这些影响所带来的后果呢？所以，我认为权变理论更适合我们。如果你说事物都是相互依存的，那么系统理论又能帮我们什么忙呢？"

海伦对他们之间的争论有不同的看法。她说："对于系统理论，我还没有很好地考虑过。但是，我认为权变理论对我们是很有用的。虽然我们以前也经常运用权变理论，但当时我并没有认识到自己是在运用权变理论。例如，我有一些家庭主妇顾客，她们经常讨论关于孩子和如何度过周末之类的问题，从她们的谈话中我就知道她们要采购什么东西。顾客不希望我们逼他们去买他们不需要的东西。我认为，如果我们花上一两个小时与他们自由交谈，肯定会增加销售量。但是，我也碰到一些截然不同的顾客，他们一定要我向他们推荐产品，要我替他们在购物中做主。这些人也经常主动找我，但不是闲谈，而是做生意。因此，你们可以看到，我每天都在运用权变理论来应对不同的顾客。为了适应形势变化，我经常改变销售方式和风格，许多销售人员也是这样做的。"

汉克显得有点激动，他插话说："我不懂这些被大肆宣传的理论是什么东西。但是，关于系统理论和权变理论的问题，我同意萨利的观点。教授们都把自己的理论吹得天花乱坠，他们的理论听起来很好，但是他们的理论无助于我们的实际管理。对于培训时讲到的激励要素问题我也不同意，我认为泰勒在很久以前就对激励问题有了正确的论述。要激励工人，就要根据他们所做的工作给他们报酬。如果工人什么也没有做，就不用付任何报酬。你们和我一样清楚，人们只是为钱工作，给钱就是最好的激励方式。"

资料来源：冯光明.管理学[M].北京：北京邮电大学出版社，2011.

【实训步骤】

第一步，实训准备。全面了解本章现代管理理论的基础知识。

第二步，以小组为单位进行案例分析，记录小组成员的各种观点，案例分析发言提纲如表2-2所示。

第三步，每个小组指定一名同学阐述小组讨论分析结果。

表2-2 "管理理论真能解决实际问题吗"案例分析发言提纲

发 言 人		专业班级	
组 别		成 绩	
小组其他成员			

1. 他们的观点有什么不同？你同意谁的意见？

2. 如果你是乔，你如何使萨利信服系统理论？

3. 特定的管理理论在不同部门的应用效果会一样吗？为什么？

【实训时间】大约需要20分钟。

【实训场地】多媒体教室。

【实训成绩评定】

按照方案的完整性、可操作性，将实训成绩分成优秀、良好、中等、及格4个等级，并由教师与学生共同对各组方案进行评价。

本章主要参考文献

[1] 沈平，王丹. 管理学[M]. 北京：中国电力出版社，2015：27-34.

[2] 王志美. 管理学[M]. 北京：中国物资出版社，2004：33-37.

[3] 邢以群. 管理学[M]. 2版. 北京：高等教育出版社，2011：435-439.

[4] 姬定中. 管理学实训指导[M]. 北京：科学出版社，2015：65-73.

[5] 冯光明. 管理学[M]. 北京：北京邮电大学出版社，2011：56-57.

[6] 高良谋. 管理学高级教程[M]. 北京：机械工业出版社，2015：2-11.

[7] 周三多，陈传明. 管理学：原理与方法[M]. 6版. 上海：复旦大学出版社，2014：57-70.

[8] 高闯，王海光. 管理学[M]. 北京：清华大学出版社，2006：23-42.

[9] 赵丽芬. 管理学——全球化视角[M]. 北京：中国人民大学出版社，2013：11-37.

[10] 马尔科姆·沃纳. 管理思想全书[M]. 北京：人民邮电出版社，2009：32-76.

第三章 计划与决策

➢ 掌握计划的内涵、类型及其基本作用；
➢ 能够识别影响计划有效性的权变因素；
➢ 掌握计划工作的原理和方法；
➢ 了解计划和决策工作的基本流程；
➢ 掌握决策的内涵、特点及其基本类型；
➢ 掌握制定决策的常用方法与工具。

管理故事 **巧造玉清昭应宫**

　　宋朝时，有一次，皇宫发生火灾，一夜之间，大片的宫殿、楼台变成废墟。为了修复这些宫殿，皇帝派了一位大臣主持修缮工程。当时，要完成这项修缮工程面临三大问题：第一，需要把大量废墟垃圾清理掉；第二，要运来大批的石料和木料；第三，要运来大量新土。不论是运走废墟还是运来建筑材料或新土，都涉及大量的运输问题。如果安排不当，施工现场会杂乱无章，正常的交通和生活秩序都会受到严重影响。这位大臣经过研究制定了这样的施工方案：首先，从施工现场向外挖若干条大深沟，把挖出来的土作为施工需要的土备用，这就解决了新土的问题；其次，从城外将汴水引入深沟，这样可以利用水排或船只运输石料和木材，从而解决石料、木材的运输问题；最后，等到材料运输任务完成后，再把沟中的水排干，将工地上的废墟垃圾填入深沟，使深沟重新变为平地。三个步骤简单归纳为挖沟(取土)、引水入沟(水道运输)、填沟(处理垃圾)。按照这个方案施工，不仅节约了很多时间和经费，而且工地井然有序，城内的交通和生活秩序并没有受到太大影响。

　　资料来源：高闯，王海光.管理学[M].北京：清华大学出版社，2006.

　　启示：1.管理者在制订执行计划时，一定要综合考虑现有资源的特点与相互联系，以实现资源间的相互配合、相互支持。

　　2.有效的执行计划，能以最低的执行成本取得最优的执行效果。

基础理论单元

　　要使在群体中工作的每个人有效地完成任务，管理人员的主要任务是设计环境，使每个人理解群体的使命和目标并找到实现目标的方法。如果要使群体的努力产生成效，其成

员一定要明白组织期望他们完成的是什么，这就是计划工作的职能，这项职能是最基本的管理职能。计划包括确定使命和目标以及完成使命和目标的行动，在这个过程中，需要制定决策，即从各种可供选择的方案中确定行动步骤。因此可以说，计划为实现预先确定的目标提供了一种方法。

决策是从备选方案中选择行动步骤的过程，是计划的核心。决策要对企业的资源配置、发展方向和声誉做出承诺，否则计划是没有任何意义的。决策是行为的选择，行为是决策的执行，正确的行为源于正确的决策。在现代公司管理中，改进管理决策方法、提高管理决策水平是公司管理人员应该注意的问题，也是提高公司管理能力的重要途径。

第一节　计划概述

■ 一、计划的概念

计划是最基本的管理职能，它是对未来活动所做的预先安排，是针对未来的筹划和规划。计划有两种含义：第一种含义，计划是指组织管理者对过去和现在的资料进行分析，对将来可能发生的情况进行预测，以确定能实现组织预定目标的行动方案的一种活动；第二种含义，计划是指组织计划工作的结果，它确定了组织在未来一定时期内要做什么、如何做、何时做和由谁做等问题。计划活动是连接可能与现实、今天与明天、现在与未来的桥梁。通过计划活动，那些本来不一定能够实现的事情变得有可能实现，那些有可能变糟的事情得以向好的方向转化。

■ 二、计划的基本特征

管理是一项复杂的系统工程，各种管理职能在管理过程中既相互独立又相互交叉。其中，计划职能在管理活动中具有特殊的地位与作用，这主要是由它的特性决定的。

(1) 针对性。计划是根据党和国家的方针、政策和有关的法律、法规，针对本系统、本部门的实际情况制订的，目的明确，具有指导意义。

(2) 预见性。计划是在行动之前制订的，它以实现今后的目标、完成下一步的工作和学习任务为目的。

(3) 首位性。计划是开展其他管理工作的前提，计划在前，行动在后。

(4) 普遍性。实际的计划工作涉及组织中每一位管理者及员工，一个组织的总目标确定后，各级管理人员要实现组织目标，使本层次的组织工作顺利进行，都需要制订计划。

(5) 目的性。组织或者个人制定各种目标都是为了促使组织总目标的实现和阶段目标的实现。

(6) 明确性。计划应明确表达以下内容：组织的目标和任务；实现目标所需的资源以

及所采取的程序、方法和手段；各级管理人员在执行计划过程中的权利和职责。

(7) 效率性。计划的效率性主要是指时间性和经济性两个方面。

三、计划的类型和表现形式

(一) 计划的类型

组织通常根据面临环境的不确定性和可预见程度的不同来制订计划。依照不同的标准，可将计划分为不同的类型。需注意的是，各种类型的计划不是割裂的，而是由分别适用于不同条件下的计划组成的一个计划分类体系，如表3-1所示。

表3-1　计划的分类体系

分类标准	类型
计划期限	长期计划
	短期计划
计划范围	战略性计划
	作业(行动)计划
计划明确性	指导性计划
	指令性计划
计划内容	综合计划
	职能计划
	项目计划

1. 按计划期限划分

按照计划期限，可将计划分为长期计划、中期计划和短期计划。一般情况下，人们习惯于把时间跨度在5年以上的计划称为长期计划，时间跨度在1年以内的计划称为短期计划，介于两者之间的计划称为中期计划。长期计划描述了组织在较长时期的发展方向和方针，规定了组织的各个部门在较长时期内从事某种活动应达到的目标和要求，绘制了组织长期发展的蓝图；中期计划是长期计划的细化，它主要起协调长期计划和短期计划之间关系的作用。长期计划以问题、目标为中心；中期计划以实践为中心，具体说明各年应达到的目标和应开展的工作；短期计划比中期计划更为细致，它主要说明计划期内必须达到的目标，具体指导各项活动的开展。

2. 按计划范围划分

按计划范围的广度，可将计划分成战略计划和作业(行动)计划。战略计划是由高层管理者负责制定的具有长远性和全局性的指导性计划。它应用于整体组织，为组织设立总体目标，以寻求组织在环境中的地位，计划周期一般较长，通常为长期计划。作业(行动)计划是在战略计划所规定的方向框架内，确保总体目标的实现而形成的细节计划，它往往局限于特定的部门或活动，期限不长。作业(行动)计划与战略计划的最大差别在于：战略计划的一个重要任务是设立目标，作业计划则是基于目标已经存在的假设而提供一种实现目标的方案。

3.按计划明确性程度划分

按计划明确性程度,可将其分为指令性计划、指导性计划和具体计划。指令性计划是由国家或企业主管部门下达的具有行政约束力的计划。指令性计划一经下达,各级计划执行单位必须遵照执行,而且要尽一切努力完成。指导性计划只规定一般性指导原则,而不局限于特定目标或特定的活动方案。这种计划可为组织指明方向,统一认识,但并不提供实际操作指南,具体如何执行具有较强的灵活性。具体计划则恰恰相反,要求必须具有明确的可衡量目标及一套具有可操作性的行动方案。

应该看到,在不同的情境中,企业编制的计划在内容详尽程度上应该是不相同的。并不是任何时候编制出具体性计划,都有助于企业未来的发展。例如,美国施温自行车公司的衰败就说明计划不当也会对企业发展造成危害。

4.按计划内容划分

按计划内容,可将其分为综合计划、职能计划和项目计划。综合计划一般指具有多个目标和多方面内容的计划,它关联整个组织或组织中的多个方面。职能计划是在综合计划的基础上制定的,一般是综合计划的子计划。由于组织内有不同的职能分工,每种职能都需要形成特定的计划。它的内容比较单一,往往局限于某一个特定部门。项目计划则是针对组织的特定活动所做的计划。

(二) 计划的表现形式

根据计划的定义,凡是针对未来活动所做的工作都属于计划的范畴。计划的不同表现形式是计划多样性的重要体现,确定计划形式对于发挥计划职能有着重大意义。不同形式的计划由上到下形成一个具有等级层次的计划体系,如图3-1所示。

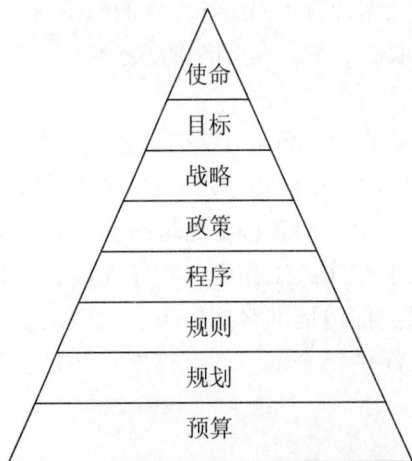

使命
目标
战略
政策
程序
规则
规划
预算

图3-1 不同形式的计划形成的计划体系

1.组织使命

组织使命表明了企业、事业单位或它们中的任何部分的基本目的、作用、任务。各种有组织的活动,只要有意义,就应该有其使命和宗旨。在各种社会系统里,企业具有社会赋予的基本职能或任务。例如,一般来说,企业的目的是生产和分销商品和服务,法院的

目的是解释法律和执行法律，大学的目的是从事教学和研究以及向社区提供服务。

再具体点说，埃克森这样一家石油公司的使命是勘探、采油、提炼和销售石油以及包括从柴油到化工产品在内的石油产品，杜邦公司的使命为通过化学方法生产出更好的产品，而金伯利-克拉克确定它的使命是生产和销售纸张及纸张产品。20世纪60年代，美国国家宇航局(NASA)的使命是先于苏联人把人送上月球。许多大型混合型企业已把它们的使命看作合力，其使命的达成离不开其他公司的协同。

2. 组织目标

这里的"组织目标"是指企业活动所针对的最终目标。它不仅代表计划的终点，而且代表组织、人员、领导和控制职能所要达到的最终目标。组织目标包括组织在一定时期内的总目标，以及各个部门的分目标两个方面的内容。在通常情况下，人们可以把组织目标进一步细化，从而得出多方面的目标，形成一个互相联系的目标体系。

3. 组织战略

战略是为了达到组织总目标而采取的行动和利用资源的总计划，其目的是通过一系列的主要目标和政策去决定和传达一个组织期望自己成为什么样的组织。战略并不负责确切地概述组织怎样完成目标，这一任务应由主要和次要的支持性计划来完成。

4. 组织政策

政策是指导或沟通决策思想、内容全面的陈述书或理解书，但不是所有政策都是陈述书。主管人员的行动常常含蓄地反映政策。例如，主管人员处理某问题的习惯方式往往会被下属作为处理该类问题的模式，这也许是一种含蓄的、潜在的政策。政策能帮助组织成员事先决定问题处理方法，一方面可以降低处理某些例行问题的时间成本，另一方面可以把其他计划统一起来。政策允许存在处理某些事情的自由，一方面我们切不可把政策当作规则，另一方面我们又必须把这种自由限制在一定的范围内。自由处理的权限大小一方面取决于政策本身，另一方面取决于主管人员的管理艺术。

5. 组织程序

程序是制定处理未来活动的一种必需方法的计划，它详细列出必须完成某类活动的切实方式，并按时间顺序对必要的活动进行排列。它与战略不同，它是行动指南，而非思想指南。它与政策不同，它没有给行动者自由处理的权利。出于理论研究的考虑，我们可以把政策与程序区分开来，但在实践工作中，程序往往表现为组织政策。例如，一家制造企业的处理订单程序、财务部门批准客户信用的程序、会计部门记载往来业务的程序等，都表现为企业政策。组织中每个部门都有程序，并且在基层，程序更加具体化、数量更多。

6. 组织规则

规则详细、明确地阐明必须采取的行动或无须采取的行动，其本质是一种管理决策，没有酌情处理的余地。规则通常是形式最为简单的计划。

规则不同于程序。其一，规则指导行动但不说明时间顺序。其二，可以把程序看作一系列规则，但一条规则可能是程序的组成部分也可能不是。例如，"禁止吸烟"是一条规

则，但和程序没有任何联系；而一个规定为顾客服务的程序可能表现为一些规则，如在收到顾客需要服务的信息后30分钟内必须给予答复。

规则也不等于政策。政策的目的是指导行动，并给执行人员留有酌情处理的余地；而规则虽然也起指导作用，但是在运用规则时，执行人员没有自行处理的权利。

必须注意的是，就其性质而言，规则和程序均旨在约束思想，因此只有在不需要组织成员使用自行处理权时，才使用规则和程序。

7. 组织规划

规划是一种综合性的计划，包括目标、政策、程序、规则、任务分配、要采取的步骤、要使用的资源以及为完成既定行动方针所需要的其他因素。一项方案的规模可能很大，也可能很小。通常情况下，一个主要方案(规划)可能需要很多支持计划。在主要计划实施之前，必须把这些支持计划制订出来，并付诸实施。因此，对于这些计划的时间必须加以协调和安排。

8. 组织预算

预算是一份用数字来表示预期结果的报表。预算通常为规划服务，其本身可能也是一项规划。实际上，财务收支预算常常被称作"盈利计划"。预算可以用财务术语来表示，也可以用工时、产品单位、机时或其他以数字计量的术语来表示。

■ 四、计划工作的作用

在管理实践中，计划是其他管理职能得以发挥的前提和基础，并且渗透到其他管理职能之中。列宁曾说："任何计划都是尺度、准则、灯塔、路标。"计划是管理过程的中心环节，在管理活动中具有重要的地位和作用。

(一) 计划是组织生存与发展的纲领

我们正处在一个经济、政治、技术、社会变革与发展的时代，在这个时代里，变革与发展既给人们带来了机遇，也给人们带来了风险，特别是在争夺市场、资源、势力范围的竞争中更是如此。如果管理者在看准机遇和利用机遇的同时，又能最大限度地减少风险，即在朝着目标前进的道路上架设一座便捷而稳固的桥梁，那么，组织就能立于不败之地，得以生存与发展；如果计划不周，或根本没有计划，就会遭遇灾难性的后果。

(二) 计划是组织协调的前提

在现代社会中，各行各业的组织以及它们内部的各个组成部分之间，分工越来越精细，过程越来越复杂，协调关系更趋严密。要把这些繁杂的有机体科学地组织起来，让各个环节和部门的活动都能在时间、空间和数量上相互衔接，既围绕整体目标，又各行其是、互相协调，就必须有一个严密的计划。管理中的组织、协调、控制等如果没有计划，那就好比汽车总装厂事先没有流程设计一样，是不可想象的。

(三) 计划是指挥实施的准则

计划的实质是确定目标以及规定达到目标的途径和方法。因此，在朝着既定的目标步步逼近，最终实现组织目标的过程中，应以计划作为管理活动中的一切行为准则。它指导不同空间、不同时间、不同岗位上的人们，围绕一个总目标，秩序井然地去实现各自的分目标。行为如果没有计划指导，被管理者必然表现为无目的地行动，管理者则表现为决策朝令夕改、随心所欲、自相矛盾，结果必然是组织秩序混乱、事倍功半、劳民伤财。在现代社会里，可以这样说，几乎每项事业、每个组织乃至每个人的活动都不能没有计划蓝图。

(四) 计划是控制活动的依据

计划不仅是组织、指挥、协调的前提和准则，而且与管理控制活动紧密相连。计划为各种复杂的管理活动确定了数据、尺度和标准，它不仅为控制指明了方向，而且为控制活动提供了依据。经验告诉我们，未经计划的活动是无法控制的，也无所谓控制。因为控制本身是通过纠正偏离计划的偏差，使管理活动与目标的要求保持一致。如果没有计划作为参数，管理者就没有"罗盘"、没有"尺度"，也就无所谓管理活动的偏差，那又何来控制活动呢？

所以，我们说计划是管理职能中的首要职能，不仅仅是次序问题，还是管理职能在实际管理活动中的相互关系问题、位置问题，这是不能含糊的。

第二节 制订计划的步骤和方法

▌一、制订计划的步骤

虽然计划的类型和表现形式多种多样，但计划的制订程序具有普遍性。任何计划工作的程序都是相近的，依次包括以下内容：寻找机会、确定目标、拟定前提条件、确定备选方案、评估备选方案、选择方案、制订派生计划以及通过预算量化计划等。

(一) 寻找机会

虽然寻找机会排在实际制订计划之前，而且从严格意义上讲该环节不属于计划过程的一个组成部分，但是从外界环境中和组织内寻找机会是制订计划的真正起点。所有的管理人员都应当首先审视将来可能出现的机会，清楚且全面地了解这些机会，知道其有利与不利之处，明白要去解决什么问题和为什么要解决问题，以及期望得到什么。在制订计划之前，需要实事求是地对机会的各种情况进行判断。

(二) 确定目标

在制订计划过程中，第二个步骤是确定整个企业的目标，然后确定每个下属工作单位的目标。这些目标又分为长期目标和短期目标。目标规定预期结果，并标明要完成工作的具体结果、哪里是需要强调的重点，以及通过战略、政策、程序、规则、预算和规划这个体系要完成的最终目标。

具体说来，在确定目标阶段要注意解决以下三个问题。

1. 确定目标的内容和顺序

对于一个特定的组织来说，可以有多个目标；但就一定的时间和条件而言，组织最重要的目标往往只有一个。因此，我们有必要对组织目标进行排序，确定各项目标尤其是首要目标的内容。不同的目标内容和顺序将导致不同的政策行动，也会有不同的资源分配顺序。选择什么样的目标内容和顺序，与社会制度、组织性质、面临的主要问题以及管理者尤其是高层管理者的价值观念有关系。

2. 选择适当的目标时间

对于所选定的目标，需要规定用多长的时间来达成。一般来说，人们习惯按日历的相等间隔来确定计划时间，从而确定目标时间。但这种做法有时与实际工作中所需时间不一致，最好的办法是按承诺原则确定目标时间，即组织做了某项选择，就是对未来将采取的某一连串行动做了"承诺"，合理的目标时间应当与合理的承诺时间相同。

3. 目标要有确定的科学指标和价值

为了便于度量和控制，目标要尽可能数量化，用指标反映事物本质，而不能含糊其辞。目标的确定不仅要有数量指标，而且要有质量指标；不仅要有绝对指标，而且要有相对指标。

(三) 拟定前提条件

制订计划的第三个步骤是，利用诸如预测、适用的基本政策以及公司现有的计划等关键性计划前提，建立、宣传和取得一致性意见。前提条件是关于计划实施环境的假设条件。重要的是，要使所有参与制订计划的管理人员都同意这些前提条件。实际上，参与制订计划的每个人越是理解和同意使用一致的计划前提条件，企业计划工作就会越协调。

预测在确定前提条件方面很重要，例如：将会有什么样的市场？销售量多大？采用什么价格？将有哪些技术开发？成本多少？维持怎样的工资水平？实行什么样的税率和政策？新工厂怎么样？实施什么样的红利政策？政治或社会环境怎样？将如何筹集资金扩大业务？长期发展趋势如何？

【案例阅读】　　　　　　　　2500美元的塔塔轿车

在2008年新德里汽车展上，一条即将推出价值2500美元的塔塔品牌轿车的消息引起了轰动。同时，那些计划推出低价位轿车的竞争对手也在关注这条消息，如韩国现代和日产雷诺。

消耗每加仑燃油可行驶50英里的塔塔牌轿车可能会改变印度人民的旅行方式。然而，塔塔轿车计划刚刚做出，成本就在上涨。麻烦接踵而来，首先是成本中的原材料涨价，然后是生产工期滞后，再后来是工厂所在地西孟加拉居民抗议政府建厂占用土地却没有给予适当的补贴。

塔塔轿车可谓"生不逢时"，2008年年中正值塔塔汽车集团收益下降，加之塔塔从福特手中收购捷豹和路虎带来的负面效应，公司股票价值大跌。然而，拉丹·塔塔不为所动，尽管为了保持低价不得不做出一些让步，但他仍决定继续开发这个低成本轿车项目。

在一系列不利因素中，土地纠纷是最大的障碍。大约有4万名抗议者涌向距西孟加拉邦25英里的辛古尔市，抱怨邦政府与产业巨头联手占有农民1000英亩土地建塔塔轿车厂，而塔塔汽车集团反过来威胁要将工厂搬出西孟加拉邦。2008年，公司决定将工厂迁移到友好的古吉拉特邦。搬迁成本是巨大的，甚至推迟了塔塔廉价轿车的上市时间。

资料来源：[美]海因茨·韦里克，哈罗德·孔茨. 管理学——全球化与创业视角[M]. 马春光，译. 13版. 北京：经济科学出版社，2012.

(四) 确定备选方案

编制计划的第4个步骤是寻求、拟定、选择可行的行动方案。"条条道路通罗马"，在实际中，实现某一目标的途径往往有多条。通常，最显眼的方案不一定就是最好的方案，对过去的方案稍加修改和略加推演也未必能得到最好的方案，一个不引人注目的方案或常人提不出的方案，效果往往是最佳的，这体现了方案创新的重要性。此外，方案也不是越多越好。编制计划时没有可供选择的合理方案的情况是不多见的，更加常见的情况不是寻找更多可供选择的方案，而是减少可供选择方案的数量，以便分析最有可能实现的方案。即便使用数学方法和计算机，我们还是要对可供选择的方案的数量加以限制，以便把主要精力集中于分析少数最有希望的方案。

(五) 评估备选方案

找出各种可供选择的方案并明确它们的优缺点后，下一步就是根据前提条件和目标，权衡轻重优劣，对可供选择的方案进行评估。评估实质上是一种价值判断，其结果一方面取决于评价者所采用的评价标准，另一方面取决于评价者对各个标准所赋予的权重。例如，第一个方案看起来可能是最有利可图的，但是需要投入大量现金，而回收资金很慢；第二个方案看起来可能获利较少，但是风险较小；第三个方案看起来没有多大的短期利益，但可能更适合公司的长远目标。在具体选择时，可运用运筹学中较为成熟的矩阵评价法、层次分析法、多目标评价法进行评价和比较。

评估可供选择的方案，要注意考虑以下几点：第一，认真考察每一个计划的制约因素和隐患；第二，要用总体的效益观点来衡量计划；第三，既要考虑每一个计划中有形的、可以用数量表示的因素，又要考虑无形的、不能用数量表示的因素；第四，要动态地考察计划效果，不仅要考虑执行计划所带来的利益，还要考虑执行计划所带来的损失，特别要注意那些潜在的、间接的损失。

(六) 选择方案

选择方案就是在备选方案中做出选择，正式确定方案。选择方案是做决策的关键。应当注意的是，在这一环节不一定只选择一种方案，有时可能同时采取两个方案。在这种情况下，必须先确定采用哪个方案，而将另外的方案作为后备方案。

(七) 制订派生计划

派生计划就是总计划下的分计划。做出决策之后，就要制订派生计划。通常情况下，选定一个基本计划方案后，还需要一系列派生计划的扶持和保证，完成派生计划是实施基本计划方案的基础。在这一阶段，要注意协调各派生计划的方向和实施时间。

(八) 用预算量化计划

制订计划的最后一步是把决策和计划转化为预算，使之数字化。编制预算可以达到两个目的：一是将各类计划数量化，以方便汇总和平衡，提高管理者分配组织资源的能力和效率；二是可以将预算作为衡量计划是否完成的标准。

■ 二、计划编制方法

(一) 滚动计划法

滚动计划法是一种能灵活适应环境变化的长期或中期计划方法。具体的操作方法：根据计划前一阶段的执行情况、发生变化的环境条件定期修订原计划；每次修订时，保证原计划期限不变，而将计划期按顺序逐期向前推进一个滚动期，遵循近细远粗的原则制订计划，如图3-2所示。

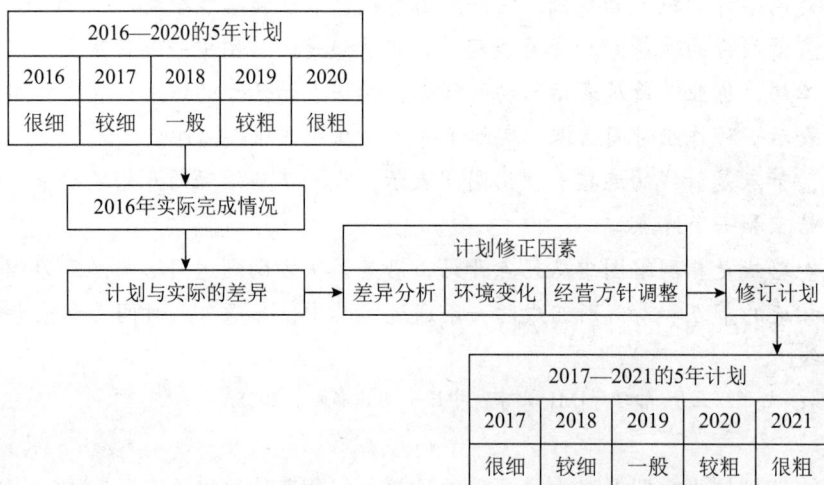

2016—2020的5年计划				
2016	2017	2018	2019	2020
很细	较细	一般	较粗	很粗

2016年实际完成情况

| 计划与实际的差异 | 差异分析 | 环境变化 | 经营方针调整 | 修订计划 |

计划修正因素

2017—2021的5年计划				
2017	2018	2019	2020	2021
很细	较细	一般	较粗	很粗

图3-2 滚动计划法示意图

滚动计划法适用于任何类型的计划，具有明显的优越性。首先，滚动计划法能把不断变化的主客观条件有效地反映在企业计划中，使计划更加切合实际，提升了对未来估计的准确性，从而提高了计划质量。其次，滚动计划法使长期计划、中期计划、短期计划相互衔接，即便环境条件发生变化，也能对各期计划进行调节，使其基本保持一致。此外，滚动计划大大增强了计划的弹性，从而提高了组织的应变能力。滚动计划法的缺点主要是开始时的编制工作量较大，要同时编制若干期计划。

(二) 网络计划技术

网络计划技术的原理，是把一项工作或项目分解成各种作业，然后根据作业顺序进行排列，通过网络图对整个工作或项目进行统筹规划和控制，以便用最少的人力、物力、财力资源，用最快的速度完成工作。具体运用步骤：首先，绘制网络图(见图3-3)，以反映一项计划中各种工作(任务、活动、过程、工序)之间的先后次序和相互关系；其次，在此基础上进行网络分析，计算网络时间，确定关键工序和关键路线；再次，利用时差，不断改善网络计划，求得工期、资源与成本的优化方案，并付诸实施；最后，在执行计划的过程中，通过信息反馈实施监督和控制，以保证预定计划目标的实现。

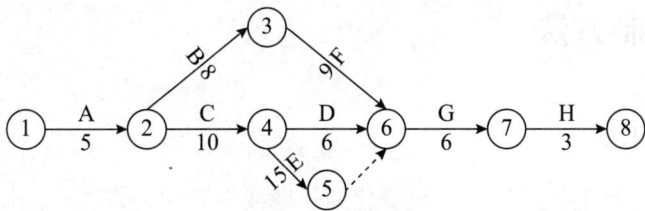

图3-3　网络图

【知识链接】　　　　　　　　　　　网络图的构成

网络图是网络计划技术的基础，它一般由箭线、节点和路线组成。

·箭线。箭线分为实箭线和虚箭线两种。实箭线是网络图中一端带箭头的实线，代表一项活动、工序、作业，箭尾表示活动的开始，箭头表示活动的结束；虚箭线用带箭头的虚线表示，表示一种作业时间为零、实际上并不存在的作业或工序。

·节点。节点是箭线的连接点，用圆圈表示，代表某项活动的开始或结束。一个网络图只有一个始点和一个终点。

·路线。路线是指网络图中从始点开始，沿着箭头方向到达网络图终点为止，中间由一系列首尾相连的节点和箭线所组成的一条通道。其中，各项作业时间之和最大的路线，称为关键路线。

资料来源：沈平，王丹.管理学[M].北京：中国电力出版社，2015.

运用网络计划技术需要经过大量烦琐的计算，但随着计算机的广泛运用，这些计算大多已程序化，这在一定程度上促进了网络计划技术的应用。

(三) 运筹学方法

运筹学方法是指运用数学模型，力求把相关因素用变量形式反映在模型中，然后用数学和统计学的方法在一定范围内解决问题。基本步骤：首先，在一定的假定条件下，根据问题的性质建立相应的数学模型，同时界定主要变量和问题的范围；其次，依据模型中的变量和结果之间的关系，建立目标函数，并确定函数中各个参数的具体数值；最后，求解目标函数的最大值或最小值，寻求解决问题的最优方案。

第三节 目标管理概述

■ 一、目标及其制定

(一) 目标的含义

管理表现为有效实现目标的过程，目标是管理者和组织中一切成员的行动指南，是组织和个人活动所指向的终点或一定时期所寻求的最终成果。目标为组织成员指明了方向，为管理人员提供了衡量成就、评估绩效的标准，同时它也是调动职工积极性的一种激励因素。正是基于这些原因，目标形成了一种管理基础，特别是计划工作的基础。

(二) 制定目标的原则

目标是组织通过履行一定的职责来换取生存和发展所需的各种资源的行动指南，没有目标，管理就会无的放矢；目标不清，管理必然陷入混乱。任何一个目标都应包括明确的主题、期望达到的数量或水平、可用于测量计划实施情况的指标以及时间期限。因此，在制定目标时，要遵守以下几项原则。

1. 目标必须指向明确

关于目标的内容应有详细的说明。例如，要达到什么目的，由谁来做工作，他和上下左右的关系如何，在整个目标体系中的地位和贡献如何，应该注意的事项有哪些，等等。目标不宜太复杂，应为组织成员指明正确的方向。

2. 目标应尽量具体

如果目标过于笼统，就会产生模棱两可的效果，管理者无法明确实际与期望之间的差异，导致目标的作用无法落到实处。所以，目标的制定要尽量具体些。特别是高层的目标，制定得越具体，则组织基层制定目标的过程就越简单。

3. 目标必须可考核

组织绩效的高低需通过对目标实现的程度和结果来验证。也就是说，管理人员在开始执行计划和结束后，能够据以检查和衡量执行的进展情况，并把实际和预期目标相对照。

目标应尽可能用数字、程度、状态、时间等准确表述，以方便考核与评价。

4. 目标必须有时间限定

目标除了可考核、可衡量外，还应有具体的完成期限。目标应有一个时间跨度，应规定起点、终点和固定的时间段。良好的目标，不管是短期目标、中期目标还是长期目标，相关的时间跨度总是明确包含在目标本身之中，可以日、周、月和年为周期。在这段时间内，这些目标应该如期完成。

5. 目标必须是合理的

目标应该是可以实现的，应该尽可能定得高一些且要保证合理，如果脱离实际，定得过高或过低都会影响目标作用的发挥。目标定得太高，往往会挫伤员工的积极性，导致员工不愿意去努力；目标定得过低，又会被认为低估他人能力，容易使员工产生惰性，导致工作拖延。因此，目标必须具有挑战性，需要经过相当努力才能达成，目标作为一种有效激励的手段也恰恰体现于此。

二、目标管理

(一) 目标管理的含义及特点

目标管理(Management by Objective)是以目标为导向，以人为中心，以成果为标准，使组织和个人取得最佳业绩的现代管理方法。目标管理亦称"成果管理"，俗称责任制，是指在企业个体职工的积极参与下，自上而下地确定工作目标，并在工作中实行"自我控制"，自下而上地保证目标实现的一种管理办法。

1. 目标管理的优点

(1) 对组织内易于度量和分解的目标来说，目标管理会带来良好的绩效。对于那些在技术上具有可分性的工作，由于责任、任务明确，目标管理常常会产生立竿见影的效果；而对于技术不可分的团队工作，则难以实施目标管理。

(2) 目标管理有助于改进组织结构的职责分工。由于在组织目标管理中，力图将成果和责任划归一个职位或部门，容易发现授权不足与职责不清等缺陷。

(3) 目标管理能够启发员工的自觉性，调动员工的主动性、积极性、创造性。在目标管理中，由于强调自我控制与自我调节，将个人利益和组织利益紧密联系起来，因而有助于提高员工士气。

(4) 目标管理能够促进意见交流和员工之间的相互了解，有助于改善人际关系。

2. 目标管理的缺点

在实际操作中，目标管理也存在许多明显的缺点，主要表现在以下几个方面。

(1) 目标难以制定。组织内的许多目标难以定量化、具体化；许多团队工作在技术上不可分解；组织环境的可变因素越来越多，变化越来越快，组织的内部活动日益复杂，使组织活动的不确定性越来越大。基于以上原因，在组织活动中制定数量化目标是很困难的。

(2) 目标管理的哲学假设不一定都存在。Y理论对于人类的动机做了过分乐观的假

设，实际中的人是有"机会主义本性"的，尤其在监督不力的情况下。因此，目标管理所要求的承诺、自觉、自治气氛有时难以形成。

(3) 目标商定可能增加管理成本。目标商定需要上下沟通、统一思想，很费时间。每个单位、个人都关注自身目标的完成情况，很可能忽略了相互协作和组织目标的实现，从而滋长本位主义、临时观点和急功近利倾向。

(4) 在某些情况下，奖惩难与目标成果相配合，也很难保证公正性，从而削弱了目标管理的效果。

鉴于上述分析，在实际中推行目标管理时，应从以下几方面着手：除了要掌握具体的方法，还要特别注意把握工作的性质，分析其分解和量化的可能；提高员工的职业道德水平，培养合作精神，建立健全各项规章制度，注意改进领导作风和工作方法，使目标管理的推行建立在一定的思想基础和科学管理基础之上；要逐步推行、长期坚持、不断完善，从而使目标管理发挥预期的作用。

(二) 目标管理的实施步骤

目标管理分三个阶段：第一阶段为目标的设置；第二阶段为实现目标过程的管理；第三阶段为总结与评估。

1. 目标的设置

这是目标管理最重要的阶段，具体可以细分为以下4个步骤。

(1) 高层管理预定目标，这是一个暂时的、可以改变的目标预案。既可以由上级提出，再同下级讨论；也可以由下级提出，再由上级批准。无论采用哪种方式，必须共同商量决定。此外，领导必须根据企业的使命和长远战略，估计客观环境带来的机会和挑战，对企业的优劣势有清醒的认识，对组织应该和能够完成的目标心中有数。

(2) 重新审议组织结构和职责分工。目标管理要求每一个分目标都有确定的责任主体。因此，预定目标之后，需要重新审查现有组织结构，根据新的目标分解要求进行调整，明确目标责任者并协调关系。

(3) 确立下级目标。首先下级应明确组织的规划和目标，然后商定分目标。在讨论中，上级要尊重下级，平等待人，耐心倾听下级意见，帮助下级发展一致性和支持性目标。分目标要具体、量化，便于考核；要分清轻重缓急，以免顾此失彼；既要有挑战性，又要有实现可能。每个员工和部门的分目标要和其他的分目标协调一致，支持本单位和组织目标的实现。

(4) 上级和下级就实现各项目标所需的条件以及实现目标后的奖惩事宜达成协议。分目标制定后，要授予下级相应的资源配置权力，实现权责利的统一。由下级写成书面协议，编制目标记录卡片，整个组织汇总所有资料后，绘制目标图。

2. 实现目标过程的管理

目标管理重视结果，强调自主、自治和自觉，但并不等于领导可以放手不管。相反，由于形成目标体系，一环失误就会牵动全局，因此领导在目标实施过程中的管理是不可缺少的。首先，定期检查，利用双方经常接触的机会和信息反馈渠道自然地进行；其次，向

下级通报进度，便于相互协调；最后，帮助下级解决工作中出现的困难和问题，当出现意外、不可测事件等严重影响组织目标实现时，也可以通过一定的程序，修改原定的目标。

3. 总结和评估

达到预定的期限后，下级首先进行自我评估，提交书面报告；然后上下级一起考核目标完成情况，决定奖惩，同时讨论下一阶段目标，开始新循环。如果目标没有完成，应分析原因、总结教训，切忌相互指责，以保持相互信任的组织氛围。

第四节 决策活动概述

决策是管理的基础和核心，可以这样认为，整个管理过程都是围绕决策的制定和组织实施而展开的。诺贝尔经济学奖得主西蒙甚至强调管理就是决策，决策贯穿整个管理过程。可见，决策在管理中处于十分重要的地位。

一、决策的含义与特点

(一) 决策的含义

决策就是指做出决定和选择。

决策就是人们确定未来行动目标，拟定并评价实现目标的各种可行方案并从中选出合理方案的分析、判断过程。

1. 决策的前提：要有明确的目的

决策或是为了解决某个问题，或是为了实现一定的目标。没有目标就无从决策，没有问题则无须决策。

2. 决策的条件：有若干可行方案可供选择

如果仅有一个方案，则无从比较其优劣，也无选择的余地，"多方案抉择"是科学决策的重要原则。决策要以可行方案为依据，决策时不仅要有若干个方案用于相互比较，而且各方案必须是可行的。

3. 决策的重点：方案的分析比较

每个可行方案既有其可取之处，也有其不利的一面，因此必须对每个备选方案进行综合分析与评价，确定每一个方案对目标的贡献程度和可能带来的潜在问题，以明确每一个方案的利弊。通过对各个方案之间的相互比较，可明晰各方案之间的优劣，为方案选择奠定基础。

4. 决策的结果：选择一个满意方案

科学决策理论认为，追求最优方案既不经济又不现实。因此，科学决策遵循"满意原则"，即在现实条件下，追求的是诸多方案中能够使主要目标得以实现、其他次要目标也足够合理的可行方案。

(二) 决策的特点

1. 目标性

任何决策都是为了实现一定的目标而进行的方案选择，如果决策的目标是模糊不清或不正确的，那就无法以目标为标准评价方案，也就无从选择方案，更谈不上决策。决策人员犹豫不决，通常也是因为目标很模糊或设立得不合理。

2. 可实践性

一个合理的决策应以充分了解和掌握各种信息为前提，即通过对组织外部环境和组织内部条件的调查分析，选择切实可行的方案。

3. 可抉择性

决策的基本含义是抉择。决策是从若干备选方案中进行选择，如果只有一个方案，就无法比较其优劣，亦无选择余地，也就无所谓决策。没有比较就没有鉴别，更谈不上"最佳"。因此，决策要求必须提供可以相互替代的多种方案。

要求提供多个可行方案的过程，通常是一个创新的过程。每个可行方案都应具有下列条件：①能够实现预期目标；②可对各种影响因素进行定性与定量分析；③可估计不可控因素出现的概率；④满足整体详尽性和相互排斥性的要求。

4. 满意性

所谓满意决策是指在现实条件下，决策者的决策使得目标的实现在总体上已达到预期效果。决策过程是一个研究复杂的、多变的和多约束条件问题的过程，同时人们对客观事物的认识也是一个不断深化的过程。对于任何目标，都很难找出全部的可行方案。因此，决策者只能得到一个适宜和满意的方案，不可能得到最优方案。

5. 过程性

决策不是简单地罗列方案和选择方案，需要决策者做一系列大量的工作。决策者应先进行调查、分析和预测，然后确定行动目标、找出可行方案，再进行分析、判断，选出最终方案。因此，决策是一个过程。

■ 二、决策的影响因素

1. 环境

环境的影响是双重的，一方面，环境的特点影响组织的活动选择。例如，就企业而言，需经常对经营方向和内容进行调整。处于垄断市场中的企业，通常将经营重点放在改善内部生产条件、扩大生产规模以及降低生产成本等方面；而处于竞争市场中的企业，则需密切关注竞争对手的动向，不断推出新产品，努力改善营销宣传，建立健全销售网络。另一方面，对环境的习惯反应模式也影响组织的活动选择。即使在相同的环境背景下，不同的组织也可能做出不同的反应。这种调整组织与环境之间关系的模式一旦形成，就会趋向固定，限制人们对行动方案的选择。

2. 经验

今天是昨天的继续，明天是今天的延伸，历史总是要以这种或那种方式影响未来。在

大多数情况下，组织决策不是初始决策，而是对初始决策的完善、调整或改革。组织过去的决策是当前决策过程的起点，过去选择的方案的实施，不仅伴随人力、物力、财力等资源的消耗，而且伴随内部状况的改变，从而对外部环境产生影响。"非零起点"的当前决策会受到过去决策的影响，过去的决策对当前决策的制约程度要受到它们与现任决策者的关系的影响。如果过去的决策是由现在的决策者制定的，而决策者通常要对自己的选择及其后果负管理责任，因此不愿对组织活动进行重大调整，而倾向于仍把大部分资源投入到执行过去的方案中，以证明自己的一贯正确；相反，如果现在的主要决策者与组织过去的重要决策没有很深的渊源，则会易于接受重大改变。

3. 决策者对风险的态度

风险是指失败的可能性。任何决策都必须冒一定程度的风险。对待风险态度不同的决策者会影响行动方案的选择，愿意承担风险的组织，通常会在被迫对环境做出反应以前就采取进攻性的行动；而不愿承担风险的组织，通常只能根据环境做出被动的反应。愿冒风险的组织经常进行新探索；而不愿承担风险的组织，其活动则要受到过去决策的严重限制。

4. 决策者的知识和能力

决策者的知识和能力涉及个人能力、个人价值观、决策群体的关系融洽程度等方面。这些主体因素影响决策过程的顺畅，以及决策结果的科学性和正确性。

5. 组织文化

组织文化制约组织及其成员的行为以及行为方式。在决策层次上，组织文化通过影响人们对改变的态度而产生作用。在具有开拓、创新气氛的组织中，人们渴望变化、欢迎变化、支持变化，从而有利于新决策的实施；相反，在偏向保守、怀旧、维持传统的组织中，人们总是对将要发生的变化产生怀疑、害怕和抵御的心理和行为，从而影响组织决策。

第五节　决策的程序与分类

一、决策的程序

按照决策理论，决策就是一个提出问题、分析问题、解决问题的过程。公司的经营决策必须依据决策理论，遵从决策的一般模式。公司经营决策的一般模式包括分析问题、确定目标、制定方案、选择方案4个阶段，如图3-4所示。

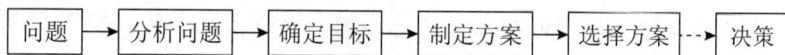

问题 → 分析问题 → 确定目标 → 制定方案 → 选择方案 ---> 决策

图3-4　决策的一般模式

(一) 分析问题

在这一阶段，包括以下两个步骤。

(1) 找出问题。一切决策都是从问题开始的。如果什么问题都没有，那就没有必要做出决策。问题可以理解为在现有条件下，应该可以达到的理想状况和现实状态之间的差距(期望目标与实际情况间的差距)。只有正确找出差距，才能进行有效的诊断。

(2) 寻找原因。找到差距，就要明确造成差距的原因。在决策过程中，如果根本原因不明确，为消除差距而设计的方案就不可能有效，往往付出巨大代价，也只能达到"治表"的效果。

(二) 确定目标

发现问题后，就要确定决策目标，选择正确的决策目标是取得成功的基础。在确立目标时，应注意以下几个问题。

(1) 要有层次结构，建立目标体系。例如，建立由总目标、子目标等构成的从总到分的目标体系。

(2) 应确保目标能够计量成果、限定时间、明确责任。

(3) 要规定目标的约束条件。例如，对产值、利润等有一定的限制。

(4) 建立衡量决策的近期、中期、远期效果的三级价值标准。

(5) 目标的确定需经过专家与领导的集体论证。

(三) 制定方案

这一阶段以决策目标为出发点，包括下列两个步骤。

(1) 广泛寻求与制定方案。制定方案时，要注意以下几点：①必须制定多种可供选择的方案。多种方案是指各个方案必须有原则性区别，不能只有细节的差异。可供选择的方案要尽可能地多一些，这样决策时的选择余地就会大些。②每一种方案要以确切的数据反映其成果。③对于每一种方案，都要说明本方案的特点、弱点及实施条件。④各方案的表达方式必须做到条理化和直观化。

(2) 可行性分析。要对众多可供选择的方案逐一进行可行性分析，合并雷同的方案，淘汰可行性较差的方案，最后剩下一组能够实现决策目标的排他性方案。

(四) 选择方案

这一阶段包括以下3个步骤。

(1) 方案选优。对第二阶段中制定的可行方案进行综合分析和比较，从中选取一个最优或较优方案。选择最优或较优方案是一项极其复杂的工作，更是决策的关键一环，"一着不慎，满盘皆输"。

(2) 贯彻实施。决策的目的是执行最优或较优方案，以达到决策目标。

(3) 反馈与追踪检查。贯彻实施方案并不是决策过程的终结。任何一种方案在实施中，由于客观情况的变化，必然会发生这样或那样的与目标的偏离。因此，必须做好反馈与追踪检查工作。

这个阶段的任务，就是要准确、及时地把方案实施过程中出现的问题、执行情况的信

息输送到公司决策机构，以便追踪检查、随时纠正偏差。

以上科学决策的4个阶段只是一般的行动指南。在具体决策中，允许各阶段有所交叉。另外，在不同的决策中，也可以省略某些步骤。

二、决策的分类

对于公司决策，可以按照不同的标准进行分类。

(一) 按照决策的主体，可分为个人决策与群体决策

(1) 个人决策。个人决策是指由单个人做出的决策。个人决策的优点是处理问题快速、果断；缺点是容易出现鲁莽、武断的倾向。

(2) 集体决策。集体决策是指由若干人组成的集体共同做出的决策。集体决策的优点是能够汇总更多的信息，拟定更多的备选方案，有利于提高决策质量；组织成员之间能够更好地沟通，有利于提升决策方案的接受度；各部门之间相互协调，有利于决策的顺利执行。集体决策的缺点主要是花费的时间较长、费用较高，并且可能导致责任不清和从众现象。

(二) 按照决策的内容，可分为战略决策、战术决策和执行决策

(1) 战略决策。战略决策关系组织的生存与发展，是关于组织全局性、长期性的目标和方针等重大问题的决策。通常包括组织目标、方针的确定，组织机构的调整，企业产品的更新换代，技术改造，企业上市、兼并，等等。

(2) 战术决策。战术决策又称管理决策，是在组织内贯彻的决策，属于战略决策执行过程中的具体决策。例如，企业生产计划和销售计划的制订、设备更新、新产品定价等。

(3) 执行决策。执行决策又称业务决策，是日常工作中为提高生产率、工作效率而做出的决策，牵涉范围较窄，只对组织产生局部影响。属于业务决策范畴的主要有工作任务的日常分配和检查、工作日程(生产进度)的安排和监督、库存控制以及材料采购等。

(三) 按照决策问题是否重复出现，可分为程序化决策和非程序化决策

(1) 程序化决策。它是指能按规定的决策程序和方法解决管理中重复出现的问题的例行决策，又称常规决策、例行决策、重复性决策。这类决策问题比较明确，有一套固定的程序，如订货日程、日常的生产技术管理等。由于程序化决策所涉及的变量比较稳定，可以通过制定程序、决策模型和选择方案的标准，由计算机处理。在管理工作中，有80%的决策属于程序化决策(可以降低管理成本)。

(2) 非程序化决策。它是指不经常重复出现、不经常出现或偶尔发生的问题的决策，又称非常规性决策、例外决策、一次性决策。这类决策的步骤和方法难以程序化、标准化，不能重复使用。战略性决策一般都是非程序化的，如新产品的开发等。由于非程序化决策要考虑内外条件变动及其他不可量化的因素，决策者个人的经验、知识、洞察力和直觉、价值观等主观因素对决策有重大影响。

（四）按照决策问题所处的条件，可分为确定型决策、风险型决策和不确定型决策

为了掌握、理解这三种决策的内容，首先介绍几个基本概念。

自然状态：在实际生活和生产中，决策者要解决同一个问题将要面对的几种自然情况。例如，某公司要确定下一计划期的产品生产批量。根据市场调查和预测，产品销路好、一般和差三种情况的概率分别为0.3、0.5和0.2。这里，决策者要解决的问题是在三种客观条件即自然状态下，对下一计划期的产品批量做出决策。

自然状态有两个特性：第一，自然状态不以决策者的意志为转移，称为不可控因素；第二，几种自然状态必定出现一种，并且只出现一种。

行动方案：决策者对同一个问题，为了达到一定的目的，为应对几种自然状态而采取的对策方案。如上例，决策者面对三种自然状态，可能会采取不同的对策，如大批量生产、中批量生产、小批量生产。决策者可选择三种对策之中的一种，即有三种行动方案可供选择。

状态概率：决策问题中每一种自然状态出现的概率。

损益值：每一种行动方案在各种自然状态下所获得的报酬或者需要付出的代价(成本、损失)。

最佳决策方案：依照某种决策准则，可使决策目标达到最优的方案。

1. 确定型决策

确定型决策一般应具备如下4个条件。

(1) 存在决策希望达到的一个明确目标。

(2) 只存在一种确定的自然状态。

(3) 存在可供决策人选择的两个或两个以上的行动方案。

(4) 不同的行动方案在确定状态下的损益值可以计算出来。

【例3-1】某公司面对激烈的市场竞争，制定了三种对策：扩建某关键车间；改建某关键车间；维持原有生产能力。每种方案的损益值见表3-2，该公司应采取何种对策？

表3-2　三种方案的损益值

行动方案	损益值/万元
扩建某关键车间	20
改建某关键车间	35
维持原有生产能力	−10

由表3-2可知，在市场情况不变的条件下，扩建某关键车间可获利20万元，改建某关键车间可获利35万元，维持原有生产能力要损失10万元。通过比较，决策者显然会选取改建某关键车间这一行动方案。

本例只是较为简单的确定型决策，公司经营中所遇到的决策问题往往是很复杂的，我们将在决策方法中进一步介绍。

2. 风险型决策

风险型决策也叫随机决策，它具备如下5个条件。

(1) 存在决策者希望达到的目标。

(2) 存在两个或两个以上可供选择的行动方案。

(3) 存在两个或两个以上的自然状态。

(4) 在不同的自然状态下，不同的行动方案的相应损益值可以计算出来。

(5) 在几种不同的自然状态下，未来究竟出现哪种自然状态，决策者无法肯定，但决策者根据经验和科学理论可以预测各个自然状态出现的概率。

【例3-2】某公司为生产某种产品制定了两个方案：一是建大工厂；二是建小工厂。两者的使用期限都是10年，大工厂需投资300万元，小工厂需投资120万元。两个方案每年的损益以及各个自然状态出现的概率见表3-3。

表3-3　两个方案的损益及各个自然状态出现的概率

自然状态 损益值/万元 行动方案	销路好(Q_1) $P(Q_1)=0.7$	销路差(Q_2) $P(Q_2)=0.3$
建大厂(A_1)	100	−20
建小厂(A_2)	60	30

本例涉及风险决策，具体解法将在决策方法中介绍。

3. 不确定型决策

在不确定型决策中，各种可行方案出现的结果是未知的，且自然状态出现的概率也不清楚，或者只能靠主观判断，大多数企业决策属于这种。例如，某公司欲发展海外业务，想在以下三种方式中选择一种进入海外市场：间接出口，直接出口，直接投资。由于环境不确定，目标国可能存在政治风险(政变、法律条款改变等)、汇率波动、文化冲突……导致每个备选方案成功和失败的可能性无法衡量。不确定型决策的关键在于尽量掌握有关信息资料，根据决策者的直觉、经验和判断果断行事。

(六) 按照决策目标，可分为单目标决策和多目标决策

在企业经营和管理决策中，无论是战略决策，还是战术决策，都是为了实现某种目标而进行的。如果企业决策是为了达到同一个目标而在多种(两种以上)备选方案中选定一个最优方案，这类决策称为"单目标决策"；如果所要决策的问题，不是为了实现同一个目标，而是在针对若干个目标的若干个方案中选择最优方案，这类决策则称为"多目标决策"。后者在实际工作中是很少见的，大量出现的、常见的是"单目标决策"。

(七) 按照决策目标与使用方法，可分为定量决策和定性决策

(1) 定量决策。在决策系统中，决策者收集到的信息能以量的形式表示，或能转化成量的形式表示，这种决策称为定量决策。

(2) 定性决策。当决策系统的主要信息不能用确切的数量表示时，这种决策称为定性决策。定性决策在公司经营活动中大量存在，做出这种决策的方法，国外称为"软方法"或"软决策"。

关于这两种方法，我们将在下一节重点介绍。

【阅读资料】　　　　　　"巨无霸"之间的较量：波音公司与空客公司

在争夺飞机制造业领导地位的竞争中，波音公司和空客公司考虑了大量的定量和定性因素。2000年，作为欧洲航空防卫和航天公司(EAD)下属单位，空客公司被认为是一家超越美国波音公司的飞机制造商，由此可能导致其过于自信，其开发空客A380巨无霸的目的就是要超过称霸航空业多年的、拥有450个座位的波音747。

然而，A380机型在生产时遇到了麻烦，因推迟交货日期给公司增加了成本。空客公司低估了这架超大型飞机以及其精密设备的复杂性，通信和机上娱乐系统的安装成了主要问题，而合格工程师的短缺使其很难推出与波音相抗衡的多型号设备。此外，空客公司管理团队意见不一致使问题更复杂。

在这种情况下，数家航空公司开始重新考虑它们的购买决策，甚至有几家已经改向波音公司订货。例如，泰国航空公司已考虑放弃已经订购的6架飞机。为了帮助空客公司走出困境，欧盟决定继续提供支持。结果，波音公司向世贸组织提出申诉，称用于开发空客飞机的补贴属非法。然而，波音公司也被指控在开发新飞机的过程中得到了美国政府的补贴。

到2010年末，空客公司与波音公司都没有完成计划，空客公司只交付了数架A380。其中，澳大利亚航空公司所属的A380飞机在使用时发生引擎故障，导致飞机返航新加坡。这一事件迫使澳大利亚航空公司停飞所有A380飞机，等待调查。其他航空公司，如德国汉莎航空公司与新加坡航空公司，也拥有同型号引擎(特伦特900)的A380飞机。发生上述事件后，新加坡航空公司决定替换装配特伦特900引擎的A380飞机。

同时，波音公司787梦幻飞机在试航中也发生了问题，保温毯失火造成主客舱充满烟雾。据悉，其复杂的电子系统似乎是问题的根源。

由于存在上述问题，两家公司都没有按时完成计划，两个"巨无霸"的较量还在继续。

资料来源：[美]海因茨·韦里克，哈罗德·孔茨. 管理学——全球化与创业视角[M]. 马春光，译. 13版. 北京：经济科学出版社，2012.

第六节　决策的技术与方法

第二次世界大战以后，决策方法有了很大发展，呈现两个特点：一是随着运筹学、电子计算机的发明与应用，决策日趋数学化、模型化和计算机化，这些所谓的"硬技术"得到迅速发展和广泛应用；二是注重发挥专家集体创造力，这种建立在心理学和社会心理学基础上的"软技术"越来越受到重视。这两个变化体现了现代决策方法的发展趋势。

决策的科学性主要体现在决策过程的理性化和决策方法的科学化方面。为了正确做出决策，管理者应学会一整套专门的决策方法。一般来说，决策方法可归为两大类：定性决

策法和定量决策法。

一、定性决策法

(一) 头脑风暴法

头脑风暴法又称为"奥斯本的震脑法",由美国创造工程学家奥斯本于1939年提出,当时是为了帮助一家广告公司产生观点。它具体是指依靠一定数量的专家的创造性逻辑思维对决策对象未来的发展趋势及其状况做出集体判断的方法。这种方法问世后,被广泛地应用到许多需要大量新方案来解决某一具体问题的场合。通常的做法是,将对解决某一问题感兴趣的人集合在一起,用小型会议的形式,启发大家畅所欲言,充分发挥创造性,从而产生相互启发的效果,使创造性设想产生连锁反应,进而引发更多的灵感火花。应用这种方法时,需要营造一种有助于人员自由交流的气氛。开始时,只注重提出尽可能多的设想,不过多考虑其现实性。某些人提出一些想法后,鼓励其他人以此为基础或利用这些想法提出自由的设想,以此找到解决问题的新方法。

1. 头脑风暴法的要求

时间为1~2小时,参加者为5~10人。

2. 头脑风暴法的原则

(1) 对他人的意见不做任何评价。

(2) 建议越多越好,不受限制。

(3) 鼓励每个人独立思考、广开思路,想法越新颖、越奇异越好。

(4) 可以补充和完善已有的建议,以使它更具说服力。

在采用此方法时,关键是要创造一个良好的环境,任何人提出的任何意见都要受到尊重,不得指责或批评,也不准暗示或贬低,更不能阻挠他人发言。这样做的目的在于克服群体压力,发掘人们内心的创造力。

(二) 名义小组法

名义小组法的操作方法:首先,管理者召集一些具备相关知识的人,将问题的关键告诉他们,请他们独立思考,要求每个人尽可能地把自己的备选方案和意见写下来;其次,请他们按一定次序陈述自己的方案和意见;最后,全体小组成员对各种行动方案进行评价,投票表决。

(三) 德尔菲法

这是美国兰德公司研究发展后推广的一种方法,多用于听取有关专家对某一问题或机会的意见。操作方法:首先,设法取得有关专家的合作;其次,把要解决的关键问题告诉各位专家,收集并综合各位专家的意见;再次,把综合后的意见反馈给各位专家,让他们再次进行分析并发表意见,如此反复多次(经过3~5轮);最后,得到一个满意结果。在应

用该方法时，应注意以下几点。

(1) 选择专家一般不超过20人。

(2) 提前编制意见征询表。

(3) 匿名性。专家采用"背靠背"的方式提意见，互不通气，不发生横向联系。

(四) 电子会议法

电子会议法是将名义小组法与尖端计算机技术相结合的一种最新的群体决策方法。

目前，电子会议法所需要的技术已经比较成熟，概念也比较简单。操作方法：多人(可多达50人)围坐在一张马蹄形的桌子旁，这张桌子上除了一系列计算机终端设备再无他物；主办者向决策参与者明确问题，决策参与者把自己的回答打在计算机屏幕上；同时，个人评论和票数统计结果都会显示在会议室内的屏幕上。

电子会议法的主要优点是匿名、诚实和快速，而且能够超越空间限制，决策参与者可以充分表达他们的想法而不会受到惩罚，还能消除闲聊和讨论时的偏题现象。

二、定量决策法

定量决策法是指根据现有数据，运用数学模型进行决策的一种方法。采用这种方法，能使决策实现精确化和程序化。

(一) 确定型决策方法

确定型决策即只存在一个确定的自然状态，决策者可依据科学方法做出决策，主要方法是盈亏平衡分析法。

盈亏平衡分析法又称量本利分析法，是通过考查产量(或销售量)、成本和利润的关系以及盈亏变化的规律来为决策提供依据的方法。应用此方法，有助于掌握盈亏变化的临界点(即保本点)，掌握盈亏变化的规律，从而指导企业选择能够以最少的生产成本生产出最多的产品并可使企业获得最大利润的经营方案。

盈亏平衡分析主要研究生产、经营一种产品达到不盈不亏时的产量或收入决策问题。这个不盈也不亏的平衡点即为盈亏平衡点。显然，当生产量低于这个产量时，则发生亏损；当生产量超过这个产量时，则获得盈利。如图3-5所示，随着产量的增加，总成本与销售额随之增加。当达到平衡点A时，总成本等于销售额(即总收入)，此时不盈利也不亏损，对应此点的产量Q即为平衡点产量，销售额R即为平衡点销售额。同时，以A点为分界，形成亏损与盈利两个区域。此模型中的总成本是由固定成本和变动成本构成的。按照是以平衡点产量Q还是以平衡点销售额R作为分析依据，可将盈亏平衡分析法划分为盈亏平衡点产量(销量)法和盈亏平衡点销售额法。

假设P代表单位产品价格，Q代表产量或销售量，C代表总固定成本，V代表单位变动成本，π代表总利润，当企业不盈不亏时，则有

$$PQ=C+VQ$$

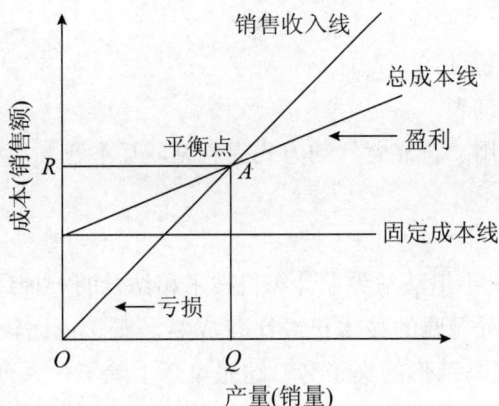

图3-5 盈亏平衡分析基本模型

所以，保本产量的计算公式为

$$Q=C/(P-V)$$

假设目标利润为π，则有

$$PQ=C+VQ+\pi$$

所以，保目标利润π的产量的计算公式为

$$Q=(C+\pi)/(P-V)$$

根据上述公式，得出利润的计算公式为

$$\pi=PQ-C-VQ$$

安全边际的计算公式为

$$安全边际=方案带来的产量-保本产量$$

安全边际率的计算公式为

$$L=\frac{Q-Q_0}{Q}\times100\%$$

式中：$Q-Q_0$为安全余量，即实际产销量与盈亏平衡点产销量之差；L为安全边际率。

经营安全率表示安全余量在总的销售量中所占的比例，通常按表3-4所示的标准衡量企业经营安全状态。一般来说，当经营安全率大于30%时，认为企业经营较安全，风险较小。经营安全率是相对指标，便于不同企业和不同行业进行比较。对项目而言，盈亏平衡点的产销量越高、生产能力利用率越高、单位产品变动成本越低，项目风险就越大，安全度就越低；反之，项目安全度越高，则项目承受风险的能力就越强。其中，资金密集型项目的固定成本占总成本的比例较高，其风险也较大。

表3-4 衡量企业经营安全状态的标准

经营安全率	>40%	>30%	20%~30%	10%~20%	<10%
经营状态	很安全	安全	较安全	警惕	危险

【例3-3】某厂生产一种产品，其总固定成本为20万元，单位产品变动成本为10元，产品售价为15元。

求：(1) 该厂的盈亏平衡点产量应为多少？

(2) 如果要实现利润20 000元，其产量应为多少？

解：(1) $Q = \dfrac{C}{P-V} = \dfrac{200\,000}{15-10} = 40\,000$(件)

即当生产量为40 000件时，处于盈亏平衡点上。

(2) $Q = \dfrac{C+\pi}{P-V} = \dfrac{200\,000+20\,000}{15-10} = 44\,000$(件)

即当生产量为44 000件时，企业可获利20 000元。

【例3-4】某企业总固定费用为20万元，产品单位变动成本为20元，销售单价为30元，2014年实现利润9万元，试判断该企业经营状况如何。

解：$Q_R = \dfrac{C+\pi}{P-V} = \dfrac{200\,000+90\,000}{30-20} = 29\,000$(件)

$Q_0 = \dfrac{C}{P-V} = \dfrac{200\,000}{30-20} = 20\,000$(件)

$L = \dfrac{Q-Q_0}{Q} \times 100\% = \dfrac{29\,000-20\,000}{29\,000} \times 100\% = 31.03\%$

$L>30\%$，该企业的经营状况为安全。

(二) 风险型决策方法

在风险型决策中，决策者不能确定未来可能出现何种自然状态，但可估计出现某种自然状态的概率。风险型决策常用的方法是决策树法。

决策树法是指借助树形分析图，根据各种自然状态出现的概率及方案预计损益，计算并比较各方案的期望值，从而选择最优方案的方法。决策树的基本形状如图3-6所示，其中，方框"□"表示决策点；由决策点引出的若干条一级"树枝"叫作方案枝，它表示该项决策中可供选择的几种备选方案，分别以带有编号的圆形状态节点1、2等来表示；由各圆形节点进一步向右边引出的枝条称为方案的概率枝，每种状态出现的概率可标在概率枝的上方，右端可标出在该状态下执行方案所带来的损益值。

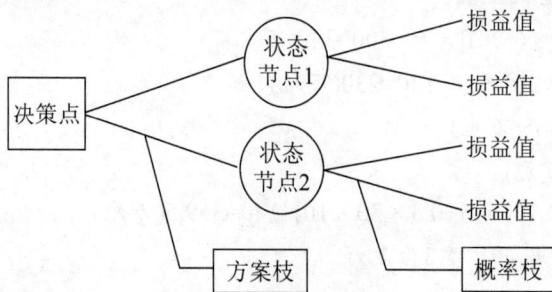

图3-6 决策树示意图

决策树分析法的基本步骤如下所述。

1.绘制决策树

根据决策备选方案的数目和对未来环境状态的了解，从左向右绘出决策树图形。

2.计算各个方案的期望收益值

首先，计算各方案枝的期望值，即用方案在各种自然状态下的损益值分别乘以各自然状态出现的概率；其次，将各方案枝的期望收益值累加，求出每个方案的期望收益值(可

将该数值标记在相应方案的圆形节点上方)。

3. 选择最优方案

用每个方案的期望收益值减去实施该方案所需要的投资额(该数额可标记在相应的方案枝的下方),比较余值后就可以选出经济效果最佳的方案。在决策树图中,未被选中的方案以被剪断的符号" // "来表示。

【例3-5】某企业为扩大某产品的生产规模,拟建设新厂。据市场预测,产品销路好的概率为0.7,销路差的概率为0.3。有3种方案可供企业选择:一是新建大厂,需投资300万元,初步估计,销路好时每年可获利100万元,销路差时每年亏损20万元,服务期为10年;二是新建小厂,需投资140万元,销路好时每年可获利40万元,销路差时每年仍可获利30万元,服务期也为10年;三是选建小厂,3年后销路好时再扩建,需追加投资200万元,服务期为7年,估计每年获利95万元。试用决策树法选择方案。

解:依照已知条件画出决策树,如图3-7所示。

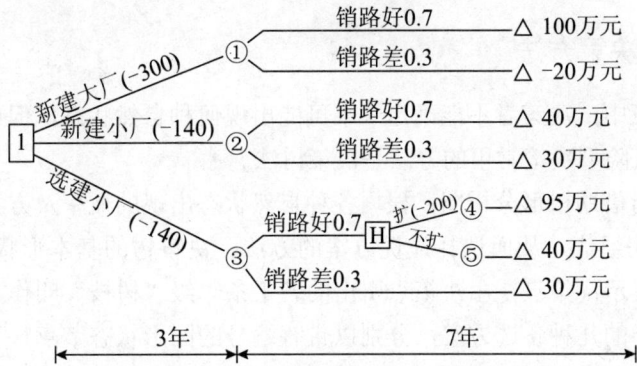

图3-7 扩大生产规模的决策树

计算各方案的期望收益值:

$E_1=[0.7 \times 100+0.3 \times (-20)] \times 10-300=340(万元)$

$E_2=[0.7 \times 40+0.3 \times 30] \times 10-140=230(万元)$

$$\begin{cases} E_4=95 \times 7-200=465(万元) \\ E_5=40 \times 7=280(万元) \end{cases}$$

$E_3=(0.7 \times 40 \times 3+0.7 \times 465+0.3 \times 30 \times 10)-140=359.5(万元)$

比较E_1、E_2、E_3,选择方案3为最好。

(三) 不确定型决策方法

不确定型决策是在对未来可能出现的自然状态完全不能确定的情况下进行的。由于决策主要依靠决策者的经验、智慧和风格,从而产生不同的评选标准,形成多种具体的决策方法。

常用的不确定型决策方法有大中取大法、小中取大法、平均法和最大后悔值最小化法等。下面,我们通过具体实例来介绍这些方法。

【例3-6】某企业打算生产某产品。据市场预测,产品需求量有4种情况:需求量较高,需求量一般,需求量较低,需求量很低。对每种情况出现的概率均无法预测。现有3

种方案：A方案是自己动手，改造原有设备；B方案是全部更新，购进新设备；C方案是购进关键设备，其余自己制造。该产品计划生产5年。据估计，各方案在各种自然状态下5年内的预期损益如表3-5所示。

表3-5 各方案损益值表

方案 \ 不同自然状态的损益值/万元	需求量较高	需求量一般	需求量较低	需求量很低
A方案	70	50	30	20
B方案	100	80	20	−20
C方案	85	60	25	5

1. 大中取大法(乐观法)

大中取大法，即比较各方案所产生的最大收益，选取收益最大的一个方案。

采用这种方法的管理者对未来持乐观的态度，认为未来会出现最有利的自然状态，因此不论采取哪种方案，都能获取该方案的最大收益。采用大中取大法进行决策时，首先确定各方案所带来的最大收益，即在最好的自然状态下的收益；然后进行比较，选择在最好的自然状态下收益最大的方案作为最终方案。

在例3-6中，A方案的最大收益为70万元，B方案的最大收益为100万元，C方案的最大收益为85万元。经过比较，B方案的最大收益最大，所以选择B方案。这种方法有时也很危险，因为它忽视了可能发生的亏损以及能获利或不能获利的各种机会。所以，有经验的决策者会根据情报信息，尽量使可能得到的最大收益极大化。

2. 小中取大法(悲观法)

小中取大法即比较各方案所产生的最小收益，从中选取最小收益最大的一个方案。采用这种方法的管理者对未来持悲观的看法，认为未来会出现最不利的自然状态，因此不论采取哪种方案，都只能获取该方案的最小收益。采用小中取大法进行决策时，首先找出各方案所带来的最小收益，即在最差的自然状态下的收益；然后进行比较，选择在最差的自然状态下收益最大的方案作为最终方案。

在例3-6中，A方案的最小收益为20万元，B方案的最小收益为-20万元，C方案的最小收益为5万元。经过比较，A方案的最小收益最大，所以选择A方案。

3. 平均法(机会均等准则，概率法)

应用平均法时，对每种可能发生的自然状态设定相等的概率，即如果管理人员不知道各种自然状态发生的概率，便可以假设所有的自然状态都有同等出现的可能性。在例3-6中，通过计算可知：

A方案的期望值=(70+50+30+20)/4=42.5(万元)

B方案的期望值=[100+80+20+(-20)]/4=45(万元)

C方案的期望值=(85+60+25+5)/4=43.75(万元)

经过比较，B方案的收益最大，所以选择B方案。

4. 最大后悔值最小化方法

最大后悔值最小化方法是指把可能引起决策者最大遗憾的收益极小化。管理者在选择

某方案后，如果将来发生的自然状态表明其他方案的收益更大，那么他会为自己当初的选择而后悔。采用这种方法进行决策时，首先计算各方案在各种自然状态下的后悔值(某方案在某自然状态下的后悔值=该自然状态下的最大收益-该方案在该自然状态下的收益)，并找出各方案的最大后悔值；然后进行比较，选择最大后悔值最小的方案作为最终方案。如表3-6所示，3个方案的后悔值分别为30、40、20，因为C方案的最大后悔值最小(20)，故选中该方案。

表3-6　最大后悔值比较表

不同自然状态的损益值/万元　　方案	需求量较高	需求量一般	需求量较低	需求量很低	最大后悔值
A方案	30 (100-70)	30 (80-50)	0 (30-30)	0 (20-20)	30
B方案	0 (100-100)	0 (80-80)	10 (30-20)	40 (20+20)	40
C方案	15 (100-85)	20 (80-60)	5 (30-25)	15 (20-5)	20

上述4种方法，在实际中往往需同时运用，并将用4种方法决策被选中次数最多的方案作为决策方案。

定量决策法是依靠数学理论和数学工具来解决决策问题的方法，是科学发展的必然产物，是定性决策法的理性精华。然而，定量决策法虽然提供了严格的数学论证，采用了诸如电子计算机等现代化计算工具，但只适用于与决策目标相关的因素是确定的、清晰的情形，这样才能建立静态或动态的数学模型来进行决策。对于那些不确定的、不清晰的相关因素，定量决策法往往束手无策，只能依靠定性决策法来解决。

定性决策法是依靠人们的知识、经验和能力的一种决策艺术，在公司经营决策活动中，定性决策也是大量存在的。如果对于公司一切决策问题，都企图应用定量决策法来解决，不但不可能，而且容易陷入教条主义的思维中。现代公司的经营决策，既不是典型的定量决策，也不是典型的定性决策，而是介于两者之间或是偏重一方的模糊性决策。

技能训练单元

实训一：头脑风暴法的运用

【实训目标】掌握头脑风暴法的含义及实施步骤，通过实训过程了解此方法的优缺点及注意事项。

【实训内容与要求】以5～6人为一组，指定一位创业团队的领队，由他做头脑风暴会议主持人，针对创业团队将开办饭店的类型组织讨论，征集决策方案。各小组成员都应学

会分析记录，并积极参与讨论，发表个人观点，认真完成实训内容。对于实训报告，要求语言流畅、文字简练、条理清晰。

你的创业团队决定在某购物中心开办一家饭店，困扰你们的问题是，这个城市有很多饭店，这些饭店能够提供不同价位、不同种类的餐饮服务。你们拥有开办任何一种类型饭店的足够资源，你们所面对的问题是预测开办哪种类型的饭店才能取得成功。

【实训步骤】

第一步，实训准备。要求会议主持人对议题有充分的了解，具备组织头脑风暴会议的能力；参加实训的同学，应在课前查阅相关书籍，初步了解本次实训涉及的理论基础知识。

第二步，以小组为单位，集体花5~10分钟，列举你们可能选择并获得成功的饭店类型。每位小组成员都要尽可能地发挥创新性和创造力，对任何提议都不能批评。

第三步，对小组成员的各种观点进行记录，如表3-7所示，再用10~15分钟讨论各个方案的优点与不足，最后集体确定一个使所有成员意见一致的、最有可能获得成功的方案。

第四步，各小组选出一名代表发言，对小组活动进行总结。

第五步，在做出决策后，对头脑风暴法的优点与不足进行讨论，确定是否产生阻碍。各小组成员完成"头脑风暴法"实训报告，如表3-8所示。

表3-7 饭店类型谈论记录

专业班级		组别(组长)		
记录人		时间		
小组成员				
讨论记录	组员姓名	提出的观点	说明理由	成绩
	组员1			
	组员2			
	组员3			
	组员4			
	组员5			
	组员6			
类型确定(小组)				
说明理由(小组)				

表3-8 "头脑风暴法"实训报告

姓名		专业班级	
学号		成绩	
小组成员			

1. 根据情景模拟，谈谈你对头脑风暴法的认识。

2. 在整个情景模拟过程中，你认为头脑风暴法有哪些优点？

3. 在整个情景模拟过程中，你认为头脑风暴法有哪些缺点？

4. 你认为头脑风暴法比较适合在哪些决策中使用？

【**实训时间**】大约需要20分钟。

【**实训场地**】多媒体教室。

【**实训成绩评定**】

按照是否掌握头脑风暴法的操作流程、是否理解头脑风暴法的优缺点，将实训成绩分为优秀、良好、中等、及格、不及格5个等级，并对各组进行评价。

实训二：个人决策与集体决策游戏——海上小岛求生

【**实训目标**】通过情景游戏实训，能够基本掌握个人决策与群体决策的优点和缺点，能在恰当的时候选择合适的决策方式，提高决策能力。

【**实训内容与要求**】通过情景模拟，根据实训步骤完成情景游戏，并在整个过程中积极参与讨论，发表个人观点，认真完成实训内容。对于发言提纲，要求语言流畅、文字简练、条理清晰。

在9月下旬的某一天，你所乘坐的巨型客轮正在太平洋上航行，突然遇到海上风暴，迫不得已采取紧急救生措施。最终，你和其他几名旅客漂流到一座荒岛上。现在，你们并不知道自己所处的位置在哪里，对岛上的情况也不了解，不知道岛上是否有人，会有什么人或动物，岛上的植物看起来都很奇怪；眼前是一片汪洋大海，不知何时才会有船只经过，何时才会有人来救你们；你们每人都身穿比较薄的衣服，并有1件救生衣、1条小毛巾，随身携带的还有一些钱和钥匙。此外，你们共同拥有14件物品，如表3-9所示，分别为：1只药箱，1台手提收音机，1个打火机，3支高尔夫球杆，7个大的绿色垃圾袋，1个指南针(罗盘)，1根蜡烛，1把手枪，1瓶驱虫剂，1把大砍刀，1个蛇蚊药箱，1盒轻便食物，1张防水毛毯，1个空的热水瓶。在你们求生的过程中，这14件物品都有一些作用。下面，请你将用于救援的14件物品依据其重要性排出顺序，最重要的物品标注1，最不重要的物品标注14，依此类推，注意不可出现同顺位的情形。

表3-9 物品清单

物品	小组成员1排序	小组成员2排序	小组成员3排序	小组成员4排序	小组成员5排序	小组排序	专家排序	个人决策偏差	小组决策偏差
药箱									
手提收音机									
打火机									
高尔夫球杆									
绿色垃圾袋									
指南针									
蜡烛									
手枪									
驱虫剂									

（续表）

物品	小组成员1排序	小组成员2排序	小组成员3排序	小组成员4排序	小组成员5排序	小组排序	专家排序	个人决策偏差	小组决策偏差
大砍刀									
蛇蚊药箱									
轻便食物									
防水毛毯									
空的热水瓶									

资料来源：曾宪达，毛园芳.新编管理学基础实训教程[M].杭州：浙江大学出版社，2009.

【实训步骤】

第一步，实训准备。要求参加实训的同学，课前查阅相关书籍，初步了解本次实训涉及的理论基础知识。实训指导老师准备好相关材料，包括：小组成员信息汇总表，专家排序结果。

第二步，以小组为单位，根据情景进行分析。

第三步，个人决策。各小组成员独立考虑，不得讨论和交头接耳。请考虑上述14件物品对处于上述条件下生存的重要性，并按重要性递减方向列出它们的顺序。此项任务需在10～15分钟内完成，并能在需要时说出排序理由。然后，以小组为单位进行讨论，小组成员充分发表个人观点。

第四步，小组决策。在由4～7人组成的小组中进行讨论，就上述14件物品的重要性顺序尽量争取达成共识。要充分说理，不轻易妥协，又要客观冷静，在放弃己见时，要记下原因。不要去打听其他小组的讨论结果，也别指望教师会告诉你正确的排列顺序。每组要指派专人记下小组讨论出的最后顺序，只在不得已时才采用表决法。这项活动要在40～45分钟内完成。

第五步，公布权威答案。各组完成排序后，由教师宣布总参军训处海岛生存训练专家的排序结果。不论各位学生有无异议，必须以此顺序作为计分标准。然后由教师转达专家的排序理由。各小组选出一名代表发言，对小组讨论分析结果进行总结。

第六步，计分。将个人的排序结果与专家所列相应物品的顺序相减，所获差值只取绝对值，不计符号，再将14件物品的各自差值求和，即为个人决策质量分。若个人所列顺序与专家完全一致，各项差值及总差值和均为零，属完全正确，质量最高；反之，总差值和越大，距标准越远，质量越差。依此算法，算出小组决策的质量。

第七步，分析。每组各自列出每一个成员的个人决策分，并求出全组平均分，比较个人得分与小组得分，注意观察这些质量分之间的关系与顺序。

第八步，对本次实训进行讨论并记录，如表3-10所示。

第九步，各小组选出一名代表发言，对小组讨论结果进行总结。

第十步，对小组成员的各种观点进行分析、归纳和要点提炼。各小组成员填写实训指导教师发放的"海上小岛求生"游戏讨论分析提纲，如表3-11所示。

表3-10　"海上小岛求生"讨论记录

专业班级		组别(组长)		
记录人		时　间		
小组成员				
讨论记录	1. 你认为个人决策成功或失败的原因是什么？群体决策成功或失败的原因是什么？ 2. 在此情景游戏中个人决策与群体决策各有哪些优缺点？			成　绩
	组员1			
	组员2			
	组员3			
	组员4			
	组员5			
	组员6			

表3-11　"海上小岛求生"游戏讨论分析提纲

姓　名		专业班级	
学　号		成　绩	
小组成员			

1. 简述本游戏的总体分析思路。

2. 你的个人决策与专家决策的偏差是( )。你的个人决策的理由分别是( )。

3. 小组决策与专家决策的偏差是( )。

4. 你认为个人决策的优点和缺点分别是什么？如何提高个人决策的准确率？

5. 你认为集体决策的优点和缺点分别是什么？如何提高集体决策的准确率？

【实训时间】大约需要40分钟。

【实训场地】多媒体教室。

【实训成绩评定】

按照是否掌握个人决策与集体决策的优缺点、是否积极参与课堂游戏活动，将实训成绩分为优秀、良好、中等、及格、不及格5个等级，并对各组进行评价。

实训三：计划及其制订——天天汉堡案例分析

【实训目标】通过案例分析，要求学生深刻理解计划的重要性，掌握编制一份完整计划的能力，并能解决计划制订过程中遇到的问题。

【实训内容与要求】查阅相关资料，完成案例分析与发言提纲，并掌握编制计划的

方法。各小组成员都应学会分析记录，并积极参与讨论，发表个人观点，认真完成实训内容。对于发言提纲，要求语言流畅、文字简练、条理清晰。

2007年，迈克·瑞斯曼从康乃狄克大学毕业后，在麦当劳的工作从临时变为全天制。起初，他是经理哈特·福特的助理，而后很快成长为一名经理，不久又晋升为地区业务经理。

2008年春季的一天，迈克在上班途中发现一幢房屋待售。这幢房屋坐落于一条车流量很高的街道旁，他认为此处特别适合开一家汉堡快餐店，这座闲置的房屋预示着一个机会，也许这正是他创建自己的快餐店的好时机。但是，迈克并不想做麦当劳或者汉堡王的经销商，他认为创建自己的连锁店才能赚大钱，并且更有发展前途。

在一笔祖父留给他的信托基金和他父母的财力支持下，2009年3月，迈克的天天汉堡店开张了。在经营过程中，迈克很快发现，与购买经销权不同的是，他必须不断磨炼自己，一点一点地建立各项业务，查看设计安排情况，如室内布置、菜谱设计、寻找供应商、选择店员制服、招募店员、制定店规和服务程序等。

资料来源：曾宪达，毛园芳.新编管理学基础实训教程[M].杭州：浙江大学出版社，2009.

【实训步骤】

第一步，实训准备。要求参加实训的同学，课前查阅相关书籍，初步了解本次实训涉及的理论基础知识。

第二步，以小组为单位进行讨论和分析，各小组成员充分发表个人观点。

第三步，对各种观点进行分析、归纳和要点提炼，填写实训指导教师发放的"天天汉堡"案例分析发言记录，如表3-12所示。

第四步，各小组选出一名代表发言，对小组讨论结果进行总结。

表3-12　"天天汉堡"案例分析发言记录

专业班级		组　　别		
记录人		时　　间		
小组成员				
讨论记录	1. 结合迈克为天天汉堡所做出的努力，思考一下，如果迈克购买了麦当劳的经销权，他又会怎样做计划？ 2. 帮助迈克制订一份业务开展计划		成　　绩	
	组员1			
	组员2			
	组员3			
	组员4			
	……(以下同，省略)			

【实训时间】大约需要30分钟。

【实训场地】多媒体教室。

【实训成绩评定】

按照是否掌握计划的编制程序、能否撰写活动计划书，将实训成绩分为优秀、良好、中等、及格、不及格5个等级，并对各组进行评价。

实训四：目标的重要性——一个目标的故事

【实训目标】通过设计个人目标，让学生懂得目标的重要性，并学会如何制定与实现目标。

【实训内容与要求】各小组成员都应学会分析记录，并积极参与讨论，发表个人观点，认真完成实训内容。对于发言提纲，要求语言流畅、文字简练、条理清晰。

一个博士在田间散步，看见一位农夫在插秧，秧苗插得非常整齐，便觉得老农很不简单，于是上前问道："老大爷，您怎么插得这么整齐？"老农递过一把秧苗说："你插插试试。"博士接过秧苗，脱鞋，挽裤腿，下田插秧。他插了一会儿，发现自己插得乱七八糟，于是便问老农："为什么我插不直呢？"老农说："你插秧时应该盯住前面的一个目标。"博士领悟，就在前方寻找目标，他看到了一头水牛，心里想："水牛目标大，就盯着它吧。"于是他又插了一会儿，发现自己有进步但还是不直，歪歪扭扭。他再次问老农："为什么我还插不直呢？"老农笑着说："水牛总在动，你盯着它当然会插得歪歪扭扭，你应该盯住一个固定的目标。"博士恍然大悟，便盯着前方的一棵树去插，果然，秧苗插得很直。

资料来源：曾宪达，毛园芳.新编管理学基础实训教程[M]. 杭州：浙江大学出版社，2009.

解析：人不能没有目标，也不能总是变换目标，必须明确一个不轻易变更的奋斗目标，这是取得成功的基本保证。

【实训步骤】

第一步，实训准备。要求参加实训的同学，课前查阅相关书籍，初步了解本次实训涉及的理论基础知识。

第二步，以小组为单位进行讨论和分析，各小组成员充分发表个人观点。

第三步，对各种观点进行分析、归纳和要点提炼，填写实训指导教师发放的"一个目标的故事"资料分析发言记录，如表3-13所示。

第四步，各小组选出一名代表发言，对小组讨论结果进行总结。

表3-13 "一个目标的故事"资料分析发言记录

专业班级		组　别	
记录人		时　间	
小组成员			
讨论记录	根据资料，谈谈你对目标重要性的认识		成　绩
	组员1		
	组员2		
	组员3		
	组员4		
	组员5		
	组员6		

【实训时间】大约需要30分钟。

【实训场地】多媒体教室。

【实训成绩评定】

按照是否深刻理解目标的重要性、能否清晰制定个人目标，将实训成绩分为优秀、良好、中等、及格、不及格5个等级，并对各组进行评价。

本章主要参考文献

[1] [美]海因茨·韦里克，哈罗德·孔茨. 管理学——全球化与创业视角[M]. 马春光，译. 13版. 北京：经济科学出版社，2012：98-110.

[2] 王志美. 管理学[M]. 北京：中国物资出版社，2004：103-112.

[3] 胡立君，俞小江. 管理学[M]. 北京：中国财政经济出版社，2005：115-116.

[4] 焦叔斌，杨文士. 管理学[M]. 4版. 北京：中国人民大学出版社，2014：65-73.

[5] 高闯，王海光. 管理学[M]. 北京：清华大学出版社，2006：98-101.

[6] 沈平，王丹. 管理学[M]. 北京：中国电力出版社，2015：64-69.

[7] 乔忠. 管理学[M]. 2版. 北京：机械工业出版社，2005：69-75.

[8] 李永清，钱敏. 现代管理学导论[M]. 北京：化学工业出版社，2010：49-58.

[9] 施斌. 管理学基础[M]. 海口：南海出版社，2004：112-119.

[10] 陈畅，衣庆栋. 公司管理概论[M]. 沈阳：辽宁大学出版社，2012：156-158.

[11] 戴庚先. 现代企业管理[M]. 北京：电子工业出版社，2007：62-64.

[12] 曾宪达，毛园芳. 新编管理学基础实训教程[M]. 杭州：浙江大学出版社，2012：85-88.

第四章　组织

学习目标 💡

➢ 掌握组织工作基本原理；
➢ 了解现代组织理论；
➢ 掌握部门化的含义及划分方法；
➢ 掌握授权及其益处；
➢ 理解和掌握组织变革的阻力及排除方法。

管理故事　三只老鼠

　　三只老鼠一同去偷油喝。它们找到了一个油瓶并商量好，一只踩着另一只的肩膀，轮流上去喝油。于是三只老鼠开始"叠罗汉"，当最后一只老鼠刚刚爬上另外两只的肩膀时，不知什么原因，油瓶倒了，惊动了人，三只老鼠不得不逃跑。回到老鼠窝，大家开会讨论偷油为什么会失败。最上面的老鼠说："我没有喝到油，是因为下面第二只老鼠抖了一下，导致我推倒了油瓶。"第二只老鼠说："我之所以抖了一下，是因为我感觉到第三只老鼠抽搐了一下。"第三只老鼠说："我抽搐，是因为好像听见门外有猫的叫声。"

　　原来如此，大家紧张的心情顿时都放松下来。

资料来源：龚宇. 三只老鼠——企业的考核问题[J]. 企业管理，2005(01). 有改动

　　思考：老鼠没偷到油的根本原因是什么？

基础理论单元

第一节　组织和组织工作基本原理

▌ 一、组织的内涵和作用

　　1. 组织的内涵

　　组织是指想要有效配置内部有限资源的机构，为了实现一定的共同目标而按照一定的规划、程序所构成的一种责权结构安排和人事安排，其目的在于确保以最高的效率实现目标。

2. 组织的作用

组织具有以下几方面作用。

(1) 汇聚作用。把分散的个体力量汇集成集体力量，用"拧成一股绳"的力量去完成任务，这是组织具有力量汇聚作用的表现。用简单的数学公式来表示，就是"1+1=2"。

(2) 放大作用。比力量汇聚作用的"相和"效果更进一步，良好的组织还能产生"相乘"的效果。组织对汇集起来的力量有放大或相乘作用，就如同核裂变释放出巨大的能量一样。力量放大作用基于力量汇聚作用，但不是简单地"1+1=2"，而是"1+1>2"。对企业来讲，只有借助组织力量的放大作用，才能取得"产出"远大于"投入"的经济效益。否则，总产出等于总投入，企业只能勉强地维持下去，而得不到盈利，更难以发展和壮大。

(3) 组织与个人的交换作用。个人之所以加入某一组织，并投入一定的时间、精力和技能，其目标不外乎想在组织中得到某种报酬或某种利益，以满足个人的需求；而组织之所以愿意投入大量成本费用，则是希望个人能因此对组织有所贡献，以达到组织预定的目标。

个人与组织之间的关系，可以说是建立在一种相辅相成、平等交换的基础上，从而形成双方都满意的关系。据此，人们将"组织"誉为与人、财、物三大生产要素并重的"第四大要素"，这一要素的成本花费相对较低，但它对企业的贡献可能远远超过其他三个要素。

■ 二、组织工作的基本原理

为了更有效地实现组织目标，需要设计和建立合理的组织结构，并根据组织内外部要素的变化适时调整组织结构，以维持组织的正常运转。综合国内外经验，组织工作应遵循以下几项基本原理。

(一) 目标统一原理

目标统一原理是指组织结构的设计和组织形式的选择必须有利于组织目标的实现。组织中的每个部门或个人的共同贡献越是有利于实现组织目标，组织结构就越合理。建立组织结构的目的在于把人们承担的所有任务组成一个有机体系，以便于人们为共同实现组织目标而工作。

(二) 分工协作原理

分工协作原理是指组织结构越能反映实现组织目标所必需的各项任务、工作分工以及相互间的协调程度，组织结构就越有效。分工是按照提高管理专业化程度和工作效率的要求，把组织的总目标分解成各部门、各组织成员的具体目标与任务，使各部门、各组织成员明确其在组织中应承担的职责和拥有的职权。通过分目标、各项任务的实现，从而最终实现组织的总体目标。同时，通过组织各方面的协调与配合，确保组织以最低的成本、最高的效率实现组织总目标。

(三) 管理宽度原理

管理宽度原理是指主管人员直接监督、指挥的下属人数越合理，组织的运行就越有效。管理宽度取决于多方面因素，如工作类型、主管人员以及下属能力等。因此，管理宽度是因组织、因人而异的。由于管理宽度的大小影响和决定着组织的管理层次以及主管人员的数量等一些重要的组织问题，所以，每一个组织都应根据实际情况慎重确定理想的管理宽度。

(四) 集权与分权相结合原理

集权与分权相结合的原理是指对组织结构中的集权与分权的关系，处理得越适中，就越有利于组织的有效运行。一般来说，技术越发达，生产越社会化，协作劳动越紧密，分工越精细，就越需要集中统一的指挥与管理，以利于加强组织中各局部、各方面的协调配合，从而更经济、合理地利用组织资源。因此，集权管理是社会化大生产保持统一性与协调性的内在需要。但是，集权又有其致命的弱点：弹性差，适应性弱，特别是在社会化大生产的复杂性和多样性面前，无弹性的集权甚至会造成组织的"窒息"。因此，必须分散局部管理权力。主管人员应根据实际情况，妥善处理集权与分权的关系。

(五) 权责一致原理

权责一致原理是指在组织结构设计中，职位的职权和职责越对等一致，组织结构就越有效。职责不可能大于也不应该小于所授予的职权。作为主管人员，在组织中占据一定的职位，从而拥有一定的职务、职权，也就必然要负一定的责任，即职务、职责、职权三者是对等的。

(六) 统一指挥原理

统一指挥原理是指组织中的各级机构以及个人必须服从一个上级的命令和指挥，保证命令和指挥的统一，使组织最高管理部门的决策得以贯彻执行。统一指挥要求避免多头领导和多头指挥，上级指示要由上至下逐级下达，不能越级指挥；下级只接受一个上级的领导，只向一个上级汇报工作并向他负责。由此，上下级之间就形成了一条"指挥链"。当然，在实践中，统一指挥原理可能会出现缺乏横向联系或灵活性差等问题，上级可根据实际情况授权下级相互直接联系，但必须将结果汇报各方上级，以免影响协调性和统一指挥。

(七) 稳定性和适应性相结合的原理

稳定性和适应性相结合的原理，是指越是能在组织结构的稳定性与适应性之间取得平衡，就越能保证组织的正常运行。组织结构及其形式既要有相对的稳定性，又必须随组织内外部条件的变化及长远目标做出相应的调整。组织结构一旦呈现僵化状态，就不能适应变化或者频繁的调整，难以保持相对稳定，这会对组织产生不利影响。

(八) 精干高效原理

精干高效原理是指任何一种组织结构形式,都必须以精干高效为目标,有效保证组织目标的实现。在服从由组织目标所决定的业务活动需要的前提下,应力求减少管理层次,精简管理机构和人员,以充分发挥组织成员的积极性,提高管理效率,从而更好地实现组织目标。

第二节 组织结构设计

随着组织规模的扩大和活动的复杂化、高级化,组织工作包含的不同性质的活动种类越来越多,所涉及的领域越来越广,工作量也越来越大。为了提高工作效率,必须对整个组织的全部工作进行深入细致的分析,并进行明确的分类,然后把性质相同或相近的工作归并到一起集中处理,集中处理这些工作的单位就是一个专业化部门。

■ 一、组织结构设计理论分类

组织结构设计是以组织结构安排为核心的组织系统的整体设计工作,是一项操作性很强的工作,它是在组织理论的指导下进行的。

组织结构设计理论可分为静态的组织结构设计理论和动态的组织结构设计理论。静态的组织结构设计理论主要研究组织的职权结构、部门结构和规章制度等,古典组织理论对此做过大量的研究。动态的组织结构设计理论则在静态组织结构设计的基础上,加入人的因素,并研究组织结构设计完成以后运行中的各种问题,如协调、控制、信息联系、激励、绩效评估、人员配备与训练等,现代组织理论对此做了大量研究,仍在完善和发展之中。

上述两者并不是互相排斥的。在动态的组织结构设计理论中,静态组织结构设计理论所研究的问题依然占主导地位,依然是组织结构设计的核心内容,而动态组织结构设计理论是静态组织结构设计理论的进一步完善和发展。

■ 二、组织结构设计策略

(一) 组织设计的目的

在进行组织设计时,首先要考虑组织设计的目的,具体包括以下内容。

1. 组织设计的3个要求

管理学家佛克斯从研究组织职能与其他管理职能的相互关系出发,指出组织设计的主要目的是建立有益于管理的组织。因此,组织设计必须合乎下列要求:①有益于制订计划;②有益于指挥;③有益于控制。

2. 正式组织的6个要求

要做好正式组织的设计工作，必须符合下列6个要求：①组织设计应符合组织目的；②应能使组织成员最大限度地发挥能力和效用；③应能激发组织成员做贡献的欲望；④应能使组织成员产生归属感；⑤应能使组织获得持续发展；⑥应能使组织工作富有效率。

(二) 组织设计的基本策略

1. 功能型组织结构

功能型组织结构(Functional Structure)主要是从功能的角度来设计组织，是将同一部门或单位中从事相同或相似的工作的人集中在一起构成的组织结构，如图4-1所示。这种组织结构一般出现于社会团体和组织内部，如国家各行业部门，各种协会、企业、学校内部的人事和财务等功能部门。

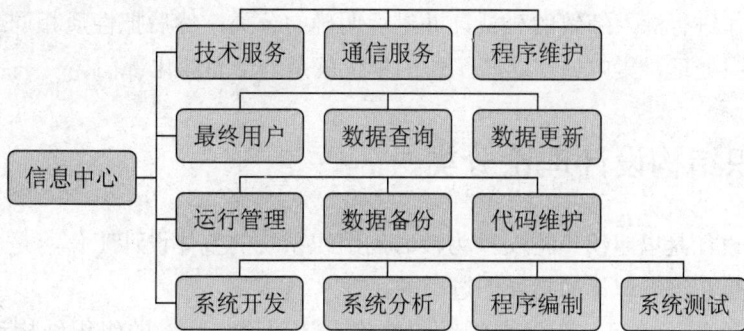

图4-1　功能型组织结构

在功能型组织里，成员从事相同或类似的工作，自身的专业能力与组织任务融为一体，具有专业分工细、组织效率高、强调专业技能和工作顺序等特点。由于组织成员都是某方面的专家，因而对功能性部门的管理也应该由该方面的专家来负责，否则无法有效地行使指挥权。

2. 目标导向的组织结构

目标导向的组织结构(Goal-oriented Structure)是指将实现同一目标的各部门成员集中在一起而构成的组织结构，如图4-2所示。

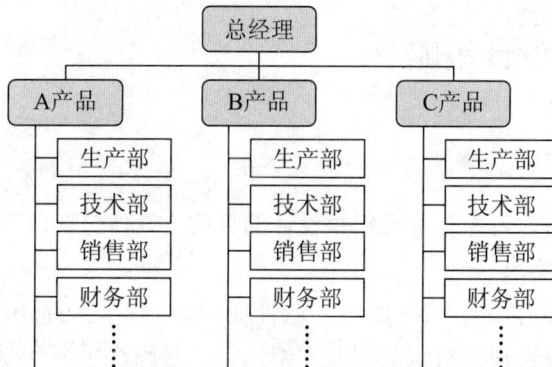

图4-2　目标导向的组织结构

三、组织设计的基本成果

与组织结构图相对应的部门职能说明书，是关于该组织中各部门职能分工情况的书面说明，一般包括部门名称、上下隶属关系、协作部门、部门本职、部门宗旨、主要职能、岗位设置等内容。通过部门职能说明书，可清楚地了解该组织中各部门之间的职能分工情况。

部门内部的分工情况可用岗位结构图来表示，可具体说明组织中各种岗位之间的权力关系。各岗位的具体职责和上岗人员素质要求可在岗位职责说明书中标明，岗位职责说明书一般包括岗位名称、上下级关系、岗位本职主要工作、直接责任、岗位权力、岗位素质等内容。

通过明确岗位职责，使每一位员工从事有限的专门化工作，有助于员工专业技能的开发和利用，从而提高工作效率。同时，明确每一个部门、岗位的任务和职责，也有助于对部门和员工进行客观的考核和公平的奖惩，从而有助于调动组织成员的工作积极性。由于每一个员工归属于一个特定的工作部门，每一个岗位都有明确的职责权力说明，有助于培养员工对组织的忠诚，也有助于对员工进行有针对性的招聘、培养和管理。通过合理设置岗位，可以给员工发挥才能提供更大的空间，有利于增强员工能力，从而在一定程度上满足员工不断增长的需求。

由于组织结构规定了各个部门之间的权责关系，每一个成员都知道各项工作由谁负责和应该向谁汇报，有助于相互之间的协调配合和信息沟通，有助于员工与其他成员形成稳定的工作关系。

所以，一个组织的设计管理，可以说是从组织结构的规范化开始的。通过组织结构的合理设计，可落实战略、凝聚群体力量，为实现共同目标奠定基础。

四、常见的组织结构形式

每一个组织的目标、所处的环境、所拥有的资源不同，因此其组织结构也必然不同。现实中，不存在普遍适用的、最佳的组织结构形式，有多少个组织，就会有多少种组织结构。但各种组织结构之间会有很大的相似性，也就是说，这些组织结构的基本构件相差不多。常见的组织结构形式有直线制组织结构、职能制组织结构、直线-职能制组织结构、事业部制组织结构、矩阵制组织结构、多维立体型组织结构、网络组织结构等。

1. 直线制组织结构

直线制结构(Linear Structure)又称简单结构，这是最早、最简单的一种组织结构形式。它的特点是：组织中各种职务按垂直系统直线排列，全部管理职能由各级行政领导人负责，不设职能或参谋机构；命令由最高管理者发出，经过各级管理人员，直至基层一线人员，通过一条纵向的指挥链直接连接，上下级之间是直线关系，即命令与服从关系。直线制组织结构如图4-3所示。

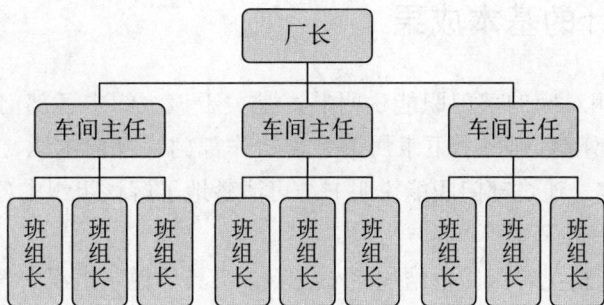

图4-3　直线制组织结构

直线制组织结构的优点源于其简单性,具体体现在:①权力集中,指挥统一。指挥命令系统简单,决策迅速,命令统一,容易贯彻。②垂直联系,责任明确。每个组织成员的责任和权限的归属非常明确,不易产生目标不清的情况,每个人对实现组织目标的贡献也比较容易评价。③机构简单,沟通迅速。容易维持组织纪律,确保组织秩序。④灵活机动,管理成本低。

直线制组织结构的缺点:①随着组织规模的扩大,高层管理人员的管理幅度越来越宽,横向协调困难,易出现决策失误。②权力完全集中于一人,易造成滥用职权。另外,掌权者如果突然离去,将会给组织造成重大损失。

直线制组织结构适用于企业规模不大,员工人数不多,生产和管理工作都比较简单的情况。

2. 职能制组织结构

职能制组织结构(United Structure)又称U型结构。它的特点是,组织内除直线主管外,还设立一些职能部门,各职能部门有权在自己的业务范围内下达命令和指示。下级直线主管除了接受上级直线主管的领导外,还必须接受上级职能部门的指挥。职能制组织结构如图4-4所示。

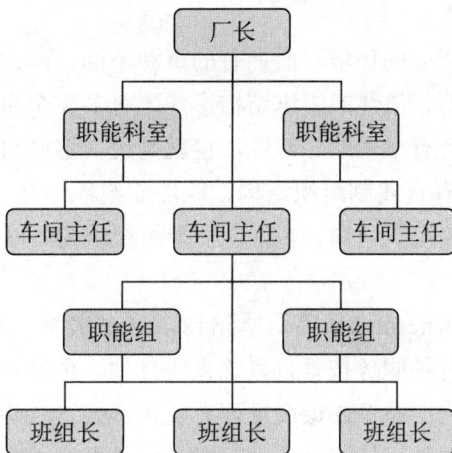

图4-4　职能制组织结构

职能制组织结构的优点:①职能部门任务专业化,可以避免人力和物质资源的重复配

置。②减轻了直线主管的负担，便于发挥职能机构的专业管理作用。③管理者实行职能分工，有利于开展生产活动和标准化工作，可以降低管理费用，有利于管理者的选用和培养。

职能制组织结构的缺点：①各部门只关心自己的目标，强调自己部门工作效率的提高，会妨碍组织集中领导和统一指挥，形成多头领导，容易出现命令的重复或矛盾，从而造成管理混乱。②不利于明确划分直线人员与职能部门的职责权限，容易导致争夺权力、推卸责任的现象发生。

职能制组织结构有利于高层管理人员集中精力于组织总体战略的决策与控制。绝大多数从事标准化生产的制造企业都采用这种组织结构。在稳定的环境下，该组织结构有利于发挥生产效率。

3. 直线-职能制组织结构

直线-职能制组织结构(Line-functional Structure)是各类组织常采用的一种组织模式，其结构如图4-5所示。

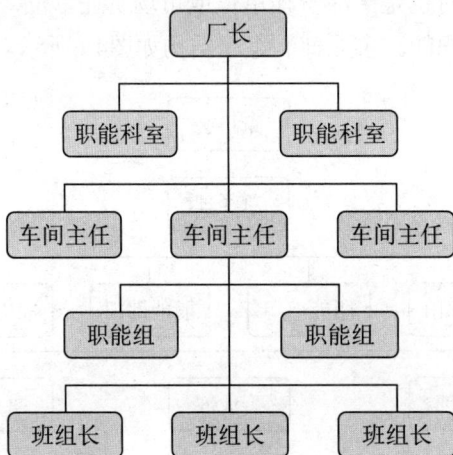

图4-5 直线-职能制组织结构

直线-职能制组织结构把直线制组织结构与职能制组织结构结合起来，以直线制为基础，在各级行政负责人之下设置相应的职能部门，分别从事专业管理，作为该领导的参谋，实行主管统一指挥与职能部门参谋、指导相结合的组织结构形式。

直线-职能制组织结构的优点：①把直线制组织结构和职能制组织结构的优点结合起来，既能保持统一指挥，又能发挥参谋人员的作用。②分工精细，责任清楚，各部门仅对自己应做的工作负责，效率较高。③组织稳定性较高，在外部环境变化不大的情况下，易于发挥组织的集团效率。

直线-职能制组织结构的缺点：①部门间缺乏信息交流，不利于集思广益地做出决策。②直线部门与职能部门(参谋部门)之间的目标不易统一，职能部门之间的横向联系较差，信息传递路线较长，矛盾较多，上层主管的协调工作量大。③难以从组织内部培养熟悉全面情况的管理人才。④系统刚性强，适应性差，容易因循守旧，对新情况不易及时做出反应。

4. 事业部制组织结构

事业部制组织结构(Divisional Structure)是指以某个产品、地区或顾客为依据,将相关的研究开发、采购、生产、销售等部门结合成一个相对独立的组织结构形式。它表现为,在总公司领导下设立多个事业部,各事业部有各自独立的产品或市场,在经营管理上有很强的自主性,实行独立核算,是一种分权式管理结构。事业部制组织结构又称M型组织结构,即多单位企业、分权组织,或部门化结构。事业部制组织结构源于美国的通用汽车公司。20世纪20年代初,通用汽车公司兼并了许多小公司,企业规模急剧扩大,产品种类和经营项目增多,而内部管理却很难理顺。当时担任通用汽车公司常务副总经理的斯隆参考杜邦化学公司的经验,以事业部制的形式于1924年完成了对原有组织的改组,成功整顿了通用汽车公司,加快了公司的发展,使其成为实行事业部制的典型。因而,事业部制组织结构又称"斯隆模型"。事业部制,就是按照企业所经营的事业,包括按产品、按地区、按顾客(市场)等来划分部门,设立若干事业部。事业部是在企业宏观领导下,拥有完全的经营自主权,实行独立经营、独立核算的部门。既是受公司控制的利润中心,具有利润生产和经营管理的职能;同时也是产品责任单位或市场责任单位,对产品设计、生产制造及销售活动负有统一领导的职能。事业部制组织结构如图4-6所示。

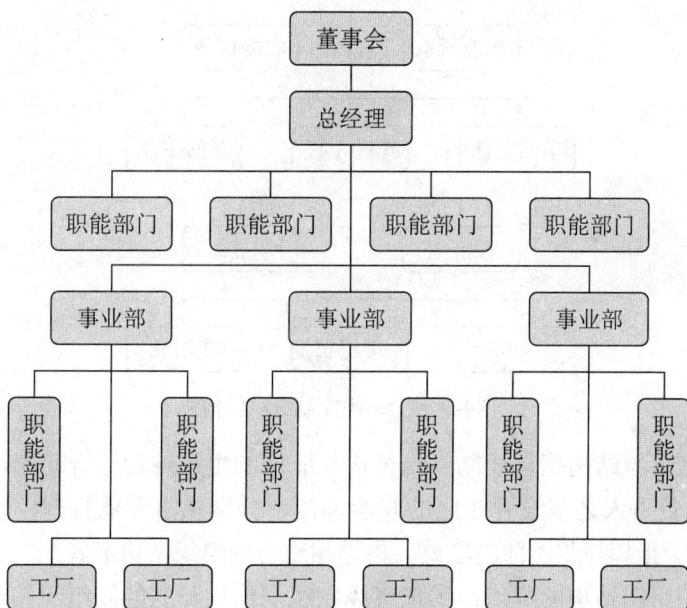

图4-6 事业部制组织结构

事业部制组织结构的优点:①既保持了公司管理的灵活性和适应性,又可以发挥各事业部的主动性和积极性。②可将公司和最高管理层从繁重的日常事务中解放出来,得以从事重大问题的研究和决策。③各事业部相当于公司内部独立的组织,不论在公司内外,彼此都可以开展竞争、比较成绩优劣,从而克服组织的僵化和官僚化。④有助于培养高层管理人员。

事业部制组织结构的缺点:①各事业部往往只重视眼前利益,本位主义严重,调度

和反应都不够灵活，不能有效地利用公司的全部资源。②管理部门重叠设置，管理费用增加。③由于各事业部相当于一个独立的企业，因此对事业部一级管理人员的水平要求较高。④集权与分权关系敏感，一旦处理不当，会影响整个组织的协调一致。

为了克服事业部制组织结构存在的问题，使集权与分权更好地结合起来，可在公司最高首脑与各事业部之间增设一个管理层次，形成超事业部制组织结构，也称执行部制组织结构。执行部(相当于分公司)制组织结构的特点是，在统辖和协调所属各事业部的活动时，使管理体制在分权的基础上适当地再度集权，从而通过协调各个事业部间的活动，克服本位主义与分散主义，更有效地利用公司的资源，并进一步减轻最高层领导的日常事务工作。

事业部制组织结构和执行部制组织结构只适合组织规模很大、业务范围广或市场区域大的情况。

5. 矩阵制组织结构

在组织结构中，既有按职能划分的垂直领导系统，又有按产品(项目)划分的横向领导关系，这类组织结构称为矩阵组织结构(Matrix Structure)。

矩阵制组织是为了改进直线-职能制横向联系差、缺乏弹性的缺点而形成的一种组织。它的特点表现为围绕某项专门任务成立跨职能部门的专门机构。例如，组成一个专门的产品(项目)小组去从事新产品开发工作，在研究、设计、试验、制造各个不同阶段，由有关部门派人参加，力图做到条块结合，以协调有关部门的活动，保证任务的完成。这种组织结构形式是固定的，人员却是变动的，需要谁，谁就来，任务完成后就可以离开。项目小组和负责人也是临时组织和委任的，任务完成后小组就解散，有关人员回原单位工作。因此，这种组织结构非常适用于横向协作和攻关项目。矩阵制组织结构如图4-7所示。

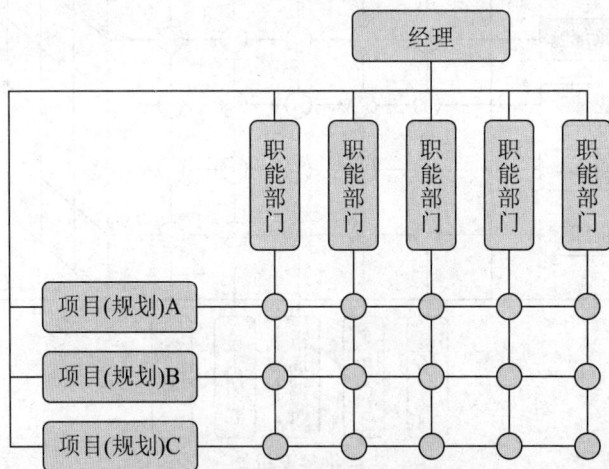

图4-7 矩阵制组织结构

矩阵制组织结构的优点：①机动、灵活，可随项目的开发与结束组织或解散。②这种结构是根据项目组织的，任务清楚、目的明确，各方面有专长的人员都是有备而来，因此

在新的工作小组里，人员容易沟通、融合，能把自己的工作同整体工作联系在一起，为攻克难关、解决问题而献计献策。③由于从各方面抽调来的人员有信任感、荣誉感，可增加他们的责任感，激发工作热情，从而有助于项目的完成。④能够加强不同部门之间的配合和信息交流，有利于克服直线职能结构中各部门互相脱节的现象。

矩阵制组织结构的缺点：①项目负责人的责任大于权力，因为参加项目的人员都来自不同部门，隶属关系仍在原单位，只是为"会战"而来，所以项目负责人很难管理他们，缺乏足够的激励手段与惩治手段。这种人员上的双重管理是矩阵制组织结构的先天缺陷。②由于项目组成人员来自各个职能部门，当任务完成以后，仍要回原单位，因而容易产生临时观念，对工作有一定影响。

矩阵制组织结构适用于创新性任务较多、生产经营复杂多变的组织，适用于完成涉及面广、临时性、复杂的重大工程项目或管理改革任务，特别适用于以开发与实验为主的单位，如科学研究，尤其是应用性研究单位等。

6. 多维立体型组织结构

多维立体型组织结构(Solid-multidimensional)由美国道康宁公司(Dow Corning)于1967年建立，它是根据地区和时间条件，将直线-职能制、矩阵制、事业部制结合为一体的复杂机构形态。它是从系统的观点出发，建立的多维立体的组织结构，如图4-8所示。

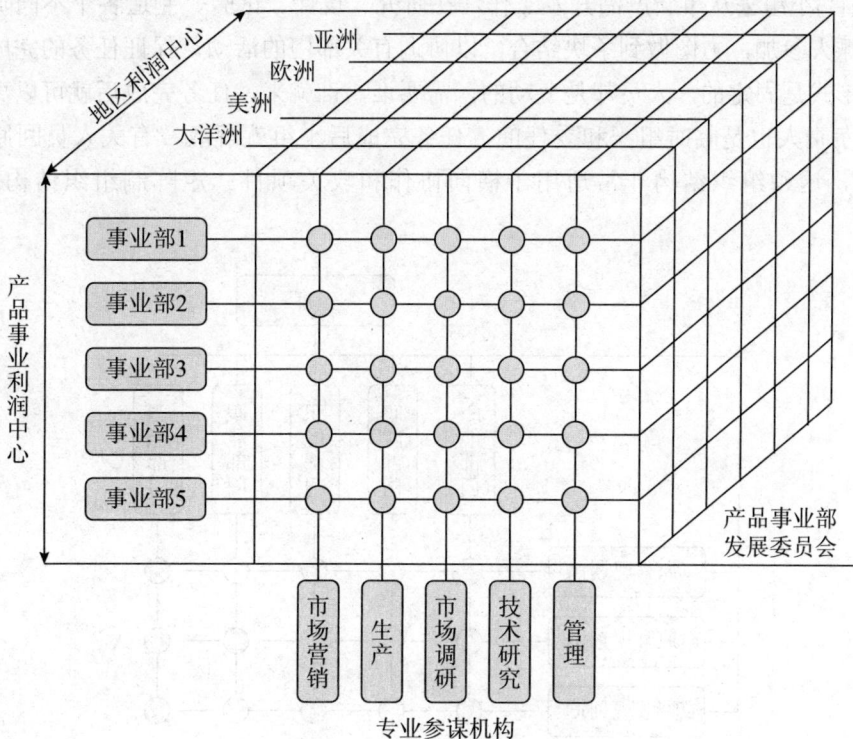

图4-8 多维立体型组织结构

多维立体型组织结构主要包括三类管理机构：①按产品划分的事业部，是产品利润中心。②按职能划分的专业参谋机构，是专业成本中心。③按地区划分的管理机构，是地区

利润中心。

多维立体型组织结构可使上述三方面的机构协调一致、紧密配合，为实现组织的总目标服务；多维立体型组织结构能促使每个部门从组织全局来考虑问题，从而减少产品、职能及地区各部门之间的矛盾。它适用于开发多种产品、跨地区经营的跨国公司或跨地区公司，可以为这些企业在不同地区增强产品市场竞争力提供组织保证。

　7. 网络组织结构

网络组织结构(Network Structure)是新出现的组织形式，这种结构只有规模很小的中心组织，需以合同为基础，依靠其他组织开展制造、分销、营销或其他关键业务的经营活动。中心组织的小型化使得采用这种组织结构的企业能够大大减少管理层次，由于其大部分职能是"外购"的，中心组织具有高度的灵活性，并能集中精力做自己擅长的事。在实际中，采用网络组织结构的企业大多将精力集中于设计或营销。网络组织结构如图4-9所示。

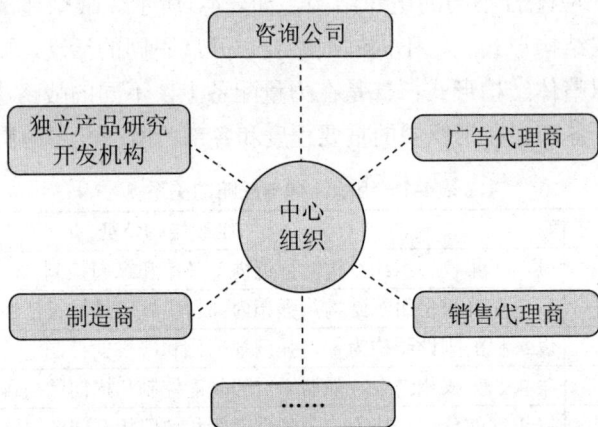

图4-9　网络组织结构

从网络组织结构的概念和示意图可以看出，网络组织结构的核心只是一个小型的管理机构，许多重要职能不是由本组织完成的，组织管理者的主要任务之一就是到各地寻求广泛合作并实施控制，由网络组织中的不同网络成员负责完成生产和营销工作。网络组织不是通过系统的计划进行控制，而是通过签订契约的市场机制进行控制。由此看来，网络组织实际上是依靠内部市场来维系网络运作。

网络组织结构的优点：具有高度的灵活性，便于适应动态变化的环境。

网络组织结构的缺点：中心组织难以对制造活动实施严密的控制，因而在产品质量上存在风险；设计创新很容易被窃取，因为产品一旦交与其他企业生产，要对创新设计加以严密控制，是很困难的。

网络组织结构适用于小型组织，同时适用于大型组织。例如，著名的耐克公司和卡西欧公司都采用了网络组织结构。但是，网络组织结构并不适合所有企业。一般来说，它比较适合于玩具和服装制造业，因为这两个行业都需要很高的灵活性以对时尚的变化迅速做出反应。网络组织结构也适合于那些需要低廉劳动力的制造公司。网络组织结构是在地区乃至全球经济一体化、企业之间的联系和协作增强的大背景下出现并发展起来的。

五、影响组织结构设计的因素

组织结构是落实组织发展战略的一种手段,因此,组织结构设计不可脱离组织发展战略。此外,还需考虑组织所处的外部环境、业务特点、组织规模以及人力资源状况等。

1. 发展战略因素

战略决定结构,战略是组织对于未来发展方向、目标、方针和行动方案等的总体谋划。一个组织,由于其经营理念、所拥有的资源、所处的发展阶段不同,会在不同时期提出不同的发展战略。组织设计的目的是使实现组织目标所必须开展的各项工作能够得到落实。因此,我们在设计组织结构、配置人力资源时,应保持人力资源配置、组织结构设计与企业发展战略的一致性。组织结构设计必须以组织战略为出发点,围绕战略重点配置人力资源。

不同的战略要求应配合不同的组织结构,如表4-1所示。战略通常从两个方面影响组织结构设计:一是在结构形式上,不同的战略要求开展不同的活动,要求有不同的组织方式,战略决定了组织整体结构形式;二是在力量配备上,不同的战略决定了组织不同的工作重点,从而决定了各部门在组织中的重要程度和各部门所应配备的岗位数量。

表4-1 组织结构与战略的关系

战略类型		组织结构特征
经营定位	专业化	倾向于集权型组织结构,强调内部效率和纵向控制
	多元化	倾向于分权型组织结构,强调内部自主性和结构灵活性
竞争态度	保守型	以集权的刚性结构为主,强调规范化和严格的控制
	稳健型	集权、分权相结合,强调纵向的职能控制和横向的项目协调
	冒险型	以柔性的分权结构为主,注重创新和部门相互间的协调
竞争方式	成本领先	以职能制结构为主,注重规范化、内部效率和稳定性
	差异化	以弹性结构为主,注重横向的合作和纵向的专业化

在企业战略转型时,其发展重点会与以前有所不同,人力资源配置重点也要做相应的调整。为此,当企业进行战略转型时,为保证将工作重点的转移落到实处,也必须同步调整组织结构。

2. 外部环境因素

任何组织的运作都不可能脱离一定的外部环境,有效的组织结构是那些与外部环境相适应的结构。组织处于相对稳定的环境中,宜采用机械式结构;如处于不稳定的环境中,多采用有机式结构。机械式结构适合于设有严格的等级层次、决策高度程序化、权力高度集中化和操作高度标准化的组织;有机式结构适合于相对分散、分权化、具有灵活性和适应性的组织。这两种结构的对比和特点如表4-2和图4-10所示。

外部环境对组织结构设计的影响主要表现在两个方面。

(1) 对组织整体结构特征的影响。环境稳定的组织可以采用稳固的形式,结构严密、界限分明、关系固定、流程规范;而多变的环境则要求组织结构相对比较灵活,各部门的权责关系和工作内容也需要经常做适应性调整,同时比较强调分权和横向沟通协作。

表4-2 机械式结构与有机式结构的对比

比较项目	机械式结构	有机式结构
适用环境	外部环境稳定、简单、确定	外部环境变动、复杂
专业化程度	工作高度专业化	工作专业化水平较低
职权集中程度	集中于高层管理者	集中于每一层中有能力的人
如何解决冲突	由领导来解决	由相互作用来解决
信息沟通	通过上下垂直的信息通道	通过劝告、协商和互通信息增加平行的横向沟通
对什么忠诚	对组织制度最忠诚	对任务和群体最忠诚
影响力的基础	建立在职权基础上	建立在个人能力基础上
规章制度的数量	多	少

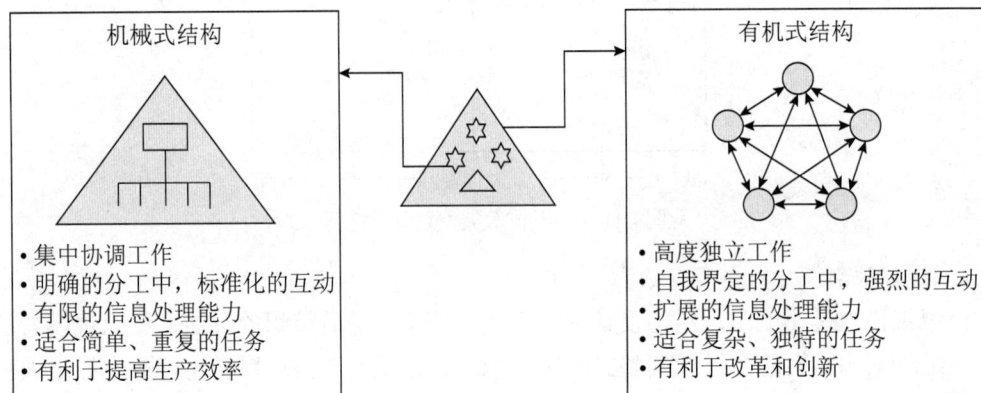

图4-10 机械式结构和有机式结构的特点

(2) 对部门和岗位设计的影响。任何一个组织都是社会经济大系统中的一个组成部分，社会化分工程度和市场化发展情况决定了组织职能外部化的程度，从而影响组织所需要独立开展的工作内容、所需要设立的部门和岗位。例如，当社会上有大量的保安公司或保洁公司时，企业就可以将这一部分职能社会化，企业内部就没有必要设立保安和清洁工岗位；当企业面临的市场竞争日趋激烈时，就有必要设立专门的市场部以加强市场研究和分析工作。

3. 业务特点

不同的组织经营的业务不同，从而呈现出不同的业务特点。一个组织的业务，可以通过其采用的技术的复杂化程度来描述。

这里的"技术"是指组织为了将投入转化为产出而使用的知识、工具、技巧和流程。查尔斯·佩罗曾提出，技术是常规的还是复杂的，首先取决于任务多样性和任务可分析性。任务多样性是指部门或岗位在履行职责时遇到的新问题或突发状况的数量。任务可分析性是指部门内或岗位在解决所遇到的问题时可采用程序化方法的程度。根据这两个维度，可以将组织技术分为手艺技术、非常规技术、常规技术、工程技术4类，如图4-11所示。

复杂技术具有高任务多样性和低任务可分析性的特征，这意味着运用复杂技术的组织中会出现各种各样的问题，而解决这些问题需要大量的非程序化决策。相反，常规或简单

技术具有低任务多样性和高任务可分析性的特征，在运用常规技术的组织中，遇到的问题差别不大，而且比较容易通过程序化决策来解决。例如，在大批量生产的组织中或快餐店等服务性组织中，所采用的技术大多是常规性的。

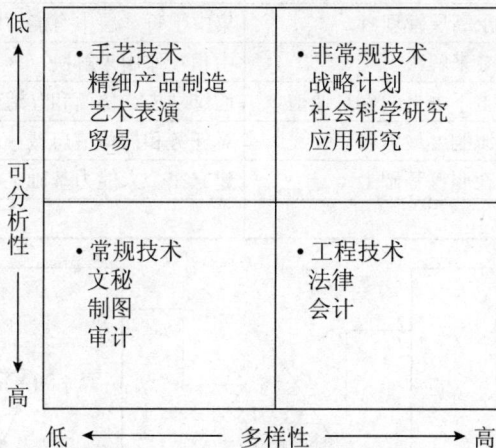

图4-11　组织技术类型划分及特征

4.组织规模

组织规模也是影响组织结构设计的一个重要变量。随着组织的发展，组织规模会越来越大，组织结构需要随之进行调整。一个组织的规模状况通常可以套用行业中界定大型、中型、小型企业的标准，也可以通过员工数量、销售规模、产品或服务数量等来大致判断。通常而言，随着组织规模的扩大，组织活动日趋复杂，在组织中会出现很多以前没有的新工作，这些新工作需要有相应的岗位来承担；与此同时，随着组织规模的扩大，对不同岗位和部门间的协作和监控的要求将逐渐提高，从而也使组织越来越倾向于规范化、分权化、专业化。

5.人力资源状况

影响组织结构设计的最后一个重要因素是组织中现有的人力资源特征和组织在市场中可得的人力资源状况。在进行组织结构设计时，一方面要考虑如何使用现有的人力资源，另一方面要考虑从市场上可以获得的人力资源状况。对于一个组织现有的和可得的人力资源状况，可以通过对现有人力资源统计数据的分析、对现有组织中存在问题的分析、对现有人员的访谈以及对当地人才市场的分析得知。

第三节　组织分权与部门化

建立组织机构的首要目的是方便管理。组织设计的实质是通过对管理劳动的分工，将不同的管理人员安排在不同的管理岗位和部门中，通过他们在特定环境、特定关系中的管理作业来使整个管理系统有机地运转起来。

▌一、管理幅度与管理层次

(一) 管理幅度与管理层次的概念

管理幅度是指一个领导者所能直接而有效地管理和指挥下属工作人员的数量(多少人共同向一个上司汇报工作)，又称管理宽度或管理跨度。一个人的知识、经验、能力、精力是有限的，因而能够有效、直接地领导的下级人数也是有限的，超过一定的限度，就会降低管理效率。

管理层次是指在组织中形成的不中断的等级系列的环节数。在组织规模一定的条件下，管理幅度越大，则组织的管理层次就会越少，形成"扁平"型的组织结构；反之，管理幅度越小，组织的管理层次就会越多，形成"高耸"型的组织结构。

(二) 管理幅度的确定对组织管理效率的影响

当组织的管理幅度较大时，管理层次就比较少。从组织整体的角度来说，这样有利于组织高层管理者对组织的控制，也有利于组织的信息沟通。但是，从每个管理者的情况来看，由于管理幅度大，而管理者的时间、精力和能力有限，很难对较多的下级人员进行有效管理，这就限制了管理幅度。

当组织的管理幅度较小时，组织形成的管理层次就较多。从每个管理者的角度看，由于管理幅度小，有利于上下级之间的沟通与协调，从而提高每个管理者的管理效率。从组织整体的角度看，由于管理幅度小，会形成较多的管理层次。

(三) 对确定管理幅度的研究

对于管理者的有效管理幅度，并没有统一的确定标准。由于各个管理者的具体情况不同，有些管理者的管理幅度大些，有些管理者的管理幅度小些。那么，管理幅度该怎样确定呢？首先，应明确影响管理幅度的因素；其次，应明确管理幅度与组织层次的关系。具体包括以下内容。

1. 影响管理幅度的因素

(1) 主管人员与其下属双方的素质与能力。如果主管的综合能力、理解能力、表达能力强，可以迅速把握问题的关键，对下属的请示提出恰当的指导建议，并能使下属理解，从而缩短与每一位下属沟通所占用的时间，管辖较多的人员也不会感到过分紧张，那么管理幅度可大些。

同样，如果下属具备符合要求的能力，受过良好的系统训练，可以根据组织要求自行解决很多问题，不必事事都向上级请示汇报，从而减少与其主管沟通的时间和次数，那么也可以增大管理幅度。

(2) 主管所处的管理层次。主管的主要工作在于决策和用人，在管理系统中所处的层次不同，决策与用人所占的时间比重就不相同。越接近组织高层，主管用于决策的时间就越多，用于指导、协调下属的时间就越少。所以，越接近组织高层，其管理幅度就越小。

(3) 下属工作的类似程度。下属从事的工作内容和性质具有较高的类似程度，则主管对每人工作的指导和建议也大体相同，同一主管可以指挥和监督较多的下属，管理幅度就可以相对大些。

(4) 计划的完善程度。如果下属只是单纯地执行计划，且计划本身制订得详尽周到、下属对计划的目的和要求十分清楚，那么，主管指导下属所需时间就少，其管理幅度就大；反之，如果下属不仅要执行计划，而且要将计划进一步分解，或计划本身不完善，那么，主管指导下属、解释工作的工作量就会相应增加，此时的有效管理幅度就小。

(5) 上级管理者必须承担非管理性职责。主管作为组织不同层次的代表，往往需要花费相当的时间去从事一些非管理性事务，比如会见客人、参加一些仪式或典礼等。这些工作会占用大量时间和精力，从而限制上级管理者的管理幅度。

(6) 助手的配备情况。如果下属遇到的所有问题，不分轻重缓急，都需要由主管亲自处理，必然会占据主管大量时间，主管所能直接领导的下属数量就会受到一定的限制。如果给主管配备必要的助手，由助手和下属进行一般联络，并直接处理一些明显的次要问题，则可以大大减少主管的工作量，增大其管理幅度。

(7) 信息沟通技术的先进性。使用先进、高效的信息沟通技术，可以更快、更全面地了解下属的工作情况并能及时向下属传达指示，有助于扩大管理幅度。

(8) 工作地点的接近性。不同下属的工作岗位在地理上的分散，会增加下属与主管、下属与下属之间的沟通难度，从而导致每个主管所能管理的下属数量相对减少。

(9) 组织环境的稳定性。组织环境是否稳定，会在很大程度上影响组织活动内容和政策的调整频次与幅度。环境变化越快，变化程度越大，组织中遇到的新问题就越多，下属向上级的请示就越有必要、越频繁，而上级因为必须花更多的时间去关注环境的变化、考虑应变的措施，能用于指导下属工作的时间和精力就越来越少。因此，环境越不稳定，各层次主管的管理幅度就越受限制。

(10) 管理工作的复杂性和相似性。管理工作的性质不同，则管理幅度也不同。对于高层管理人员来说，他们面临的问题往往是事关全局的复杂问题，而且是前所未有的新问题。因此，他们直接领导的人数宜少而精，以便集中优秀的人才处理较复杂、较重要的问题。

(11) 管理者的领导作风。不同的领导风格，对管理幅度的影响很大。有人希望直接领导的人越少越好，只希望领导很少的几个人；有人甚至只有一人的管理幅度，但对全局的驾驭能力并不差，能够牢牢控制整个局面。这种领导者比较超脱，实行"无为而治"的管理之道。有的人希望直接领导的人越多越好，对下属不太放心，总希望亲自管，在这样的领导风格下，管理幅度自然要大得多。

(12) 授权的程度。如果领导者善于把权限充分地授予下属，给予下属充分的自主权，则领导者本人需要亲自处理的问题就可相对减少，管理幅度就可扩大；如果不能授权，或不愿授权，则管理幅度必然相应缩小。

2. 管理幅度与组织层次的关系

(1) 在管理幅度一定的条件下，管理层次多少与组织规模大小成正比。组织规模越大，成员数目越多，其所需的管理层次就越多，从而形成"高耸"的组织结构；反之，将

形成"扁平"的组织结构。

(2) 在组织规模一定的条件下,管理层次与管理幅度成反比关系。缩小管理幅度,需增加管理层次,从而形成"高耸"的组织结构;扩大管理幅度,可减少管理层次,从而形成"扁平"的组织结构。

(3) 管理幅度和管理层次对组织活动的影响。较宽的管理幅度意味着管理者异常繁忙,会使组织成员得到较少的指导和控制;过窄的管理幅度意味着中层、基层管理人员的权力有限,难以充分发挥工作的能动性。如果组织层次过多,会降低决策速度,这在市场环境迅速变化的今天是一个致命的弱点。

■ 二、集权与分权

(一) 集权与分权的相对性

集权是指决策权在组织系统中较高管理层次的、一定程度的集中;与此相对应,分权是指决策权在组织系统中较低管理层次的、一定程度的分散。

集权和分权是一个相对的概念。绝对的集权意味着组织中的全部权力集中在一个主管手中,组织活动的所有决策均由主管做出,主管直接面对所有的执行者,没有任何中间管理人员,没有任何中层管理机构,这在现代社会经济组织中显然是不可能的。绝对的分权则意味着全部权力分散在各个管理部门,甚至分散在各个执行者、操作者手中,没有任何集中的权力,因此主管的职位是多余的,一个统一的组织也不复存在,这显然也是不可能的。所以,现实社会中的组织,可能是集权的成分多一点,也可能是分权的成分多一点,不存在绝对的集权与分权。

(二) 分权及其实现途径

1. 分权的标志

要研究和指导组织分权,首先要确定判别组织是否实行分权以及分权程度的标志。评价分权程度的标志主要有以下4个。

(1) 决策的频度。组织中较低管理层次制定决策的频度或数目越大,则分权程度越高。

(2) 决策的幅度。组织中较低管理层次决策的范围越广,涉及的职能越多,则分权程度越高。比如,按地区划分的管理单位,如果只有权对生产问题做出决策,则组织的分权程度较低;相反,如果对市场营销甚至财务问题也有一定的决策权,则企业是一个分权化组织的可能性就比较大。

(3) 决策的重要性。决策的重要性可以从两个方面来衡量:一是决策的影响程度,二是决策涉及的费用。如果组织中较低层次的决策只影响该部门的日常管理,而不影响部门的今后发展,即决策对整个组织的影响程度较低,则组织的分权程度较低;反之则高。关于决策涉及的费用,可举例说明。例如,低层次管理部门能够制定需要10万元费用的决策的组织,其分权程度就要比另一个相应层次的管理部门只能制定需要5万元费用的决策的

组织要高。

(4) 对决策的控制程度。如果高层次管理部门对较低层次管理部门的决策没有任何控制，则分权程度极高；如果低层次管理部门在决策后要向高层次管理部门报告备案，则分权程度次之；如果低层次管理部门在决策前要征询高层次管理部门的意见，向其咨询，则分权程度更低。

2. 分权的实现途径

权力的分散可以通过两个途径来实现：一是组织设计中的权力分配(我们称之为制度分权)，二是主管人员在工作中的授权。制度分权是指在组织设计时，考虑到组织规模和组织活动的特征，在工作分析、职务和部门设计的基础上，根据各管理岗位工作任务的要求，规定必要的职责和权限。授权则是指担任一定管理职务的领导者在实际工作中，为充分利用专门人才的知识和技能，或在出现新增业务的情况下，将部分解决问题、处理新增业务的权力委任给某个或某些下属。

(三) 影响集权或分权程度的因素

(1) 决策的代价。这里要同时考虑经济标准和诸如信誉、士气等一些无形的标准。对于较重要、耗费较多的决策，由较高管理层做出决策的可能性较大。因为基层主管人员的能力及获取的信息量有限，限制了他们作决策。再者，重大决策的正确与否责任重大，因此往往不宜授权。

(2) 政策的一致性要求。组织内部执行同一政策，则集权的程度较高。

(3) 规模问题。组织规模大，决策数目多，协调、沟通及控制不易，宜分权；相反，组织规模小，决策数目少，分散程度较低，则宜集权。

(4) 组织形成的历史。若组织是由小到大扩展而来，集权程度较高；若组织是由联合或合并而来，则分权程度较高。

(5) 管理哲学。主管人员的个性与所持的管理哲学影响权力的分散程度。

(6) 主管人员的数量和管理水平。主管人员的素质及数量也会影响权力分散的程度。主管人员数量充足、经验丰富、训练有素且管理能力较强，可较多地分权；反之，应趋向集权。

(7) 控制技术和手段是否完善。通信技术的发展、统计方法、会计控制以及其他技术的改进都有助于趋向分权，但电子计算机的应用也会导致出现集权趋势。

(8) 分散化的绩效。权力分散化的绩效高低，将会影响职权的分散与否。

(9) 组织的动态特性及职权的稳定性。组织正处于迅速发展中，要求分权；原有的、较完善的组织或比较稳定的组织，一般趋向集权。有些问题的处理有很强的时效性，而且要随机应变，如果权力过于集中容易贻误时机。因此，处理此类事项的权力应适当分散，以便各管理环节机动、灵活地解决问题。

(10) 环境影响。在决定分权程度的因素中，大部分属于组织内部因素。但影响分权程度的还有一些外部因素，如经济、政治等因素，这些外部因素常导致集权。此外，组织处于困难时期和竞争加剧也可能助长集权制的发展。

▌三、授权

(一) 授权及其益处

1. 授权的内涵

所谓授权，就是指管理者把由其全权负责的一项任务委托给下属。所授的权力是指存在于组织之中、与职责相对应的职权。在授权过程中，上级赋予下属一定的权力和责任，使下属在一定的监督之下拥有相当的自主权并可采取行动。授权者对被授权者有指挥权、监督权，被授权者对授权者负有汇报情况及完成任务之责。

2. 授权的益处

授权对于一个组织的发展来说十分重要，其益处包括以下几个方面。

(1) 通过授权，可使高层管理者从日常事务中解脱出来，专心处理重大问题。随着组织规模的扩大，由于受一定的时间和空间及生理条件的限制，管理者不可能事事过问。通过授权，管理者既能从日常事务中解脱出来，又能控制全局。

(2) 可提高下属的工作积极性，增强其责任心，并增进效率。通过授权，下属不仅拥有一定的权力和自由，而且分担了相应的责任，从而可调动其工作积极性和主动性。由于不必事事请示，授权还可提高下属的工作效率。

(3) 可增长下属的才干，有利于管理人员的培养。通过授权，下属有机会独立处理问题，可从实践中提高管理能力，从而为建设一支管理队伍打下基础，这对于一个组织的长远发展是十分重要的。

(4) 可充分发挥下属的专长，以补救授权者自身才能的不足。随着组织的发展和环境的日趋复杂，管理人员面对的问题越来越多、越来越复杂，而每一个人由于受自身能力的限制，不可能样样精通。通过授权，可把管理者不会或不精的工作委托给有相应特长的下属，从而弥补授权者自身的不足。

在这里，应注意，授权和分权是有区别的。分权的含义更广泛，它反映组织和管理的基本原理。分权需要谨慎选择，应明确把哪些决策权赋予组织结构下层，把哪些决策权保留在最高层，如何制定方针以指导决策，如何选择和培训人员以及实施适当的监督。授权是分权的一种重要形式，它是各级管理者都应掌握的一门艺术。

(二) 授权的基本过程

授权的过程包括分派任务、授予权力、明确责任、确立监控权。

1. 分派任务

权力的分配和委任来自实现组织目标的客观需要。因此，授权首先要选择可以并且应该授权的任务，明确被授权者应承担的职责。所谓任务(Task)，是指授权者希望被授权者去做的工作，它可能是写一份报告或计划，也可能是担任某一职务、承担一系列职责。不管是单一的任务还是某一固定的职务，授权时所分派的任务都是由组织目标分解出来的工

作或一系列工作的集合。

在确定哪些任务可以或者应该授权时，管理者首先需要分析自己的时间和下属的时间，并对任务进行分类。管理者可以将工作分成三类：没有必要做的事，可以让其他人做的事，必须由管理者亲自做的事。在此基础上，明确准备授权他人开展的工作。

2. 授予权力

明确任务之后，应仔细考虑完成该项任务需要具备的技能、需要承担的责任以及团队中所有成员的素质，再根据他们各自的优缺点分析将各项任务授权给谁最为合适。

在明确被授权者以后，就要考虑所应授予的相应权力，即给予被授权者相应的开展活动或指挥他人行动的权力，如有权调阅所需的情报资料、有权调配有关人员、有权要求相关部门给予相应的配合等。给予一定的权力是被授权者完成分派的任务的基本保证。授权时要考虑整体结构，不要越级授权和交叉授权，并尽量避免重复授权，即不要把同一项任务交给两个或两个以上的人。同时，要做好授权计划，确保每个授权者在面临突然出现的问题时能得到足够的鼓励和支持，要让所有相关的人员获悉此项授权，以确立被授权者的地位。

3. 明确责任

当被授权者接受任务并拥有所需的权力后，就有义务正确运用获得的权力去完成被分派的工作。被授权者的责任主要表现为向授权者承诺保证完成所分派的任务，保证不滥用权力，并根据任务完成情况和权力使用情况接受授权者的奖励或惩处。要注意的是，被授权者承担的只是工作责任，而不是最终责任。授权者可以分派工作责任，并且被授权者还可以把工作责任进一步分派下去，但授权者对组织的责任是不能分派的。被授权者只是协助授权者来完成任务，对于组织来说，授权者对被授权者的行为负有最终责任，即授权者对组织的责任是绝对的，在失误面前，授权者应首先承担责任。

4. 确立监控权

正因为授权者对组织负有最终责任，因此，授权不同于弃权，授权者授予被授权者的只是代理权，而不是所有权。为此，在授权过程中，要明确授权者与被授权者之间的权力关系。一般而言，授权者对被授权者拥有监控权，即有权对被授权者的工作开展情况和权力使用情况进行监督检查，并根据检查结果调整所授权力或收回权力。

(三) 授权的原则

1. 明确授权的目的

授权可以是具体的也可以是笼统的，可以是口头的也可以是书面的。但不管采用何种形式，授权者都必须向被授权者明确所授事项、工作要求、任务目标及权责范围，使其清楚工作范围。如表4-3所示，任务说明应该明确指出被授权者应取得什么结果、可获得或利用哪些资源、时限要求、可自主决定的事项等。对于各项职务的工作内容、权责范围，应尽可能用书面形式予以明确，这样不仅便于授权者发现各职务之间的矛盾或重叠，而且能更好地帮助其确定下属能够且应该负起的责任。

表4-3 任务说明及关注要点

任务说明组成部分	需要关注的要点
目标：明确任务，用简明扼要的语言列出主要目标 和次要目标	列出所有目标，在达成最后一致前与被授权者讨论这些目标
资源：指明可利用或需要争取的人员、资金以及设施等	一定要在被授权者的预算中设定开票限额
时限：确定日程表，注明检查时间和内容、阶段性任务完成时间和最终期限	使用日程表推动被授权者，以日程表为基础，分析关键路径、检查进度
方法：说明已与被授权者议定的程序并总结要点	思考并商定一个全面的概括性方案，为被授权者提供具体而又灵活的工作方法
权限：指明被授权者的权力范围及他们应就哪些事项向谁汇报	设定权限，告诉被授权者何时需要请示，何时可主动采取行动

2. 职、权、责、利相当

为了保证被授权者完成所分派的任务，并承担相应的责任，授权者必须授予其充分的权力并许以相应的利益。只有职责而无职权，会导致被授权者无法顺利地开展工作并承担相应的责任；只有职权而无职责，会造成滥用权力、瞎指挥和官僚主义。因此，授权必须做到有职有权、有权有责且有责有利。

不仅如此，授权还要做到职、权、责、利相当，即所授予的权力应能保证被授权者履行相应职责、完成所分派的任务，做什么事给什么权；被授权者对授权者应负的责任大小应与被授权者获得的权力大小相当，有多大的权力就应该承担多大的责任；给予被授权者的利益必须与其所承担的责任大致相当，有多大的责任就应承诺给予多大的利益。权力太小是被授权者无法尽责的普遍原因，权力过大常常会造成对他人职权范围内事务的干涉，缺乏利益驱动则是被授权者不愿过多承担责任的主要原因。

3. 保持命令的统一性

从理论上来说，一个下级同时接受两名以上上级的授权并承担相应的责任是可能的，但在实际工作中存在较大的困难。因此，通常要求一个下级只接受一个上级的授权，并仅对一个上级负责，这就是所谓的命令统一性原则，具体包括以下几个方面。

(1) 全局性的问题集中统一，由高层直接决策，不授权给下级。

(2) 各部门之间分工明确，不交叉授权。每一个主管都有其一定的管辖范围，不可将不属于自己权力范围之内的权力授给下级，以避免交叉指挥，打乱正常的上下级关系和管理秩序，造成管理混乱和效率降低。

(3) 不越级授权。授权者如发现下属职权范围内的事务有问题，可以向下属询问、建议、指示，甚至在必要时命令下属、撤换下属，但不要越过下级去干涉下级职权范围内的事务，即不要越级授权，这样会使直接下属失去对其职权范围内事务的有效控制，从而难以尽责。

4. 正确选择被授权者

由于授权者对分派的职责负有最终责任，因此慎重选择被授权者是十分重要的，权力只能授予那些有能力运用好所授予的权力的人。为此，在选择被授权者时，应遵循"因事择人，视能授权"和"职以能授，爵以功授"的原则。要根据所要分派的任务来选择具备

完成任务所需条件的被授权者，以避免出现力不胜任或不愿接受授权等情况。应根据所选被授权者的实际能力授予相应的权力和对等的责任，对既能干又肯干的，要充分授权；对适合干但能力有所欠缺或能力强但有可能滥用权力的，要适当保留决策权。在选择被授权者时，应优先考虑具有主动性的员工。同时，为了正确选择被授权者，在授权前，除对被授权者进行严格考察外，还可以"助理""见习"等名义先行试用，合格的再正式授权。

5. 加强培训和监督控制

在授权的同时，管理者需要对被授权者进行培训，教会他们如何行使这些权力。需注意，所有授权都要附带有效的监督机制。授权者要建立反馈渠道，及时检查被授权者的工作进展情况以及权力的使用情况。对于确属不适合此项工作的，要及时收回权力，更换被授权人；对于滥用权力的，要及时予以制止；对于需要帮助的，要及时予以指点，从而保证既定目标的实现。

(四) 制度分权与授权的区别

制度分权是在详细分析、认真论证的基础上进行的，因此具有一定的必然性；而工作中的授权往往与管理者个人的能力和精力、下属的特长、业务发展情况相联系，因此具有很强的随机性。

制度分权是将权力分配给某个职位，因此，权力的性质、应用范围和程度的确定，需根据整个组织结构的要求；而授权是将权力委任给某个下属，因此，委任何种权力、委任后应如何控制，不仅要考虑工作的要求，而且要依据下属的工作能力。

对于分配给某个管理职位的权力，如果调整，不仅影响该职位或部门，而且影响与组织内其他部门的关系。因此，制度分权是相对稳定的。除非整个组织结构重新调整，否则制度分权不会收回。相反，由于授权是某个主管将自己担任的职务所拥有的权限因某项具体工作的需要而委任给某个下属，这种委任可以是长期的，也可以是临时的。长期的授权虽然可能制度化，在组织结构调整时成为制度分权，但由于授权不意味着放弃权力，在组织再设计之前，不管是长期还是临时授权的权力，授权者都可以重新收回，使之重新集中在自己手中。

制度分权主要是一项组织工作的原则，以及在此原则指导下的组织设计中的纵向分工；而授权则主要是领导者在管理工作中的一种领导艺术，一种调动下属积极性、充分发挥下属作用的方法。

另外，有必要指出，作为分权的两种途径——制度分权与授权是互相补充的。在组织设计中，难以详细规定每项职权的运用，难以预料每个管理岗位上工作人员的能力，同时难以预测每个管理部门可能出现的新问题，因此，需要各层次领导者在工作中通过授权来补充。

■ 四、部门化

部门化是将整个组织分解成若干个相互依存的基本管理单位，它是在管理活动横向

分工的基础上进行的。分工的标准不同，所形成的管理部门以及各部门之间的相互关系亦不同。

(一) 部门划分的基本原则

1. 确保组织经营目标的实现

合理划分部门只是一种手段，其目的是切实保证组织目标的实现。从这个总的要求出发，部门的划分和设置应以组织的总目标为导向。对于妨碍组织目标达成的部门和单位予以撤销和合并；对于必不可少的部门又必须重点建设，不可空缺，否则必要的职能都会无法落实。

2. 职责的明确性与均衡性

各个部门的职责、任务必须明确。例如，每个部门该做什么、不该做什么、做到什么程度、有什么要求、承担什么责任、如何与其他部门协作等，对这一系列问题必须做出明确规定，尤其要防止一些与工作有关联的部门因职责不清而产生矛盾。此外，任务的分配要尽量平衡，避免部门与部门间工作不均衡。

3. 保持弹性

部门设置不是一成不变的，而应随着业务的发展及环境的变化增、简、撤、并。所以，部门设计要保持适度弹性，不能采用终身制。

4. 力求部门高效精干

部门设计应避免贪多求全，必须精干，一切以保证效率为前提。

5. 部门之间要有良好的配合与协调

部门与部门之间既要分工明确，又要协调配合，因为部门的划分是相对的，组织是一个整体，每个部门只是这个整体的一部分，靠单个部门的力量无法实现组织的整体目标。企业的部门与部门之间存在密切的经济技术联系，也许这个部门的工作是为另一个部门开展工作做准备，存在"前道工序"与"后道工序"的依存关系。在这种情况下，部门与部门之间要保持高度的协调与协作。

(二) 部门划分方法

为达到组织目标要开展各项活动，这些活动因目标不同呈现不同的特征。但部门划分的标准和方法具有普遍性，适用于很多情况，常见的划分方法有以下几种。

1. 按人数划分

单纯地按人数多少来划分部门是一种最原始、最简单的划分方法。例如，军队中的师、团、营、连、排即是用此方法划分的。这种按人数划分部门的方法本质上是抽取一定数量的人在主管人员的指挥下去执行一定的任务。一般来讲，这种方法的特点是仅仅考虑人力，因此在现代高度专业化的社会中呈现逐渐被淘汰的趋势。当然，在现代社会中的某些场合，尤其是在基层的部门划分中，这种方法仍然适用。

2. 按时间划分

这种划分方法多见于组织基层，它是在正常的工作日不能满足工作需要时所采用的一

种划分部门的方法。例如,许多工业企业按早、中、晚三班制组织生产活动,那么就可以设置三个部门。此外,交通、邮电、医院等组织也采用这种轮班制的方法来划分部门。

3. 按职能划分

按职能划分的方法应用较为广泛。具体应用时,根据生产专业化的原则,以工作或任务的性质为基础来划分部门。这些部门可以被分为基本的职能部门和派生的职能部门。基本的职能部门(即企业的职能)处于组织结构中的首要一级,在每一个基本职能部门之内一般还需进一步细分,细分的结果是形成派生的职能部门。细分的前提是基本职能部门的主管人员感到其管理幅度太大,不能保证有效的管理。这种派生职能部门的划分,只要存在进一步划分的充分依据,就可能要持续进行若干级的划分。

下面以一家制造业公司为例,按职能划分部门,划分结果如图4-12所示。

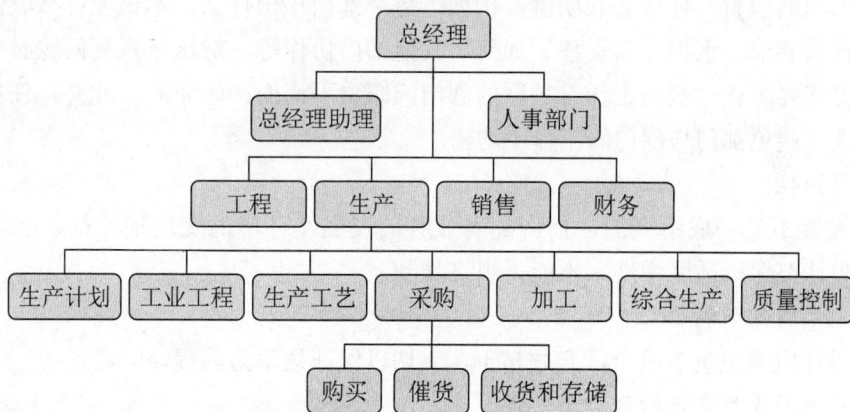

图4-12　制造业公司按职能划分部门

按职能划分部门的优点:①有利于提高管理的专业程度;②有利于提高管理人员的技术水平和管理水平;③有利于共享专业资源。

按职能划分部门的缺点:①职能部门繁多,决策变得缓慢;②各部门管理层易出现本位主义倾向,使之考虑局部利益较多,不利于实现组织整体目标,对环境变化适应差;③不利于培养能负责全部管理工作的高层管理人才。

4. 按地区划分

对于地区分散的组织来说,按地区划分部门是一种比较普遍且适用的方法。当组织分布于不同地区,各地区的政治、经济、文化等因素影响到组织的经营管理时,可把各个地区或区域的业务工作集中起来,委派一位经理来主管业务。这样做是为了调动各个地区的积极性,从而取得地方化经营的优势效益。

下面以一家制造业公司为例,按地区划分部门,划分结果如图4-13所示。

按地区划分部门的优点:①将权力下放地区部门,高层管理者可以集中精力制定企业总体战略;②使地区部门管理人员更关注并了解当地情况,对地区环境变化的反应更迅速;③有利于培养高级管理人才。

按地区划分部门的缺点:①管理成本高,每个地区都有一个完整意义上的公司,资源的利用效率不高;②地区部门只注意本地区的发展,忽视其他地区良好的发展前景,抑制

了开拓精神；③权力下放过多，不利于总部多层管理的有效协调与控制。

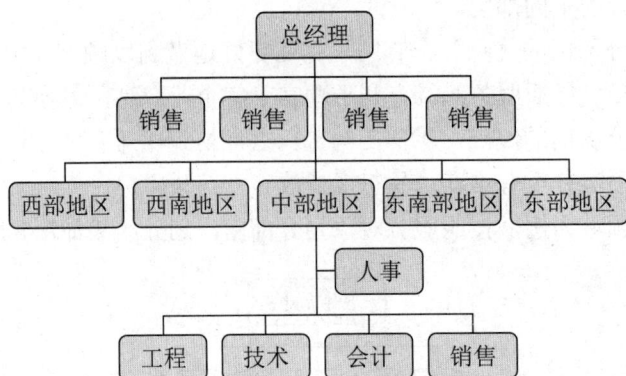

图4-13 制造业公司按地区划分部门

5. 按产品划分

按产品划分是指按产品的不同大类的活动来划分，企业的一个产品类由一个副厂长直接负责，该部门的所有活动都围绕这个产品类进行。例如，在大学里，系、研究所就是按照不同领域的课程和研究而设置的。

下面，以一家制造业公司为例，按产品划分部门，划分结果如图4-14所示。

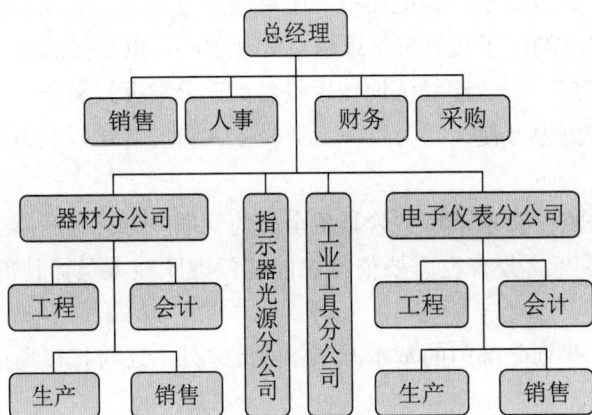

图4-14 制造业公司按产品划分部门

按产品划分部门的优点：①有利于提高决策速度和有效性；②可以使管理人员综合考虑一个产品类的生产经营；③责任明确，各类产品的经营绩效易于评估。

按产品划分部门的缺点：①部门管理人员只注意本产品的眼前发展，忽视其长远的技术发展，对组织整体发展关心不够；②每个部门都有自己的财务、营销、采购、研究开发等专业人员，易造成资源浪费，使管理成本上升。

6. 按服务对象划分

该方法多用于最高主管部门以下的一级管理层次中的部门划分。它根据服务对象或顾客的需要，在分类的基础上划分部门。这种方法在许多不同类型的组织中应用广泛。例如，服装商厦分别设立童装部、男子服装部和女子服装部。又如，在一所大学里把学生分

为研究生、本科生、专科生、进修生、函授生、夜大学生等类型，对这些不同类型的学生的安排就形成了学校的不同部门。

按服务对象划分部门的优点：①有助于企业更好地做到以顾客为中心，能更快掌握顾客的需求变化，并提供优质服务；②有利于顾客了解企业产品，方便其选择产品。

按服务对象划分部门的缺点：①部门与部门之间协调困难；②专业人员和设备得不到充分的利用；③按顾客分类有难度，易忽视或放弃一部分用户。

下面，以医疗领域为例，按照服务对象划分部门，划分结果如图4-15所示。

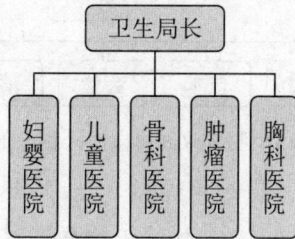

图4-15　医疗领域按服务对象划分部门

7. 按设备划分

这也是一种常见的划分部门的基本方法，这种方法常常和其他方法结合起来使用。例如，医院的放射科、心电图室、脑电图室、超声波室等部门，就是按这种方法划分的。又如，现在许多组织建立的电子计算机站或信息处理中心，也是按这种方法划分的。

按设备划分的优点：①能够经济地使用设备，充分发挥设备的效益，使设备的维修、保管以及材料供应等更为方便；②为发挥专业技术人员的特长以及为上级主管的监督管理提供了方便。

按设备划分的缺点：要求部门主管具备全面的管理能力；各产品部门的独立性较强而整体性较弱；由于各产品分布也需要依赖职能部门或职能人员而使部门重叠，管理费用增加。

以上介绍的是一些划分部门的基本方法。除此之外，还可按市场销售渠道、工艺、字母或数字等划分部门。

总而言之，设计组织的横向结构，即划分各层次的业务部门，是为保证组织目标的实现而对业务工作进行安排的一种手段。所以，在实际运用中，每个组织都应根据特定的条件，选择能取得最佳效果的划分方法。但应该指出的是，划分方法的选择不是唯一的，并不一定要求各层次业务部门整齐划一。在很多情况下，可采用混合方法来划分部门，即在一个组织内或在同一个组织层次上采用两种或两种以上的划分方法。例如，对于一所大学的中层管理，可按领域划分为各系、所；可按职能划分为教务处、人事处、后勤处、财务处、保卫处、外事处、基建处；可按服务对象划分为研究生院、继续教育学院、网络学院等；可按设备划分为数据处理中心、实验室等。灵活运用这些划分方法，能够更有效地实现组织目标。

第四节　组织变革

▌一、组织变革的原因

组织为适应内、外部环境及条件的变化，需要适时对组织的目标、结构及组成要素等进行有效调整和修正，即实行组织变革。促使组织变革的原因主要有以下几方面。

(一) 组织外部环境的变化

组织是从属于社会大环境系统中的一个子系统，因此，它只能主动适应外部环境。适者则生存、发展，不适者则衰败、灭亡，这是市场竞争的法则与必然结果。影响组织外部环境变化的因素主要有以下几个。

(1) 科学技术的进步。

(2) 国家有关法律、法规的颁布与修订。

(3) 国家宏观经济调控手段的改变。

(4) 国家产业政策的调整与产业结构的优化。

(5) 国际、国内经济形势的变化。

(6) 国内政治形势及政治制度的变化。

(7) 国际外交形势及本国外交政策的变化。

(8) 国际、国内市场需求的变化及市场竞争激烈程度的加剧。

(二) 组织内部条件的变化

一个组织的战略、业务技术变得更加复杂时，它的专业化与协作水平要相应提高，整个组织管理工作也要有所变化。在这个过程中，管理者常常成为变革推动者。影响组织内部条件变化的因素主要有以下几个。

(1) 管理技术条件的改变。

(2) 管理人员的调整与管理水平的提高。

(3) 组织运行政策与目标的改变。

(4) 组织规模的扩张与业务的迅速发展。

(5) 组织内部运行机制的优化。

(6) 组织成员对工作的期望与个人价值观念的变化。

▌二、组织变革的实施

(一) 组织变革的程序

组织变革是一项牵涉面广、工作量大、敏感而复杂的系统工作，不能"拆东墙补西

墙", 想到哪改到哪, 也不能就事论事, 必须进行全面的规划与设计。首先要制定科学的程序, 一步一步地实施变革。组织变革的程序大致可以归纳为以下几方面内容。

(1) 确定问题。

(2) 组织诊断。

(3) 计划并执行组织变革。

(4) 组织变革的效果评估。

(二) 组织变革的策略

1. 精心设计

组织结构变革能否成功、成效如何, 首先取决于有没有好的"设计蓝图"。精心设计变革策略是保证组织变革取得预期成效的第一道关键工序。因此, 在正式实施组织变革前, 要深入调查, 仔细研究, 充分分析各种可行方案, 要把目前存在的问题看透、摸准, 然后才能"对症下药"。变革的方向、变革的方针、变革所要达到的目标要十分明确, 这是对组织结构进行变革和重新设计的客观依据。要避免那种心血来潮和朝令夕改的变革方式, 一切要依据精心设计的蓝图按部就班、有条不紊地进行。

2. 全面发动

组织变革在某种程度上也算一场不大不小的革命, 因此, 可能会遇到不少阻力, 这就要求切实做好全面的宣传工作, 具体包括以下几个方面。

(1) 要营造一种改革的讨论氛围, 使大家充分认识到组织变革的紧迫性与重要意义。

(2) 要讲清变革的艰巨性与复杂性, 使大家对组织变革的困难有比较清醒的认识, 从而做好思想上和心理上的准备。

(3) 要讲清变革的有利条件与有利时机, 做好宣传工作, 以增强大家对改革成功的信心, 促使全员参与变革, 应避免陷入"少数人干、多数人看"的局面。

(4) 要讲清组织变革的目标、原则、程序与方法等, 使大家心中有数, 以保证组织变革过程中的科学性与平稳性。

3. 精心组织

组织变革要按照"设计蓝图"的要求来实施, 具体应做好以下几方面工作。

(1) 尽可能地先试点, 摸索经验, 再逐步推广, 避免"一哄而起"的群众运动方式, 那样容易造成很大的损失, 甚至陷入被动局面。

(2) 要注意突破难点、抓住重点、加强薄弱点、消除盲点, 要把各方面的改革配套工作做好, 整体推进, 循序渐进。

(3) 要注意把组织结构变革与提高成员素质紧密结合起来, 因为人的素质是根本, 离开了人的素质的提高, 不论什么样的组织结构, 都是没有创造力的, 最终也不可能达到组织变革的目的。

(4) 要注意把组织结构变革与建立健全基本管理制度结合起来, 要把改革的成果用管理制度的形式来规范, 这也是对改革成果的一种肯定和巩固。

(5) 在组织变革的实施过程中, 要注意做好思想工作, 以转化矛盾、减少冲突、消除

阻力，确保变革顺利进行。

　　此外，还要注意处理好组织变革与保证开展正常的组织运行活动的关系，要保持组织运行活动的连续性，不要"齐上齐下"，不要关起门来改革，不要把改革当成最终的目的而使本末倒置。

(三) 组织变革的阻力及排除

1. 反对组织变革的现象

　　一般来说，组织变革，哪怕只是做很小的改变，也会有人反对，并以各种不同的方式来抵制变革，通常有以下几种情况。

　　(1) 业务开拓不力，工作效率持续降低。

　　(2) 损失浪费一天天加重，经济效益滑坡。

　　(3) 要求离职调动的人数增加。

　　(4) 发生争吵与敌视行为，人际关系趋于紧张，内耗加剧。

　　(5) 工作缺乏主动性和积极性，消极怠工。

　　(6) 提出变革将导致无法工作，并找出许多似是而非的理由。

　　(7) 对组织中的任何事情都抱着一种无所谓的态度。

2. 反对组织变革的原因

　　(1) 历史的惯性和惰性。变革的阻力有很大一部分来自人类本性中的惰性。因为人们已习惯于原有的一切管理制度、一切作业方式、一切行为规范，变革会使他们感到不习惯、不舒服、不自然，从而威胁到原有的安全与内心的平衡，因而会产生恐慌感。他们宁愿抱残守缺，也不愿尝试变革，结果往往导致组织丧失变革的最佳时机，等到组织非变革不可的时候，变革的成本就会增加。

　　(2) 变革使已知的东西变得模糊不清和不确定。在组织中，员工对不确定性有一种厌恶感，它会使员工感到恐慌和不安。

　　(3) 变革可能会威胁员工既得的地位和利益。人们在口头上都是拥护变革的，生怕被人扣上一顶守旧派的帽子；当变革不仅不会触动员工的切身利益，甚至有可能增加他的利益时，他会由衷地拥护和支持变革；一旦变革将有可能损害他的既得利益时，他出于一种自卫心理，就会极力反对变革。比如，变革之后，有可能导致权力缩小，在组织中的地位降低；或劳动强度加大，工作的自由度降低；或要求员工学习新技术和新知识，甚至有可能导致他失业时，员工就不会支持变革。这是在变革中发生正面冲突的主要原因。

　　(4) 未看清未来的发展趋势。有时人们之所以反对变革，是因为对未来的发展趋势缺乏清醒的认识，对环境给组织造成的压力认识不足，缺乏应有的紧迫感，总觉得组织所处的环境相当不错，足以应对任何挑战。很显然，在这个时候提出组织变革，人们会觉得多此一举、不合时宜。在这种情形下，人们从感情到行动都会表现出对变革的拒绝。这种盲目性往往会给组织未来的发展埋下隐患。

　　(5) 对发起变革的人心怀成见。有时人们之所以反对变革，并不是因为他们对变革本身有意见，而是因为他们对发起这场变革的人心怀成见，看不顺眼，推人及物，由反对变

革者而导致反对变革。这种情况普遍存在于一般组织中，人们有时候对变革本身并不真正了解，也不想去了解，但只要看到是由他不喜欢的人发起这场变革，从感情上就接受不了，有一种强烈的抵触情绪。因此，我们在实施组织变革时，要注意选择容易为大多数人所接受的人选，以减少变革的阻力。

(6) 心理上的障碍。有些人之所以反对变革，主要是因为对变革存在心理上的各种障碍，主要的表现有：懒的心理，多一事不如少一事，不改不变最省事；稳的心理，生怕变革中出乱子，以致丢掉"乌纱帽"；怕的心理，怕担风险，怕变革失败，怕受人指责；等的心理，想等上级推着改，想等别人总结出一套成熟经验后再改。总之，不想做先行者，不愿当出头鸟，对待组织变革没有信心、没有热情、没有冒险意识、没有敢闯精神，时时事事小心翼翼，谨慎有余，缺乏一种改革的勇气和必要的心理承受能力。

(7) 反对者一般认为变革并不符合组织的目标和最佳利益。如果员工认为变革将会使组织朝不好的方向发展或偏离原来的目标，那么他就极有可能反对这项变革。如果这个员工能正面地表达他的反对意见，那么这种形式的阻力就可能对组织有益。

3. 排除组织变革阻力的方法

组织变革往往是大势所趋，不以人的意志为转移，但还是要注意组织变革中的艺术性，积极创造条件，采取措施，消除阻力，保证组织变革顺利进行。排除组织变革阻力的方法有以下几种。

(1) 保持公开性，增加透明度。对于组织目前所处的运行环境、所面临的困难与机遇等，要开诚布公，从而使组织上下形成共识，增强变革的紧迫感，增强对变革的支持力量，使组织变革有广泛而牢固的群众基础，这是保证组织变革顺利进行的首要条件。

(2) 相互尊敬，增进信任。有的变革者总认为人们都会抗拒变革，个个都因循守旧，因此，他们总想通过强制手段，或利益诱导或设计安排来把人们引入其无法了解的变革内，这反映了变革者对组织成员的一种不尊敬、不信任，无形中会增加许多阻力。只要我们因势利导，合理利用变革的力量，及时增进相互的沟通与尊重，变革的阻力就会减少。

(3) 加强培训，提高适应性。要通过自上而下的培训教育，促使大家学习新知识，接受新观念，掌握新技术，学会用新的观点和方法来看待和处理新形势下的各种新问题，从而增强对组织变革的适应力和心理承受能力，增进他们对组织的理性认识，使他们自觉成为改革的生力军。要使人们深刻认识到，虽然变革会影响某些人的特权、地位或职权，但如果不实施变革，停滞下来，那将会威胁到整个组织的发展。

(4) 起用人才，排除阻力。要大胆启用那些富有开拓创新精神、锐意进取、目光远大且年富力强的优秀中青年人才，把他们充实到组织的重要领导岗位上，为顺利地实施变革提供组织保障。人事变革既是组织变革的重要内容，又是确保组织变革成功的重要条件。

(5) 吸收反对者参与变革。参与变革决策的人，一般不会反对变革。因此，在做出变革决策之前，可将持反对意见的人吸收到决策过程中。假如参与者能以其专长为决策做出有益的贡献，那么，他们的参与就能在降低阻力、取得支持的同时提高变革决策的质量。

(6) 注意策略，伺机而动。变革要选准时机、把握分寸、循序渐进、配套进行。变革是革命，但不等于蛮干，要特别注意策略艺术。成功的变革不仅能提高组织的效率，促进

组织的成长，还能提高组织成员的工作士气，满足成员的合理欲望。

综上所述，在变革前，应详细分析可能发生的各种问题，提前采取防范措施，从而为组织营造最佳的变革环境与变革气氛。当组织变革的大政方针确定以后，策略和艺术就成为保证变革成功的关键所在。

三、组织变革中的新问题——组织文化变革

组织文化是由相对稳定和持久的因素构成的，这就导致组织文化变革会面临相当强的阻力。一种文化需要很长时间才能形成，一旦形成，就会变得牢固和不易更改。因此，当这种组织文化已不适宜组织的发展，就会成为实施变革的绊脚石。从短期来看，组织文化变革很难取得效果，即使在最有利的条件下，组织文化变革也需要经历多年时间，才能看出其变化。

(一) 组织文化变革的原因

1. 大规模危机出现
大规模危机会成为动摇组织现状的一个震源，促使人们对现有文化的适应性产生怀疑。例如，发生令人吃惊的财务亏损，丢失一个重要的客户，或者竞争对手取得重大的技术突破等。

2. 领导职位易人
新的高层领导可能被认为对危机具有更强的反应能力，且往往会给组织带来一种不同的价值观。在这里，高层领导既可以指首席执行官，也包括所有的资深经理。

3. 组织新而小
新建立的组织，文化渗透力较弱。当组织规模较小时，管理人员也更容易传播新的价值观。

4. 组织文化弱
一种组织文化越是广泛渗透并在成员中形成对总价值观的高度认同，那么它就越难改变；相反，对成员影响较弱的文化具有更强的可变性。

(二) 实现组织文化变革的策略

(1) 进行组织文化分析，确定需要变革的文化因素。
(2) 向员工明确说明，如果不马上推行变革，组织的发展就会受到威胁。
(3) 任命具有新观念的新领导。
(4) 推动组织重组。
(5) 传播新观念。
(6) 改变人员甄选和社会化过程及绩效评估和奖惩制度，支持新的文化价值观。

技能训练单元

实训一：斯隆的组织革命

【实训目标】掌握集权与分权的应用。

【实训内容与要求】认真阅读案例，撰写发言提纲，要求语言流畅、条理清晰。

斯隆的组织革命

1921年，被称为"现代组织之父"的美国通用汽车公司总裁斯隆为了提高公司的竞争力进行了组织机构改革，提出了"集中政策、分散管理"的事业部制。这是一次管理体制的伟大变革，它是以组织机构形式固定下来的决策与执行的专门化的纵向分工。分工，同时意味着分权，因此，这又是一次集权与分权之间的组织革命。

第一，通用所遇到的难题与它一直未能建立有效的权力运行机制有关。

在斯隆进行组织革命以前，公司对集权与分权的关系处理不当。在杜兰特时代，公司极度分权。这样固然能充分发挥各部门的积极性和灵活性，但整个公司难以形成有机整体，组织成为一盘散沙。后来，公司建立了高度集权的管理体制，以及一系列协调机制，具有指挥灵活和决策迅速的优点，但降低了各部门的管理积极性，且无法对市场机会做出正确的反应。基于此，斯隆建立了"集中政策、分散管理"的事业部制，通过将决策权与执行权分离，将决策权集中于总部，将执行权分散到各事业部，解决了集权与分权的矛盾问题，也大大提高了组织工作效率，因而是一次管理体制的伟大变革。

但是通用汽车公司的权力运行机制仍不完善。斯隆发起的组织革命只是将决策权与执行权两权分离，监督权并未独立出来。因此，仍不能对权力进行有效的约束与制衡，不足以保证决策科学化和执行专门化。

第二，"集中政策、分散管理"的事业部制用于解决集权与分权的矛盾问题是非常成功的，这一方式至今仍被绝大部分大型公司沿用。

对于斯隆未解决的问题——缺少独立的监督权、未建立自我调节与反馈机制，通用应采取措施完善公司的治理结构，加强监事会、外部董事的监督与建议权，使组织一切活动尽量透明化，以接受社会广泛监督。

资料来源：关永志.斯隆的组织革命及启示[J].文史月刊，2012(7).节选，有改动

【实训步骤】

第一步，实训准备。每个人认真阅读并分析案例，初步了解本次实训涉及的理论基础知识。

第二步，以小组为单位进行案例分析，各小组成员充分发表个人观点。

第三步，对小组成员的各种观点进行记录，如表4-4所示。

表4-4　"斯隆的组织革命"案例分析记录

专业班级			组　别	
记录人			时　间	
小组成员				
讨论记录	1. 分析集权与分权的优缺点。 2. 通用公司集权与分权的矛盾是如何解决的？			成　绩
	组员1			
	组员2			
	组员3			
	组员4			
	组员5			

第四步，各小组选出一名代表发言，对小组的讨论结果进行总结。

第五步，对小组成员的各种观点进行分析、归纳和要点提炼，填写案例分析发言提纲，如表4-5所示。

表4-5　"斯隆的组织革命"案例分析发言提纲

姓　名		专业班级	
学　号		成　绩	
小组成员			

1. 本资料的总体分析思路。

2. 根据资料，谈谈你对组织结构的认识。

3. 运用组织理论分析斯隆的组织革命。

【实训时间】大约需要20分钟。

【实训场地】多媒体教室。

【实训成绩评定】

按照是否掌握集权与分权理论、能否应用集权与分权理论解决问题，将实训成绩分为优秀、良好、中等、及格、不及格5个等级，并对各组进行评价。

实训二：组织授权模拟游戏

【实训目标】让学生掌握组织授权的方式及其利弊，引发学生对授权方式的深入思考。

【实训内容与要求】

1. 准备眼罩6个，20米长的绳子1条。

2. 选出总经理、总经理秘书、部门经理、部门经理秘书各1位和6位操作人员。

3. 老师把总经理及总经理秘书带到一个看不见操作人员的角落后，说明游戏规则。

(1) 让秘书向部门经理传达一项任务，该任务就是由操作人员在戴着眼罩的情况下，把1条20米长的绳子围成一个正方形，绳子要用尽。

(2) 在这个过程中，总经理不得直接指挥，而是通过秘书传达指令给部门经理，由部门经理指挥操作人员完成任务。

(3) 部门经理有不明白的地方可以通过自己的秘书请示总经理。

(4) 部门经理在指挥的过程中要与操作人员保持5米的距离。

【实训时间】大约需要30分钟。

【实训场地】多媒体教室。

【实训成绩评定】

按照方案完整性、可操作性，将实训成绩分为优秀、良好、中等、及格4个等级，由教师与学生共同对分组学生的现场表现进行评价。

实训三：杜邦公司的组织变革

【实训目标】了解杜邦公司的组织变革。

【实训内容与要求】认真阅读案例，撰写发言提纲，要求语言流畅、条理清晰。

杜邦公司的组织变革

在19世纪，杜邦公司是一个家族公司，基本上实行个人决策经营，在亨利这一代尤为明显。亨利在公司任职的40年中，以军人一样严厉、粗暴的铁腕统治公司。他实行了一套管理方式，被称为"凯撒型经营管理"。公司的所有主要决策和许多细微决策都要由他亲自制定，所有支票都要由他亲自开具，所有契约也都由他亲自签订。他一人决定利润的分配，周游全国，亲自监督公司的数百家经销商。在每次会议上，总是他发问，别人回答。他全力加速回收账款，严格支付条件，促进交货流畅，努力降低价格。亨利刚接任时，公司负债高达50多万美元，后来却成为火药制造业的领头羊。

在亨利时代，个人决策经营基本上是成功的。这主要是因为：第一，公司规模不大，直到1902年合资时资产总值才达到2400万美元；第二，产品比较单一，基本上只有火药；第三，公司产品质量居于绝对领先地位，竞争者难以超越；第四，市场需求变化不复杂。单人决策之所以取得了较好效果，与亨利的非凡精力也是分不开的。直到72岁时，亨利仍不需要秘书的帮助；任职期间，他亲自写的信不少于25万封。亨利的侄子尤金是公司的第三代继承人。尤金试图承袭其伯父的经营作风，也采取绝对的控制，亲自处理细枝末节，亲自拆信复函，但他最终陷入公司错综复杂的矛盾之中。1902年，尤金去世，合伙者心力交瘁，两位副董事长和秘书兼财务长也相继累死。这不仅是因为他们的体力不胜负荷，还因为这种经营方式已与时代不相适应。

当公司濒临危机、无人敢接重任、家族拟将公司转让给别人的时候，杜邦家族中的三位堂兄弟廉价买下了公司，并果断抛弃亨利那种单枪匹马的管理方式，精心设计了一种集团经营的管理体制。集团经营最主要的特点是建立了"执行委员会"，隶属于最高决策机构——董事会之下，是公司的最高管理机构。在董事会闭会期间，大部分权力由执行委员会行使，董事长兼任执行委员会主席。1918年，执行委员会有10个委员、6个部门主管、94个助理，高级经营管理者年龄大多在40岁左右。此外，杜邦公司抛弃了当时美国流行的体制，建立了预测、长期规划、预算编制和资源分配等管理方式。在管理职能分工的基础上，建立了制造、销售、采购、基本建设投资和运输等职能部门。在这些职能部门之上，设一个高度集中的总办事处，控制销售、采购、制造、人事等工作。

在集团经营的管理体制下，权力高度集中，实行统一指挥、垂直领导和专业分工的原则，公司秩序井然、职责清楚、效率显著提高，因而获得较快的发展，到1918年，公司资产增加到3亿美元。

可是，杜邦公司在第一次世界大战中的大幅度扩展，以及逐步走向多元化经营，使组织机构遇到了严重问题。每次收购其他公司后，杜邦公司都因多元化经营而严重亏损。导致这一结果的原因除了战后通货从膨胀变为紧缩之外，主要是由于公司的原有组织结构没有弹性，对市场需求的变化缺乏适应力。

杜邦公司经过周密分析，提出一系列组织机构设置原则，建立了一个多分部的组织机构。在执行委员会下，除了设立由副董事长领导的财力和咨询两个总部外，还按各产品种类设立分部。在各分部下，设有会计、供应、生产、销售、运输等职能部门。各分部是独立核算单位，分部的经理可以独立自主地统管所属部门的采购、生产和销售。这种分权化的组织使杜邦公司很快成为一个具有效能的集团，所有单位构成了一个有机整体，公司组织具有很大的弹性，能迅速适应市场变化。

20世纪60年代初，杜邦公司接二连三地遇到了难题。许多产品的专利权纷纷满期，在市场上受到日益增多的竞争者的挑战，危机重重。为了摆脱危机，杜邦公司除了实施新的经营方针外，还不断完善和调整原有的组织机构，进行创新。1967年底，科普兰把总经理一职史无前例地让给了非杜邦家族的马可，财务委员会议议长也由别人担任，自己专任董事长一职，从而形成一种"三驾马车式"的体制。在新的体制下，最高领导层分别设立了办公室和委员会，作为管理大企业的有效的、富有伸缩性的管理工具。科普兰认为"三驾马车式"的组织体制，是今后经营世界性大规模企业不得不采取的安全体制。

资料来源：http://www.chinadmd.com/file/z6iopx6zpvus3xreoeewr3vu_1.html. 节选，有改动

【实训步骤】

第一步，实训准备。小组成员认真阅读并分析案例，初步了解本次实训涉及的理论基础知识。

第二步，以小组为单位进行案例分析，小组成员充分发表个人观点。

第三步，对小组成员的各种观点进行记录，如表4-6所示。

表4-6 "杜邦公司的组织变革"案例分析记录

专业班级			组　别	
记录人			时　间	
小组成员				
讨论记录	1. 分析杜邦公司每一次组织变革的背景及原因。 2. "三驾马车式"的组织体制今天是否适用？			成　绩
	组员1			
	组员2			
	组员3			
	组员4			
	组员5			

第四步，各小组选出一名代表发言，对小组的讨论结果进行总结。

第五步，对小组成员的各种观点进行分析、归纳和要点提炼，填写案例分析发言提纲，如表4-7所示。

表4-7 "杜邦公司的组织变革"案例分析发言提纲

姓　名		专业班级	
学　号		成　绩	
小组成员			

1. 简述本资料的总体分析思路。

2. 根据资料，谈谈你对组织结构的认识。

3. 运用组织理论分析杜邦公司的组织机构变革。

【实训时间】大约需要20分钟。

【实训场地】多媒体教室。

【实训成绩评定】

按照是否掌握组织结构理论、能否应用组织结构理论解决问题，将实训成绩分为优秀、良好、中等、及格、不及格5个等级，并对各组进行评价。

本章主要参考文献

[1] [美]切斯特·巴纳德. 组织与管理[M]. 詹正茂，译. 北京：机械工业出版社，2016：87-90.

[2] 焦叔斌，杨文士. 管理学[M]. 4版. 北京：中国人民大学出版社，2014：265-273.

[3] 刘松博，龙静. 组织理论与设计[M]. 2版. 北京：中国人民大学出版社，2009：58-60.

[4] 陈俊梁，袁炜，陆静丹. 组织理论与设计[M]. 北京：中国人民大学出版社，2015：155-160.

[5] 高闯，王海光. 管理学[M]. 北京：清华大学出版社，2006：230-232.

[6] 周三多，陈传明. 管理学：原理与方法[M]. 6版. 上海：复旦大学出版社，2014：257-259.

[7] 乔忠. 管理学[M]. 2版. 北京：机械工业出版社，2005：269-275.

[8] 李永清，钱敏. 现代管理学导论[M]. 北京：化学工业出版社，2010：149-158.

[9] 施斌. 管理学基础[M]. 海口：南海出版社，2004：172-179.

[10] 伊恩·帕尔默，理查德·邓福德，吉布·埃金. 组织变革管理[M]. 金永红，奚玉芹，译. 2版. 北京：中国人民大学出版社，2016：156-158.

[11] 曾宪达，毛园芳. 新编管理学基础实训教程[M]. 杭州：浙江大学出版社，2012：85-88.

第五章　人力资源管理

学习目标 ☀️

➤ 掌握人力资源管理的含义；

➤ 掌握人力资源规划的内涵和方法；

➤ 理解职务分析的含义和重要性；

➤ 掌握招聘的方法；

➤ 理解员工培训的方法和内容；

➤ 理解绩效评估的内涵及程序；

➤ 了解薪酬的构成和影响企业薪酬水平的因素。

管理故事　秦昭王五跪得范雎

引才纳贤是国家强盛的根本，而人才，尤其是高才，并不那么容易引得到、纳得着。秦昭王雄心勃勃，欲一统天下，在引才纳贤方面显示了非凡的气度。范雎原为一隐士，熟知兵法，颇有远略。秦昭王驱车前往拜访范雎，见到他便屏退左右，跪而请教："请先生教我？"但范雎支支吾吾，欲言又止。于是，秦昭王"第二次跪地请教"，且态度上更加恭敬，可范雎仍不语。秦昭王又跪，说："能否请先生指导我呢？"这第三跪打动了范雎，道出自己不愿进言的重重顾虑。秦昭王听后，第四次下跪，说道："先生不要有什么顾虑，更不要对我怀有疑虑，我是真心向您请教。"范雎还是不放心，就试探道："大王的用计也有失败的时候。"秦昭王对其指责并没有发怒，并领悟到范雎可能要谏言了，于是，第五次跪下，说："我愿意听先生详说。"言辞更加恳切，态度更加恭敬。这一次范雎也觉得时机成熟，便答应辅佐秦昭王，帮他统一六国。后来，范雎鞠躬尽瘁地辅佐秦昭王成就霸业，而秦昭王五跪得范雎的典故，千百年来被人们称誉，成为引才纳贤的楷模。

资料来源：节选自《战国策·秦策三》.

思考：组织中最关键的资源是什么？如何充分开发这一资源？

基础理论单元

人力资源管理被作为企业的一种职能性管理活动，源于工业关系和社会学家怀特·巴克于1958年出版的《人力资源功能》一书，该书首次将人力资源管理作为管理的普遍职能来加以讨论。

美国著名的人力资源管理专家R.A.诺伊等在《人力资源管理：赢得竞争优势》一书中提出，人力资源管理是指影响雇员的行为、态度以及绩效的各种政策、管理实践以及制度。

美国的舒勒等在《管理人力资源》一书中提出，人力资源管理是采用一系列管理活动来保证对人力资源进行有效的管理，其目的是实现个人、社会和企业的利益。

加里·德斯勒在《人力资源管理》一书中提出，人力资源管理是为了完成管理工作中涉及人或事方面的任务所需要掌握的各种概念和技术。

迈克·比尔提出，人力资源管理包括会影响公司和雇员之间关系(人力资源)的性质的所有管理决策和行为。

我国台湾著名人力资源管理专家黄英忠提出，人力资源管理是对组织所有的人力资源作最适当的确保、开发、维持和使用，以及为此所规划、执行和统制的过程。

我国著名学者赵曙明将人力资源管理界定为，对"人力"这一特殊的资源进行有效开发、合理利用与科学管理的过程。

综合以上各种观点，本书认为，人力资源管理是基于实现组织和个人发展目标的需要，有效开发人的最大潜能，合理利用并科学管理组织所拥有的人力资源的过程。

第一节 人力资源规划

■ 一、人力资源规划及其内容

人力资源规划是指人力资源部门根据企业战略规划，通过对企业未来的人力资源需求和供给情况进行分析和预测，采取职务编制、员工招聘、测试甄选和培训等人力资源管理手段，使企业人力资源与企业发展相适应的综合性的发展计划。

人力资源规划的任务是预测企业未来的人力资源供求状况，制定并实施保持供求均衡的措施；对企业员工的招聘、解聘、甄选、教育和培训以及内部人员余缺的调剂等各种人力资源管理活动的目标、任务、实施步骤和资金预算，在时间上做出详细的计划与安排。

人力资源规划一般包括如下几方面内容。

(一) 通过任务目标分析，确定人力资源需求计划

人力资源管理部门根据企业战略规划，预测企业将来需要什么样的人力资源，这是制定人力资源规划的第一步。人力资源规划应当从与企业战略规划相匹配的角度来制定，各项规划要满足"上下一致性"的要求。人力资源需求规划应该是对企业未来经营状况的一种反映。基于对企业发展目标和经营规模的估计，管理者就可以估算出为达到预定的目标和经营规模所需要配备的人力资源的规模和素质状况。

(二) 通过职位分析，确定具体的职位空缺

所谓职位分析，也称职务分析、工作分析或岗位分析，旨在确定某项工作的任务和性质，以及应寻找具备何种资格条件的人来承担这一工作。职位分析必须明确规定以下几方面内容：①这一职位负责的工作有哪些；②承担这项工作的人的行为应该怎样；③工作中使用什么机器、设备、工具以及其他辅助用具；④衡量工作的绩效标准是什么；⑤这一职位对人的素质条件有什么要求。职位分析结束后，要编制工作说明书和职务规范两种书面文件，以作为其后各阶段人力资源管理工作如招聘、考评、激励、培训等的依据和指导。

(三) 结合人力资源现状分析，制定满足未来人力资源需要的行动方案

根据组织任务目标和职位分析的要求确定了组织未来需要填补哪些空缺职位以后，下一步工作就是针对企业当前的人力资源供应情况制订人力资源增补计划与方案。首先，应分析组织现有人力资源的供应情况，以便确定人力资源的供求差距。为此，可在全企业范围开展人力资源调查，报告的数据源于员工填写的调查表。调查表可设置姓名、最高学历、所受培训、就业经历、所说语种、能力和专长等栏目，发给组织中的每一个员工填写。此项调查能帮助管理者评价组织中现有的人才与技能状况。对人员未来需求和组织现有人力资源情况作了以上评估以后，在正式制订人力资源计划之前，管理者还要进行两方面的人员供给预测：一方面是内部候选人供给预测；另一方面是外部候选人供给预测。在预测基础上，管理者可以测算出未来人力资源短缺的情况和组织中可能出现超员配置的领域，然后决定通过何种途径寻找合适的人来填补空缺的职位。

(四) 从人力资源需要出发，制订有利于员工成长和发展的综合性职业管理计划

制定企业人力资源规划必须考虑员工职业生涯的发展阶段，并将两者结合起来统筹考虑，以帮助员工确认自己的职业兴趣并制订明智的职业发展计划。研究表明，一个人的职业生涯可以划分为如下几个阶段。

(1) 探索阶段。这个阶段发生在一个人进入社会的早期，即青春期。在这一阶段，个人开始认真地探索各种可能的职业选择。探索阶段最重要的任务就是个人对自己的能力和天资形成一种客观的评价。企业在这一阶段的主要任务是通过提供有关工作和组织的正面及负面信息，帮助个人形成对职业工作的一种正确预期。

(2) 确立阶段。这个阶段发生在一个人的青年及进入中年时期。通常个人会在这一期间找到适合自己的职业，并全身心地投入有助于自己在此职业中获得永久发展的各种活动中。这一阶段可以分为尝试、稳定和职业中期危机几个分阶段。在尝试阶段，个人确认当前所选择的职业是否适合自己；如果不适合，他会准备换工作。在稳定阶段，个人已经给自己确立了较为坚定的职业目标，并制订了比较明确的职业计划来确定自己晋升的潜力、工作调换的必要性和所需的教育培训。到了40岁左右的年龄，可能会进入职业中期危机阶段。此时，他可能会根据自己最初的理想和目标，重新对自己的职业选择作一次重要的评价。

(3) 维持阶段。这是职业生涯的后期阶段。此时，个人已经趋向安于现状，并普遍为

自己在工作领域中取得的成绩感到愉悦。在这一时期，人们会将主要精力放在保有现时的位置，而不再表现出先前的闯劲。因此，管理者的工作重点宜集中在充分调动和利用这类人员的已有资源上。

(4) 衰退阶段。这是临近退休的人们通常不得不面临的艰难时期。对处于这一时期的员工，管理者需要帮助他们接受权力交换和责任减少的现实，指导他们成为年轻人的良师益友。

管理者要了解员工的职业发展阶段，有针对性地开展人力资源管理工作，制定合理的人力资源计划和政策。例如，提供教育培训机会，工作丰富化，工作轮换，以职业发展为导向开展工作绩效评价，以能力而不是以资历为依据提供晋升机会，等等。对于以促进员工成长或发展为己任、注重人力资源开发的企业来说，在制定人力资源规划时应兼顾企业发展和员工发展这两个目标，并在综合考虑两者的过程中形成行之有效的综合性的职业管理计划。

■ 二、人力资源规划的操作程序

人力资源规划的操作程序包括以下7个步骤。

(一) 核查现有人力资源

核查现有人力资源是人员供给预测的基础，这一步的关键在于弄清现有人力资源的数量、质量、结构及分布状况。应核查的人力资源资料至少包括：①个人自然情况；②录用资料；③教育资料；④工资资料；⑤工作执行的评价；⑥工作经历；⑦服务和离职资料；⑧工作态度；⑨安全与事故资料；⑩工作环境资料；⑪工作或职务情况；⑫工作或职务的历史资料。

(二) 预测人力资源需求

这项工作可与人力资源核查同时进行，主要根据公司发展战略规划和内外条件选择预测技术，然后对人力资源需求的结构和数量进行预测。预测的具体程序：①预测企业未来的生产经营状态；②估算各项职能活动的总量；③确定各项职能活动内不同层次、类别人员的工作负荷；④确定各项职能活动及职能活动内不同层次、类别人员的需求量。

(三) 预测人员供给量

人员供给量预测包括两个内容：一是内部拥有量预测，即根据现有人力资源及其未来的变动情况，预测各规划时间点上的人员供给量；二是外部供给量预测，即确定在各规划时间点上各类人员的可供量。

(四) 确定实有人员需求量

确定实有人员需求量即比较预测到的各规划时间点上的供给量与需求量，确定人员在

数量、质量、结构及分布上的不一致之处，以获取实有人员需求量。

(五) 制定匹配政策

制定匹配政策即制订各种具体计划，包括晋升计划、补充计划、培训计划、配备计划等，以保证需求与供给在各计划点上的匹配。

(六) 确定执行计划

在各类计划的指导下，确定具体实施计划的工作方案。

(七) 反馈调整

反馈调整的目的在于为人力资源总计划和具体的人力资源计划的修订或调整提供可靠的信息，以便对规划进行动态的调整并加以控制。

▍三、人力资源规划方法

(一) 未来需求预测

在预测企业未来的劳动力需求方面，存在客观和主观两种方法，也叫统计法和判断法。

1. 统计法

统计法是通过对过去某一期间(时间的长短视具体情况而定，一般可取5年)有关数据资源的统计分析，找出某些企业因素与人员需求的相关关系，并建立数学公式或模型，据此对未来的人力资源需求进行预测的一种方法。较为常用的统计法有趋势预测法、回归预测法和比率预测法。

(1) 趋势预测法。这是根据企业过去几年的人员数量，分析它在未来的变化趋势并依此来预测企业在未来某一时期的人力资源需求量的一种方法。这种预测方法相对比较简单直观，多适用于那些经营稳定的企业，并且主要作为一种辅助方法来使用。具体步骤：首先，收集企业在过去几年内的人员数量数据，并根据这些数据作图；其次，用数学方法进行修正，使其成为一条平滑曲线，将这条曲线延长就可以看出未来的变化趋势。在实践中，为了简便起见，往往将这种趋势简化为直线关系。

(2) 回归预测法。人力资源需求总是会受到某些因素的影响，回归预测法的基本思路就是找出那些与人力资源需求关系密切的因素，并依据过去的相关资料确定它们之间的数量关系，建立一个回归方程，然后根据这些因素的变化以及确定的回归方程来预测未来的人力资源需求。使用回归预测法的关键是找出那些与人力资源需求高度相关的变量，这样建立起来的回归方程的预测效果才会比较好。

(3) 比率预测法。这是基于对员工个人生产效率的分析来进行预测的一种方法。进行预测时，首先要计算出人均生产效率，然后根据企业未来的业务预测对人力资源的需求。

除了上述几种方法，一些企业还利用计算机来开发适合自己的人员需求预测系统。采用这种方式时，人力资源专家和各级管理人员首先要将所需要的信息综合起来。运用这一系统，企业可以很快地将生产率水平计划和销售水平计划转化为对人员需求的预测。同时，也可以预测各种生产率水平及销售水平对人员需求的影响。

2. 判断法

判断法是依靠相关专家和管理人员运用其知识、经验甚至直觉对未来人力资源需求做出推测和判断的方法。常用的判断法有自上而下法、自下而上法和德尔菲法。

自上而下法主要依靠高层管理者的判断，这个高层管理者团队应该对组织的发展方向有明确的认识。与之相反，自下而上法则集中依赖部门和基层经理，依靠他们的经验和判断对未来的人力资源需求做出预测。这种方法可用于简单的预测，只需了解当前的需要，而不必反映未来的目标，也不需要这些经理了解整个公司的目标。这两种方法往往同时使用，以便形成更确切的需求预测。

德尔菲法也是一种依靠管理者主观判断的预测方法。具体操作时，专家们背靠背，分别提供各自的预测结果，组织者综合专家们的意见，并将结果再次提供给专家(可以是另外一些专家)。如此反复，直到形成可行的、一致的预测结果为止。

(二) 内部供给预测

内部供给预测的方法有很多，在这里我们只选取几种有代表性的方法进行简单介绍。

1. 人力资源盘点法

人力资源盘点法是对现有企业内的人力资源质量、数量、结构和各职位的分布状态进行核查，以便确切掌握人力情况的方法。在企业规模不大时，核查是相当容易的；若企业规模较大、组织结构复杂，要实施人员核查，应建立人力资源信息系统。这种方法是静态的，它不能反映人力拥有量的未来变化，因而多用于短期人力资源拥有量预测。虽然很多企业在中、长期的预测中也普遍使用此法，但终究会受到企业规模的限制。

2. 人员替换

这种方法就是对企业现有人员的状况进行评价，然后对他们晋升或者调动的可能性做出判断，以此来预测企业潜在的内部供给能力。这样，当某一职位出现空缺时，就可以及时进行补充。

3. 人力资源"水池"模型

该模型是在预测企业内部人员流动的基础上来预测人力资源的内部供给。它与人员替换有些类似，不同的是，人员替换是从员工出发来进行分析，而且预测的是一种潜在的供给能力；"水池"则是从职位出发进行分析，预测的是未来某一时间的实际供给能力。应用这种方法时，一般要针对具体的部门、职位层次或职位类别。由于它要在现有人员的基础上通过计算流入量和流出量来预测未来的供给，好比计算一个水池未来的蓄水量，因此称之为"水池"模型。

4. 马尔科夫模型

马尔科夫模型是用来预测等时间隔点上(一般为1年)各类人员分布状况的一种动态预

测技术，这也是借鉴统计学而形成的一种定量预测方法。它的基本思想是找出过去人力资源的流动比例，依次预测未来的人力资源供给情况。使用马尔科夫模型进行人力资源供给预测的关键是确定转移率矩阵，而在实际预测中，由于受各种因素的影响，人员转移率是很难确定的，往往只能得到一个估计值，这也会影响预测结果的准确性。

上述人力资源规划方法各有利弊，需要配合使用。

■ 四、职务分析

(一) 职务分析的含义

职务分析又称工作分析、岗位分析，是人力资源管理的一项核心基础职能，它是指应用系统方法收集、分析、确定组织中职务的定位、目标、工作内容、职责权限、工作关系、业绩标准、人员需求等基本因素的过程。

职务分析具备任何一种活动所必备的基本要素，这一活动的主体是职务分析者，客体是组织内部的各个职务，内容是与各个职务有关的情况，结果是职务说明书。

通过职务分析，要解决以下两个主要问题：一是"该职务是做什么事情的"。这一问题与该职务的工作活动有关，包括职务的名称、职责、要求、工作场所、工作时间以及工作条件等一系列内容。二是"什么样的人适合来做这些事情"。这一问题则与从事该职务的人的任职资格有关，包括专业、年龄、必要的知识和能力、必备的证书、工作经历以及心理要求等内容。

(二) 职务分析的作用

职务分析以组织中的职务以及任职者为研究对象，它所收集、分析、形成的信息及数据是有效联系人力资源管理各职能模块的纽带，从而为整个人力资源管理体系的建设提供理性基础。同时，组织由各种各样的员工角色构成，通过职务分析，可从整体上协调这些角色的关系，从而避免工作重叠、劳动重复，提高个人和部门的工作效率及和谐性，为组织设计和工作设计奠定基础。

职务分析是人力资源管理的基本工具，其作用主要体现在如下几个方面。

(1) 为应聘者提供真实、可靠的职务信息，包括工作职责、工作内容、工作要求和人员任职资格要求等。

(2) 为甄选应聘者提供了客观的选择依据，提高了选择的信度和效度，降低了人力资源甄选成本。

(3) 为绩效评估标准的建立和实施提供了依据，使员工明确了工作目标，从而减少了因评估引起的员工冲突。

(4) 明确了工作的价值，为工资、奖金、福利的发放提供了可靠的参考标准，保证了薪酬的内部公平，减少了员工间的不公平感。

(5) 明确了上级与下级的层级关系，明晰了工作流程，为提高职务效率提供了保障。

(6) 使员工清楚工作发展方向,便于员工制订职业发展计划。

(三) 职务分析的程序

职务分析是一项复杂而细致的工作,其工作程序主要包括以下3个阶段。

1. 准备阶段

准备阶段的具体任务是了解情况,建立联系,设计工作调查方案,规定调查的范围、对象和方法,具体包括以下内容。

(1) 根据职务分析的总目标、总任务,对企业各类岗位的现状进行初步了解,掌握各种基本数据和资料。

(2) 设计工作调查方案,主要包括以下几项内容。

① 明确工作调查的目的。职务调查的任务是根据职务研究的目的收集有关反映岗位工作任务的实际资料,因此,在工作调查方案中要明确调查目的。有了明确的目的,才能确定调查的范围、对象和内容,选定调查方式,弄清应当收集什么资料,到哪去收集和用什么方法收集。

② 确定调查的对象和单位。调查对象是指被调查的对象总体,它是由许多性质相同的被调查单位所组成的一个整体。所谓被调查单位,是指构成总体的每一个单位。如果将企业劳动岗位中的生产岗位作为调查对象,那么每个操作岗位就是构成总体的被调查单位。在调查中,如果采用全面的调查方式,需要对每个岗位进行调查;如果采用抽样调查的方式,应从总体中随机抽取一定数目的样本进行调查。能否确定调查对象、被调查对象和被调查单位,直接关系调查结果的完整性和准确性。

③ 确定调查项目。在完成上述两项工作的基础上,应拟订调查项目,这些项目包含的各种基本情况和指标,就是需要对总体单位进行调查的具体内容。

④ 编制调查表格和填写说明。调查项目中提出的问题和答案,一般是通过调查表的形式表现的。为了保证被调查对象准确理解并回答这些问题,以便汇总整理,必须根据调查项目,编制统一的调查表格(问卷)和填写说明。

⑤ 确定调查的时间、地点和方法。具体包括以下几方面:一是明确规定调查的期限,指出从什么时间开始到什么时间结束。二是明确调查的日期、地点,这里的地点是指登记资料、收集数据的地点。三是在调查方案中,还应当根据调查目的、内容,决定采用什么方式进行调查。调查方式、方法的确定,要从实际出发,在保证质量的前提下,力求节省人力、物力和时间,能采用抽样调查、重点调查方式的,就不必进行全面调查。

(3) 为了做好职务分析,还应做好员工的思想工作,说明该工作的目的和意义,建立合作关系,使企业全体员工对职务分析有良好的心理准备。

(4) 根据职务分析的任务和程序,将其分解成若干工作单元和环节,以便逐项完成。

(5) 组织有关人员,先行一步,学习并掌握调查内容,熟悉具体的实施步骤和调查方法。必要时,可先对一到两个重点岗位进行试点,以取得经验。

2. 调查阶段

这一阶段的主要任务是根据调查方案,对岗位进行认真细致的调查研究。在调查中,

应灵活运用访谈、问卷、观察、小组集体讨论等方法，广泛深入地收集有关岗位的各种数据资料。例如，职务岗位的工作内容、工作程序、工作职责、劳动负荷、疲劳与紧张状况、工人的生理和心理情况、工作环境与工作条件等，并对各个调查事项的重要程度、发生频率作详细记录。

3. 总结分析阶段

本阶段是职务分析的最后阶段，也是关键环节，主要对职务调查结果进行全面的分析和总结。

职务分析并不是简单地收集和积累信息，而是要对岗位工作的特征和要求进行全面考察，创造性地指示工作岗位的主要成分和关键因素，并在深入分析和认真总结的基础上，撰写工作规范、工作说明书等文件。

(四) 职务分析的内容

1. 岗位责任

岗位责任一般通过对不同任务进行简洁、明了与直观的描述来揭示，是职务分析内容的主要部分。它要反映员工所做的每件事，并力求准确，不能模棱两可或想当然。它应当包括工作的全过程，即使是偶然事件也应记录在案。

2. 任职资格条件

(1) 工作责任。工作责任大体可分为如下两类。

① 管理责任。这种责任会影响其他人员的工作方向，也能给其他人提供帮助和指导。分析管理责任时，应考虑以下几个因素：一是被管理层的人数；二是管理的性质和程序；三是管理是明显的还是隐蔽的，是直接的还是间接的；四是管理的工作类型；五是管理对象的熟练程度，是不熟练的、半熟练的还是熟练的，是业内的还是业余的。

② 非管理责任。这种责任包括制作产品或保管某种特定材料不受损害的责任，保护机器和设备的责任，与其他工作人员合作的责任。分析非管理责任时，需要考虑以下几个因素：一是哪些机器、产品或设备会遭到破坏；二是损坏的可能性及发生的频率；三是估计损坏费用；四是降低损坏可能性的措施；五是监督的紧密程度；六是经过多长时间才能检查出来问题；七是某一员工的失误会对他人产生何种影响；八是有哪些安全措施可以减少工作人员的责任；九是与其他人员的合作程度如何；十是合作的性质是什么，以及工作人员之间的不合作是否会违背工作的初衷和影响产品的质量。

(2) 工作经验。工作经验是指与设备、机器、原材料、工具、工艺、工作程序相关的实践经验，要圆满完成工作，必须具备这些经验。

(3) 智力水平。智力水平涉及头脑反应速度、注意力集中程度与计算水平等方面的素质。这类条件的重要性在工作调整和工作中出现紧急情况时表现得比较明显。其中，智力水平大致包括4个方面。

① 主动性。能够独立工作，独立做出判断，独立制订工作计划。

② 判断能力。它是指根据一系列原始材料，自己做出决策的能力。

③ 应变能力。这是在处理突发事件中所必备的能力，它要求工作人员在生产过程中

或人力资源管理过程中能做出适当的调整。

④ 敏感能力。要求工作人员能够集中精力，避免工作失误或发生意外。

(4) 技巧和准确性。技巧和准确性涉及达到工作要求的速度和精确程度所需要的分工或操作能力。这两个相关因素有更为细致的区别。

技巧要求的速度及敏捷程度与视觉及其他器官的反应有关。速度可有多种表达方式，如一分钟能打50个字。技巧的其他测量方法，并不直接用数量表示，而是对工作者的敏捷行动的种类和程度的描述。

准确性是指生产产品、调试设备的精确程度，一般可用允许范围内的误差来表达准确性，如±0.05厘米。

(5) 体力要求。它是指工作本身对工作人员的体力方面的压力。体力要求由体力活动的频率和剧烈程度来衡量。频率可表述为一天或一小时几次、一天几小时；剧烈程度可由提、举、推、拉的最大重量或跳、跑、爬等的身体运动程度来衡量。

3. 工作环境与危险性

工作环境和危险性是指完成工作任务所需的特定环境及危险性。这两个因素联系密切，但要分别予以考虑。

工作环境不能由工作人员自由选择，会影响工作人员的体力或脑力，同时决定了工作所需要的特定人员。

危险性是指体力活动或工作环境对工作人员可能产生的危害，它包括身体损伤和职业病。首先，应当分析工作人员会受到什么损伤；然后，分析危害发生的可能性以及严重程度；最后，用事故记录或检查表的方式进行统计。

(五) 职务分析的方法

1. 观察分析法

观察分析法是由有职务分析经验者在工作现场通过实地观察、交流、操作等方式收集工作信息的方法。此方法的侧重点在于分析并提炼履行职务应完成的工作活动、所需的外在行为表现、体力要求、环境条件等。

使用观察分析法时，要注意职务样本的代表性，如果没有代表性，有些行为可能难以发现。此外，观察者在观察时，要注意不要干扰员工的活动使其分心，以免影响工作的正常进行及观察结果的准确性，应尽量消除观察结果的偏差。

2. 工作实践分析法

工作实践分析法是指职务分析人员亲自从事所需研究的职务，以收集相关信息的方法。这种方法的优点在于能够获得第一手资料，可以准确了解工作的实际过程，以及在体力、知识、经验等方面对任职者的要求。但它只适用于短期内可以掌握工作内容的职务或者工作内容比较简单的职务，不适用于需要进行大量训练和存在危险的职务。

3. 访谈分析法

访谈分析法是目前在国内企业中运用最广泛、最成熟、最有效的职务分析方法，具体是指两个或更多的人针对某一项或某一系列工作开展会谈、交流信息。该方法适用于各个层

次、各种类型的职务分析要求，而且是对中高层管理职务进行深度分析效果最好的方法。

职务访谈分析的成果不仅仅表现为书面信息，更重要的是，通过资深职务分析者的牵引和指导，可协助任职者完成对相关职务的系统思考、信息提炼与总结。

4. 工作日志分析法

工作日志分析法是通过任职者在规定时限内，实时、准确记录工作活动与任务来收集工作信息的方法。工作日志又称为活动日志、工作活动记录表等，主要用途是作为原始工作信息，为其他职务分析提供信息支持。特别是在缺乏工作文献时，工作日志分析法的优势就表现得更加明显。

5. 问卷调查分析法

问卷调查分析法是职务分析中广泛运用的方法之一，它是以书面形式，通过任职者或其他职务相关人员单方面的信息传递来收集职务信息的方式。其中，问卷可分为通信问卷与非通信问卷、检核问卷与非检核问卷、标准化问卷与非标准化问卷、封闭型问卷与开放型问卷。问卷调查法收集信息完整、系统，操作简单、经济，可在事先建立的分析模型的指导下展开。因此，在信息收集阶段，几乎所有的结构化职务分析均采用问卷调查的形式。

第二节 员工招聘与甄选

■ 一、员工招聘

(一) 员工招聘的内涵

员工招聘即组织通过劳动力或人才市场获取人力资源的活动。它是组织根据自身发展需要，依照市场规则和组织人力资源规划的需求，通过各种可行的手段及媒介，向目标公众发布招聘信息，并按照一定的标准来招募、聘用组织所需人力资源的全过程。

员工招聘是组织获取人力资源的第一环节，也是员工甄选的基础。因此，应注意以下几个方面。

(1) 员工招聘质量事关重大。新补充的人员的素质，犹如制造产品的原材料，将严重影响今后的培训及使用效果。素质好的新员工，接受培训效果好，很可能成为优秀人才；素质差的新员工，在培训及思想教育方面要投入很多，还不一定能培训成为优秀人才。

(2) 员工招聘是一项比较困难和复杂的工作。一方面，优秀人才比较短缺。例如，英国在大萧条时期，人力资源管理部门在市场上招聘经理人员的竞争仍然十分激烈。另一方面，识人是比较困难的。了解一个技术工人的技术水平，需要几个小时到几天；了解一个工长的业务能力，需要几周到几个月；而对于企业经营者的管理能力，则需要几年才能做出判断。

(3) 员工招聘会受到一系列法律、政策等因素的制约。世界各国在员工招聘方面制定了一系列法律与政策。例如，美国联邦政府颁布了一系列法律和条例，对人力资源管理决

策产生了不小的影响。比如，这些法律和条例规定，雇主必须确保向工作申请者和现职员工提供平等的就业机会。

(二) 员工招聘的程序

员工招聘作为人力资源管理工作的一部分，不仅与其他人力资源管理工作如人力资源规划、建立组织激励机制、薪酬管理等有密切关系，而且受到诸多因素的影响。所以，在开展招聘活动前，应认真筹划，以确保活动效果。员工招聘一般包括4个环节。

1. 确定招聘需求

当组织要扩大生产规模或有员工离职而且内部人员无法填补岗位空缺时，当组织进行业务调整需要特定人才时，组织就需要招聘新员工。在招聘活动开始之前，首先要确定招聘需求，即明确几个问题：一是是否存在岗位空缺；二是存在多少岗位空缺；三是需要什么样的人填补岗位空缺。这项工作在人力资源规划中已经完成，人力资源规划可确定组织有多少岗位空缺，需要多少人员补充，所需人员应该具备何种知识和技能。这些岗位空缺可能是由组织结构调整或业务变更产生的新岗位，也可能是由组织内部人员流动而产生的岗位空缺。当部门经理或一线经理发现某些岗位空缺需要通过招聘来补充，并填写了人员需求表，就意味着招聘工作的开始。

人员需求表明确记录了所要招聘的工作岗位名称、部门，招聘员工到岗的时间，岗位要求以及其他需要说明的内容，为人力资源部门开展招聘工作提供信息。人力资源部门根据相关部门提供的人员需求表以及工作说明就可以确定所要招聘的人员应具备的资格和条件，据此发布招聘信息，组织招聘活动。

2. 制订招聘计划

在确定招聘需求之后，需要制订一个完善的招聘计划。招聘计划包括确定招聘渠道、选择招聘方法和编制招聘预算。

(1) 确定招聘渠道。组织首先要确定通过何种渠道招聘人员。如果选择内部招聘，就要从现有员工中挑选能够满足新岗位工作需要的人员，以补充岗位空缺；如果选择外部招聘，可通过学校、人才市场、劳动服务和中介机构、猎头公司等渠道开展招聘。

(2) 选择招聘方法。招聘不同的人员，需要采用不同的招聘方法。

① 企业组织内部招聘。一个企业出现岗位空缺后，一般会首先看一下企业组织内部是否有合适的人员填补空缺，即通过内部招聘渠道来寻找合适的候选人。常用的内部招聘渠道有以下几种。

a. 内部媒体。一般企业都有自己的宣传媒体，如广播、厂报或杂志、宣传栏墙报、公告栏等。企业确定了空缺岗位的性质、职责及其要求的条件等内容以后，就可以通过内部媒体公开空缺职位，吸引人员来应聘。之后，人力资源部门可通过科学而公正的考核和选拔，使员工意识到绩效与晋升、加薪之间的密切关系，从而得到较强的激励。

b. 组织成员引荐。对企业组织来说，主要是企业员工引荐亲友、师长，也可以是上级引荐下级。这一渠道的主要优点是引荐人对企业较熟悉，对空缺岗位的职责、要求等也较了解，并且在引荐某人之前，对该人的能力和要求等都有一定的考虑和了解，因而成功的

可能性较大，有助于简化程序和节省费用。但是，采用这一渠道时要注意，应避免或克服"帮派""小团体""裙带关系网"的现象，力求任人唯贤。

c. 档案记录。在企业的人力资源管理部门，一般都有员工的个人资料档案。档案中记录了员工的教育、经历、培训、技能、绩效以及经验等方面的信息。通过这些信息，企业的高层管理者和人力资源管理部门就可以确定符合空缺职位要求的人员。使用这种方法进行内部招聘时，要注意两个问题：一是档案资料的信息必须真实可靠、全面详细，此外还要及时更新，这样才能保证挑选人员的质量；二是确定人选后，应当征求本人的意见，看其是否愿意进行调整。

对企业员工来说，档案记录这一渠道的透明度低、影响力弱，员工较少直接参与。因此，这一渠道常常与内部媒体、组织成员引荐结合使用，以起到相互补充的作用。

如今，随着计算机和网络技术的发展，利用档案记录开展内部招聘的效率和效果都得到了大幅度的提高。

② 企业组织外部招聘。外部招聘也称社会招聘，当企业内部招聘不能满足企业需要，特别是在企业处于初创期、快速成长期，或者企业因生产结构调整而需要大批中高层技术或管理人才时，会将视线转向社会这个广阔的人才资源市场，通过外部招募渠道吸引所需人员。常用的外部招聘渠道有以下几种。

a. 广告招聘。目前，通过媒体广告形式向社会公开招聘人才是运用得较为广泛的员工招聘方式。组织通过广告形式进行员工招聘主要有两个关键点：一是广告媒体的选择。一般来说，可采用的广告媒体主要有报纸、杂志、广播电视、网站以及随机发放的宣传材料等。在确定了媒体形式后，应进一步选择刊登招聘广告的具体媒体单位。二是广告形式与内容的设计。为了最大限度地提升招聘广告的效果，组织可以选择由外部专业广告设计机构来设计招聘广告。

选择广告招聘时，还应注意广告包含的内容，即广告需要传递的信息。除了与职位相关的信息外，招聘广告还应包括方便求职者的联系方式以及相关事宜(如有效时间、注意事项等)。

在撰写招聘广告词时，要力求准确、简明，要尽量将职位要求写清楚，切忌含糊其辞或模棱两可；在设计广告形式与内容时，为了突出招聘广告的视觉效应，应尽可能附加设计意义深远的图案。

b. 校园招聘。学校是人才高度集中的地方，也是企业组织获取人力资源重要的源泉。大学生具备的专业知识和对工作的热情是企业组织所期待和需要的。很多企业都看好这一人员来源的重要基地，与学校建立各种横向联系，如设立奖学金、捐赠图书和仪器、提供助学金、与高等院校开展科研合作、为学生提供毕业实习场所等，以此提高企业在学校的知名度和威望，增强对人才的吸引力。学校也非常愿意与企业加强联系，这有利于毕业生就业的合理流向。

c. 就业中介机构。随着我国社会主义市场经济的建立与完善，人才流动现象日益普遍，各种就业中介机构应运而生，主要有劳务市场、人才交流中心、人才交流会、人才咨询公司、网络招聘、猎头公司等，企业可根据自身情况来选择。

(3) 编制招聘预算。企业组织要对招聘费用进行预算。用于招聘活动的费用支出主要有：包括招聘广告和宣传手册等在内的招聘信息成本，招聘会或联谊会的费用。如果是跨地区招聘，还要包括差旅费和通信费用等。招聘单位可用于招聘的费用在一定程度上决定了他们能够采用的招聘方法。

3. 整理招聘材料

(1) 准备招聘信息。招聘信息不仅仅限于招聘广告，也包括公司内部的工作张榜、宣传册、内部刊物、录像带、公司网站等。

在准备招聘信息时，应注意以下几点。

① 招聘信息应将组织最具吸引力的地方传达给求职者。组织应该了解什么对求职者具有吸引力，并将其极具吸引力的方面通过各种方式传达给求职者。例如，北大方正在招聘广告上许诺提供"有竞争力的薪酬福利，广阔的专业发展空间，有计划的专业技术培训，丰富的实战训练"。又如，许多跨国公司通过充分展现企业综合实力来吸引求职者。

② 招聘信息中应将所要招聘的人员条件和资格写清楚。组织吸引的应是那些满足岗位需要的、具有一定技能水平的应聘者，不是所有人员。因此，招聘信息中要将所要招聘的人员条件和资格写清楚，以便求职者根据招聘条件进行自我评估，否则，会使筛选过程复杂化。

③ 招聘信息一定要客观，对企业的宣传不要夸大其词。现在人才竞争日益激烈，有些企业或单位为了吸引人才，往往夸大对自己的宣传。这种过分"推销"企业和岗位的做法可能会将求职者吸引到企业，但很难留住他们。这也是一些单位员工频繁跳槽的原因之一。

有效的招聘信息应该包括：①组织的简单介绍；②工作或岗位名称；③简单、清晰的工作职责描述；④工作所需的能力、技能、知识、经验的说明；⑤工作条件、工作地点、工作时间、福利、津贴等；⑥申请方式。

(2) 整理应聘者信息。对企业组织招聘的工作岗位感兴趣的人员可通过递交个人简历申请应聘。组织要将收到的人员简历进行分类，送交有关部门或有关人员进行人员筛选。有些应聘者由于目前没有合适的岗位而未被录用，他们的信息也将存入公司的人才库，一旦有岗位空缺，可以随时查询，寻找合适的求职者。

4. 实施招聘活动

招聘活动的具体实施一般包括以下几个步骤：发布招聘信息，填写申请表，初步筛选，笔试，面试，其他测试，录用决策，通知录取者和落选者。

在实施招聘活动过程中，有以下几点需要予以注意。

(1) 面试、笔试前的行政安排。应致信给未接到面试通知的可能人选和不太可能入选的求职者，告诉他们正在分析他们的申请表；应致信给落选的求职者，通知他们与公司需求不一致。确认刊登招聘广告时确定的面试日期，为每位候选人安排面试日期、时间、面试所用时间以及面试顺序。应安排路程近的候选人先面试，注意考虑当地的交通条件，给面试人留出充足的时间。

(2) 程序设计。如果面试人员不止一位，应提前向他们发放面试时间表和申请表，向接待人发放印有候选人姓名、面试时间和面试人姓名的表格。如果有可能，要至少提前一

星期通知每位候选人面试的具体日期、地点、面试可能占用的时间以及他们将与谁见面，并告知到达公司的乘车路线。如果条件许可，可向每人发放印有公司位置的地图以及发生意外情况的处理方法，这样可节省他们的时间，也能节省公司的时间。

(3) 员工招聘的管理工作。员工招聘的管理工作包括以下环节：员工招聘程序设计，申请表设计，笔试题库建设，面试题目的储备和设计，面试人员的培训，人才库建设，招聘网络的开发与维护，相关文件(面试评分表、书面通知、申请表、登记表)设计。

■ 二、员工甄选

员工甄选是指组织通过一定的手段，对应聘者进行区分、评估，并最终确定哪些人加入组织、哪些人被淘汰的一个过程。通过员工甄选，一是可以使"事得其人，人适其事"，从而实现人与事的科学结合；二是可以形成合理的人员队伍结构，从而实现人与事的密切配合；三是可以保证人员个体素质优良，从而使接下来的一系列人力资源管理活动顺利进行。

(一) 员工甄选的标准

员工甄选的目标是决定哪些求职者加入组织、哪些求职者被淘汰。衡量一个甄选过程是否科学、有效，就要看员工甄选过程中坚持什么标准。从西方国家的企业员工甄选来看，任何员工甄选过程都必须遵循几项通用的标准，即信度、效度、普遍适用性、效用、合法性。前4项标准是一体的，从顺序上说，前一项是后一项的必要而非充分条件，而"合法性"与前4项之间不存在这种关系，不过全面理解前4项标准有助于理解许多合法性标准的理性基础。

(1) 信度。信度是指测度手段不受随机误差干扰的程度，是测试的一致性程度，即同一个测量工具或两个同质性工具对同一个人重复施测所得的测量结果应该保持一致。对于任意衡量手段而言，信度都是需要满足的一个关键标准。例如，对智力这种相对较为稳定的特征进行测试的手段是可信的，那么同一个人在不同的实践和不同的环境中，通过这种测试手段时所得到的分数应该具有一致性。一般来说，在其他条件不变的情况下，测试的信度越高，则越有可能依据测试结果所指示的差异性来做出决策。

(2) 效度。效度表明的是一个测验到底在多大程度上测量了要测的东西。例如，尺子对于测长度是有效的，但对于测重量就没有什么效度了。又如，如果一个逻辑推理测验与学生的政治分数有较高的相关程度而与数学缺乏相关，那么我们就会怀疑这个逻辑推理测验究竟是否有效。

估计效度的方法，通常有效标关联效度和内容效度两种。

① 效标关联效度，是指个体通过甄选工具取得的分数与其实际工作绩效之间的相关程度，工作绩效就成为衡量此工具效度的效标。例如，某学生群体在高中时做过一个"学习态度测验"，为了检验它的效度，可以用该群体在大学一年级的平均成绩作为效标，两者的相关度即为效标关联效度。

② 内容效度，就是要证明测验项目所涉及的问题在多大程度上代表了实际工作情境中所存在的典型问题。例如，打字测试是用来甄选打字员的工具，对于打字员这份工作，打字测试具备良好的内容效度(打字测试中的题目广泛代表了打字员的日常工作内容)，而如果用它来甄选教师恐怕就没有什么效度了。

所以说，测量工具的有效性，在很大程度上将影响员工甄选的最终结果。在实践中，组织试图通过尽可能准确的测量工具，区分高绩效员工与低绩效员工。因此，测试工具的效度是组织实施员工甄选最为关注的方面。

(3) 普遍适用性。普遍适用性是指在某一背景下建立的甄选方法的效度同样适用于其他情况的程度。通常情况下，可以概括出三种不同的背景：不同的处境，不同的人员样本以及不同的时间段。

(4) 效用。效用是指甄选方法所提供的信息对于组织的基本有效性进行强化的程度，即甄选方式的成本与组织收益的相对大小。

(5) 合法性。最后，甄选方式必须满足合法性的要求，不应涉及候选人的隐私问题。目前，我国在这方面的立法不太完善，但组织应避免因使用甄选工具而引起的不必要的法律纠纷。

(二) 员工甄选的方法

1. 面试技术

甄选面试，顾名思义是指一个或多个面试官主持的，以搜集求职者信息和评价求职者是否具备雇佣资格为目的的面对面的对话过程。甄选面试是员工甄选过程中极为关键的一步，一般会测试应聘者的如下特征。

(1) 仪表风度。这是指应试者的体型、外貌、气色、衣着举止、精神状态等。例如，国家公务员、教师、公关人员、企业经理人员等职位，对仪表风度的要求较高。研究表明，仪表端庄、衣着整洁、举止文明的人，一般做事有规律、注意自我约束、责任心强。

(2) 专业知识。这是指了解应试者掌握专业知识的深度和广度，及专业知识更新是否符合所要录用职位的要求，作为对专业知识笔试的补充。面试对专业知识的考察更具灵活性和深度，所提问题也比较接近空缺岗位对专业知识的需求。

(3) 工作实践经验。通过查阅应试者的个人简历或求职登记表，进行相关提问，了解应试者有关背景及过去的工作情况，以补充、证实其所具有的实践经验，还可以考察应试者的责任感、主动性、思维能力、口头表达能力及遇事的理智状况等。

(4) 口头表达能力。这是指在面试中，考察应试者能否将自己的思想、观点、意见或建议用语言顺畅地表达出来。考察的具体内容包括：表达的逻辑性、准确性，感染力，以及音质、音色、音量、音调等。

(5) 综合分析能力。这是指在面试中，考察应试者能否对主考官提出的问题，通过分析抓住本质，并且说理透彻、分析全面、条理清晰。

(6) 反应能力与应变能力。主要看应试者对主考官所提的问题的理解是否准确，以及回答的迅速性、准确性等；对于突发问题的反应是否机智敏捷、回答恰当；对于意外情况

的处理是否得当等。

(7) 人际交往能力。在面试中，通过询问应试者经常参与哪些社团活动，喜欢与哪种类型的人打交道，以及在各种社交场合所扮演的角色，可以了解应试者的人际交往倾向和与人相处的技巧。

(8) 自我控制能力与情绪稳定性。自我控制能力对于国家公务员及许多其他类型的工作人员(如企业管理人员)来说尤为重要。一方面，当遇到上级批评指责，工作有压力或是个人利益受到冲击时，应做到克制、隐忍、理智地对待，不致因情绪波动而影响工作；另一方面，工作要有耐心和韧劲。

(9) 工作态度。一是了解应试者对过去学习、工作的态度；二是了解其对报考职位的态度。在过去的学习或工作中态度不认真，做什么、做好做坏都无所谓的人，在新的工作岗位也很难做到勤勤恳恳、认真负责。

(10) 上进心、进取心。上进心、进取心强烈的人，一般都会确立事业上的奋斗目标，并为之而积极努力。主要表现在努力把现有工作做好，且不安于现状，工作中常有创新。上进心不强的人，一般都是安于现状、无所事事，不求有功、但求无过，对什么事都不热心。

(11) 求职动机。主要了解应试者为何希望来本单位工作，对哪类工作最感兴趣，在工作中追求什么，判断本单位所能提供的职位或工作条件等能否满足其工作要求和期望。

(12) 业余兴趣与爱好。主要了解应试者休闲时，喜欢从事哪些运动，喜欢阅读哪些书籍，喜欢什么样的电视节目，有什么样的嗜好等。了解一个人的兴趣与爱好，对录用后的工作安排非常有帮助。

2. 管理评价中心技术

管理评价中心是一种甄选高级管理人才的评价技术。具体操作时，大约有10位管理职位候选人要在2～3天的时间内完成一系列任务，这些任务都是未来管理岗位会遇到的问题的集中模拟。在整个过程中，评价专家以隐蔽的方式对候选人的一举一动进行观察(如透过玻璃、电子眼等)，以此评价候选人的管理潜力。运用管理评价中心技术时，候选人可能遇到的模拟任务包括以下几项。

(1) 公文处理。在这个模拟任务中，候选人会得到一大堆公文材料，这些材料正是诸如"部门经理公文筐"中可能出现的内容——大量的报告、备忘录、电话记录、信函以及很多待处理的文件。要求候选人就像已经被提升到该岗位那样，对每一份材料采取适当的行动——仔细审阅、解决问题、回答提问、批示、授权、回函、组织安排、拟订计划或议程等。在结束工作后，由评价专家对各项文件的处理进行审核，并在对候选人进行1个小时的面谈(了解更详尽的信息)之后，做出评价。

(2) 无领导小组讨论。所有候选人组成一个角色平等、没有设定领导的小组，围绕所提供的一个议题开展讨论，并最终形成一个小组决定。然后，由评价专家对每个成员的人际交往技能、群体接纳程度、领导能力及个人影响力等进行评定。

(3) 管理游戏。候选人被分成几个小组，分别代表相互竞争的不同利益群体，要求他们解决一些实际问题。例如，针对如何制作一个广告、如何改进生产、保持多少库存、如何进行兼并收购等问题做出决策。评价专家要对候选人的团队合作能力、问题解决能力等

进行评定。

(4) 个人演说。赋予候选人一定的管理角色，提出演说任务，以此来评价其决策、沟通技能和说服能力。例如，让候选人扮演某公司的财务顾问，要求就以下两个问题向某公司下属的一个工厂提出建议：这个持续亏损的工厂应采取什么行动？公司是否应当扩张？给予候选人各种数据资料，要求在8分钟左右的演讲中提出建议，并设法让工厂领导小组接受这一方案，最后由评价专家对其表现做出评价。

(5) 心理测试及面试。管理评价中心还要对候选人进行各种心理测试——人格测试、智力测试、兴趣测试和成就测试等。此外，还要求每一位候选人都必须接受至少一名评价专家的面试，以便对候选人的兴趣、背景、业绩、动机等进行考察和评价。

20世纪50年代，管理评价中心首先在美国电话电报公司(AT&T)得到运用，到现在已经成为甄选和评价高级管理人员的不可或缺的重要手段。由于管理评价中心较其他甄选手段更为耗费资源，因此这种技术无法广泛使用。

3. 背景调查与推荐核查

这是一种可以直接证实候选人工作状况和个人信誉的有效方法。具体是指通过电话咨询推荐人(前领导或当前领导)，或者通过商业信誉核查组织(中介公司)了解候选人目前的工作性质、工作业绩、工资水平、教育背景、人际状况等对其未来的工作绩效有一定预测力的信息。

但是，推荐核查有时候也会出现差错。例如，由于推荐人的个人原因，对候选人做出夸大其词或不利的评价，导致甄选失败。

4. 笔试

笔试是人才甄选中较常用的技术之一，也是较为基础的技术之一。笔试主要用于测量应聘者的基本知识、专业知识、管理知识以及综合分析能力、文字表达能力等方面的差异。笔试的优点是花费时间少、效率高、成本低，对报考者的知识、技术、能力的考查信度和效度较高，成绩评价比较客观。因此，笔试至今仍是组织使用频率较高的人才选拔方法。

笔试的缺点在于它不能全面地考察求职者的工作态度、品德修养以及其他一些隐性能力。因此，笔试往往作为其他员工甄选方式的补充或是初步筛选方法。例如，我国每年一度的公务员考试就是政府机关筛选求职者的第一步。

第三节　员工培训

■ 一、培训的含义

培训(Training)是指企业通过各种方式使员工具备完成现在或将来的工作所需要的知识和技能并改变他们的工作态度，以改善员工在现在或将来职位上的工作绩效，并最终实现员工与组织同步成长的一种计划性和连续性活动。

从培训的含义来看，其目的有两个：一是向员工传授其他更为广泛的技能，使员工的技能由单一技能转向多重技能，以适应不断变化的客户需求与组织发展需要，如主动解决客户需求的技能、有效的沟通技能、团体合作技能及学习技能；二是利用培训来强化员工对组织的认同，提高员工的忠诚度，培养员工的客户服务意识，提高员工的适应性和灵活性，使员工与组织同步成长。

■ 二、员工培训的原则

1. 理论联系实际、学以致用的原则

人力资源管理部门组织培训时应当有明确的针对性，从实际工作的需要出发，与职位特点紧密结合，这样才能收到实效，推动工作水平的提高。

为使培训内容与实际需求相一致，应注意以下两点：一是要适应企业战略规划的要求。培训工作是一项长期性、经常性的工作，切忌盲目性和随意性。二是要学用一致。培训内容切忌概念化、一般化，要从实际出发。

2. 专业知识技能与组织文化兼顾的原则

员工培训的内容应该与管理人员应达到的标准相衔接。具体而言，除了安排文化知识、专业知识、专业技能的培训内容外，还应该安排理想、信念、价值观、道德观等方面的培训内容。另外，还要与企业组织文化密切结合，使培训更切合本单位实际。

3. 全员培训与重点提高并重的原则

全员培训就是有计划、有步骤地对在职的各级各类人员进行培训，这是提高全员素质必经之路。但全面并不等于平均化，仍然要有重点，即重点培训技术骨干、高级管理人员。

4. 严格考评和择优奖励的原则

培训工作与其他工作一样，严格考评和择优奖励是不可缺少的管理环节。严格考评是保证培训质量的必要措施，也是检验培训质量的重要手段。鉴于很多培训只是为了提高员工素质，并不涉及录用、提拔，因此对受训人员择优奖励就成为调动其积极性的有力杠杆。要根据考评成绩，设立不同的奖励等级，还可记入档案，与今后的奖励、晋级挂钩。

5. 目标与效益的原则

目标对员工的行为具有明确导向作用，因此在培训的过程中也应该贯彻目标原则。在培训之前为受训人员设置明确的目标，不仅有助于在培训结束后衡量培训效果，而且有助于受训人员在接受培训的过程中明确方向并产生一定的学习压力，从而提升培训效果。

企业作为一种经济性组织，它所做的任何活动都是讲究效益的，都要考虑投入产出比。也就是说，在费用一定的情况下，要使培训效果达到最优；或者在培训效果一定的情况下，使培训费用最小化。

■ 三、员工培训的内容

企业组织为使新挑选和录用的员工尽快掌握必要的知识、技能并具备端正的工作态

度，要对他们进行教育培训。所以，企业员工培训主要针对两种人：一种是新录用的员工；另一种是企业现有员工。

员工培训的方式多种多样，并随着实践的发展而发展。员工培训的内容是通过各种理论与实践的结合，在知识、技能、态度等方面改进员工的行为方式，以达到期望的标准，具体包括以下几方面。

1. 工作技能培训

工作技能培训是为了使员工更好地完成本岗位工作，以提高员工的业务工作能力为目的而开展的岗位工作技能培训，是现代培训体系中最基本的培训内容。例如，对操作技能、谈判技能、处理人际关系的技能等的培训。随着高科技的发展，员工应及时掌握新知识、新技能，通过工作技能培训，可开发员工的潜能。

2. 创新能力培训

创新能力培训旨在提高员工开拓新思维、打破旧常规、勇于创新的能力，以便使员工能够创造性地开展本职工作，从而提升整个企业组织的核心能力。创新能力培训是现代企业培训体系中较为重要的培训内容。

3. 团队精神培训

团队精神培训是通过集体性活动，使培训者在共同生活、共同学习、协同解决问题的过程中提高对集体的认知程度，从而达到增强团队凝聚力的培训活动。团队精神培训是现代企业培训体系中新开发的培训内容。

4. 形象与心理培训

形象与心理培训是为了保证企业和员工外在和内在的健康而进行的培训活动，是目前企业体系中较为热门的培训内容。

■ 四、员工培训的方法

组织应当根据培训内容、培训对象、培训目的以及培训费用等因素来选择合适的方法，下面重点介绍几种现代企业常用的培训方法。

1. 案例分析法

案例分析法是利用书或视频、影片，将实际或想象的情况，用相当详尽的方式描述出来。它的重点是对过去发生的事情作诊断或解决特殊问题，比较适合静态地解决问题。

优点：①它提供了一个系统的思考模式。②在个案研究的学习过程中，接受培训可获得另一些有关管理方面的知识与原则。③活动集中，有利于培训专门技能。④有利于受训者参与企业实际问题的解决。⑤可使受训者获得经验和锻炼机会。⑥有助于受训者养成积极参与企业经营和向他人学习的习惯。⑦比较直观，便于学习。

缺点：①案例过于概念化并带有明显的倾向性。②案例的来源往往不能满足培训的需要。③耗时较长，对受训者和培训师要求较高。

2. 讲授法

讲授法就是培训师通过语言表达，系统地向受训者传授知识，期望这些受训者能记住

其中的观念与特定知识。

讲授法要求：①讲授内容要有科学性，这是保证讲授质量的首要条件。②讲授要有系统性，条理清晰，重点突出。③讲授语言要清晰、生动、准确。④必要时可运用板书。⑤培训师与受训者要相互配合，这是提升讲授效果的重要保证。

优点：①有利于受训者系统地接受新知识。②容易掌握和控制学习进度。③有利于理解难度大的内容。④可以同时对许多人进行培训。

缺点：①讲授内容具有强制性。②学习效率受培训师讲授水平的影响。③只是培训师单方讲授，没有反馈。④受训者之间不能讨论，不利于促进理解。⑤学过的知识不易巩固。

3. 研讨会法

所谓研讨会法，是指由指导教师有效地组织研习人员以团体的方式对工作中的课题或问题进行讨论，并得出共同的结论，以此让研习人员在讨论过程中互相交流、启发，从而提高研习人员知识水平和能力的一种教学方法。培训的方式主要有课题讨论法、对立式讨论法、民主讨论法、讲演讨论法、长期准备讨论法。它与"讲授法"并称为职业培训两大培训法。

优点：①受训人员能够主动提出问题，表达个人感受，有助于激发学习兴趣。②鼓励受训人员积极思考，有利于能力的开发。③受训者在讨论中取长补短、互相学习，有利于知识和经验的交流。

缺点：①讨论课题选择得好坏将直接影响培训效果。②受训人员自身的水平也会影响培训效果。③不利于受训人员系统地掌握知识和技能。

研讨形式主要有演讲、小组讨论、沙龙、集体讨论、委员会式和系列研讨式等。

4. 角色扮演法

采用这种方法时，受训者身处模拟的日常工作环境之中，按照其实际工作中应有的权责来担当与其实际工作类似的角色，模拟处理工作任务。

角色扮演法要求：①限制练习时间。②强调参加实际作业。③将每一次扮演当作对不同技巧的练习。④确保每次扮演均能代表培训计划中所要教导的行为。

优点：①有助于训练基本动作和技能。②能提高人的观察能力和解决问题的能力。③活动集中，有利于培训专门技能。④可训练态度仪容和言谈举止。

缺点：①人为干预明显。②强调个人，忽视协作。③容易影响态度，不易影响行为。④角色扮演存在设计倾向，真实性较低。⑤角色扮演实施较复杂。

5. 视听法

视听法是利用幻灯片、电影、录像、录音等视听教材进行培训的一种方法，多用于新员工培训。

视听法要求：①播放前要清楚地说明培训目的。②依培训主题选择合适的视听教材。③结合播映内容发表各人感想，或以"如何应用在工作中"展开讨论，最好能边看边讨论，以加深理解。④讨论后，培训师必须做重点总结，或将在工作中应用的具体方法告诉受训人员。

优点：①由于视听培训能够充分调动人体的视觉、听觉、嗅觉、味觉、触觉，相较于

讲授或讨论，能给人留下更深的印象。此外，教材内容与现实情况比较接近，受训者可借助感觉去理解。②生动形象，能给人以亲近感，比较容易引起受训人员的关注和兴趣。③视听教材可反复使用，从而能更好地适应受训人员的个体差异和不同水平。

缺点：①购置视听设备和教材的要花费较多的费用和时间。②选择合适的视听教材不太容易。③受训人员受视听设备和视听场所的限制。

6. 操作示范法

操作示范法是训练部门专业技能的通用方法，一般由部门经理或管理人员主持，由技术能手担任培训员，在现场向受训人员简单地讲授操作理论与技术规范，然后进行标准化的操作示范表演，把相关技术、程序、技巧、知识、概念或规则等呈现给学员。学员则反复模仿实习，经过一段时间的训练，使操作逐渐熟练直至符合规范的程序与要求，达到运用自如的程度。

7. 仪器模拟法

在这种训练中，用仪器来模拟真实场景，受训者可以直接与机器进行"人机"对话。当实际情况出现时，受训者应能够做出正确的反应，并能够应用与实践相关技能，如飞机驾驶训练等。

8. 敏感性训练法

一般由10个人组成一个小组，每组配备一名观察组员行为的培训师。培训时，没有比较固定的日程安排，讨论的问题往往涉及小组形成的"现时、现地"的问题，从而提高受训者的人际技能。主要集中在：为何参与者的行为会如此？人们是怎样察觉他人情感的？人的情感是如何相互作用的？许多大型跨国公司采用课堂教育、环境模拟、文化研讨会、外语培训等多种方式进行系统的文化敏感性培训，以便促使外派管理人员学会以开放的态度对待异国文化，切忌用本国文化标准随便批评异国文化，更不能把本国的文化标准强加于东道国公民，即应努力克服自我参照习惯的干扰。

9. 游戏法

游戏法是当前一种比较先进的高级训练法，与其他方法相比较，游戏法具有更加生动、更加具体的特点。例如，案例研讨法的结果是使受训人员在人为设计的理想化条件下，较轻松地完成决策；而游戏法会使学员在决策过程中面临更多切合实际的管理矛盾，决策成功或失败的可能性同时存在，需要受训人员积极地参与训练，运用有关的管理理论与原则、决策力与判断力对游戏中所设置的种种遭遇进行分析研究，采取有效办法去解决问题，以争取游戏的胜利。但是，游戏法培训对准备工作即游戏设计、胜负评判标准的制定等都有相当的难度要求。

10. 拓展训练

拓展训练又称外展训练(Outward Bound)，通常利用崇山峻岭、浩海大川等自然环境，通过精心设计的活动，达到"磨练意志、陶冶情操、锻造人格、熔炼团队"的培训目的。拓展训练的课程主要由水上、野外和场地三类课程组成。水上课程包括游泳、跳水、扎筏、划艇等；野外课程包括远足露营、登山攀岩、野外定向、跳伞滑翔、户外生存技能等；场地课程是在专门的训练场地上，利用各种训练设施，如高架绳网等，开展各种团队

组合活动及跳跃等提升心理素质的活动。

11. 网络培训法

在网络技术高度发展的今天，网络培训被企业广泛采用。它是借助国际互联网、企业间局域网、企业内部网等进行演示的培训方法，具有不受时间和空间限制、节约成本、培训效果好、易于控制、便于信息共享、培训内容更新迅速等优点，不过需要优先解决视听问题(通常指频带宽度问题)。

第四节 绩效评估和薪酬管理

■ 一、绩效评估

(一) 绩效评估的内涵

绩效评估(Performance Appraisal)是人力资源控制的重点，又称考绩，也叫考评或考核。所谓绩效评估是指企业为了实现战略目标，依据一定的评估标准，遵循一定的评估程序，运用一定的评估办法，对组织中员工的工作业绩进行考评和评价的过程。从绩效评估的定义看，其根本目的是提升企业组织和个人的绩效，最终实现企业战略目标。

绩效评估具有以下几方面作用。

(1) 通过绩效评估，可以把员工的工作目标与企业组织目标进行有效整合，防止组织战略目标稀释现象的发生。不论是绩效目标的制定、绩效评价结果的确定还是绩效改进计划的制订，都需要管理者与被管理者双方进行持续开放的双向沟通，开放双向沟通的行为将贯穿绩效评估的全过程。

(2) 绩效评估是提高工作绩效的有力工具。提高工作绩效是绩效评估的核心目的之一。绩效评估的目的并不仅仅是把员工的绩效分出上下高低，为实施奖惩措施寻找依据，还包括针对员工绩效实施过程中存在的问题，采取恰当的措施，提高员工的绩效，从而保证组织目标的实现。

(3) 绩效评估是促进员工能力开发的重要手段。通过绩效沟通与绩效考评，不仅可以发现员工工作过程中存在的问题，以便通过有针对性的培训措施及时加以弥补。更为重要的是，通过绩效评估可以了解员工的潜力，从而为人事调整及员工的职业规划提供依据，以达到把合适的人放到合适的岗位上的目的。

(4) 绩效评估是员工的行为指南。绩效评估是员工据以调整工作行为的参照标准，也是企业管理者向考评人发出的应该怎样进行行为调整的信号。通过绩效评估对员工的工作绩效做出评定和估价，有助于员工客观地了解自己的工作表现与水平，更重要的是，能促进员工提高能力与改进绩效。

(二) 绩效评估遵循的原则

开展绩效评估必须遵循以下几项基本原则。

1. 增强透明度原则

企业在绩效考评的过程中，对于考评的标准、内容、程序、方法等都应该有明确的规定，并公布于众、一视同仁，这样绩效考评工作才能被员工群体接受、理解，员工才能对企业的考评制度产生认同感。

2. 客观公正原则

绩效考评客观公正，是指在绩效考评中实事求是、不偏不倚。在制定考评标准时，应尽量避免主考人员的主观性因素，而且关于客观标准的制度应尽量细化、全面化。另外，在绩效考评中，无论是对上级领导、同事还是下级员工，都要按照规定的考核标准，一视同仁地进行考核。

3. 注重实绩原则

绩效考评要坚持注重实绩的原则，即在绩效考评中，主要看员工为企业做出的实际贡献，要注重研究绩效的数量关系和构成绩效的数量因素，还要看员工在思想品德方面的表现。也可以说，对员工作考评结论和决定升降及奖惩时，要以其工作实绩为依据。

4. 坚持能级原则

在绩效考评中，对不同类型、不同能级的员工制定不同的考核标准，坚持能级原则，对不同类型的人员和不同能力的人员授予不同的职称和职权，对做出不同贡献的人员给予不同的待遇和奖励，做到"职以能授，勋以功授"。

5. 反馈原则

绩效考评的结果必须反馈，所谓反馈主要是指反馈给被考评员工本人。这样做，一方面可以对被考评员工产生激励作用；另一方面可以对其产生教育作用。在反馈考评结果的同时，应对考评结果做出说明和解释，与考评员工进行必要的沟通。

(三) 绩效评估的意义

企业通过考核员工工作绩效，可以获得反馈信息，据此可以制定相应的人事决策与措施，最终达到调整和改进其效能的目的。

(1) 对企业组织来说，通过绩效考核，为各项人事管理工作提供了一个客观公正的标准，并依据考评结果决定晋升、奖惩、调配等；对员工来说，绩效考核也是一种控制手段，可以使员工牢记工作职责，养成按照规章制度工作的自觉性。

(2) 绩效评估能产生一定的心理效应，起到激励、监督和导向作用。通过绩效考核，无论是对成绩突出者，还是落后者，都会起到鞭策他们尽心尽责完成组织任务的作用。落后者会把自己与工作要求和先进分子进行比较，在以后的工作中加以改进。同时，正确的绩效考核还是一面旗帜，指引员工前进的方向，使员工通过评估产生一种"见贤思齐，见不贤而内自省"的心理效应。

(3) 绩效考核是按已定的标准进行的，考核结果显示的不足之处便是员工的培训需

求。管理者可以据此制订有针对性的培训计划，达到提高员工素质的目标。同时，通过绩效评估，可详尽了解员工各方面的情况，根据员工的长处和特点决定培养方向和任职岗位，以充分发挥员工的特长。

(4) 绩效评估后，管理者把评估结果反馈给员工，听取他们的申诉和看法，这就为领导和员工之间的沟通提供了机会，有利于增进相互之间的了解，解决管理中存在的一些问题。

(四) 绩效评估的一般程序

绩效评估的程序一般分为"横向程序"和"纵向程序"两种。

1. 横向程序

横向程序是指按绩效评估工作的先后进行评估的顺序，主要包括如下环节。

(1) 制定考核标准。这是为避免主观随意性而必不可少的前提条件，考核标准必须以职务分析中判定的职务说明与职务规范为依据，因为那是对员工应尽职责的正式要求。

(2) 实施评估。对员工的工作绩效进行考核、测定和记录。根据目的，考核可分为全面考核和局部考核两种。

(3) 评估结果的分析与评定。将评估记录与既定标准进行对比，据此分析与评判，从而获得考核结论。

(4) 评估结果的反馈与实施纠正。通常应将评估结论告知被评估员工，一方面，使其了解组织对自己工作的看法和评价，从而发扬优点、克服缺点；另一方面，还需针对评估中发现的问题，采取纠正措施。

2. 纵向程序

纵向程序是指按组织层次逐级进行评估的顺序。评估的顺序一般为先对基层评估、再对中层评估、最后对高层评估，从而形成由下而上的过程。

(1) 以基层为起点，由基层部门的领导对其直属下级进行考核评估。分析因素包括：员工个人的工作行为，员工个人的工作效果，影响员工行为的个人特征及品质。

(2) 基层考核之后，要上升到中层部门进行考核。对中层干部的评估内容包括：中层干部的个人工作行为与特性，部门总体的工作绩效等。

(3) 待逐级上升到企业领导层时，再由企业隶属的上级机构对企业最高层进行评估。评估的内容主要是经营效果方面的硬指标的完成情况，如利润、市场占有率等。

(五) 员工绩效评估的方法

员工绩效评估方法很多，应用较广泛的方法有以下几个。

1. 民意测验法

应用民意测验法时，需先将评估指标进行细化，制成表格。评估前，也可以请被考评者汇报工作，做出自我评价，然后由参加评议的人员填好评估表，最后算出每个被评估者的得分平均值，以此确定被评估者的工作档次。采用民意测验法时，一般会邀请被评估者的同事和直属下级以及与其发生工作联系的其他人员参与。

此法的优点是群众性和民主性较好；主要缺点是自下而上地考察员工，缺乏自上而下地考察，由于群众素质有限，对于评估标准的掌握会有偏差，受非科学因素的影响较大。因此，一般将此方法用作辅助手段。

2. 要素评定法

要素评定法，也称功能测评法、序列评定法，这是一种将定性评估与定量评估相结合的评估方法。具体操作时，根据不同类型的人员所必须具备的素质，确定不同的评估要素，然后制定评估表(测评表)，由主考人员逐项打分。一般将每个要素按优劣程度划分3～5个等级，每个等级都对应确定的分数。

3. 考评清单法

这种方法应用得比较普遍，常用的有两种：一种是简单清单法。此法通常只评估员工总体状况，不再分维度评估。具体操作时，先将与某一特定职务占有者的工作绩效相关的多种典型工作表现与行为找出，供评估者逐条对照被评估者的实际状况，将两条一致的各条勾出，即成为现成的评语。另一种是加权总计评分清单法。事实上，各工作维度对绩效的作用并不相等，如"工作敏捷、利索"与"人际关系融洽"对一些员工的绩效虽然都有影响，但前者比后者更重要。此时，需按各维度的重要性，分别给予不同权重，一般每一个维度按4～9级的尺度给分，并乘以权重。评估时，各维度条目打乱混排，以避免评估者因对被评估者某一方面印象较深，而影响对其他方面评分的客观性与公正性。但最后要分别按各维度求得小计分，再加出总分，这样既可以了解特定方面的情况，又便于掌握总体状况。

4. 评语法

评语法较为常见，是以一篇简短的书面鉴定来进行评估的方法。评语的内容、格式、篇幅、重点等均不拘一格，完全由评估者自由掌握，不存在标准规范。通常涉及被评估者的优点与缺点、成绩与不足、潜在能力、改进的建议及培养方法等。评语通常各具特色，又只涉及总体，不分维度或任取粗略划分的维度，既无定义，又无行为对照标准，所以难以对比，加之几乎全部使用定性式描述、无量化数据，想要据此做出准确的人事决策，相当不易。但由于它明确而灵活、反馈便捷，至今仍颇受欢迎。

5. 成对比较法

成对比较法即主管将员工的业绩进行比较，一个雇员总体表现优于另一个雇员时即赢得一次肯定，肯定率越高的员工，评估结果越佳。需注意，有多少个员工，就要进行多少次比较。人数较少时，此法简单易行，但人多就很麻烦。此外，这种方法仅是含糊地对员工进行比较，而不是比较具体的某个方面，因此主观性较强。

6. 关键事件法

关键事件法是客观考评体系中最简单的一种形式。应用关键事件法时，要求保存最有利和最不利的工作行为书面记录。在评估后期，评估者可运用这些记录和其他资料对员工业绩进行评估。采用这种方法进行绩效评估有可能贯穿整个评估阶段，而不仅仅集中在最后几周或几个月里。

二、薪酬管理

(一) 薪酬的概念

薪酬是指企业根据员工为企业做出的贡献，包括他们实现的绩效，付出的努力、时间、学识、技能和经验等所支付的相应的酬劳或回报，其实质是一种公平交易。

薪酬是员工从事工作的物质利益前提和激励因素，它与员工的切身利益密切相关，是影响和决定员工工作态度和工作行为的重要因素之一。这是因为：其一，薪酬作为一种成本，在企业成本中，所占比重很大，员工薪酬的增加将直接导致企业利润的下降。其二，薪酬作为一种激励手段，如果运用得好，将极大地调动员工的积极性。因此，人力资源管理的一项重要任务就是建立科学的薪酬制度，合理地确定员工的薪酬水平和薪酬结构，吸引和稳定高素质员工；同时保证企业获得良好的绩效，增强企业的竞争能力，为促进企业目标的实现创造必要的条件。

(二) 薪酬的构成

企业员工的薪酬，主要由工资、奖金和福利三部分构成。

(1) 工资是员工薪酬的基本组成部分。我国企业现在普遍实行结构工资制，员工工资由基本工资、岗位技能工资、工龄工资及其他政策性津贴构成。其中，基本工资是低而平均的，以保障员工维持最低生活水准；岗位技能工资是基于员工的贡献率确定的，这是对员工履行其基本职责的酬金，一般较稳定；工龄工资是对员工积累工作经验和忠诚于企业的回报。

(2) 奖金是薪酬中十分重要的组成部分，这是对员工超时、超数量、超质量劳动的报酬。常见的有全勤奖金、生产奖金、季度奖金、年终奖金、效益奖金等。

(3) 福利是指企业向员工提供的除工资、奖金之外的各种保障计划、补贴、服务以及实物报酬。它属于间接报酬，主要形式有免费午餐、交通费、节假日加班补贴、带薪休假、子女教育津贴、住房补贴、优惠价购买本企业股票、保险、免费体检、旅游、公费进修、企业年金等。

(三) 薪酬管理的原则

薪酬管理是企业依据员工的付出和贡献确定其相应的薪酬总额、薪酬结构、薪酬形式和薪酬水平等的过程。薪酬管理包括制订薪酬计划和政策、拟订薪酬预算、调整和控制薪酬预算和薪酬水平、评价薪酬制度的有效性等内容。

薪酬管理是一项政策性很强的工作，在实际工作中必须遵循以下几项基本原则。

1. 合法原则

为了维持社会经济持续稳定发展，维护员工的利益，各国政府都制定了一系列法规，直接或间接地控制员工的薪酬状况。在我国，有关薪酬的法律法规，是劳动法体系的重要组成部分。

2. 公平原则

在一个企业中，薪酬分配是否合理的重要标准是看其是否公平。企业薪酬管理的公平体现在外部公平和内部公平两个方面。

(1) 外部公平。它是指企业的薪酬水平与劳动力市场中的薪酬水平相当。因此，企业如不能根据劳动力市场的薪酬水平进行薪酬管理，就很难吸引和留住自己需要的员工。

(2) 内部公平。它是指同一企业中每人所得工资与其他人所得的工资相比，应该公平合理。既包括同种职位、同等绩效下的薪酬是相等的，也包括不同职位、不同绩效下的薪酬是不等的，员工的工资差异要根据工作复杂程度、技能水平、责任大小、贡献多少而定，通过这种差异体现公平原则。

3. 效益原则

企业作为一个独立的经济实体，必然追求利润最大化，必须控制劳动力成本，力图用较少的投入获得较多的产出。在实际工作中，员工薪酬分成两部分：一是与企业效益不挂钩的基本薪酬；二是与企业效益挂钩的绩效薪酬。前者一般计入成本，后者可以从利润中提取。企业为了控制人工成本，使薪酬更具激励性，可以在基本薪酬的基础上，利用与利润挂钩的绩效评估指标建立薪酬体系，使员工与企业成为利益共同体。企业生产经营好时，大家分享利润；企业生产经营差时，大家共担风险。

4. 激励原则

在竞争日趋激烈的今天，企业实施薪酬管理的目的，已不能仅限于维持企业的正常运营，而是要极大地调动员工的工作积极性，激发员工的潜在能力，使员工和企业真正成为命运共同体，从而提高企业的竞争力。因此，设立或调整员工薪酬制度一定要注重激励因素，遵循激励原则。

5. 相符原则

相符原则是指在企业薪酬管理中，必须注意货币薪酬与实际薪酬相符。货币薪酬是指员工通过工作获取的货币收入，实际薪酬是指员工用所得货币实际能够买回的消费品和服务。通常情况下，员工的货币薪酬水平并不完全等于其实际购买水平，真实反映员工薪酬水平的是实际薪酬。

(四) 影响企业薪酬水平的因素

影响企业薪酬水平的因素有外部因素和内部因素两大类。

1. 外部因素

(1) 劳动力市场的供求与竞争状况。薪酬水平的高低，是吸引和争夺人才的一个关键性条件。在劳动力供不应求的情况下，薪酬水平高；反之，则偏低。

(2) 地区及行业的特点与惯例。这包括地区与行业对薪酬的基本价值观、地区生活水平、行业薪酬制度的传统做法等，这种影响也是十分显著的。例如，沿海与内地、基础产业与高科技新兴行业、国有大中型企业密集地区与三资企业集中地区等之间的差异，必然会通过薪酬政策体现出来。

2. 内部因素

(1) 本企业的行业性质。如果是传统型、劳动密集型企业，行业的利润率低，则员工的薪酬水平偏低；而在新型行业，如房地产、金融、信息技术产业，由于其产业附加值高，员工的薪酬水平一般偏高。

(2) 企业的规模、经营状况与实力。一般来说，资本丰厚的大公司或处于发展上升阶段的企业，对员工付酬比较慷慨；反之，规模较小或不景气的企业，则不得不量入为出、处处节约，薪酬水平较低。

技能训练单元

实训一：角色扮演——招聘

【实训目标】了解员工招聘的程序和重要性，知晓员工甄选的方法。

【实训内容与要求】学生事先编排情景剧，课上表演后，围绕"如何进行有效招聘"组织讨论。

【情景表演材料】

1. 根据模拟公司的工作计划建立组织结构，各模拟公司招聘各部门负责人，每个公司拟招聘3人。各模拟公司招聘由总经理主持，公司成员均为招聘组成员。每名学生可向3家公司应聘，各公司根据每个应聘者的表现决定聘任与否。学生先在课下精心准备，在课上完成角色扮演。

2. 各公司要制订招聘计划，包括招聘目的、招聘岗位、任用条件、招聘程序(笔试、面试)，还应明确聘用与否的决定方法。

3. 每个人要写出应聘提纲或应聘演讲稿，一定要体现出应聘竞争优势。

4. 聘任与否由招聘公司全体成员集体投票决定。

【实训步骤】

第一步，实训准备。初步了解招聘的理论基础知识。组织各组学生认真阅读情景表演材料，并进行排练。各公司提供招聘计划书，应聘者提供应聘提纲或演讲稿。

第二步，课上由各组同学模拟情景表演。

第三步，评估各公司招聘的组织状况的好坏，以应聘者的人数为重要衡量指标。

第四步，评价每个人的表现，重点关注被其他公司聘任的频次。

第五步，由教师统计结果并进行综合评估。

【实训时间】情景表演时间为15～20分钟，分组讨论10分钟。

【实训场地】多媒体教室。

【实训成绩评定】

按照是否理解招聘的基本原则和过程，能否正确分析招聘过程中出现的问题，是否参

与情景模拟表演，情景表演分析报告是否完整等，将实训成绩分为优秀、良好、中等、及格、不及格5个等级，并对每名学生进行评价。

实训二：职业生涯规划设计

【实训目标】了解职业生涯规划的意义，掌握职业生涯规划设计的要求。

【实训内容与要求】要求学生按照以下内容撰写职业生涯规划。

1. 我是谁？即自我认知，对自己的客观评价，具体包括兴趣、性格、能力、价值观、优缺点、核心竞争力等。撰写要求：用心，真实。

2. 我在哪里？即职业认知，对社会环境、个人环境的直接认知与分析，以及通过亲朋好友等途径对职场环境、专业环境的间接认知与分析。

3. 我要到哪里去？初步确定职业方向(目标)，依据"我喜欢"(兴趣)、"我能够"(核心竞争力)、"我应该"(责任点)初步确定自己的职业目标。撰写要求：可行性令人信服。

4. 我怎么去？即如何达到目标。撰写要求：主要从职业规划的角度撰写大学期间的计划，目标具体、可衡量、有难度，但应具有可行性。

【实训时间】大约需要20分钟。

【实训场地】多媒体教室。

【实训成绩评定】

按照方案的完整性、可操作性，将实训成绩分成优秀、良好、中等、及格4个等级，由教师与学生共同对方案进行评价，也可同学之间互评。

实训三：A煤矿薪酬管理

【实训目标】了解员工绩效评估的原则，掌握薪酬管理的原则。

【实训内容与要求】认真阅读案例，撰写发言提纲，要求语言流畅、条理清晰。

A煤矿是一座年产120万吨原煤的中型煤矿，有员工2000余人。2014年，上级主管部门特拨15万元奖金，奖励该矿在安全与生产管理中做出贡献的广大员工。为了分配这15万元奖金，该矿矿长召集下属5位副矿长和工资科长、财务科长、人事科长及相关科室的领导开了一个"分配安全奖金"的会议。这些高层管理者认为，工人只需保证自身安全，而主管不但要保证自身安全还要负责一个班组、区、队或一个矿的安全工作，尤其是矿领导，不但要负经济责任还要负法律责任。因此，会议决定，根据责任的大小将奖金分为5个档次：矿长3000元，副矿长2500元，科长800元，一般管理人员500元，工人一律50元，奖金刚好发完。奖金下发后，全矿风平浪静。但几天后，矿里的安全事故就接连发生。当矿长亲自带领工作组到各工队追查事故起因时，矿工们说："我们拿的安全奖少，不承担那份安全责任，干部拿的奖金多，让他们干吧！"还有一些矿工说："我受伤就是为了

不让当官的拿安全奖。"

资料来源：https://m.baidu.com/sf_edu_wenku/view/f1bc41dff71fb7360b4c2e3f5727a5e9856a27f4.html.

【实训步骤】

第一步，实训准备。每个人认真阅读并分析案例，初步了解本次实训涉及的理论基础知识。

第二步，以小组为单位进行案例分析，各小组成员充分发表个人观点。

第三步，对小组成员的各种观点进行记录，如表5-1所示。

表5-1 "A煤矿薪酬管理"案例分析记录

专业班级		组 别	
记 录 人		时 间	
小组成员			
讨论记录	1. 请剖析A煤矿的奖金分配方案，并说明其产生负激励作用的原因。 2. 本次奖金分配方案的设计应重点考虑哪些因素？ 3. 如果你是该矿负责人，会如何分配这笔奖金？理由是什么？		成 绩
	组员1		
	组员2		
	组员3		
	组员4		
	组员5		

第四步，各小组选出一名代表发言，对小组的讨论结果进行总结。

第五步，对小组成员的各种观点进行分析、归纳和要点提炼，各小组填写案例分析发言提纲，如表5-2所示。

表5-2 "A煤矿薪酬管理"案例分析发言提纲

姓 名		专业班级	
学 号		成 绩	
小组成员			

1. 请剖析A煤矿的奖金分配方案，并说明它产生负激励作用的原因。

2. 本次奖金分配方案的设计应重点考虑哪些因素？

3. 如果你是该矿负责人，会如何分配这笔奖金？理由是什么？

【实训时间】大约需要20分钟。

【实训场地】多媒体教室。

【实训成绩评定】

按照是否掌握员工绩效考核的原则，是否理解薪酬设计管理的原则，将实训成绩分为优秀、良好、中等、及格、不及格5个等级，并对各组进行评价。

本章主要参考文献

[1] 加里·德斯勒. 人力资源管理[M]. 北京：中国人民大学出版社，2013：117-123.

[2] 冯光明. 管理学 [M]. 北京：北京邮电大学出版社，2011：164-168.

[3] 赵丽芬. 管理学——全球化视角[M]. 北京：中国人民大学出版社，2013：135-141.

[4] 焦叔斌，杨文士. 管理学[M]. 4版. 北京：中国人民大学出版社，2014：117-122.

[5] 高闯，王海光. 管理学[M]. 北京：清华大学出版社，2006：211-217.

[6] 沈平，王丹. 管理学[M]. 北京：中国电力出版社，2015：157-165.

[7] [美]海因茨·韦里克，哈罗德·孔茨. 管理学——全球化与创业视角[M]. 马春光，译. 13版. 北京：经济科学出版社，2012：233-237.

[8] 李永清，钱敏. 现代管理学导论[M]. 北京：化学工业出版社，2010：192-197.

[9] 施斌. 管理学基础[M]. 海口：南海出版社，2004：139-143.

[10] 托马斯·S.贝特曼，斯考特·A.斯奈尔. 管理学——新竞争格局[M]. 北京：北京大学出版社，2007：127-132.

[11] 戴庚先. 现代企业管理[M]. 北京：电子工业出版社，2007：177-183.

[12] 王凤彬，李东. 管理学[M]. 北京：中国人民大学出版社，2008：197-201.

[13] 邓志阳. 管理学[M]. 广州：暨南大学出版社，2008：171-177.

第六章　领导

学习目标 💡

➢ 正确识别领导和管理的区别；
➢ 了解领导特质理论的主要观点，能鉴别重要的领导特质和行为；
➢ 掌握领导行为理论以及领导权变理论的代表人物及主要贡献，了解领导理论的新发展；
➢ 了解提高领导艺术有效性的途径，培养作为领导应具备的个人素质和基本技能。

管理故事 刘邦的领导才能

公元前202年，刘邦定都洛阳，开始对战争时期造成的困境修兵养息，并创建大汉王朝。此年五月，刘邦在洛阳南宫设宴款待各路英豪。席间，刘邦问："请告诉我，我为什么能够得到天下，而项羽却失败了？"众人纷纷发言，只有王陵之言记入史册："陛下使人攻城略地，因以与之，与天下同其利；项羽不然，有功者害之，贤者疑之，此其所以失天下也。"刘邦对自己显然已经有了清醒的认识，说道："公只知其一，不知其二，夫运筹帷幄之中，决胜千里之外，吾不如子房(张良)；镇国家，抚百姓，给馈饷，不绝粮道，吾不如萧何；连百万之众，战必胜，攻必取，吾不如韩信。三个人皆豪杰，我能用之，故得天下。"群臣无不悦服。

资料来源：http://www.ceconlinebbs.com/FORUM_POST_900001_900055_877050_0.HTM.

思考： 你认为一个领导者应具备哪些素质？

基础理论单元

第一节　领导者与管理者

■ 一、领导的概念及要素

(一) 领导的概念

"领导"一词在现实生活中有两种词性含义。作为名词，领导指的是人，即"领导

者"的简称,是某种组织或团体中的角色,是确定和实现组织或团体目标的组织者或指挥者;作为动词,领导指的是一种行为过程,即"领导行为"的简称,是一种具有影响力的领导行为,也就是带领和指导下属实现既定目标的活动过程。

在理论界,国外学者对"领导"一词有着不同的定义。

学者摩尔认为,领导就是为引导出服从、尊敬、忠诚与合作而将领导者的意志施加于被领导者的一种能力。

管理组织理论的代表人物马克斯•韦伯认为,领导是一种影响他人的力量源泉。自此,许多学者把影响力当成领导概念的核心。

美国管理学家孔茨、奥唐奈尔和韦里奇给领导下的定义为:"领导是一种影响力,是对人们施加影响的艺术过程,从而使人们心甘情愿地、热心地为实现组织或群体的目标而努力。"这个定义揭示了领导即影响力的本质,指出了领导的目的。领导是一种目的性非常强的行为,领导者追求的目标就是使人们心甘情愿地、热心地为实现组织或群体的目标而努力,拥有影响力的人才称得上真正的领导者。领导者正是靠着这种影响力,获取了组织或群体成员的信任,把组织或群体中的人吸引到他的周围,使他们心甘情愿地追随自己,从而在组织或群体中实施领导行为。这个定义还告诉我们,领导不只是对人们施加影响的过程,同时也是一种艺术。领导者面临千变万化的组织或群体的内外部环境,特别是面对各种各样的人,其面对的因素越具有高度的复杂性和不确定性,领导艺术的成分就越多。

美国管理学家彼得•德鲁克认为,领导者的唯一定义就是其后面有追随者。在领导工作中,领导者是领导行为的主体,领导者对被领导者施加影响,会得到被领导者很大的信任。有效的领导者会用尊严来领导其追随者,最大限度地激发和利用组织成员的才智和能力,使他们有所成就,而不是站在一个群体的后面去推动、去督促、去强迫,用恐惧使人缄默不言,或者利用伤人自尊的手段来强制执行命令。一个领导者应时刻寻求并保持其自身价值观和目标与其追随者的价值观和目标的一致性,所有人必须"步调一致",或者接近这个目标。从一定意义上讲,取得这种一致性就是领导和被领导问题的本质。

美国宾夕法尼亚大学的豪斯教授把领导定义为:"激励别人在团体利益的框架之内去实现个人利益的过程。"很显然,豪斯把定义领导的出发点放在被领导者身上。实际上,在实施领导行为过程中,领导者与被领导者各因对方的存在而存在,彼此的影响是相互的,即除了领导者通过指导、激励等影响被领导者,被领导者也向领导者反馈信息来修正领导者现在和未来的行动。人们的能力、感受与心态是不断演变的,领导者与被领导者的关系也必须不断修正,而不是将关注点全部放在领导者身上,强调被领导者在被领导的过程中达到自我实现,即当完成组织目标时,个人的目标也同时达到。这个领导定义突出了领导职能和领导目的,具有十分现实的时代意义。

从上述关于领导的不同定义中可以看出,领导是一种影响别人的过程,是一种人与人之间的交往过程。领导者通过该过程来影响、激励和引导人们执行工作任务,以达到组织的特定目标。因此,领导的内涵主要包括:领导是管理者实施的一种有目的的行为,是管理者的一个重要职能,是成为有效管理者的主要条件之一;领导的主体是组织和企业的管理者,领导的客体是管理者的下属,有部下并对其施加影响才称之为领导;领导的作用方

式是带领、影响，包括指挥、激励、沟通等多种手段；领导的目的是有效实现组织目标。

有研究表明，管理的计划、组织和控制，仅能激发下属60%的才能，另外40%的才能只在领导工作中及以后才能发挥出来。如果管理者在工作中能够有力地影响其下属，使下属充分发挥现有的才智和能力，就能使组织取得更高的绩效。

(二) 领导的要素及其相互关系

领导作为一项特殊的管理劳动过程，是在一定的生态系统中展开的，其基本组成要素为领导者、被领导者及领导活动所依存的环境。在领导生态系统中，领导者、被领导者与领导环境之间构成了一种相互依存、相互作用的互动关系。

1. 领导者与被领导者间的互动关系

实践证明，领导者与被领导者是互为依存、相互制约的，既有可能协调统一，又有可能发生冲突，两者之间的关系是领导活动的基本关系。然而，两者都是为了同一个组织的生存与发展共同努力，其不同的利益具有相容性，正是这种利益相容性决定了两者谁也离不开谁。领导者对被领导者的影响主要表现为认可与激励、信息分享以及满足下属对资源的需求，被领导者对领导者的影响则主要表现在忠实执行与实施领导者的决策、认可与服从领导者的权威、有时会以自己的利益去选择领导者的权力等方面。当然，在一个开放的领导生态系统中，领导者与被领导者的角色也不是一成不变的，随着情势的变化，两者的角色也会互换。

2. 领导主体与领导环境之间的关系

适应能力的强弱是决定领导者与被领导者能否在一定的环境下获得成功发展的重要因素。反过来说，领导生态系统环境对领导主体的影响是客观的。首先，环境决定了领导主体的价值取向与行为理念。在不同的政治体制、经济体制与社会环境条件下，由于价值观和行为理解能力不同，领导者的领导行为与领导方式也会不同。其次，领导环境变化是推动领导变革的重要力量。为了实现领导职能，领导主体不仅要根据环境变化产生的新要求提高自身的领导素质，改变自己的领导行为方式，还要根据领导环境的客观要求对领导活动进行相应的改革，否则就要被变化的环境所淘汰。当然，特定时期的领导环境也决定着领导变革的极限，领导者只有审时度势，采取实事求是的战略和策略才能取得成功。

■ 二、领导的作用

领导是组织的领导者通过各种激励措施指挥或带领组织成员实现组织目标的过程，而领导需要通过领导者来组织实施。在一般情况下，领导与领导者的目标与作用在某种意义上是一致的。

(一) 指挥作用

指挥对于协调组织活动，认清组织所处的环境与形势，指明组织活动要达到的目标与任务，规划完成任务的途径，具有十分重要的意义。在实际工作中，领导者的先知先觉、

胆识魄力、胸怀格局、高瞻远瞩、运筹帷幄等，能明确组织前进的大方向，并引导全体员工共同实现组织目标。

(二) 协调作用

随着社会分工的不断细化，对协调的要求也越来越高。一般而言，在许多人参加的社会集体活动中，有了明确的目标之后，由于组织中每个成员的岗位背景、工作能力、工作态度、进取精神、性格、作风、地位等的不同，在思想上、行动上会产生各种各样的分歧，也可能在工作的过程中偏离组织目标。在这种情况下，就需要组织领导者来及时协调组织内部各级部门、各级工作人员之间的关系，使组织内部形成合力，以便更好地实现组织目标。

(三) 激励作用

对大多数人来说，加入一个组织并且在组织内完成某种工作是谋生的手段，每个人都希望通过个人的努力，在实现组织目标的同时满足个人需要。但是，个人需要的满足往往受到各种限制。当一个人在工作、生活中遇到困难、挫折或不幸，某种物质或精神需求得不到满足时，必然会影响其工作情绪。因此，员工为实现组织目标而努力的程度是需要激励的，领导者应采用各种可能的方法，充分调动员工工作的积极性，以促使其更加努力地工作，在实现组织目标的同时实现其个人利益的最大化。

三、领导者与管理者的区别

"领导"与"管理"是人们通常容易混淆的概念。从定义来看，管理是通过综合运用人力资源和其他资源以有效实现目标的过程，领导是带领和指导群众以实现共同目标的过程。两者都是一种在组织内部通过影响他人的协调活动，来实现组织目标的过程。但领导只是管理的一种基本职能，属于管理的一个方面，管理的含义更为广泛。管理的对象不仅包括人力资源，而且包括信息、技术、资金等其他资源；领导的对象只有人。管理是建立在合法的职务权力的基础上对下属的行为进行指挥的过程；领导则更多是通过其个人魅力与专长来影响追随者的行为。

管理者和领导者也是有区别的。管理者是被正式授权来管理一个组织或部门的，管理者利用职权来解决问题、做出决策和实施行动；领导者则可能是在群体活动中自发形成的，他们的影响力与其在组织中的职位无关。管理者的对象是组织中的下属；领导者的对象则是群体中的追随者。管理者通过计划、组织、控制来提高效率，完成任务和达成目标；领导者通过指导、协调和激励使追随者自觉地朝着领导者指引的方向前进。具体而言，管理者和领导者的区别主要表现在如下几个方面。

(一) 管理者与领导者发挥作用的方式不同

管理是基于合法的、有报酬的和强制性的权力而对下属发布指令的行为，而领导更

多是建立在个人影响及能力等基础之上的行为。因此，一个人可能既是管理者，又是领导者，但两者也可能分离。组织中的每一个层级都有管理者，管理者并不一定是领导者，有的管理者可以利用其职权迫使人们从事一项工作，但不能影响他人去工作，他并不是领导者。同样，领导者也不一定是管理者，不一定具有管理才能。在非正式群体组织中最具影响力的人就是典型的例子，组织并没有赋予他们正式的管理职位和职权，他们也没有义务负责组织的计划和组织工作，但他们能以个人的影响力与魅力去影响他人，引导、激励甚至命令自己的追随者。因此，领导者既存在于组织中，也存在于一定的群体中；既存在于非正式组织中，也存在于正式组织中。为了使组织更有效，应该选取领导者来从事管理工作，也应该把每个管理者都培养成优秀的领导者。

(二) 管理者与领导者发挥作用的时机不同

管理者更关注正确地做事，领导者则更关注做正确的事；管理者多在群众身后鞭策，而领导者则多在群众前面带领。因此，在组织较平稳的时期，管理者的任务是维持组织现行活动，主要靠规章制度及政策等来规范员工的行为；而在变革加速时期，领导的作用就比较明显了，领导者应指明组织的前进方向，并引导组织成员共同努力来实现组织目标。

(三) 管理者与领导者采用的方法不同

管理强调计划和预算，组织各项资源，控制及解决实际问题；领导强调指明方向，影响人，增强组织成员的凝聚力，以及激励与鼓舞人。因而，管理者通常采用有条理、有组织、规范的方法来解决问题；而领导者通常采用灵活、创新的方式，以个人的知识技能、经验阅历、身份背景和个人魅力等去影响他人的行为，在组织中倡导变革与创新，并通过规划组织的前景来激励员工努力工作。

(四) 管理者与领导者在组织中的地位不同

领导从根本上来讲是一种影响力，是一种追随关系。人们往往追随那些他们认为可以满足自身需要的人，正是人们愿意追随他，才使他成为领导者，才使下属自觉地为实现组织目标而努力。领导者一般只有一个，而管理者则可能是一个群体，由若干人组成。

■ 四、领导者影响力的来源及运用

领导的核心在权力，领导者以权力为基础形成影响力，进而指挥下级以实现组织目标。

(一) 权力及其分类

权力是指一种影响决策的能力，它既是一种控制力，也是一种影响力，它是构成管理者的第一个要素，是领导者在管理过程中影响他人的基础。

关于管理者的权力，不同的学者有不同的看法。

法国管理学家法约尔将权力划分为职务权力和个人权力。职务权力是由相应的职位和权

限形成的。个人权力是由个人的智力、经验、道德价值、能力和过去的工作经历形成的。

德国学者韦伯认为，权力是任何组织的基础，它能建立工作秩序，防止混乱，提高组织效率。他将权力划分为理性权力、传统权力和神授权力3种形式。理性权力是依法建立的权力体系，其实质在于合乎理性和法律。传统权力属于继承下来的权力体系，其根本在于古老传统的神圣性。神授权力属于继承下来的由信徒的信仰而产生的权力，其基础在于对某人的超凡魅力的信服，对其英雄业绩或高尚品德的虔诚信仰。在这三种形态纯粹的权力当中，理性权力是企业和行政组织体系的基础。

管理心理学家富兰奇将权力划分为5种形式，即强制权力、奖赏权力、专家权力、合法权力和感召权力。其中，强制权力是指领导者通过惩罚他人的不合心意的行为来影响他人行为的能力。领导者可借助职权，通过棘手的工作指派、更严厉的监管、更严格的规章制约以及解雇等手段威胁或惩罚下属，以令下属屈从他的旨意。奖赏权力是指领导者通过奖赏他人的悦人心意的行为来影响他人行为的能力，或者说是指领导者可以决定是否给予下属所期望的精神或物质上的奖酬的权力，如领导者可借助提高薪资、发放奖金、推荐晋升、指派优越的工作等手段换取下属的服从和顺从。专家权力是指领导者依靠自身高深的技术、丰富的经验与杰出的判断力来影响下属行为的能力。这种权力所产生的影响的大小与领导者的专长被下级看重的程度有很大的关系。合法权力是指领导者通过他在组织层次系统中的法定地位来影响下属行为的能力。合法权力是由组织等级体系中的职位来体现的，如经理、人事处长、销售处长等，他们要履行所任职位的职责，就必须被授予一定的权力，这种权力是他们推行决策、指挥部属行动的根据。感召权力是指领导者借他人对自身的喜爱或崇拜来影响他人行为的能力。这一权力与领导者的特质直接相关。当下属因敬重、爱戴而效仿领导者的领导风格，以取得该领导者的认同时，这位领导就获得了感召权力，可以影响下属按其旨意办事。

(二) 领导者影响力的来源

在一个组织中，领导者影响力有两个基本来源：一是来自职位权力，二是来自个人权威。

1. 职位权力

职位权力又称正式权力，是由职位本身而产生的权力，主要涉及法定权、强制权和奖惩权3种。它与领导者在组织中所处的职位密切相关，且随着职务的变动而变动。职位权力既可以由选举产生，也可以由上级组织或个人任命。职位权力不论其来源如何，均需向赋予其权力的组织或个人负责。职位权力的一个重要特点是有职就有权，不在职即没有权力。职位权力是管理者在组织中实施领导行为的基础，没有这种权力，管理者就难以有效地影响所有的下属，从而实施真正的领导。影响职位权力的因素主要有以下几个。

(1) 传统观念。长期的社会生活使人们对领导者形成传统的观念，即认为领导者拥有一定的职位和资历，不同于普通人，他们或者有权，或者有才干，总之比普通人强，由此产生对领导者的服从感。在组织管理中，借助建立在法定权基础上的传统观念的影响，可以使员工对企业领导者产生敬畏感，自动听从其指挥命令，有助于增强领导者影响力的强度。

(2) 利益的满足。人们从事任何活动都是为了获得一定的利益，以满足自身的物质和精神需要。当领导者运用奖励权使员工的利益在不同程度以不同内容得到满足时，可以有效地激发员工的工作动机，形成驱动感，激励他们自觉采取积极的行为方式，提高劳动绩效。

(3) 恐惧心理。趋利避害是人类的本能之一。当被领导者意识到领导者掌握某种惩罚权力，能够使他陷于生理或心理上的痛苦时，便力求迎合领导者的愿望，遵从领导者旨意，避免受到伤害。领导者可以利用这种影响力防止员工消极违抗命令的行为发生。

正因为领导者的职权影响力受到各种因素的影响，所以领导者不仅要清楚了解影响职权有效性的各种因素，而且要正确运用职位权力，以确保自身职责的履行。

2. 个人权威

个人权威又称非正式权力，是由领导者个人因素而产生的权力，它与在组织中的职位无关，主要涉及专长权、个人魅力、背景权和感情权等。权威包括两方面内容，即专长和品质。专长的权威是指由于领导者具有各种专门的知识和特殊的技能或学识渊博而获得同事及下属的尊重和佩服，从而在工作中显现的在其专长方面一言九鼎的影响力。这种权威主要基于领导者帮助下属明确方向、排除障碍的能力，其影响面通常比较狭窄，被单一地限定在专长范围之内。品质的权威是指由于领导者优良的领导作风、思想水平、品德修养和与群体成员的良好关系，而在组织成员中树立的德高望重的影响力。这种权威建立在下属认可领导者的基础之上，它通常与具有超凡魅力或名声卓著的领导者相联系。

个人威信与组织的任命或选举无关，主要来自领导者的个人素质。领导者的地位、技术、能力以及领导艺术是下属接受和信任领导权威的基础；领导者的态度、指示和建议正确与否，决定下属是否接受和信任领导权威；领导体制不顺、权责不清和领导者素质不高，是降低领导权威的重要因素。个人权威一般不随职位的消失而消失，由于它是建立在下属信服的基础之上，有时能发挥比正式职权更大的作用。影响个人权威的因素主要有以下几个。

(1) 品格。主要包括领导者的道德、品行、人格等。品格是人的本质表现，好的品格能吸引人，并使人产生敬爱感。如果领导者具有公正廉洁、讲求信誉、不断进取、敢于担当等优良的品格，就会吸引欣赏这种品格、希望拥有这种品格的追随者，从而激起人们的忠诚和极大的热忱，产生巨大的影响力。

(2) 才能。领导者的才干主要反映在以往的工作业绩上。一个有才干的领导者，会给事业带来成功，使他人产生敬佩感，吸引人们自觉地接受其影响。一个管理者如果具有较强的业务能力，或者曾经取得辉煌的成就，在走上管理岗位后往往具有较强的号召力。

(3) 知识。一个人的才干是与知识紧密联系在一起的。知识就是力量，谁发掘了知识，具有专长，谁就拥有影响他人的专长权。这种权力源于信息和专业特长，例如，人们往往会听从某领域专家的忠告，接受他们的影响。所以说，谁掌握的知识、信息越多，谁就越容易使人产生信赖感。

(4) 感情。感情是连接人与人之间关系的纽带，也是影响他人心理和行为的有效途径。人与人之间建立了良好的感情关系，便能产生亲切感，相互的吸引力越大，彼此的影

响力也越大。因此，一个领导者平时待人和蔼可亲，关心体贴下属，与群众关系融洽，了解群众疾苦，他的影响力往往比较大。

由品格、才能、知识、感情因素构成的影响力是由领导者自身的素质与行为造就的。在领导者从事管理工作时，这些因素能增强领导者的影响力；在其不担任管理职务时，这些因素仍会对人们产生较大的影响。

(三) 领导者影响力的运用

(1) 作为领导者，首先应当正确认识领导者影响力的来源及领导者与影响力的关系。从表面上看，有些领导者的影响力似乎来自上级任命，但归根结底是来自其所领导的下属的信任，来自组织的员工。职权与威信是实施领导的基础，领导者应当注意将个人的德、能、智、资、绩与领导的职权有效地结合起来，树立自己在组织中的良好形象，这样才能更好地领导组织完成任务。

(2) 领导者要正确对待权力的作用，要清楚自己肩负的重任，明白自己既对完成组织任务负有责任，又对组织内部员工的利益及发展负有责任。权力本身是一个中性的概念，它可以帮助领导者更好地实现组织目标，也可以被利用来达到不良目的。在组织活动中，为了更好地实现组织目标，领导者一定要借助权力；但是如果一个组织内部权力欲膨胀的人增多，在位的领导者滥用权力，不择手段争权夺利，组织就很危险。因此，领导者必须意识到，权力只是管理活动中的一种工具，不是为个人利益服务的私人财产，而是为实现组织目标服务的。领导者追求权力的动机和使用权力的目的是否正确，衡量的标准就在于他追求和使用什么性质的权力，是以组织或群体的进步为导向的积极权力，还是以个人的需要和目标为导向的消极权力。

(3) 领导者正确地使用权力，要有高度的责任感和良好的敬业精神，要全身心地投入工作，在工作需要的前提下，在正确的时间与正确的地点正确地使用权力。职位权力往往是通过强制手段而产生影响作用的，应客观一致地使用这种权力，让大家知道在何时、何种情况下使用权力并始终遵守这种行事方式。这样，权力的使用就成为工作秩序的一部分，并有助于树立领导者的威信。相反，领导者一旦滥用权力，不注意个人权威的建立，就会在下属心目中失去亲和力，使下属惧而远之，这不但会阻碍组织目标的实现，还会导致人际关系恶化、组织凝聚力下降，最终导致领导者权力的丧失。同时，个人权威必须与职位权力结合起来，没有职位权力支持的个人权威其力量必然有局限性，甚至会产生权力是否合法的问题。

第二节　领导理论

20世纪，领导理论研究大致经历了3个阶段：领导特质理论阶段、领导行为理论阶段和领导权变理论阶段。

一、领导特质理论

领导特质理论研究的重点是通过对领导者的特质进行分析论证，预测领导的效果，指导人们选拔领导者。

领导者特质包括生理特质、个性特质、智力特质、工作特质、社会特质等。领导特质理论认为，研究领导问题主要就是研究领导者应当具备哪些个性特征、品质和能力。只要找出成功领导者应具备的特质，再考察某个组织中的领导者是否具备这些特质，就能断定他是不是一个优秀的领导者。领导特质理论是20世纪较为流行的领导理论，也是最早对领导活动及行为进行系统研究的尝试，主要包括斯托格迪尔的领导素质理论、吉赛利的领导特质理论、皮奥特威斯基和罗克的领导特质理论等。

(一) 斯托格迪尔的领导素质理论

1948年，斯托格迪尔全面研究了关于有效领导者应具备的素质方面的文献后，总结了与领导者有关的6类特质，如表6-1所示。他指出，领导者与非领导者在特质方面的差异，并非在所有场合都固定不变。

表6-1　斯托格迪尔总结的与领导者有关的特质

6类特质	特质
5种身体特质	精力，外貌，身高，年龄，体重
2种社会背景特质	社会经济地位，学历
4种智力特质	果断，说话流利，知识广博，判断分析能力强
16种个性特质	适应性，进取心，热心，自信，独立性，外向，机警，支配欲，有主见，急性，慢性，见解独到，情绪稳定，作风民主，不随波逐流，智慧
6种与工作有关的特质	责任感，事业心，毅力，创造性，坚持，对人关心
9种社交特质	能力，合作，声誉，人际关系，老练程度，正直，诚实，对权力的需要，与人共事的技巧

(二) 吉赛利的领导特质理论

吉赛利调查了美国90家企业的300名经理，旨在研究有效领导者的特质。他在《管理才能探索》一书中概括了8种个性特征和5种激励特征，如表6-2所示。

表6-2　吉赛利的领导特质研究成果

8种个性特征	5种激励特征
才智：语言与文字方面的才能	对工作稳定的需求
创新精神：开拓创新的愿望和能力	对金钱奖励的需求
督察能力：指导和监督别人的能力	对指挥他人的权力需求
自信心：自我评价高、自我感觉好	对自我实现的需求
决断力：决策判断能力较强，处事果断	对事业成就的需求
适应性：善于与下属沟通信息、交流感情	
性别：男性与女性有一定的区别	
成熟程度：经验、工作阅历较为丰富	

吉赛利的研究结果表明，首先，一个有效的领导者需要具备才智和对自我实现的需求以及对事业成就的需求等，这些特征对一个人能否取得事业成功影响较大，而对物质金钱的追求、工作经验等对事业成功与否的影响并不大；其次，一个有效的领导者的监察能力和判断能力也是十分重要的，是驾驭事业航程顺利前进所必不可少的特质；最后，男性和女性的区别与事业成功与否的关系不大。

(三) 皮奥特威斯基和罗克的领导特质理论

皮奥特威斯基和罗克这两位管理学家在其著作中总结了成功经理人的个人特征，具体包括以下几个方面。

(1) 具备与各种人士谈论不同领域问题的能力。

(2) 在工作中既能"动若脱兔"地行动，又能"静若处子"地思考问题。

(3) 关心世界局势，对周围生活中发生的事情感兴趣。

(4) 面对孤立的环境和局势时充满自信。

(5) 待人处事灵巧机敏，在必要时也能强迫他人拼命工作。

(6) 可根据不同的情况需要，时而幽默灵活，时而庄重威严。

(7) 既能处理具体问题，也能处理抽象问题。

(8) 既有创造力，又愿意遵循管理惯例。

(9) 能顺应形势，知道什么时候该冒险，什么时候谋求安全。

(10) 作决策时有信心，征求意见时态度谦虚。

(四) 彼得·德鲁克的研究结论

美国管理学家彼得·德鲁克在《有效的管理》一书中指出了5种有效领导者具备的特性，并指出它们是可以通过学习掌握的。

(1) 知道时间该用在什么地方，因为领导者支配时间时常处于被动地位，所以有效的领导者都善于系统地安排与利用时间。

(2) 致力于最终的贡献，他们不是为了工作而工作，而是为了成果而工作。

(3) 重视发挥自己、同事、上级和下级的长处。

(4) 集中精力于关键领域，做事前会确立优先次序，能够做好最重要和最基本的工作。

(5) 能做出切实有效的决定。

(五) 管理实践中的成果

日本企业界认为，有效的领导者应具备10项品德和10项才能。10项品德：使命感、责任感、信赖性、积极性、忠诚老实、进取心、忍耐性、公平、热情、勇气。10种能力：思维决策能力、计划能力、判断能力、创造能力、洞察能力、劝说能力、理解能力、解决问题的能力、培养下级的能力和调动积极性的能力。

美国管理协会曾对在事业上取得成功的1800名管理人员进行调查，发现成功的管理人员一般具有下列20种品质和能力：工作效率高；有主动进取精神；善于分析问题；有概括

能力；有很强的判断能力；有自信心；能帮助别人提高工作能力；能以自己的行为影响别人；善于用权；善于调动他人的积极性；善于利用谈心做工作；热情关心别人；能使别人积极而乐观地工作；能实行集体领导；能自我克制；能自主做出决策；能客观地听取各方面的意见；对自己有正确的评价，能以他人之长补自己之短；勤俭；具有管理领域的专业技能和管理知识。

总之，领导特质理论着重从领导的品行、素质、修养出发来探讨领导的有效性，试图从领导特征的角度论证特质和领导效果的关系，无论是传统的领导特质理论还是现代领导特质理论，都强调领导者应具有较多的适应领导工作的人格特质。随着研究的不断深入，不仅被当作领导者特质的条目越来越多，而且出现了新的特质理论，并发展为后来的领导风格理论。应当说，这种理论是有客观实践为依据的，对丰富领导理论做出了贡献。一些研究表明，领导者的才智、广泛的兴趣、强烈的成就感及对员工的关心和尊重，与领导的有效性有很大关系。另外，现代领导特性理论从领导者的职责出发，系统分析了领导者应具备的条件，这对培养、选择和考核领导者也是有帮助的。但这种理论也有明显的不足之处，即忽视了情境因素，忽略了因果关系。由于研究角度不同，得出的结论包罗万象、说法不一、各有特色，甚至互相矛盾，而且几乎每一种特质都有很多例外情况，况且任何人都不可能具备所有特质。因此，只能把良好的领导特质当成提高领导有效性的重要条件，而不应把领导特征视为决定领导效能的唯一因素。

■ 二、领导行为理论

领导行为理论研究的是领导者在领导过程中的领导行为与他们的领导效率之间的关系，研究重点放在领导者的行为风格对领导有效性的影响上。主要的领导行为理论有勒温的领导作风理论、利克特的领导系统理论、俄亥俄州立大学的领导行为四分图理论、布莱克和穆顿的管理方格理论等。

(一) 勒温的领导作风理论

美国心理学家勒温是最早研究领导作风问题的心理学家，他将权力定位为基本变量，通过各种试验，把领导者在领导过程中表现出来的工作作风分为专制型、民主型、放任型3种基本类型。

1. 专制型

专制型领导把权力定位于领导者个人，以力服人，领导者靠权力和强制性命令让人服从。该类型的特点主要表现为：独断专行，从不考虑别人的意见，所有的决策由领导者自己做出；领导者亲自设计工作计划，预先安排一切工作方法和程序，指定工作内容，进行人事安排，从不把任何消息告诉下属，不与下属沟通，下属没有参与决策的机会，只能察言观色，奉命行事；主要靠行政命令、纪律约束、训斥和惩罚来进行管理，只有偶尔的奖励；领导者很少参加群体社会活动，与下属保持一定的心理距离，没有感情交流。这种领导行为依靠严格管理达到工作目标，决策效率高，执行速度快，可以使问题在短时间内

得到解决；但领导者负担较重，限制了下属的能动性，下属群体成员没有责任感，情绪消极，士气低落，争吵较多，容易失去个性，缺乏主动意识，导致不满、自卑、不负责任。专制型领导适用于任务简单且经常重复，领导者只需与部属保持短期的关系，或者要求问题尽快得到解决的场合。

2. 民主型

民主型领导把权力定位于群体，以理服人，领导者以身作则。该类型的特点主要表现为：所有决策是在领导者的鼓励和协助下由群体讨论决定的，而不是由领导个人决定；分配工作时尽量照顾到个人的能力、兴趣；对下属的工作不做特别具体的安排，下属有较大的工作自由，有较强的选择性和灵活性；主要依靠非正式的权力和权威而不是职位权力和命令使人服从，谈话时多使用商量、建议和请求的口气；领导者积极参与团体活动，与下属无任何心理上的距离。这种领导风格有利于各抒己见、集思广益，做出科学、合理、有效的高质量决策，同时能使决策得到更多的认同，减少执行的障碍和阻力，并能使下属发扬个性、增强自信，提高他们的工作热忱、工作满足感和群体归属感。这种类型的不足之处是，决策制定过程长，耗用时间多，决策成本高，领导者周旋于各派意见之间，容易优柔寡断、唯唯诺诺、互相推诿、责任不清。

3. 放任型

放任型领导把权力定位于组织中的每个成员，工作事先无布置、事后无检查，毫无规章制度的约束。这种领导方式的优点在于能培养下属的独立性和自主性，让下属独当一面；缺点在于领导者完全不干预，下属各自为政，缺乏群体观念，容易造成意见分歧，决策难以统一。放任型领导风格很难得到提倡，除非被领导者是专家人物且具有高度的工作热忱，才可在少数情况下采取这种"无为而治"的领导方式。

比较上述三种领导类型的优劣，大多数人认同民主型领导风格，但从实际情况来看，无论哪种类型在不同的环境条件下都有成功的实例，因此，不能简单地说哪种类型更有效。

(二) 利克特的领导系统理论

从20世纪40年代中后期开始，美国密执安大学的研究者利克特和他的同事就以企业、医院及政府等各种组织机构为研究对象，开展了一系列领导理论研究。这项研究发现了两种不同的领导方式。第一种是"以工作为中心"的领导，其特点是任务分配结构化、严密监督、工作激励、依照详尽的规定办事；第二种是"以员工为中心"的领导，其特点是重视人员行为反应及问题，利用群体实现目标，给组织成员较大的自由选择范围。1961年，利克特在总结研究成果的基础上进一步提出了4类领导模式，被称为"领导管理系统论"。

1. 剥削式集权领导

剥削式集权领导又叫"利用命令式"领导。领导者发布指示，决策中没有下属参与；主要用恐吓和处分的手段管理下属，偶尔也用奖赏去激励下属；惯于由上而下地传达信息，把决策权局限于最高层。

2. 仁慈式集权领导

仁慈式集权领导又叫"温和命令式"领导。有时会自下而上地传递信息，决策时会向

下属征求一些想法与意见；允许把某些决策权授予下属，但要施以严格的政策控制；兼用奖赏和恐吓的方法激励下属。

3. 协商式民主领导

协商式民主领导又叫"商议式"领导。上下级之间的信息交流更加充分，决策中会征求、接受下属的建议；上级负责主要决策和一般性决策，下级有权做出具体的决定；多用奖励，偶尔用处罚的方法激励下级。

4. 参与式民主领导

参与式民主领导又叫"集体参与"领导。上下级之间、同级人员之间的信息交流畅通，领导者鼓励各级组织自主决策或参与决策；或者将领导者与下属组合起来作为一个群体从事活动，领导者向下属提出挑战性目标并对他们能够达到目标充满信心；由下级和上级共同制定目标方案，并对实施结果进行评价；用奖赏的方法激励下级。

(三) 俄亥俄州立大学的领导行为四分图理论

俄亥俄州立大学的研究人员从1945年开始研究领导行为，他们采用较为严密的量表测定法归纳总结出领导行为的两个构面：关心人和抓组织。所谓关心人，是指领导者希望和下属建立一种相互依赖的关系，为下属提供一种友善和支持型的组织气氛。典型行为包括注重与下属之间的友谊、相互信任、尊重下属的意见、对下属一视同仁、鼓励下属进行沟通交流、分担他们的忧愁、关心他们的生活状况及工作满意度。所谓抓组织，是指领导者注重明确他和工作群体的关系，为实现组织目标界定和构造自己与员工的角色。典型行为包括：注重工作的组织、计划和目标，规定成员的工作职责和关系，建立明确的组织形态、工作效率标准、信息沟通渠道，明确工作要求、程序、方法，要求群体成员遵守既定的规章制度。

俄亥俄州立大学的研究人员发现，领导者的行为在每一种维度中会出现很大的变化，二维构面可任意组合，构成4种不同类型的领导行为，如图6-1所示，这就是"领导四分图理论"或"领导行为四象限图"。

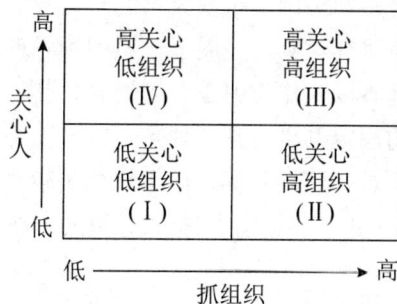

图6-1　领导行为四象限图

(四) 布莱克和穆顿的管理方格理论

在领导行为四分图的基础上，美国得克萨斯大学的布莱克和穆顿于1964年提出了管理方格图理论。他们将四分图中的"关心人"和"抓组织"两个维度调整为"对人的关心

度"和"对生产的关心度",将关心度各划分为9个等份,形成81个方格,从而将领导者的领导行为划分成许多不同的类型,如图6-2所示。

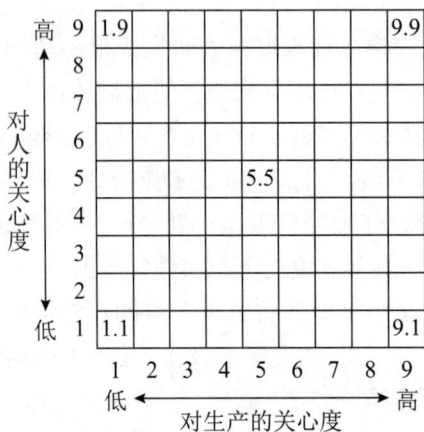

图6-2 管理方格图

要评价领导者,可按其对员工和对生产的关心度,找到相应的交叉点,这个交叉点就是领导行为的类型。布莱克和穆顿特别列出了其中5种典型的领导类型。

1. 1.1型:贫乏型管理

领导者对人和工作的关心度都是最低,以"多一事不如少一事"的心态行事,希望能够避免麻烦,尽量避免承担责任。他们只愿意花费最少的精力、付出最少的努力,维持职务必需的最低限度的工作。

2. 9.1型:任务型管理

领导者对工作的关心度最高,只注重任务、目标以及绩效的完成和实现,但忽略对人的关心,他们常运用权力强制员工达成组织目标。

3. 1.9型:乡村俱乐部型管理

领导者对人高度关心,重视同下属的关系,强调下属与自己的感情,而对工作、任务以及效率并不关心。他们希望营造一种舒适、友善、安全、和谐的组织氛围,并且相信下属在这种氛围中会有正面的表现。

4. 5.5型:中庸之道型管理

领导者维持足够的任务效率和令人满意的士气,通过保持必须完成的工作和令人满意的士气之间的平衡,使组织的绩效有实现的可能。领导者对工作和人的关心度都在中等水平,强调适可而止、兼而顾之,努力保持和谐,必要时会妥协,缺乏强烈的进取心,乐意维持现状。

5. 9.9型:理想型管理

领导者对工作和人都高度关心,通过协调和综合与工作相关的活动来提高任务效率和士气,这是一种理想的领导风格。

布莱克和穆顿认为,9.9型管理是最理想、最有效的领导方式,应当是领导者努力的方向。但是,关于如何成为有效的领导者,管理方格理论没有给出具体说明,只是为领导风格的概念化提供了一个基本框架。在管理实践中,还找不到足够的证据支持"9.9型管

理在所有情况下都是最有效的"这一结论。

(五) 三隅二不二的PM理论

日本大阪大学教授三隅二不二在汲取前人研究成果的基础上提出了PM理论，这一理论在形式上与俄亥俄州立大学的二维模型相似。他把群体作为一个整体，从两个维度来分析领导行为：一是领导的工作绩效(Performance，简称P因素)。包含10个问题，涉及压力因素(如严格按规章制度要求下级，向部下下达工作指令，让部下做出最大努力等)和计划因素(如让部下知道计划内容，仔细制订工作计划等)，主要考察领导者的专业知识水平、工作计划性、依据工作计划和规章制度对下级实施领导的效能，目的在于测量领导者为完成团体目标所做的努力。二是维持、改善群体自身的正常运转(Maintain，简称M因素)。包含10个问题，涉及团体维系因素(如理解下级在工作中的处境，支持部下工作，与部下谈话气氛融洽等)。主要考察领导的工作方法，与下级的工作关系，关心下属的能力，对工作团体的组织、协调效能，测量领导者为维持及强化团体关系所做的努力。这样，不论P因素多么强，总包括M因素；不管M因素多么强，也总包含某种程度的P因素。此外，P和M两方面都强或两方面都弱的情况也是存在的。

PM理论认为，领导者的作用就在于执行这两种功能。因此，领导者的行为也就包括这两个因素。如果运用管理四分图理论，以P为横坐标，M为纵坐标，在P和M坐标的中点各画一条线，就可划分出PM、Pm、pm、pM共4种领导类型，如图6-3所示。

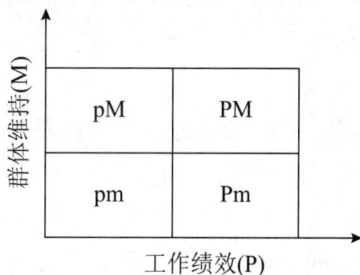

图6-3　三隅二不二的PM理论

三隅二不二的PM模型不像领导四分图模型那样对称地分割为4等份，它的分割线代表被测群体中所有成员的平均值，因而是变动的、相对的、灵活的。三隅二不二对各种行业的各层领导者进行了多年研究，并以企业的生产性指标和员工的士气性指标进行检验，获得4种类型的领导效果的基本一致性结果：PM型(高绩效-高维持)最好，Pm型(高绩效-低维持)和pM型(低绩效-高维持)居中，pm型(低绩效-低维持)最差，具体见表6-3。

表6-3　PM理论4种领导类型的效果

领导类型	生产量	对组织的信赖度	内聚力
PM	最高	最好	最好
Pm	中	较好	一般
pM	中	一般	较好
pm	最低	最差	最差

　　领导行为理论将人们的注意力由领导者的特质转移到领导者的行为，着重分析领导者的领导行为和领导风格对其组织成员的影响，从而找出较为有效的领导行为和风格。这类理论的贡献在于从多个维度考察并分析领导行为，具备评价领导行为的标准，为进行领导有效性研究提供了新途径。但它们没有在领导行为方式与成功绩效之间验证出一致性关系，没有考虑到影响领导有效性的情境因素，因而没有获得一般性的结论。所以，对于领导行为理论来说，虽有助于描述领导者的行为，但无法预测领导者的行为。在所有情境下，领导风格绩效的不确定性将促使人们去尝试探索情境对领导风格的影响。

■ 三、领导权变理论

　　领导权变理论又称领导情境理论，它在研究领导与绩效的关系时把情境因素考虑在内，着重研究影响领导行为和领导有效性的环境因素，从而探索提高领导有效性的方法。该理论认为，在不同的情境中，不同的领导行为会产生不同的领导效果。其中，菲德勒的权变模型、罗伯特·坦南鲍姆和沃伦·施密特的领导连续流理论、豪斯的途径-目标理论、赫塞和布兰查德的情境领导理论等比较具有代表性。

　　领导权变理论的出现，标志着现代西方领导学研究进入一个新的发展阶段。

(一) 菲德勒的权变模型

　　伊利诺伊大学的心理学家菲德勒从1951年开始，从组织绩效和领导态度之间的关系着手进行研究，于1962年提出了"有效领导的权变模式"，简称菲德勒模型。这一模型把领导者的特质研究与领导行为研究及情境分类联系起来研究领导效果。菲德勒认为，任何领导形态都可能有效，其有效性完全取决于领导者与被领导者相互影响的方式及情境对领导者的控制和影响程度的一致性。他把影响领导有效性的环境因素归结为以下三种。

　　1. 领导者与下属之间的相互关系

　　领导者与下属之间的相互关系是指领导者得到被领导者拥护和支持的程度，即领导者是否受下属的喜爱、尊敬和信任，能否吸引并使下属愿意追随他。领导者与下属之间相互信任、相互喜欢的程度越高，领导者的权力和影响力就越大；反之，其影响力就越小。这是影响领导有效性最重要的因素。

　　2. 职位权力

　　职位权力是指与领导者职位相关的正式职权及其从上级和整个组织各个方面所得到的支持程度，这一职位权力由领导者对下属所拥有的实有权力所决定，包括领导者的地位、权威与责罚、升贬、任免、加薪、指派等能力。职权是否明确、充分，在上级和整个组织中得到的支持是否有力，直接影响领导的有效性。一个领导者对其下属的雇佣、工作分配、报酬、提升等的直接决定权越大，其对下属的影响力也越大。

　　3. 任务结构

　　任务结构是指下属从事的工作或任务的明确性，包括目标对成员来说是否清晰、成果是否可测、解决问题的方法是否正确及完成任务的途径和手段的多少等。如果被领导的群

体清楚要完成的任务，组织纪律严明，成员有章可循，则工作质量比较容易控制，领导开展工作也可更加有的放矢；反之，工作规定不明确，成员不知道如何去做，领导者就会处于被动地位。

菲德勒将上述3个环境变数任意组合成8种群体工作情境，对1200个团体进行了观察，收集了把领导风格与工作环境关联起来的数据，得出了在各种不同情况下使领导有效的领导方式，其结果如图6-4所示。

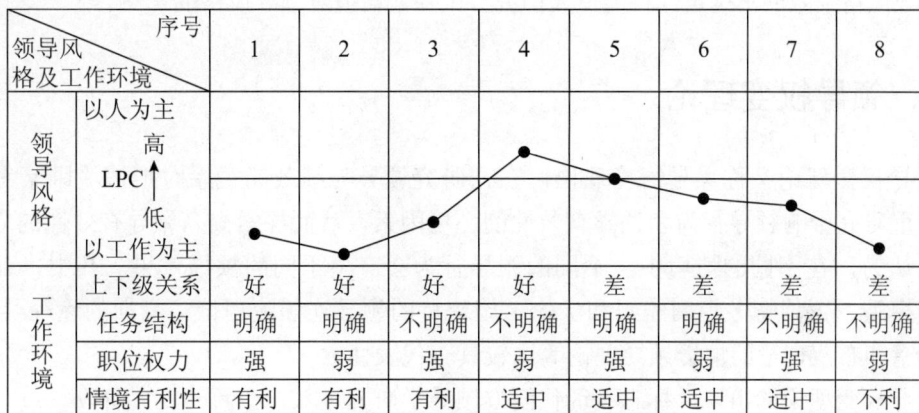

领导风格及工作环境 序号		1	2	3	4	5	6	7	8
领导风格	以人为主 高 LPC↑ 低 以工作为主								
工作环境	上下级关系	好	好	好	好	差	差	差	差
	任务结构	明确	明确	不明确	不明确	明确	明确	不明确	不明确
	职位权力	强	弱	强	弱	强	弱	强	弱
	情境有利性	有利	有利	有利	适中	适中	适中	适中	不利

图6-4　菲德勒的权变模型

菲德勒的研究结果表明，根据群体工作情境，采取适当的领导方式可以把群体绩效提高到最大限度。当情境非常有利或非常不利时，采取工作导向型的领导方式是合适的；但当各方面因素交织在一起且情境有利程度适中时，以人为主的领导方式更为有效。

(二) 罗伯特·坦南鲍姆和沃伦·施密特的领导连续流理论

领导连续流理论也称领导方式连续统一性理论，由罗伯特·坦南鲍姆和沃伦·施密特提出。他们认为，领导的方式方法有许多，但哪一种最合适则取决于环境，即有效的领导方式是在特定的时间、地点和条件下选择适当的领导行为。

他们以领导者把权力授予下属的程度作为权变变量，描述了从以上级领导者为中心到以下属为中心的一系列连续分布的领导行为模式，如图6-5所示。最左端为以高度专权来

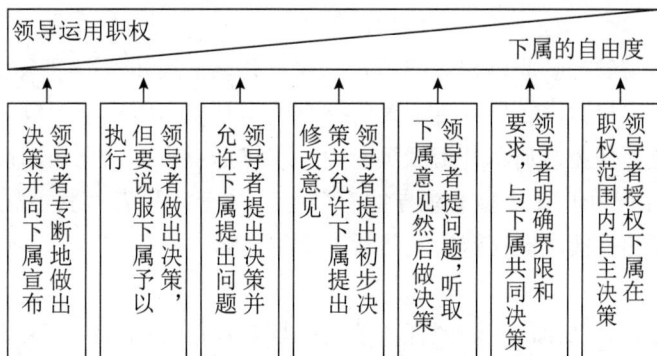

领导运用职权 ——————→ 下属的自由度

| 领导者专断地做出决策并向下属宣布 | 领导者做出决策，但要说服下属予以执行 | 领导者提出决策并允许下属提出问题 | 领导者提出初步决策并允许下属提出修改意见 | 领导者提出问题；听取下属意见然后做决策 | 领导者明确界限和要求，与下属共同决策 | 领导者授权下属在职权范围内自主决策 |

图6-5　领导行为连续流

严密控制、以领导者为中心的领导模式；随着连续流从左向右移动，下属的参与机会和自由度持续增加，而领导者的职权持续下降；最右端为以高度放权、间接控制、以下属为中心的领导模式。如此，从左至右依次划分出7种具有代表性的、典型的领导方式。这些领导方式的效果随组织环境、工作任务、员工素质、上下级关系、组织结构的变化而有所改变。领导者应综合考虑这些权变因素，在各种领导方式中选出最恰当的一种。

(三) 豪斯的途径-目标理论

途径-目标理论是加拿大多伦多大学教授豪斯以期望理论和领导行为四分图理论为依据提出的一种领导权变模型。豪斯认为，当领导方式适用于不同的部下和环境时，才是有效的。"高工作"和"高关心"的组合不一定是最有效的领导方式，还需要考虑环境因素。决定领导方式的环境因素包括两个方面：一是下属的特点，包括下属受教育的程度，下属对于参与管理、承担责任的态度，下属对自身独立自主性的要求程度等。领导者对于改变下属的特点一般是无能为力的，但可通过改变工作环境来充分发挥下属的特长。二是工作环境特点，主要指工作本身的性质、组织性质等。据此，他提出了指令型、支持型、参与型和成就指向型4种领导方式。

1. 指令型领导方式

指令型领导方式是指领导者做出决策，并对下属提出要求、指明方向，给下属提供他们应该得到的指导和帮助，让下属明确任务的具体要求，能够按照工作程序去完成自己的任务，实现自己的目标。当工作任务模糊不清、变化大，或下属对工作不熟悉、没有把握、感到无所适从时，这种方式是合适的。

2. 支持型领导方式

支持型领导方式是指领导者与下属友善相处、关系融洽，领导者平易近人、公平待人、关心下属的生活福利。这种领导方式特别适合工作高度程序化，让人感到枯燥乏味的情境。由于工作本身缺乏吸引力，下属就希望上司能成为令其满意的因素，领导者可通过工作会餐或郊游等满足下属的社交需求。

3. 参与型领导方式

参与型领导方式是指领导者经常与下属沟通信息，与下属商量工作，征询下属的建议，虚心听取下属的意见，允许下属参与决策、参与管理。当任务相当复杂，需要组织成员高度协作时，或当下属拥有完成任务的足够能力并希望得到尊重和实现自我控制时，采用这种方式是合适的。

4. 成就指向型领导方式

成就指向型领导方式是指领导者提出有挑战性的目标，要求下属有高水平的表现，鼓励下属并对下属的能力表示出充分的信心，激励下属想方设法去实现目标、迎接挑战。这是参与型领导方式的一种特殊类型，它主要强调目标设置的重要性。领导者通过为下属设置富有挑战性的目标和鼓励下属完成这些任务来管理下属。只要下属能完成目标，他们就有权自主决定怎么做。

(四) 赫塞和布兰查德的情境领导理论

情境领导理论由保罗·赫塞和肯尼斯·布兰查德于1976年提出,他们将俄亥俄州立大学心理学家卡曼于1966年提出的领导生命周期理论和阿吉里斯的成熟-不成熟理论结合起来,发展创造了该模式,这是一种重视下属成熟度的权变理论。

赫塞和布兰查德将成熟度定义为:个体对自己的直接行为负责任的能力和意愿,它取决于两个方面,即任务成熟度和心理成熟度。任务成熟度即胜任度,包括一个人的知识和技能。任务成熟度高的人拥有足够的知识、能力和经验完成他们的工作任务,不需要他人的指导。心理成熟度即认同度,指的是一个人做某事的意愿和动机。如果下属无须领导者的直接控制和监管,具有自我激励和完成高质量工作的渴望,能自觉地去做,则认为他具有较高的心理成熟度。心理成熟度高的个体不需要太多的外部激励,他们靠内部动机激励。

情境领导理论把下属的成熟度由低到高设定为不成熟、初步成熟、比较成熟、成熟4个阶段,分别用M1、M2、M3、M4表示,如图6-6所示。第一阶段(M1):下属不成熟,他们对于工作任务既无能力胜任又不情愿完成;第二阶段(M2):下属初步成熟,他们有积极性,愿意承担任务,但目前尚缺足够的能力;第三阶段(M3):下属比较成熟,他们具有完成工作任务的能力,但不愿意去做领导者希望他们做的工作;第四阶段(M4):下属成熟,他们既有能力又愿意去做领导者让他们做的工作。

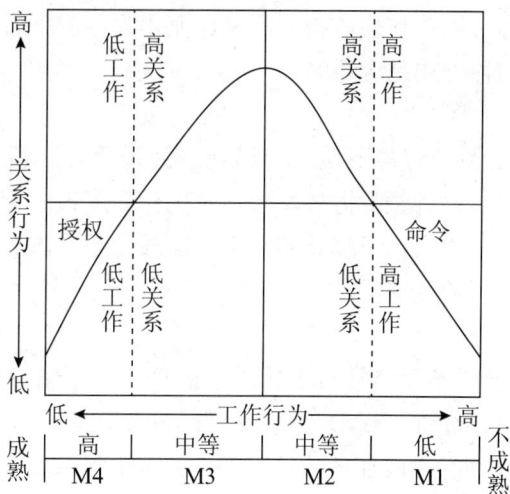

图6-6 赫塞和布兰查德的情境领导模型

情境领导理论使用的两个领导维度与菲德勒的权变模型相似,即任务行为和关系行为。不过,赫塞和布兰查德认为,每一个维度应有低有高,从而组合成以下4种具体的领导模式,即命令式、说服式、参与式和授权式。

1. 命令式

命令式又称指示式,表现为高工作、低关系型领导方式。领导者对下属进行分工并具体告知下属应当做什么,如何做,何时以及到何地去完成不同的任务。它强调指导性行

为，通常采用单向沟通的方式直接指挥。

2. 说服式

说服式表现为高工作、高关系型领导方式。领导者既给下属一定的指导，又提供支持，注意保护和鼓励下属的积极性。除向下属布置任务外，领导者还与下属共同商讨工作如何开展，比较重视双向沟通。

3. 参与式

参与式表现为低工作、高关系型领导方式。领导者极少发号施令，而是与下属共同参与决策，领导者的主要作用是给下属以支持，促进工作的顺利开展和协调沟通。

4. 授权式

授权式表现为低工作、低关系型领导方式。领导者几乎不提供指导或支持，通过授权鼓励下属自主做好工作，由下属独立开展工作，并完成任务。

当下属成熟度为M1(不成熟)阶段时，缺乏接受和承担任务的能力和愿望，领导者要采取高工作-低关系的命令式领导方式，给予下属明确而细致的指导和严格的控制；当下属成熟度为M2(初步成熟)阶段时，愿意承担任务，但缺乏足够的能力，领导者既要保护下属的积极性，交给其一定的任务，又要及时给予指导以帮助其较好地完成任务，应选择高工作-高关系的说服式领导方式；当下属处于M3(比较成熟)阶段时，具有完成领导者交派的任务的能力，但没有足够的积极性，领导者应主要解决其动机问题，可通过及时的肯定和表扬以及一定的帮助和鼓励来促使下属树立信心，采用低工作-高关系的参与式领导方式为佳；当下属处于M4(成熟)阶段时，愿意并且有能力去做领导者要他们做的事，领导者可采用低工作-低关系的授权式领导方式，只向下属明确目标和工作要求，具体做法由下属自我掌控。

■ 四、领导理论的新发展

(一) 交易型领导理论

1978年，詹姆斯·麦格雷戈·伯恩斯首次提出了交易型领导的概念。他认为，交易型领导是建立在对他人的理解和尊重的基础之上的，成员与领导者之间的关系是互惠的，基于经济、政治及心理方面的价值互换。领导者用奖励鼓励下属工作，这是一种短期的交换结果。这种领导方式的效果视领导者与下属之间的内隐契约(心理契约)的状况而定。同年，赫兰德也对交易型领导的概念进行了阐述。他认为，在特定情境下，领导行为是领导者和被领导者相互满足的交易过程。工作勤奋、尽职尽责的领导者会明确下属完成目标需要做什么，明晰组织角色和任务，建立组织结构，奖赏绩效，满足下属的社会性需要。1985年，巴斯在《领导与超越期望的绩效》一书中正式提出了交易型领导理论。巴斯指出，交易型领导关注绩效标准、任务导向的目标。交易型领导行为可分为权变奖励领导行为和例外管理领导行为。权变奖励领导行为是指领导者和下属之间积极主动地交换；例外管理是指领导者对下属工作中发生的例外问题所持的态度和采取的管理方式，领导者借助

关注下属的失误、延期决策、差错发生前的介入等，与下属进行交换。

综上所述，交易型领导理论认为，领导者与下属之间的关系是以两者之间一系列的交换和隐含的契约为基础的，领导者的任务是设定员工达成组织目标时所能获得的奖酬，界定员工的角色，提供资源并帮助员工找到达成目标及获得奖酬的途径；下属则以服从领导的命令指挥、完成领导者分配的任务作为回报，整个过程就像一场交易。交易型领导具有强调分工与绩效、注重秩序和规则、实行严格的控制等特征。在管理实践中，大多数管理者都会不同程度地存在交易型领导行为，但仅靠交易型领导来影响下属也会带来一些问题。例如，交易型领导可能将下属作为谋取个人私利的操纵工具；可能导致短期行为，只顾追求效率和利润最大化而忽视远期效益；强大的压力或不适当的奖惩可能导致下属无法明确工作意义，无法发挥其主观能动性，甚至堕入不道德和非理性的误区。

(二) 变革型领导理论

变革型领导理论是由美国政治社会学家詹姆斯·麦格雷戈·伯恩斯于20世纪80年代提出的。伯恩斯认为，变革型领导是领导者与成员相互将道德及动机提升到较高层次的过程，领导者通过改变下属的价值与信念，提升其需求层次，使下属意识到工作目标的价值，或者为组织规划愿景、使命以激励下属，从而优化组织内部的互动，在组织内营造变革的氛围，在高效率地完成组织目标的过程中推动组织的适应性变革。这种领导方式可以使下属产生更强烈的归属感，满足下属的高层次需求，获得较高的生产率和较低的离职率。

1993年，阿佛利奥将变革型领导行为的方式概括为理想化影响力、鼓舞性激励、智力激发、个性化关怀4个方面。理想化影响力是指领导者了解对于未来什么是重要的，能提出吸引人的愿景以增强组织凝聚力，能使他人产生信任、崇拜，大家认同、支持他倡导的愿景规划，并对其成就一番事业寄予厚望。鼓舞性激励是指领导者把富有意义和挑战性的工作交给下属，并明确描述在整个组织目标约束下的预期目标，同时以积极乐观的态度表明对下属的高期望值，以提高下属的工作期望，相信自己能表现得比预期的标准更好。智力激发是指领导者鼓励下属创新、挑战自我，包括向下属灌输新观念，启发下属发表新见解，鼓励下属从新的视角寻找解决问题的方法与途径，激发下属形成意识、信念以及价值观并使之发生变化。个性化关怀是指领导者仔细倾听并关注每一个下属的个人需要、能力和愿望，能发现下属的潜能，根据每个下属的独特性格、不同情况和需要提供的支持，有区别地培养和指导每一个下属，辅导他们达成目标。

变革型领导理论主要来自对西方大型企业高层领导者的研究，它超越交换的诱因，强调从多个不同的角度解决问题，引导员工不仅为了他人的发展，而且为了自身的发展承担更多的责任。尽管有实证研究证明它能提高员工满意度和工作绩效，但变革型领导能否复制，是否适用于和如何适用于低层领导者，以及它对不同文化环境的适用性等，还有待更多的实践验证。

(三) 魅力型领导

魅力型领导理论是指领导者利用其自身的魅力鼓励追随者并做出重大组织变革的一种

领导理论。1977年，豪斯提出了魅力型领导者的3种个人特征——高度自信、支配他人的倾向和对自己的信念坚定不移，并用支配性、具有强烈的感染力、充满自信、具有强烈的个人道德感来定义魅力型领导。随后，本尼斯在研究了90名美国最有成就的领导者之后，发现魅力型领导者具备以下7种能力：有远大的目标和理想；有令人折服的远见和目标意识；能清晰地表述这一目标，使下属明确理解；能明确地向下级阐释目标和理想，并使之认同；对理想的坚持和执着追求；对目标的追求表现出一致性，能够全身心投入；了解自己的力量并善于利用这种力量。1987年，麦克基尔大学的康格尔与卡纳果概括出魅力型领导者区别于无魅力领导者的下列特征：他们不安于现状并努力改变现状；设置与现状距离很远的目标前景；对自己的判断力和能力充满自信；能深入浅出、言简意赅地向下属说明自己的理想和远大目标，并使之认同；采取一些新奇、违反常规的做法，当他们成功时，会引起下属的惊讶和赞叹；对环境的变化非常敏感，并能果断采取措施改变现状；经常依靠专长权力和参照权力，而不仅仅依靠合法权力；经常突破现有秩序的框架，采用异乎寻常的手段达到远大的目标；被认为是改革创新的代表人物。1989年，美国克莱蒙特麦肯纳学院领导学教授杰伊·康格尔提出了魅力型领导4阶段模型：对环境作持续评估，形成愿景；运用动听的、具有说服力的语言与组织成员进行愿景沟通；促使组织成员产生信任和忠诚；实现愿景。1998年，康格尔和卡纳果提出了魅力型领导的5个行为属性：远见卓识，环境敏感，成员需求敏感，敢于冒险，反传统。

魅力型领导适用于诸如组织突变这样的困难时期或危险情境，如果领导者的愿景正确，其领导力无疑极为高效。随着经济全球化的发展，市场竞争日趋激烈，各类组织(尤其是企业组织)迫切需要魅力型领导者的改革和创新精神，以应对环境的挑战。当然，如果魅力型领导者过分强调个人的需要高于一切，要求下属绝对服从，或利用其高超的说服能力误导或操纵下属，则可能产生不良后果。

(四) 愿景领导

愿景领导的概念是由美国管理理论学家伯特·纳努斯于1992年正式提出的。他认为，愿景领导是指组织通过可靠、真实、具有吸引力的未来，提供行动目标，帮助领导者超越目前的情境，使组织更成功、更美好。他强调在所有领导功能中，领导者对愿景的影响最深远。愿景领导者常会提出真知灼见，并驱使成员采用新行动，去完成新目标，因此常被视为革新者或理想的楷模。

1995年，霍伊尔提出了达成愿景的3个基本要素，即远景陈述、任务陈述、目的陈述。远景陈述是指具有激励性质的理想陈述，它通常是由组织成员共同创造的，目的在于激励成员不断努力；任务陈述是指组织对外的工作陈述，目的是告诉外界本组织的工作目标和过程，因而任务陈述往往比远景陈述更详细、更明确；目的陈述是指组织任务的具体陈述，旨在引导组织成员完成组织目标。

在一个组织环境中，愿景领导能够为所有员工提供一个共同的目标，引导人们的行动，使所有员工凝聚成一个"共同体"。同时，愿景领导也是一项非常有效的激励因素，能激励、吸引和保留与组织目标一致的员工。在建立愿景的过程中，领导者与下属要充分

沟通，鼓励员工积极参与。只有所有员工都被激活，迸发出很多智慧，领导者才能整合大家的思路，凝聚出公司的共同愿景。这样的共同愿景一旦构建完成，将会体现出持久的领导力。

第三节　领导艺术

一、领导艺术及其特征

任何领导的方式和方法最终都可概括为领导行为，而行为都是在一定的思想支配下产生的，所以可以把领导艺术看作领导思想和领导理论的一种体现，是具有创造性的、有效的领导行为。领导艺术具有应变性、思辨性、多彩性、创造性和有效性的特征。

(一) 应变性

应变性是领导艺术的基本特征。由于组织内外部环境无时无刻不在发生变化，领导者经常要面对随机变化的情况，没有规范化的程序可遵循，也不能用数学分析的方法来解决，必须因时因地因条件，凭某种直觉来认识和判断事物、处理事务。这就需要领导者具有一定的思考和处理随机事件的变通能力，即做到通权达变、因敌取胜。

(二) 思辨性

思辨性是领导艺术的重要特征。领导艺术源于领导的经历、知识和经验，但并不是说丰富的经验就是领导艺术。领导艺术不可避免地带有经验的痕迹，但如果想当然地凭经验行事，既适应不了变革的时代，也产生不了创新的方法。所以，领导艺术尽管以经验为基础，但其首先要对事物进行再认识，即从杂乱无章的事务中，理出一套逻辑思路，有时甚至需要以直觉去思考、辨别和决断，这种再认识的过程就是一种思辨过程。

(三) 多彩性

领导艺术是生动活泼、丰富多彩、千姿百态的。即使处理相同的事情，不同的领导也往往有不同的解决办法。领导艺术带有感情色彩，有一种感染人、吸引人的魅力。个人性格在领导行为中的反映，形成了领导艺术的多姿多彩，所以多彩性也是领导艺术的个性特征。

(四) 创造性

创造性是领导艺术的内在特征。具有艺术性的领导行为，不是因循守旧、墨守成规，而是构思新颖、风格独特，能体现领导者生机勃勃的创造力。在领导理论的一般原则的基础上，善用"奇法"，创造性地实施领导，既是产生领导艺术的必要条件，也是保证领导有效性的内在要求。

(五) 有效性

领导的有效性是领导行为的基本目标，是领导艺术的基本要素。对于组织，需要由个人做出贡献；对于个人，需要靠组织达到目的。这两种社会需要相辅相成，有效性才能实现。领导行为不仅要实现领导的客体目标，还要追求领导的主体目标，即领导行为本身的效果目标。有效的领导，不是追求某种形式，而是追求效率、效果。有效性是领导行为最终的判定标准，是领导艺术必须追求的目标。

二、领导艺术与领导理论、领导经验的关系

认识领导艺术与领导理论和领导经验的内在联系，有助于我们认识领导艺术在领导理论和领导经验之间的定位。

(一) 领导艺术与领导理论的关系

领导理论是对领导思想与领导行为的理性认识的归纳和概括，是系统化、科学化的知识。作为领导者实践经验的结晶，它体系严谨、内容规范，具有一般的普遍性和相对的稳定性，是领导者学习和实践的宝贵财富。领导艺术是一种实践，它体现了领导者的创造力，是在实践基石上激起的创造性思维的火花。

领导艺术与领导理论的基本关系就是认识与实践的辩证关系。领导理论是领导艺术依据的一般原则，是造就领导艺术的必要前提，领导艺术是领导理论的灵活运用。没有灵活性的领导理论，会变成僵化的教条；没有原则性的领导艺术，会成为随心所欲的行为。

(二) 领导艺术与领导经验的关系

经验的取得，需要多次实践。一个人可以在没有领导经验的情况下实施领导行为，但不可能在没有一点经验的情况下达到领导行为的艺术境界。这是因为，必要的经验积累是产生领导艺术的基础，只有经过积累，才能使经验得到提炼，才能使认识得到升华，才能产生领导艺术。

虽然领导经验与领导艺术都是领导实践的反映和结果，但与经验的一般性相比，领导艺术更具特殊性，这种特殊性就是领导艺术的创造性，即经验的再创造与升华，这两者的层次是迥然不同的。

可见，领导理论是领导艺术的前提，领导经验是领导艺术的基础。领导艺术产生于领导实践，超越领导经验，升华为领导理论。

三、领导艺术的内容

领导艺术的主要内容包含为人处世、开发资源和运筹帷幄3个方面。

(一) 为人处世的艺术

作为一位领导者，首先要妥善处理组织内外的人际关系，无论是内部的员工、外部的顾客，还是其他利益相关者，都要经常沟通思想，争取支持，善于用理智的、全方位的思维分析复杂的情景，并针对不同类型的组织或组织的不同发展阶段灵活选择领导方式。

要做到这一点，领导者必须努力培养自己在谦虚、执着和勇气这三个方面的品质。谦虚意味着领导者能够平等地对待员工，有容人之量；执着是指坚持正确的方向，保持矢志不移的决心和意志；勇气则是指领导者必须面对各种各样的艰难险阻，必须正视事业上的挫折和失败。

(二) 开发资源的艺术

企业的资源是多种多样的，开发资源的艺术是企业领导所必需的基本素质。开发管理资源，既包括开发有形资源，又包括开发无形资源；既包括开发人力资源，又包括开发时间资源。人是社会中最宝贵的资本或资源，开发人的潜能为组织发展所用，是领导者的根本职责，知人善任是成功管理者最基本的素质。领导应当把"以人为本"视作自己重要的使命之一，不遗余力地发掘、发现人才，将适合企业特点的优秀人才吸引到自己身边。领导不仅要重视人力资源，还要创造一种机制，使员工能够各尽其才、各显其能。时间对于领导来说非常重要，疲于奔命式的领导行为，不仅极大地降低了管理效率，而且在大多数情况下也是无效的。因此，必须把握好"时间"这一看不见、摸不着的紧缺资源。

(三) 运筹帷幄的艺术

决策是领导者要做的主要工作，决策一旦失误，对单位来说就意味着损失，对自己来说就意味着失职。决策的艺术，是对领导者的特别要求，是科学与经验的结合，是综合性知识与创造性的发挥。它要求领导者强化决策意识，尽快提高决策水平，尽量减少各种决策性浪费。在实践中，决策常常是令人举棋不定、非常棘手的事情，领导者往往无法找到符合决策的明确程序，而要依靠高级管理人员本身的经验、判断力、直觉力和创造力。因此，领导应懂得按照"利利相交取其大、弊弊相交取其小、利弊相交取其利"的原则，适时决策，不能未谋乱断，以免错失决策良机。另外，做出决策并不是事情的终结，把决策付诸实践，要比做出决策更为重要。领导者应善于调动他人的积极性，认真实施决策，做到言必信、行必果。

■ 四、提高领导艺术的有效性

现代领导者要处理3方面的关系，即领导与人的关系、领导与事的关系、领导与时间的关系。要提高领导艺术性，可从以下几个方面着手。

(一) 培养为人的艺术

在为人方面，领导应养成换位思考的习惯，客观地看待自己，并能公正、客观地对待

其他人与事。

1. 换位思考

领导者要激励下属，并从下属那里获得有益的信息，就必须善于使用同理心，站在下属的角度去思考问题、分析问题和解决问题。如果领导者推行某项改革时，只觉得自己的计划好，而不顾改革对其他人的影响，那么改革失败的可能性是极大的。虽然领导者不必赞同他人的价值体系和思维定论，但也必须了解他们的想法与做法。

2. 自知

领导者应善于理解自己，能够在工作中保持自觉和理智，做到自省、自控和自律。领导者应该对自己的能力有充分的认识和理解，清醒地知道自己的长处和不足，明白哪些事情是自己擅长的，哪些事情是自己办不到的。只有充分自省，才能在各种复杂情况面前做出正确的判断，才能在与同事或下属合作时，得到他人的信任。在发生危机或面临挫折的时候，领导者要充分自控，并在理智、冷静的基础上做出审慎的选择。领导者还必须清楚地意识到自己的特殊影响，必须意识到自己的个性、偏好、弱点和别人对自己的看法，必须知道自己的行动会给别人留下什么印象。

3. 公正、客观

要客观地对待事物，这是领导者必须具备的态度。人们在处理问题时，通常会带有自己的情绪，导致不够冷静和缺乏理性分析，从而影响决策的正确性和行为的恰当性。领导者的目标应该是符合实际的，而不应是情绪化的。领导者对自己最关心的人和事保持恰当的心理距离，才能明智地处理事务。

(二) 培养办事的艺术

为了使工作有效，领导者应形成一套判断标准，用来决定哪些事应该优先去做，哪些事应该稍后去做，哪些事不应该由自己去做。具体来说，应从以下3方面着手。

1. 面向未来

领导者要尽量摆脱过去，着眼未来。过去的不利决策往往会给现在带来麻烦，虽然领导者会着力解决遗留问题，但绝不应把主要精力放在这方面，而应检讨自己、吸取教训、面向未来，避免在今后的工作中再犯类似的错误。

2. 充分授权

领导者应按照例外原则办事，充分授权。按例外原则办事就是领导者只负责处理条例、规章、制度没有规定的例外事情。事必躬亲会使领导者陷入日常事务，只有适当地把权力下放，才能使自己从繁忙的日常事务工作中解脱出来，去做更重要的事。充分授权包括合理选择授权方式、授权留责、视能授权、适度授权等。

3. 分清主次

领导者不要以压力大小来排列工作次序，否则会导致过分重视紧急事项，忽视开拓性工作。领导者的工作内容之一是先行，为了更美好的未来，必须把面向未来的开拓性工作放在领导工作的首位。

(三) 培养合理利用时间的艺术

时间是最稀缺的资源，领导者能否合理利用时间，与整个组织成败关系极大。领导者必须善于安排自己的有限时间，把它用在最主要的工作上。为了有效利用时间，需做好以下工作。

1. 记录时间

连续记录自己每天的时间消耗情况，以若干分钟为一个单位，可以自己记，也可以请人帮忙。不要只凭记忆考量自己是如何利用时间的，因为记忆相当不可靠。

2. 分析时间

根据记录找出不必做的事、可以请人代办的事以及浪费别人时间的事，并停止再做这些事。还要找出由于缺乏合理的计划、制度或缺乏预见性造成时间浪费的因素，以及因为组织不健全造成时间浪费的因素，并着手加以改变。

3. 合理安排时间

在分析了时间利用情况，消除了各种浪费时间的做法与因素后，就可以找到自己能够自由利用的时间。要合理安排这些时间，去解决真正重要的问题。

技能训练单元

实训一：领导者素质自我评估测试

【实训目标】分析自身具备的领导潜质。

【实训内容与要求】参加测试者必须如实回答，以便得到正确的积分。

请阅读下列各个句子，如果(1)符合你的情况，请选择并标注[o]；如果(2)不符合你的情况，请选择并标注[o]。结合测试结果，分析自身具备的领导潜质。

1. (1) 大多数人都会向你求助。

(2) 你很激进，而且最关注自己的利益。

2. (1) 你很能干，而且比大多数人更能激发他人。

(2) 你会努力争取一个职位，因为你可以应对大多数人和所有的财务，掌握更大的职权。

3. (1) 你会尝试努力去影响所有事件的结果。

(2) 你急于减少所有阻碍目标达成的障碍。

4. (1) 很少有人像你那么自信。

(2) 你想取得任何你想要的东西时，不会有疑惧。

5. (1) 你有能力激发他人跟随你的领导。

(2) 你喜欢有人依你的命令行动，如有必要，你不反对使用威胁的手段。

6. (1) 你会尽力去影响所有事件的结果。

(2) 你会做全部重要的决策,并期望别人去实现它。

7. (1) 你有吸引人的特殊魅力。

(2) 你喜欢处理必须面对的各种情况。

8. (1) 你喜欢面对公司的管理人,咨询复杂问题。

(2) 你喜欢计划、指挥和控制一个部门的人员,以确保最佳福利。

9. (1) 你会向企业群体和公司咨询,以改进效率。

(2) 你会对他人的生活和财务作决策。

10. (1) 你会干涉官僚的推诿拖拉作风,并施压以改善其绩效。

(2) 你会在金钱和福利重于人情利益的地方工作。

11. (1) 你每天在太阳升起前,就开始一天的工作,直到傍晚六点整。

(2) 为了达成目标,你会定期且权宜地解雇无生产力的员工。

12. (1) 你会对他人的工作绩效负责,即你会判断他们的绩效,而不是你们的绩效。

(2) 为求成功,你有废寝忘食的习性。

13. (1) 你是一位真正善于自我开创的人,对所做的每件事都充满热忱。

(2) 无论做什么,你都会做得比别人好。

14. (1) 无论做什么,你都会努力追求最好、最高、第一。

(2) 你具有挑战欲望、积极人格和奋斗精神,并能坚定地追求任何有价值的事情。

15. (1) 你总是参与各项竞争活动,包括运动,并因有突出表现而获得多项奖牌。

(2) 对你来说,赢和成功比享受参与过程重要。

16. (1) 假如你能及时有所收获,你会更加坚持。

(2) 你对所从事的事务,很快会厌倦。

17. (1) 本质上,你依内在驱动力而行事,并以实现从未做过的事为使命。

(2) 作为一个自我要求较高的完美主义者,你常强迫自己有限度地实现理想。

18. (1) 你实际上的目标感和方向感,远大于自己的设想。

(2) 追求工作上的成功,对你来说是最重要的。

19. (1) 你喜欢需要付出努力和快速决策的职位。

(2) 你坚守利润、成长和扩展的概念。

20. (1) 在工作上,你比较喜欢独立和自由,远甚于高薪和职位安全。

(2) 你会安于控制性强、有权威性和有强烈影响力的职位。

21. (1) 你坚持要做好分内之事,相信敢于冒险的人往往会赢得金钱上的最大报偿。

(2) 有少数人认为你应更自信。

22. (1) 你被公认为是有勇气的、生气勃勃的乐观主义者。

(2) 作为一个有志向的人,你能很快把握住机会。

23. (1) 你善于赞美他人,如果对方的做法是可接受的,你会加以信赖。

(2) 你喜欢他人,但对他们以正确的方法行事的能力,很少有信心。

24. (1) 你通常宁可给人不明确的利益,也不愿意与他人公开争辩。

(2) 当你面对"说出它像什么"的问题时,你的表达往往是间接的。

25. (1) 假如他人偏离正道，正直的你会无情地纠正他。

(2) 你是在强调适者生存的环境中长大的，故常自我设限。

检测结论：计算一下你选(1)的数目，然后乘以4，就是你的领导特质百分比；同样，把选(2)的数目乘以4，就是你的管理特质百分比。

领导人[选(1)的总数]×4=   %

管理者[选(2)的总数]×4=   %

资料来源：周丹.管理学实训教程[M].北京：电子工业出版社，2012.

【实训时间】大约需要20分钟。

【实训场地】教室。

实训二：哪种领导风格更好

【实训目标】了解不同领导风格的特点，理解领导方式选择与特定环境的关系。

【实训内容与要求】认真阅读案例，撰写发言提纲，要求语言流畅、条理清晰。

哪种领导类型更有效

A公司是一家大规模的汽车配件生产集团。最近，某咨询公司对该公司的3个重要业务部门的部门经理进行了一次有关领导类型的调查。

1. 林德

林德对他负责的部门的产出感到自豪。他总是强调控制生产过程及产出量的必要性，坚持认为下属必须准确理解生产指令，才能迅速、完整、准确地反馈。当林德遇到小问题时，就放手交给下属去处理；当问题很严重时，他则委派几个有能力的下属去解决问题。通常情况下，他只是大致规定下属人员的工作方针、完成怎样的报告及完成期限。林德认为，只有这样才能促成更好的合作，避免重复工作。他说，他的上司对他们现在的工作运转情况非常满意。

林德认为，管理中的最大问题是下属不愿意承担责任。他提到，他的下属本来有机会做许多事情，但他们并不是很努力地去做。林德认为，对于一个经理来说，对下属采取敬而远之的态度是最好的，所谓的"亲密无间"会松懈纪律。他不主张公开谴责或表扬某个员工，相信他的每一个下属都有自知之明。

2. 霍西

霍西认为，每个员工都有人权。他偏重管理者有义务和责任去满足员工需要的学说，他常为他的下属做一些小事，如给员工几张在某地举行的音乐会的入场券。他认为，一张门票不会花费很多钱，但对员工和他的家人来说其意义远远超过所花费的成本。通过这种方式表达对员工的关心，也是对员工过去几个月工作的肯定，会让员工产生对公司的归属感，其作用远远超过单纯的物质刺激。

霍西说，他每天都要到厂房走一趟，与至少20%的员工交谈，了解他们的想法和要

求。霍西不愿意强人所难，他认为林德的管理方式过于死板，员工也许并不满意，但除了忍耐别无他法。

霍西已经意识到，管理中的不利因素多数是由生产压力造成的。他的想法是以一种友好、宽松、粗线条的管理方式对待员工。他承认，在生产效率方面，自己的部门不如其他部门，但他相信他的员工有高度的忠诚与士气，并坚信他们会因他的开明领导而努力工作。

3. 杰拉德

杰拉德表示，他面临的基本问题是与其他部门的职责分工不清。他认为，上级似乎并不清楚这些工作应该由谁来做，所以才会把不属于他们的任务也安排给他们部门。过去在不平等的分工会议上，他感到很窘迫，但现在他已经适应了，其他部门的领导也不觉得怎样。杰拉德承认他之所以没有提出异议，是因为担心会使其他部门的经理产生反感。

杰拉德认为，纪律的作用就是督促每个员工不停地工作，预测各种问题的发生。他认为，作为一个好的管理者，不该有时间像霍西那样握紧每一个员工的手，告诉他们正在从事的是一项伟大的工作。他相信，如果一个经理声称为了提薪与晋职而要对员工的工作进行考核，那么，员工则会更多地考虑自己，由此会产生很多问题。杰拉德主张，一旦给一个员工分配了工作，就让他以自己的方式完成，取消工作检查。他相信，大多数员工知道如何开展自己的工作，以及自己的工作做得怎么样。如果说存在问题，那就是在生产过程中，他的工作范围和职责可能混淆不清。

资料来源：冯光明.管理学[M].北京：邮电大学出版社，2011.

【实训步骤】

第一步，实训准备。每个人认真阅读并分析案例，初步了解本次实训涉及的理论基础知识。

第二步，以小组为单位进行案例讨论，小组成员充分发表个人观点。

第三步，对小组成员的各种观点进行记录，如表6-4所示。

表6-4 "哪种领导类型更有效"案例分析记录

专业班级		组　别	
记 录 人		时　间	
小组成员			
讨论记录	1. 三个部门经理各采取了什么领导方式？试预测它们各自产生的效果。 2. 是否每一种领导方式都有效？为什么？		成　绩
	组员1		
	组员2		
	组员3		
	组员4		
	组员5		

第四步，各小组选出一名代表，对小组讨论结果进行总结。

【实训时间】大约需要20分钟。

【实训场地】多媒体教室。

【实训成绩评定】

按照是否掌握不同领导理论和方式的特点、小组讨论记录是否完整、总结发言是否条理清晰等，将实训成绩分为优秀、良好、中等、及格、不及格5个等级，并对各组进行评价。

实训三：领导行为的适应性

【实训目标】了解领导者的权力来源，熟悉领导行为和权变理论的主要内容，理解领导方式选择与特定环境的关系。

【实训内容与要求】认真阅读案例，撰写发言提纲，要求语言流畅、条理清晰。

保罗是一位成功的领导者吗

1971年，保罗从美国中西部的一所名牌大学拿到会计专业的学士学位后，到一家大型会计师事务所的芝加哥办事处工作，由此开始了他的职业生涯。在工作中，公司执行委员会发现了他的领导潜能和进取心，遂在1983年指派他到纽约郊区开办了一个新的办事处。该办事处的主要工作内容是审计，这就要求有关人员具有较强的判断力和自我控制力。他主张工作人员之间要以名字直接称呼，并鼓励下属人员参与决策制定。对于办事处的长期目标和指标，每个人都很了解，但实现这些目标的办法是相当不明确的。办事处发展迅速，到1988年，专业人员达到30名，保罗也被认为是一位很成功的领导者和管理人员。

保罗在1989年初被提升为达拉斯的经营合伙人。开展工作时，他沿用在纽约工作时取得显著成效同时富有进取心的管理方式。他马上更换了25名专业人员，并制订了短期和长期的客户开发计划。职员人数增加得相当快，目的是确保有足够数量的员工来处理预期扩增的业务。很快，办事处拥有约40名专业人员。但在纽约取得成功的管理方式并没有在达拉斯取得成效，办事处在一年时间内就丢掉了最好的两个客户。保罗马上认识到办事处的人员过了，因此决定解雇前一年招进来的12名员工，以减少开支。他相信挫折只是暂时的，因而继续实行他的策略。在此后的几个月时间里，他又增雇了6名专业人员，以适应预期增加的工作量。但预期中的新业务并没有到来，所以他再次精简了员工队伍。在1991年的那个夏天，又有13名专业人员被解雇。

经历这两次裁员，留下来的员工感到工作没有保障，并开始怀疑保罗的领导能力……

资料来源：https://zhidao.baidu.com/question/79873456.html.

【实训步骤】

第一步，实训准备。每个人认真阅读并分析案例，初步了解本次实训涉及的理论基础知识。

第二步，以小组为单位进行案例讨论，并根据给出的相关问题列出发言提纲，如表6-5所示。

第三步，各小组选出一名代表发言。

表6-5 "保罗是一位成功的领导者吗"案例分析发言提纲

姓　　名		专业班级	
学　　号		成　　绩	
小组成员			

1. 保罗作为一位领导者的权力来源是什么？

2. 这个案例更好地说明了领导的行为理论还是领导的权变理论？为什么？

3. 保罗在达拉斯沿用在纽约取得成功的策略，为什么没能成功？影响因素有哪些？

【实训时间】大约需要20分钟。

【实训场地】多媒体教室。

【实训成绩评定】

按照是否掌握不同领导理论和方式的特点、能否理解领导方式与特定环境的关系，将实训成绩分为优秀、良好、中等、及格、不及格5个等级，并对各组进行评价。

实训四：校园模拟指挥

【实训目标】培养现场指挥的能力和应变能力。

【实训内容与要求】

1. 设置一定的管理情境，由学生指挥。

2. 管理情境为：午夜12点多，男生宿舍三楼卫生间的水管突然爆裂。此时，楼门和校门已经关闭，人们都沉睡在梦中，只有邻近的几间宿舍的学生被惊醒。水不断从卫生间涌出，情况非常紧急。假如你身处其中，如何利用你的指挥能力来解决这一突发事件？

3. 课下进行分组讨论，然后各小组分别表述本组应急方案，看看谁的方案最好。

【实训时间】大约需要20分钟。

【实训场地】多媒体教室。

【实训成绩评定】

按照方案的完整性、可操作性，将实训成绩分为优秀、良好、中等、及格4个等级，由教师与学生共同对各组方案进行评价。

实训五：情景表演——张亮及其助手的抱怨

【实训目标】了解授权的重要性，知晓授权原则及授权过程中应注意的问题。

【实训内容与要求】学生事先编排情景剧，课上表演后，围绕"如何进行有效授权"组织讨论。

【情景表演材料】

张亮和王东都在一家公司中担任部门经理。某天，两人在上班的路上讨论自己的管理工作。张亮特别为王大同和孙文国两个助手伤脑筋，他抱怨说："这两个人刚进公司时，凡是涉及报销和订货的事都要事先与我商量一下。但是，到现在都快一年了，他们还是什么事情都来问我。例如，王大同上星期又拿一笔不到1000元的报账单来问我，这完全是他可以自行处理的嘛！两周前，我交给孙文国一项较重大的任务，叫他召集一些下属一起完成，结果他却一个人闷头做，根本不叫下属来帮忙。他们总是这样，真没办法。"

几乎与此同时，张亮的两个助手也在谈论自己的工作。王大同说："上周，我找张亮，请他签发一张报账单。他说不用找他，我自己有权决定。但在一个月前，我因找不到他曾自己签发一张报账单，结果被财务部退了回来，原因是我的签字没有被授权认可。为此，我上个月专门呈交一份关于授权我签字的报告，但一直没有批下来。我敢说，我给他的报告他恐怕还锁在抽屉里没看呢！"孙文国接着说："你说他的工作毫无章法，我也有同感。两周前，他交给我一项任务，要我立即做好。为此，我想找一些员工帮忙，但他们不肯帮忙，原因是我没有征得张亮的同意。今天是完成任务的最后日期，我还没有完成。他又要抓我的"辫子"，把责任推给我。我认为，张亮是故意这样做，他怕我们做得太好抢他的位置……"

【实训步骤】

第一步，实训准备。初步了解领导授权的理论基础知识，组织4名学生认真阅读情景表演材料，并进行排练。

第二步，课上由4名学生模拟情景表演。

第三步，对如何处理授权过程中的矛盾和问题进行讨论，并要求学生撰写情景表演分析报告。

第四步，对小组成员的观点进行分析和提炼，由教师点评。

【实训时间】情景表演时间15~20分钟，分组讨论10分钟。

【实训场地】多媒体教室。

【实训成绩评定】

按照是否理解授权的基本原则和过程、能否正确分析授权过程中的矛盾与问题、是否参与情景模拟表演、情景表演分析报告是否完整等，将实训成绩分为优秀、良好、中等、及格4个等级，并对各组进行评价。

本章主要参考文献

[1] 高良谋. 管理学高级教程[M]. 北京：机械工业出版社，2015：196-200.

[2] 冯光明. 管理学[M]. 北京：北京邮电大学出版社，2011：291-307.

[3] 邢以群. 管理学[M]. 2版. 北京：高等教育出版社，2011：254-263.

[4] 安德鲁·J. 杜伯林. 领导力[M]. 4版. 北京：中国市场出版社，2011：59-69.

[5] 沈平，王丹. 管理学[M]. 北京：中国电力出版社，2015：186-202.

[6] 赵丽芬. 管理学——全球化视角[M]. 北京：中国人民大学出版社，2013：211-237.

[7] 周丹. 管理学实训教程[M]. 北京：电子工业出版社，2012：115-153.

[8] 曾宪达，毛园芳. 新编管理学基础实训教程[M]. 杭州：浙江大学出版社，2012：135-148.

第七章 激励

学习目标 ⚙

➤ 了解人性假设理论；

➤ 掌握激励的过程；

➤ 掌握内容型激励理论、过程型激励理论、行为改造型激励理论；

➤ 了解激励的原则；

➤ 掌握激励的一般方法。

管理故事 民营企业老板的困惑

　　某民营企业的老板通过学习有关激励理论，受到很大启发，并着手付诸实践，他赋予下属员工更多的工作和责任，并通过赞扬来激励下属员工。结果事与愿违，员工的积极性非但没有提高，反而对老板的做法表示强烈不满，认为他是利用诡计来剥削员工。

　　思考：请根据有关激励理论，分析该老板失败的原因并提出建议。

基础理论单元

第一节　激励概述

■ 一、激励的内涵及作用

(一) 需要、动机与激励

　　所谓需要，是指有机体由于缺乏某种生理或心理因素而产生的与周围环境的某种不平衡状态，也就是有机体对延续和发展其生命所必需的客观条件的需求的反映。简言之，就是人对某种目标的渴求与欲望。一个人总是直接或间接、自觉或不自觉地想要满足某种需要。需要是人的行为的起点，是形成人的行为动机的根本原因。

　　动机是引起个体活动、维持并促使活动朝向某一目标进行的内在动力，是人的内在需

要在一定的外因刺激下形成的引起行为的直接原因，它推动人们从事某种活动，从而实现目标。动机实质上是由需要驱使、刺激强化、目标诱导等因素相互作用的一种合力。在特定的社会环境约束下，在某一时刻，在一个人的系列动机中最为强烈的动机即为"优势动机"，该动机会变成其"目标"，引导人们采取行动、产生行为。

激励是指激发人的动机，鼓励人们充分发挥内在潜力，朝着所期望的目标采取行动的心理过程。它由激励主体、激励客体、目标、激励手段、激励环境5个要素组成。心理学研究表明，一个人的行为取决于动机的强弱，而动机的形成又取决于人的内在需要和外界刺激。动机是在需要的基础上产生的，动机的产生必然是因为人有某种未被满足的需要。一定的需要往往由特定的激励来满足，当有机体在内外部条件的刺激下希望得到某种满足时，就会产生一种紧张不安的心理状态。此时，实现目标(或者说被满足)的渴望便是一种激励因素，一旦遇到能够满足需要的目标，这种紧张的心理状态就会转化为动机，产生一定的行为。行为的结果无外乎两种情况：达到目标，实现动机。需要得到满足，就会产生"满足感"或"成就感"；否则，就会产生"不满足感"或"失落感"。然后，反馈结果会影响下一个周期的行为，人的行为就是这样一个循环往复的过程。在这一过程中，需要是动机和行为的基础，需要确定了人们的行为目标，行为的方向就是寻求目标、满足需要。因此，管理者可以在一定程度上通过外在的刺激影响人们的动机，从而使其产生组织所希望的行为。

(二) 管理中激励的本质

在管理学中，激励是指针对员工的行为产生变化的内在规律，利用能够激发、引导、强化和修正人的行为的各种力量，对员工的行为施加影响，以充分调动其工作积极性，提高组织效率，实现组织目标。这意味着激励具有很强的目的性，管理者必须洞悉和把握人性，按照人的客观行为规律，综合运用能够影响人的行为的各种力量，激发每个组织成员的能动性、积极性和创造性，在他们之间建立起合理、有效的分工协作关系，从而实现组织目标。

1. 激励的基本出发点是对管理中的人性的理解和把握

激励的对象是组织中活生生的"人"，而不是没有思想、没有意识的"物"。从人性的复杂性的角度来看，激励实质上就是管理者认识人性、理解人性以及不断地影响和塑造人性的过程。因此，要理解激励的本质，首先就要关注"人性"，认识"需要""动机""目标""结果"等决定激励效率的行为要素及其关联机制，了解被管理者在想什么、需要什么以及他们的追求是什么。只有对组织成员的不同人格属性有充分的认知和清晰的把握，才能创造一种良好的组织氛围，使其作用于员工人性方面的深层因素，使组织成员复杂多变的人性得到完善、发展和升华，从而激发其工作的积极性，最大限度地发挥其潜力。

2. 激励的实质是动机的激发过程

对人的激励之所以可能发生，就在于激励的本质就是根据员工的需要提供适当的刺激和目标，诱发员工的动机，调动他们的积极性。一般来说，被激励的员工处于一种紧张状

态。为缓解紧张，他们会努力工作，紧张强度越大，努力程度就越高。如果这种努力成功地满足了需要，紧张感就会减轻。由于激励是为了提高组织绩效，所以这种减轻紧张程度的努力必须指向组织目标。组织目标实现后，即获得生理或心理上的满足，从而产生新的需要。可见，激励的实质是通过影响人的需要或动机来引导人的行为。

(三) 激励的作用

1. 激励可以充分激发员工的工作积极性

员工在组织环境中做出的具体行为和采取的行动只是其心理属性及变化的外在表现形式，激励的有效性就在于通过作用于员工人性方面的深层因素来影响其行为的内在驱动力，从而真正激发其工作的积极性。美国哈佛大学的心理学家威廉·詹姆士在对员工的激励研究中发现，按时计酬的分配制度能让员工发挥20%~30%的能力，如果受到充分激励，员工的能力可发挥到80%~90%，甚至更高，并能在工作中始终保持热情。由此可以看出，员工在平时状态中的能力相当于激励状态下的1/3或1/4，或者说，激励能激发人的潜能，使其能力达到平时的3~4倍。可见，激励能使人变消极为积极，提高人们工作的自觉性、主动性、积极性和创造性，从而保持工作的有效性和高效率，自觉、自愿地为实现企业目标而奋斗。

2. 激励有助于实现个人需要与组织需要的协调统一

激励是管理者对组织成员或其下属的需要，采取外部诱因进行刺激，并使之内化为按照管理要求自觉行动的过程。这一激励过程既保证了个人需要的满足，又能通过充分调动与发挥个人积极性来实现组织目标。激励工作的目的就在于：一方面，强化那些有利于组织目标实现的个体需要；另一方面，在一个更高的层面上实现个体需要与组织需要、个人目标与组织目标的协调统一。要通过各种合理有效的机制和途径影响和塑造组织成员的"优势动机"，杜绝其不良动机，使其最终产生的行为符合组织目标的发展方向，并依照企业经营管理者所指引的方向，兢兢业业、勤勤恳恳地为实现组织发展目标做出自己的贡献。

3. 激励可以吸引与留住优秀人才

著名管理学家彼得·德鲁克认为，每个组织的成功都包括三个方面：直接的成果，价值的实现，未来的人力发展。这三个方面缺少任何一个，组织都会垮台。因此，每一位管理者都必须在这三个方面做出贡献。其中，对"未来的人力发展"的贡献就来自激励。

许多机构和组织在人才市场上具有强大的吸引力，在很大程度上是因为这些组织拥有更为健全的激励制度，能为人才创造良好的工作环境，从而发挥其所能。善于运用激励机制的组织，会通过各种优惠政策、丰厚的福利待遇、快捷的晋升途径来吸引企业需要的人才。同时，还会专门为优秀的人才设计职业生涯规划，建立个人利益与组织利益的联结机制，创造出一种良性的竞争环境，为其获取工作业绩和实现目标提供良好条件。

4. 激励可以提高员工的素质

从人的素质构成来看，虽然它具有双重性，既受先天因素影响，又受后天因素影响，但从根本意义上讲，后天的学习和实践起决定性作用。学习和实践的方式与途径是多种多

样的，激励是其中最能发挥效用的一种。激励能起到一种示范作用，通过对优秀人物和先进事件的表扬及奖励，通过对不良行为的批评和惩罚，引导组织员工提高对自身的要求，树立正确的人生观、是非观、价值观等，并且监督和约束自己的思想和行为。激励还具有激发成员的荣誉感或羞耻感、培养成员的进取心和意志力的作用，这些都有利于提高成员的自身素质。

总之，成功的激励可创造一种良好的组织氛围，使组织成员复杂多变的人性得到完善、发展和升华，使其行为受到强大的精神力量的支配，使个体的潜力和能力得到最大限度的发挥，并且能在追求组织目标的过程中满足自己的需要。

二、人性假设理论

管理中的人性假设，即管理中的人性观，是指管理者对被管理者的需求、工作态度的基本估计或基本看法，是对管理活动中的人性做出的预设，是管理者对被管理者实施管理的依据、基础或前提。西方关于人性假设的理论很多，具有代表性的有"工具人"假设、"经济人"假设、"社会人"假设、"自我实现的人"假设和"复杂人"假设。此外，日本提出的"文化人"假设也具有一定的代表性。这些假设是随着管理实践的发展，人们对管理中的人性的认识不断深化的结果。

(一)"工具人"假设

"工具人"假设认为，在生产活动中，被管理者与机械没有多大区别，只是一种工具，管理的任务是使作为管理对象的人像机械一样运作。这一假设最早产生于管理学尚未正式形成的时期。这一时期的管理思想强调管理者的作用，认为管理者是主动的，起支配作用；被管理者是被动的，不具备人的本性，只是管理者实现其目的的手段，向被管理者支付报酬就像给机器加油一样。

"工具人"假设在早期曾被许多管理者所奉行，尤其是在经济比较落后的情况下，在一定程度上维护了社会的稳定，并推动社会缓慢向前发展。但随着社会的发展，这一假设逐渐失去了合理性。

(二)"经济人"假设

"经济人"假设的理论来源是西方享受主义哲学和亚当·斯密的劳动交换理论。他们认为，人性是懒惰的，人工作的目的是获取经济报酬。最早提出"经济人"概念的是美国心理学家道格拉斯·麦格雷戈，他在1960年出版的《企业中人的方面》一书中进一步系统地阐明了自己的观点，将以"经济人"假设为指导依据的管理理论概括为"X理论"，并认为它是一种错误的理论。

"经济人"假设认为，多数人天生是懒惰的，会尽可能逃避工作，他们工作是为了满足基本的生理需要与安全需要；他们没有雄心壮志和负责任的精神，宁愿受别人的领导和指挥；他们不关心组织的要求与目标，只关心个人，且其个人目标与组织目标相矛盾；他

们安于现状，容易受他人影响；他们的行动只受个人利益的驱使，只希望以最少的付出最大限度地满足需要。只有少数人勤奋、有抱负、富有献身精神，能自己激励自己、约束自己，这些人应当负起管理的责任。

著名的泰勒制就是"经济人"假设——"X理论"的具体体现，与泰勒同一时期的法约尔、韦伯等人都认同这一假设。在他们看来，人不是完全被动的，人的活动是有经济动机的；管理者和被管理者也并非完全对立，他们的经济动机是相同的。因此，管理工作的重点是完成生产任务，提高劳动生产率，无须关心人的感情与愿望。在管理中，强调用物质利益和金钱等经济因素去刺激人们的积极性，用强制性的严厉惩罚去处理消极怠工者，即把奖惩建立在"胡萝卜加大棒"政策的基础上。

"经济人"假设反映了当时的资本主义生产关系，是社会发展到一定历史阶段的产物，它导致管理模式的巨大变化。在此后的几十年里，这种以效率为核心的管理模式对于丰富社会物质财富、改善人们的生存条件、促进社会发展起到了巨大的推动作用。

(三) "社会人"假设

"社会人"的概念是由美国哈佛大学的乔治·埃尔顿·梅奥根据霍桑实验提出的。梅奥以自己的人性观对"经济人"假设进行了反驳：人都有社会需求，愿意在社会关系中寻求乐趣与意义，因而对人来说重要的是与他人的协作，而不是无组织的竞争；人的行动目的是保卫自己在团体中的地位，而不只是为了自己的个人利益；人的思维更多地受感情的指导，而不是受逻辑的指导。

"社会人"假设认为，工人不是机械、被动的机器，而是活生生的人，支配人的行为的因素多是非理性的欲望、情绪等；人是社会人，不是孤立的个体，是复杂的社会系统中的成员，满足社会需要、追求团体归属感往往是人们更重要的行为动机，人际关系、员工士气、群体心理等对积极性有重要影响；建立在非理性因素之上的非正式组织与正式组织相互作用，共同决定组织的效率。据此，管理人员不应只注重完成生产任务，而应把重点放在关心、满足人的需要上，关心员工，培养员工的归属感，协调人际关系，实行集体奖励制度等。

(四) "自我实现的人"假设

"自我实现的人"假设又称"自动人"假设，是由美国心理学家亚伯拉罕·哈罗德·马斯洛在1954年提出的。他认为，人的需要是多层次的，"自我实现"是工作的最大动力，"自我实现的人"能够充分开拓并且运用自己的天赋和能力，向更高的目标奋进。麦格雷戈则把以"自我实现的人"假设为理论基础的管理理论概括为"Y理论"，他明确否定"X理论"，积极肯定"Y理论"。

"自我实现的人"假设认为，人是自主的、勤奋的，自我实现的需要是人的最高层次的需要，只要能满足这一需要，个体的积极性就会被充分调动起来。人在追求目标的过程中，是能够自我约束、自我控制的。基于这一假设，管理者应将管理重点放在构建良好的工作环境、为组织成员提供多方面施展才华的各种机会上，通过授予下级更多的权力，让

员工参与组织管理和决策过程。特别是在涉及自身事务的范围内，要使人们拥有一定的决策权，实行自主管理和自我控制。同时，改变激励方式，由外部激励变为内部激励，鼓励员工在实现组织目标方面承担更大的责任，让工作、责任成为员工的激励因素，从而充分发挥自己的潜能。

(五) "复杂人"假设

"复杂人"假设又称"超Y理论"，产生于20世纪60年代末、70年代初，其代表人物有美国学者埃德加·沙因、摩尔斯和洛斯奇等。

这一假设认为，"经济人"假设、"社会人"假设和"自我实现的人"假设虽然各有其合理的一面，但并不适合所有人。人的需要是多种多样的，其心理与行为是很复杂的；人有不同层次和水平的、多种多样的需要与潜能，管理者可以通过教育等手段来提高下属的觉悟，并充分发挥其积极性；人在同一时期内有各种需要和动机，它们会发生相互作用并结合为统一整体，形成错综复杂的动机模式；人在组织中的工作和生活条件是不断变化的，人的需要与潜能会随着年龄的增长、知识能力的提高、角色与人际关系的变化而发生变化。因此，不存在对任何时代、任何组织或任何人都普遍适用的管理模式。"复杂人"假设并不是要求管理人员采取完全不同于上述几种假设的新措施，而是要求根据具体的人的不同情况，灵活地采取不同的管理措施。也就是说，要因人而异、因事而异、因时而异地实行富有弹性的领导与管理。

(六) "文化人"假设

20世纪60年代，日本"企业文化"管理模式出现，并逐渐超越管理理论中的"经济人""社会人"等假设。它越过对人的经济和心理等层面的关注，直接逼近对人的行为的影响更深远、更有力的文化价值层面。日本人成功地把民族传统文化与现代工业精神有机结合，建立了"企业共同价值观"等企业文化管理的核心内涵，强调要重视人的问题，对员工要信任，激发企业员工的创造精神，为"文化人"假设的提出做了有益的尝试。

"文化人"假设认为，管理的重点是建立一种适合组织发展的文化，增强员工的认同感与归属感，以改变人的态度与行为，从而获得较高的管理效能。为此，应提倡对员工实行长期或终身雇佣制，对员工实行定期考核和逐步提级晋升制度，使员工看到组织给自己的好处，从而积极关心组织的利益和组织的发展，与组织同甘共苦。管理者不仅要让员工完成工作任务，还要对员工处处关心，让员工多参与管理，通过员工培训，培养他们适应各种工作环境的能力，成为多专多能的人才。在管理过程中，既要运用统计报表、数字信息等明确的控制手段，也要注意对人的经验和潜在能力进行诱导。决策采取集体研究和个人负责相结合的方式，由员工提出建议，集思广益，由领导者做出决策并承担责任。

在上述几种人性假设理论提出的管理主张和管理措施中，有许多观点是科学的，对如今的管理实践仍有借鉴意义。

第二节　激励的过程与类型

■ 一、激励的过程

激励就是把内驱力、需要、目标这3个相互影响、相互依存的要素衔接起来，构成动机激发的整个过程。激励可影响人们的行为，这一过程包括以下3个阶段。

(一) 动机的形成

激励必须针对被激励者没有得到满足的需求，并且随着被激励者需求的变化而变化，由此激发被激励者的动机，使其愿意采取组织所希望的行为。

(二) 行为的产生

通过培训增强被激励者的能力，通过授权等方法创造被激励者行动的条件，通过组织目标引导被激励者的行为，通过规章制度规范被激励者的行为，从而使被激励者能够完成组织所分配的任务并使其行为指向组织目标的实现。

(三) 行为的持续和改变

为了使组织成员保持组织所希望的行为、改变组织所不希望的行为，管理者应根据被激励者的行为结果有助于组织目标实现的程度给予公平的奖惩，而且奖惩的内容和强度必须能够在一定程度上影响被激励者个人目标的实现程度，从而强化被激励者良好的行为，弱化其不良行为。

激励就是通过设计一定的机制，对组织成员的需要和动机施加影响，经常提供适当的目标以激发动机、指导行为，使员工需要和组织目标最大限度地统一起来，形成目标链，把员工的积极性纳入组织轨道，进而强化、引导或改变员工的行为。

■ 二、激励的类型

(一) 物质激励与精神激励

1. 物质激励

物质需要作为人类的第一需要，是人们从事一切社会活动的基本动因。物质激励是指运用物质手段使员工得到物质上的满足，从而进一步调动其积极性、主动性和创造性。物质激励决定着员工基本需要的满足程度，进而影响其社会地位、社会交往、自我实现等高层次需要的满足，是最基本的激励方式。物质激励可以通过发放工资、奖金、津贴、福利等方式来实现。

2. 精神激励

精神激励即内在激励，是指精神方面的无形激励，包括向员工授权，认可他们的工作

绩效，建立公平、公开的晋升制度，提供学习、发展、进一步提升自己的机会，实行灵活多样的弹性工作时间制度，制定适合每个人特点的职业生涯发展规划，等等。精神激励是一项深入细致、复杂多变、应用广泛、影响深远的工作，它是管理者用思想教育的手段倡导企业精神，是调动员工积极性、主动性和创造性的有效方式。

(二) 正激励与负激励

1. 正激励

所谓正激励，是指对个体符合组织目标与期望的行为进行奖励，以提高个体的积极性，使这种行为更多地出现，主要表现为对员工的奖励等。这种方式与表扬略有不同，在实施程度方面，表扬一般较为郑重，正激励则较为随便；在接受对象方面，表扬的对象是确实做出成绩、取得进步的人，而正激励的对象则未必。正激励往往使用赞美的语言，多说下属的优点和长处，使其受到鼓舞，从而迸发工作热情，恰如其分的赞美是管理者激励下属的较好方式之一。

2. 负激励

所谓负激励，是指当组织成员的行为不符合组织目标或社会需要时，组织将给予惩罚或批评，使之减弱和消退，从而抑制这种行为。负激励具体表现为警告、纪律处分、经济处罚、降级、降薪、淘汰等。通过压抑和制止人的错误动机和行为，可促使其幡然醒悟、改弦易辙。

正激励和负激励作为两种相辅相成的激励类型，它们分别从不同的侧面对人的行为起强化作用。正激励是主动性的激励，负激励是被动性的激励；正确的行为用正激励去强化，错误的行为只能用负激励去避免。正激励与负激励都是必要而有效的，因为这两种方式的激励效果不仅会直接作用于个人，而且会间接影响周围的个体与群体。通过树立正面的榜样和反面的典型，扶正祛邪，有利于形成一种良好的风气，从而产生无形的正面行为规范，使整个群体的行为导向更积极。

(三) 内在激励与外部激励

1. 内在激励

内在激励是指通过启发诱导的方式，培养人们的自觉意识，形成某种观念，并在这种观念的支配下，激发人们的积极动机，产生组织期望的行为。内在激励是某项工作的激励作用与完成工作任务所产生的激励作用之和，即兴趣、爱好、成就等对人们的行为产生的影响。如果工作能让人们发挥其所长，且人们喜欢这种工作，那么工作本身就是一种激励，它能较持久地维持人的动机水平。

2. 外部激励

外部激励是指由外酬引发的、与工作任务本身无直接关系的激励。外酬是指完成工作任务之后或在工作场所以外所获得的满足感。实施外部激励时，应采取外部措施对员工进行激励，外部措施通常以规章制度、奖惩措施的形式来表现，具有一定的强制性。

在任何时候，外部激励都是必不可少的，但要实现有效的管理，应注重内在激励，

从根本上调动员工的积极性，单靠外部激励是不全面的。所以，只有将物质激励与精神激励、人的自然需要与社会需要结合起来，才能取得最佳的激励效果。

第三节　激励理论

自20世纪二十年代以来，许多管理学家、心理学家和社会学家结合现代管理实践，提出了多种激励理论。根据这些理论形成的时间及研究重点的不同，可以将其分为内容型激励理论、过程型激励理论、行为改造型激励理论、综合型激励理论。

一、内容型激励理论

内容型激励理论以西方人本主义心理学的动机说为理论基础，重点研究激发动机的诱因，将需要与激励联系起来，阐释需要是产生行为动机的根源，提出了一系列激励因素。主要理论有马斯洛的需要层次论、赫茨伯格的双因素理论、奥尔德弗的ERG理论、麦克利兰的成就需要理论等。

(一) 需要层次论

美国人本主义心理学家马斯洛于1943年提出了需要层次论，并在《人的动机理论》和《激励与个性》两部著作中系统地阐述了这一理论观点。马斯洛认为，每个人都有一套复杂的需要系统，按需要的先后顺序，可将这套复杂的需要系统从低到高依次分为生理的需要、安全的需要、爱和归属(社交)的需要、尊重的需要和自我实现的需要，如图7-1所示。

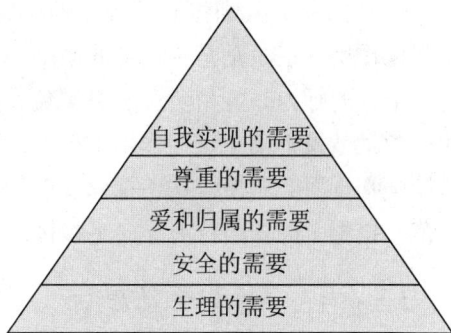

图7-1　马斯洛的需要层次结构

1. 生理的需要

生理的需要是维持人类生存所必需的身体需要，包括对食物、空气和水的需求。这是最低层次的需要，人们在转向较高层次的需要之前，总是尽力满足这类需要。

2. 安全的需要

安全的需要是对人身安全、生活稳定、财产不受威胁、职业安定以及免遭病痛折磨等保证身心免受伤害的需要。和生理的需要一样，在安全的需要没有得到满足之前，人们不会关心更高层次的需要。

以上两种需要属于防卫性的需要，用以维持自己的生存。

3. 爱和归属(社交)的需要

爱和归属(社交)的需要是对感情、友谊、爱情以及隶属关系等方面的需要，常表现为渴望爱与被爱、建立友谊、相互忠诚与信任、建立和谐的人际关系以及被某一群体接纳

等。当生理的需要和安全的需要得到满足后，这些需要就会表现出来。在企业中，如果这方面的需要得不到满足，就会影响员工的情绪和工作积极性。

4. 尊重的需要

尊重的需要体现在两个方面：一是自尊心、自主权等内在的尊重需要；二是地位、他人对自己的认可、受人尊敬等外在的尊重需要。一旦人们的这些需要得到满足，就会增强自信心和自豪感，否则会感到沮丧或自卑。

5. 自我实现的需要

自我实现的需要包括个人成长、发挥个人潜能、实现个人理想等需要。这是人类最高层次的需要，是一种追求个人能力极限的内驱力，可使人最大限度地发挥潜能，实现人生理想，体现人生价值，一般体现为胜任感和成就感。

马斯洛认为，人的需要是分层次的，呈阶梯式逐级上升。其中，生理的需要、安全的需要等可通过外部条件得到满足，如借助工资收入满足生理的需要，借助法律制度满足安全的需要等；尊重的需要、自我实现的需要则是从内部使人得到满足。一般来说，只有在低层次的需要得到满足以后，人们才会进一步追求较高层次的需要；低层次的需要满足的程度越高，对高层次需要的追求就越强烈。他断定，需要的存在是促使人产生某种行为的基础。当一个人无所求时，也就没有什么动力与活力；反之，若一个人有所需求，就必然存在可以被激励的因素。不同的人或同一个人在不同的发展阶段，其需求结构是不同的，所以要调动人的积极性，就必须采用差异化的方式满足不同的需求，以达到最佳的效果。

马斯洛的需要层次论存在一定的争议，但由于他对人的需要进行了系统的研究，为以后各种激励理论的提出奠定了基础，因此该理论在各国广为流传，应用最为广泛。

(二) 双因素理论

双因素理论又叫"激励-保健"理论，是美国行为科学家弗雷德里克·赫茨伯格于1959年在对匹兹堡地区多家工商企业机构的203名工程师和会计师进行调查访问后提出的。访问主要围绕两个问题进行：在工作中，哪些事项让他们感到满意，并估计这种积极情绪将持续多长时间；哪些事项让他们感到不满意，并估计这种消极情绪将持续多长时间。赫茨伯格根据受访人员对这些问题的回答发现，使员工感到不满意的因素与使员工感到满意的因素是不一样的。

使员工感到不满意的因素大多属于工作环境或工作关系方面，如组织政策、管理措施、技术监督、工作条件，人际关系、工资福利、工作安全等。当这些条件得到满足后，员工就没有不满意，但也不会产生积极的态度，并不能对员工起到激励作用；当这些条件得不到满足时，就会引发员工的不满情绪。赫茨伯格把这些没有激励作用的外界因素称为"保健因素"。

使员工感到满意的因素大多属于工作内容和工作本身方面，如工作的成就感、得到上司的赏识和认可、从事具有挑战性的工作、增加工作责任，以及晋升、在工作中获得成长和发展机会等。如果具备这些因素，员工就会感到满意，就能够激发员工的热情和积极性；如果这些因素得不到满足，则不会产生满意感(但不会不满意)。赫茨伯格把这些因素

称为"激励因素"。

后来，赫茨伯格及其同事又对各种专业和非专业工业组织进行了多次调查。他们发现，由于调查对象和条件的不同，各种因素的归属略有差别，但总体来看，激励因素基本上属于工作本身或工作内容，保健因素基本上属于工作环境和工作关系。他强调，并不是所有需要的满足都能激发员工的积极性，那些属于保健因素的需要得到满足只会使人感觉到外在的、有限的激励作用，只有那些属于激励因素的需要得到满足时，员工的积极性才能被最大限度地激发出来。如果缺乏激励因素，并不会引起员工很大的不满，能引起员工不满的是保健因素的缺失。因此，要调动和保持员工的积极性，必须首先具备必要的保健因素，防止员工产生不满情绪；但只是如此还不够，更重要的是，要针对激励因素努力创造条件，使员工在激励因素方面得到满足。同时，赫茨伯格注意到，激励因素和保健因素有若干重叠现象。例如，赏识属于激励因素，基本上起积极作用；但当没有受到赏识时，又可能起消极作用，这时又表现为保健因素。又如，工资是保健因素，但有时也能产生使员工满意的结果。

双因素理论促使管理人员充分重视工作内容的设计、任务的分配、工作内容的丰富化和工作满足的关系，因此是有积极意义的。赫茨伯格告诉我们，满足各种需要所引起的激励程度和效果是不一样的。物质需求的满足是必要的，没有它会导致不满，但即使获得满足，它的作用往往是有限的、不能持久的。要调动人的积极性，不仅要注意物质利益和工作条件等外部因素，更重要的是，要注意工作的安排，量才录用，各得其所，注意对人进行精神鼓励，给予表扬和认可，提供成长、发展、晋升的机会。虽然这种激励所需的时间较长，但能使员工学习到新的知识和技能，对工作产生兴趣和热情，从而产生光荣感、责任心和成就感。这样不仅可以极大地激发员工的积极性，提高生产效率，而且其作用持久。相反，诸如工资、奖金、工作环境和条件方面的满足不易持久，有时处理不好还会造成负面影响。当然，赫茨伯格的调整是有局限性的，仅针对美国20世纪50年代末部分工程师和会计师，并不一定符合各国的实际情况。对于每一个人来说，不仅需求因人而异，激励因素和保健因素也各不相同，对一个人来说是激励因素，对另一个人来说可能属于保健因素。因此，在实际运用时，应区别对待不同人的保健因素和激励因素，才能提高激励效果。

(三) 生存—交往—发展理论(ERG理论)

美国耶鲁大学的克雷顿·奥尔德弗于20世纪70年代初提出一种新的人本主义需要理论，它根据更接近实际经验的研究，发展了马斯洛、赫茨伯格的需要理论，系统地阐述了一个需要类型的新模式。奥尔德弗认为，人们共有三类核心需要，即生存(Existence)的需要、相互关系(Relatedness)的需要和成长发展(Growth)的需要，因而，这一理论又被称为"ERG理论"。

1. 生存的需要

生存的需要与人们基本的物质生存需要有关，指的是吃、住、睡等全部生理需要和相关的物质需要。另外，组织中的报酬、对工作环境和条件的基本要求等也可以包括在生

存的需要中。这一类需要大体上与马斯洛需要层次论中的生理的需要、部分安全的需要相对应。

2. 相互关系的需要

相互关系的需要是指人与人之间的相互关系、联系(或称之为社会关系)的需要。这种社会和地位的需要的满足是在与其他需要的相互作用中达成的，它们与马斯洛需要层次论中的爱和归属的需要、外在的尊重的需要及部分安全的需要相类似。

3. 成长发展的需要

成长发展的需要是指人不仅有充分发挥个人潜能、有所作为、取得成就的需要，而且有开发新能力的需要。这是一种要得到提高和发展的内在欲望，也是一种谋求发展的内在愿望，包括马斯洛需要层次论中的自我实现的需要以及内在的尊重需要。

ERG理论的主要观点并没有超出马斯洛需要层次论的范畴，可以说，马斯洛论述的是带有普遍意义的一般规律，而奥尔德弗则侧重带有特殊性的个体差异。与马斯洛的需要层次论相同的是，ERG理论也认为在低层次的需要得到满足后，人们才会去追求更高层次的需要。而且，各个层次的需要得到的满足越少，越被人们所渴望；较低层次的需要得到的满足越多，人们就越渴望满足较高层次的需要。与马斯洛的需要层次论不同的是，ERG理论认为，各个需要层次并不都是与生俱来的，有的可以通过后天培养产生。这就使管理者可以在一定程度上通过教育影响员工价值观的形成，从而主动引导员工产生需要。同时，该理论不仅提出了需要层次的"满足—前进"趋势，而且指出了"挫折—倒退"趋势，即当一个人较高层次的需要一再受挫、得不到满足时，人们会重新追求较低层次的需要的满足。这在一定程度上修正了马斯洛的需要层次论，弥补了需要层次论的不足，更符合现实社会中人们的行为特点，启发管理者随着人的需要结构的变化相应改变管理措施。也正因如此，有不少人认为ERG理论比需要层次论更切合实际。

(四) 成就需要理论

20世纪50年代初期，美国哈佛大学的心理学家戴维·麦克利兰集中研究了人在生理和安全需要得到满足后的需要状况，特别是对人的成就需要进行了大量研究，从而提出了一种新的内容型激励理论——成就激励理论。他认为，在人的生存需要基本得到满足的前提下，成就需要、权力需要和社交需要就成为主要的三种需要，如表7-1所示。

表7-1 成就需要理论中的三种需要

需要种类\项目	成就需要	权力需要	社交需要
目的	达到标准、追求卓越、争取成功的需要	影响或控制他人且不受他人控制的欲望	建立友好、亲密的人际关系的愿望
内容	工作本身，关注成功的过程，而不仅仅是成功的结果	领导过程，支配他人	交往过程，被人喜欢和接纳
环境	能够独立处理问题，及时反馈信息，处于中度风险的环境	处于有竞争性和能够体现地位的环境	处于合作而不是竞争的环境

1. 成就需要

成就需要是一种根据适当的目标追求卓越、渴望成功、力争超过别人的需要或驱动力。麦克利兰认为，有成就需要的人敢于接受挑战，往往为自己树立有一定难度的目标，他们能以现实的态度对待风险，绝不以迷信和侥幸的心理迎接未来，善于分析问题和估计结果；他们愿意承担所做工作的个人责任，但对工作情况希望得到明确而又迅速的反馈；他们不常休息，喜欢长时间工作，即使面临失败也不会过分沮丧；他们事业心强，对成功有强烈的渴望，同样非常担心失败；他们喜欢表现自己，喜欢那些能发挥其独立解决问题能力的环境，只要环境合适，就能充分发挥自己的能力。一般来说，主管人员的成就需要比较强烈。

2. 权力需要

权力需要是指渴望影响或控制他人、为他人负责以及拥有高于他人的职权的需要或驱动力。麦克利兰认为，具有较高权力欲望的人一般有责任感，并且能够取得社会地位较高的工作，喜欢追求和影响别人，对施加影响和控制表现出极大的关心；他们比较健谈，喜欢讲演，甚至喜欢争辩；他们善于提出要求；并且爱教训人。

3. 社交需要

社交需要又称亲和需要或归属需要，指渴望结成紧密的个人关系、回避冲突以及建立友好关系的需要。具有社交需要的人渴望获得他人赞同，高度服从群体规范，忠实可靠；他们通常从友爱、情谊、人际交往中得到快乐，总是设法避免因被某个团体拒之门外带来的痛苦；他们喜欢保持一种融洽的社会关系，享受与周围的人亲密无间和相互谅解的乐趣；他们随时准备安慰和帮助危难中的伙伴，喜欢与他人保持友善关系。

成就需要理论研究的重点不是人的基本生理需要，而是在人的生理需要基本得到满足的前提下，人还有哪些需要。不同于需要层次论，成就需要理论并不认同人的需要是严格地按由低到高的顺序逐级上升的，而是认为不同的人对三种基本需要的排列层次和所占比重是不同的，个人行为主要取决于被环境激活的那些需要。

成就需要理论对于管理者发现高成就需要的人及培养下属的成就需要是非常有用的，它丰富了马斯洛对自我实现的需要的描述，但该理论没有深入研究管理者应如何激励占绝大多数的低成就需求者的问题，有关这方面的理论是由赫茨伯格提出的。

前述内容型激励理论主要集中于明确导致人的行为的各种因素，即需求内容和激励手段。这些理论有助于管理者明白人们想从工作中得到什么，以便选择相应的激励措施来激发员工的需求，调动员工的积极性。但这些理论未能解释人们的行为是如何形成、如何发展的，以及行为与员工的满意程度、工作业绩之间的关系。

▌ 二、过程型激励理论

过程型激励理论主要研究从动机的产生到采取具体行动的心理过程，试图找出对行为起决定性作用的关键因素，主要有弗鲁姆的期望理论、亚当斯的公平理论以及洛克和休斯的目标设置理论等。

(一) 期望理论

期望理论是心理学家弗鲁姆在其1964年出版的《工作与激励》一书中提出的，研究的初始目的是更好地理解和解释"人们为什么选择现有的工作"。期望理论认为，人是理性的，对于生活与事业的发展，他们有既定的信仰和基本的预测。一个人决定采取何种行为与这种行为能够带来什么、结果对他来说是否重要有关。人是根据他对某种行为结果实现的可能性和相应奖酬的重要性来决定其是否采取某种行为的，用公式表示为

$$激励力量(M) = 效价(V) \times 期望值(E)$$

式中，激励力量即动机的强度，它表明个人愿意为达到目标而努力的程度。效价是指某人对目标价值的估计，它反映了一个人对某一结果的偏爱程度。对同一个目标，由于各人的需要不同，所处的环境不同，他对该目标的价值估计也往往不同。一个人对某种结果越是向往，此结果对该人而言，效价就越接近+1；如果这一结果对他来说无足轻重，他对结果也漠不关心，那么此结果的效价对他来说接近0；如果他害怕这一结果出现，那么效价就是负值。期望值是指该人对实现某一目标的可能性的主观估计。一个人往往根据过去的经验来判断一定的行为能够导致某种结果或满足某种需要的可能性大小。如果他认为某一目标是完全可能实现的，有100%的可能，那么期望值为1；反之，若认为此目标根本不可能实现，则期望值为0；在一般情况下，期望值为0～1。

期望理论认为，一个人从事某项工作的动机强度是由其对完成该项工作的可能性、对获取相应的外在报酬的可能性(期望值)的估计和对这种报酬的需求程度(效价)来决定的，即人们的努力与其期待的最终奖酬有关。激励是一个动态过程，当一个人对期望值、效价的估计发生变化时，其积极性也将随之变化。

期望理论是深受行为科学家欢迎的理论，因为他们认为这一理论能够被实践验证，并且比较清楚地说明了个体受到激励的原因。从实用的角度讲，期望理论为管理者提高员工的工作业绩指出了一系列可供借鉴的方法。例如，为了提高期望值，目标设置要具体可行；注意培训员工，以提高其完成任务的能力；通过授权等手段创造有利于完成任务的条件；言行一致，及时兑现报酬等。为了提高效价，应把奖惩和绩效挂钩，奖励要针对人们迫切希望得到满足的需要；对不同的人，可根据其需求的不同给予不同的奖励。进一步来说，为了持续调动员工的积极性，要通过各种渠道了解员工效价、期望值的变化情况，以便及时采取措施维持其工作积极性。

(二) 公平理论

公平理论又称社会比较理论，是美国心理学家亚当斯在其1965年发表的《社会交换中的不公平》一文中提出的，这一理论着重研究了工资报酬是否公平合理及其对人们的激励作用。

公平理论认为，人是社会人，一个人的工作动机不仅受其所得报酬绝对值的影响，而且受到相对报酬的影响。当人们付出努力后，不仅关心自己所得报酬的绝对量，而且关心自己所得报酬的相对量。每个人都会把自己所得的报酬与付出的劳动之间的比率同其他人的比率进行社会比较，也会把自己现在的投入产出比率同过去的投入产出比率进行历史比

较，把自己的所得与组织中的制度规定相比较，比较的结果将直接决定其对工作的满足程度，从而影响其工作的积极性。

员工评价自己是否得到公正的待遇，在一般情况下会以他人、制度或自己以前的情况等作为参考对象。当他们把自己的投入产出比与别人的或自己以前的投入产出比进行比较时，若发现比率相等，心里会比较平衡，认为自己得到了公平的对待；当发现比率不相等时，内心就会感到紧张不安，从而会被激励去采取行动以消除或减少这种引起心理紧张不安的差异，这些行动包括以下几种。

(1) 采取行动改变自己的收支情况，如以减少业绩、罢工、旷工等相威胁，要求增加工资报酬，或者以怠工、泡病号、推卸工作来减少自己的劳动投入。

(2) 采取行动改变别人的收支情况，如降低他人的收入，自己拿不到的，别人也拿不到；或增加他人的付出，让拿得多的人多干，由此消除认知失调。

(3) 通过某种方式自我安慰，如换一个比较对象，或通过曲解自己或别人的收支情况，以获得主观上的公平感。

(4) 当无法改变不公平现象时，可能采取发牢骚、制造人际矛盾、离职等行为。

公平理论不仅对员工比较自己所得奖酬后的心理状态做了详尽的描述，而且对比较后可能引起的行为变化进行了预测。这些研究结果对管理者客观地评价员工的工作业绩和确定合理的工作报酬，以及预测员工行为是非常重要的。

(三) 目标设置理论

继弗鲁姆之后，美国管理学家洛克和休斯等人研究发现，外来的刺激(如奖励、工作反馈、监督的压力)都是通过目标来影响动机的。目标能引导活动指向与目标有关的行为，使人们根据难度的大小来调整努力的程度，并影响行为的持久性。于是，他们于1967年提出目标设置理论，认为目标本身就具有激励作用，目标能把人的需要转变为动机，使人的行为朝着一定的方向努力，并将自己的行为结果与既定的目标相对照，及时进行调整和修正，从而实现目标。这种使需要转化为动机，再由动机支配行动以达成目标的过程就是目标激励。目标激励的效果受目标本身的性质和周围变量的影响，概括起来主要有以下3个因素。

1. 目标难度

目标设置应该先进合理，那种轻而易举就能实现的目标缺乏挑战性，不能调动人的积极性，因而激励作用不大；相反，不切实际、过于高远的目标也会使人望而生畏，起不到激励作用。因此，应将目标控制在既有一定难度又不超出人的承受能力的范围之内。

2. 目标的明确性

目标设置应该明确具体，概念模糊、模棱两可、空泛抽象的目标难以起到激励作用。明确具体的目标，使之能够观察和测量，可以使人明确需要付出多大努力才能实现目标，从而明确奋斗方向，这样才能起到较好的激励作用。

3. 目标的可接受性

只有在员工接受了组织目标，并与个人目标协调起来时，目标才能发挥应有的激励作

用。所以，应该让员工参与组织目标的制定过程，这样可以使员工把实现组织目标当作自己的事情，并且可以提高目标的可接受性，从而充分发挥目标的激励作用。

■ 三、行为改造型激励理论

行为改造型激励理论主要着眼于如何引导和改造人的行为，使组织期望的行为成为习惯反复出现。这类研究的代表性理论有斯金纳的强化理论、亚当斯的挫折理论和海德的归因理论等。

(一) 强化理论

心理学家认为，人具有学习能力，通过改变其所处的环境可以保持和加强积极行为，减少或消除消极行为，并把消极行为转化为积极行为。哈佛大学的斯金纳据此提出了强化理论，它是以学习原则为基础，旨在理解和修正人的行为的一种学说。

1. 强化途径

所谓强化，是指对一种行为的肯定或否定的后果(报酬或惩罚)，它至少在一定程度上会决定这种行为在今后是否会重复发生。强化理论认为，一种行为必然会有后果，人们会通过对过去行为结果的学习来"趋利避害"。当某种行为的后果对他有利时，这种行为就会在以后重复出现；不利时，这种行为就会减弱或消失。根据这一原理，人们可以通过不同的强化途径来影响行为后果，从而修正其行为。

(1) 正强化。正强化是指对管理者所期望的、符合组织目标的行为及时加以肯定或奖励，从而促进行为的持续和加强。正强化的方法包括发奖金、认可成绩、表扬、改善工作条件和人际关系、提升、安排富有挑战性的工作、给予学习和成长的机会等。正强化可以促进行为的继续，条件是所给予的奖励必须是员工喜欢的。

(2) 负强化。负强化是指预先告知某种不符合要求的行为或者不良绩效可能引起的后果，允许员工按照要求的方式修正行为或避免不符合要求的行为，以此回避令人不愉快的后果。负强化的方法包括批评、处分、降级等，有时不给予奖励或少给奖励也是一种负强化。

(3) 自然消退或不强化。自然消退或不强化是指对产生的某种行为不采取任何措施，既不奖励，也不惩罚。这是一种消除不合理行为的策略，如果一种行为得不到强化，那么这种行为的重复率就会下降。研究表明，一种行为得不到正强化，会逐渐消失。

(4) 惩罚。惩罚是指对不良行为给予批评或处分。惩罚可以减少不良行为的重复出现，弱化行为。但一方面，惩罚可能会引起怨恨和敌意；另一方面，随着时间的推移，惩罚的效果会减弱。因此，在采用惩罚策略时，要因人而异，注意方式方法。

2. 强化理论的运用原则

强化理论是影响和引导员工行为的一种重要方法，通过表扬和奖励可以使动机得到加强，行为得到鼓励；通过批评、惩罚等可以否定某种行为，使不好的行为越来越少。"奖"起着正面引导的作用，"惩"则起着劝阻和警告的作用，奖与惩就好像一条航道上

的左右两个航标，能够保证船只不偏离航线。在运用强化理论实施奖惩时，要把握以下几项原则。

(1) 以正强化为主原则。根据心理学分析，表扬可使人产生一种积极的情绪体验，使人受到鼓舞，而批评会引起忧虑甚至敌意。作为管理者，在实际工作中应该把着眼点放在员工的长处上，重视发现员工的优点和长处，强调员工积极的一面，欣赏和表扬员工好的行为，强化员工"把事情做好"的意识，贯彻"表扬与批评相结合，以表扬为主"的原则，这有利于让员工以更积极的态度去工作。否则，就会造成组织震荡，激励难以取得上佳的效果。

(2) 公正性原则。无论是奖励还是惩戒，公正性原则都很重要。该原则要求：一是奖罚要平等，要制定合理的奖惩条例，使奖惩措施与行为所造成的影响相一致，并在实施过程中认真执行；二是制度面前人人平等，不能因人而异，避免多重标准；三是建立相应的申诉制度，要允许当事人(或委托代理人)为自己的行为辩护，建立相应的申诉机构和申诉制度。

(3) 及时、准确原则。注意及时性和准确性，是奖惩发挥激励作用的基础和前提。这样做有两个好处：一是能使好的行为快速得到认可，表明组织和管理者的支持态度，强化良性行为的动机，对组织成员起到积极的示范作用；二是可以使犯错误的当事人更清楚地认识到错误与处罚的关联性，避免错误的重复和发展，使组织少蒙受损失。应注意的是，对于员工的处罚也可因为初犯而减轻，这样有利于消除不良行为。

(4) 因人而异原则。人是有感情的，每个人都有复杂的内心世界，性格脾气也不同。因此，运用强化理论时，要注意从不同对象的心理特点出发，采取不同的方式方法。例如，对主动上进的员工，正强化是最有利和有效的工具；而对于自觉性比较差的员工，一味创造良好的软环境并不见得有效，偶尔利用惩罚手段对他们进行威慑，能及时制止他们的消极心态，激发其工作潜力。有的人爱面子，口头表扬的作用很大；有的人讲实惠，希望有物质奖励。为了取得好的效果，激励方式必须因人而异。

(二) 挫折理论

挫折理论是由美国行为学家亚当斯提出的，它是关于个人的目标行为受阻、未能满足需要时的心理状态，以及如何采取措施、解决问题并调动积极性的激励理论。

一般而言，挫折是指个体在从事有目的的活动的过程中，因客观或主观原因而受到阻碍或干扰，致使其动机不能实现、需要无法满足时所产生的情绪状态(体验)。个人的行为之所以会遭受挫折，往往是因为个人所期望的目标是重要的、强烈的，并且个人认为这种目标有可能达成。但事实上，在目标与现实之间存在难以克服的障碍。挫折的形成源于人的认知与外界刺激因素的相互作用失调，包括客观与主观两个方面的原因。其中，客观原因主要是社会因素，如组织管理方式引起冲突、人际关系不协调、工作条件不良、工作安排不当等；主观原因主要是个人因素，如身体素质不佳、个人能力有限、认识事物有偏差、性格缺陷等。

对于同样的挫折情境，不同的人会有不同的感受，这是因为每个人对挫折的容忍力不

同，它与人的生理情况、社会经验、抱负水准、对目标的期望以及个性特征等有关，在一定程度上反映了人对环境的适应能力。人们遭受挫折后的行为表现主要有两大类：一是积极的反应，即采取减轻挫折和转移替代的积极适应态度，如改变目标或策略，从逆境中重新奋起等；二是消极的反应，即经历挫折后出现不良的心理状态和负向情绪反应，表现为不安、沮丧、冷漠、固执，甚至出现敌视、攻击等暴力行为。

为了避免挫折可能产生的严重后果，在管理工作中，首先，管理者要尽量减少导致挫折的客观因素，积极改变或消除易于引起挫折的工作环境，如改进工作中的人际关系、实行民主管理、合理安排工作和岗位、改善劳动条件等，避免员工遭遇不应有的挫折。其次，管理者要正确对待受挫折的员工，帮助员工以积极的态度适应挫折，合理调整无法实现的行动目标，努力改变受挫员工对挫折情境的认识，以减轻挫折感，帮助他们尽快从挫折情境中解脱出来。最后，管理者还要加强培训，以提高员工的工作能力和技术水平，增加个人实现目标的可能性，减少导致挫折的主观因素。

(三) 归因理论

归因理论是探讨人们行为的原因与分析因果关系的各种理论和方法的总称。它试图根据不同的归因过程及作用，阐明归因的各种原理。最早提出归因理论的是奥地利社会心理学家海德。1958年，海德在《人际关系心理学》一书中，从通俗心理学的角度第一次系统、明确地阐述了归因理论。海德认为，人类活动及其结果可归结为内部、外部两类原因。其中，内归因又称个人倾向归因，即把产生个人行为的根本原因归结为行为者本身的内在原因，如需要、动机、态度、能力、兴趣、信念、努力程度等；外归因是产生行为的环境因素，如工作设施、任务难度、机遇、奖励、惩罚、指示、天气的好坏等。研究表明，人们总是以有倾向性的内归因或外归因来解释自己的行为。特别是在解释自己的成绩时常作内归因；在解释别人的行为时，倾向于作外归因。海德的归因理论开创了归因问题的先河，他对行为原因所做的"个人-环境"的划分一直被作为归因的基础，影响深远。

美国心理学家伯纳德·韦纳及其同事在1972年发展了海德的归因理论。韦纳认为，人们可以把行为的产生归因于许多因素，如能力、努力、工作难度、运气、身心状况以及获得帮助或评分不公等其他因素，但无论什么因素，大都可以纳入内归因和外归因、稳定性归因和非稳定性归因这两个方面的4大类中。这两个方面都是重要的，而且是彼此独立的。稳定性归因是导致行为的相对不变因素，如内在的能力、气质，外在的工作难度等。非稳定性归因是相对易变的因素，如内在的情绪、外在的机遇等。作为对成就需要理论的一个补充，韦纳的归因理论特别强调成就的获得有赖于对过去的工作是成功还是失败的不同归因。如果把成功和失败都归因于自己的努力程度，就会增强今后努力行为的坚持性；反之，如果把成功与失败归因于能力太低、任务太重，就会降低自身努力行为的坚持性。运气或机遇是不稳定的外部因素，过分地归因于这一因素会使人产生"守株待兔"的坚持行为，也是具有高成就需要的人所不屑的。总之，只有将失败归因于内外部的不稳定因素时，即努力的程度不够和运气不好时，才能使行为人继续坚持原行为。韦纳还指出，教育和培训将使人在成就方面发生明显变化并激励其发展，培训的重点是教育人们相信努力与

不努力的结果是大不一样的。

■ 四、综合型激励理论

最早的综合型激励理论是由心理学家勒温提出的。勒温的场动力理论强调，个人的行为是个人与外部环境相互作用的结果，但环境的刺激仅仅是导火索，真正的驱动力是人的内在需要，内在需要与环境刺激相互作用，共同影响、决定个人的行为方向。

1968年，美国行为科学家莱曼·波特和爱德华·劳勒在《管理态度和成绩》一书中提出了新的综合型激励模式，综合、概括和发展了行为主义的外在激励和认知学派的内在激励，较好地说明了整个激励过程，导出了更完备的激励模式，如图7-2所示。

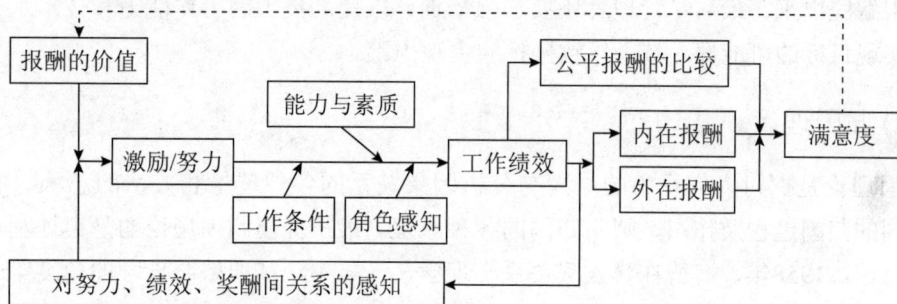

图7-2　波特和劳勒的综合型激励模型

备注：图中实线箭头表示因素间的因果关系，虚线箭头则是反馈回路

由图7-2可知，波特和劳勒的激励模型以"激励/努力—工作绩效—满意度"为主线，突出显示了工作绩效导致工作满意度的因果关系，其核心为"工作绩效"。

个人是否努力及其努力的程度，取决于报酬和激励的价值以及个人对努力、绩效和奖酬之间相互关系的感知；工作绩效取决于个人的能力与素质、工作条件以及对所需完成的任务的理解深度。角色感知就是一个人对自己扮演的角色的认识是否明确，是否知道自己的主要职责或任务，是否将自己的努力指向正确的方向。

报酬、奖励是以绩效为前提的，不是先有奖励后有绩效，而是必须先完成组织任务，然后才能得到内在和外在的报酬、奖励。其中，外在报酬包括工资、地位、提升、安全感等，满足的是人们低层次的需要。由于一个人的绩效，特别是非定量化的绩效往往难以精确衡量，而工资、地位、提升等报酬的取得也包含对多种因素的考虑，因此两者之间并不存在直接的、必然的因果关系。内在报酬是一个人由于工作业绩良好而给予自己的报酬，如感到对社会做出了贡献、对自我存在意义及能力的肯定等，满足的是人们高层次的需要，因此与工作绩效直接相关。

报酬、奖励能否使人满意，取决于受激励者对所获报酬公平性的判定，而人们对绩效与奖励的满足度又会反过来影响以后的激励价值。也就是说，一个人要把自己得到的报酬与自己认为应该得到的报酬进行比较，如果认为公平就会感到满足，并对以后的行为产生激励作用；如果认为自己得到的报酬低于"所理解的公正报酬"，那么，即使实际得到的

报酬量并不少，也会感到不满足，甚至失落，从而影响以后的工作积极性。

波特和劳勒的综合激励模型是20世纪60年代—70年代很有影响力的激励理论，时至今日仍有重要的现实意义。这一理论对我们的启示是：在管理过程中，要综合考虑多种因素，形成"激励/努力—工作绩效—满意度"并回馈努力的良性循环，从而有效激发员工的工作积极性。

第四节 激励的原则与方法

一、激励的原则

(一) 激励的基本原则

1. 目标原则

在激励机制中，设置目标是一个关键环节，必须同时体现组织目标和员工需求。

2. 物质和精神激励相结合的原则

物质激励是基础，精神激励是根本。在两者结合的基础上，逐步过渡到以精神激励为主。

3. 引导性原则

外部激励措施只有转化为被激励者的自觉意愿，才能取得激励效果。因此，遵循引导性原则是激励过程的内在要求。

4. 合理性原则

激励的合理性原则包括两层含义：第一，激励的措施要适度，要根据目标本身的价值高低确定适当的激励量；第二，奖惩要公平。

5. 明确性原则

激励的明确性原则包括三层含义：第一，明确，激励的目的是什么和必须怎么做；第二，公开，特别是类似分配奖金等员工关注的问题，公开更为重要；第三，直观，实施物质奖励和精神奖励时都要直观地列出指标，明确奖励和惩罚的方式。需注意的是，直观性与激励影响的心理效应成正比。

6. 时效性原则

要把握激励时机，"雪中送炭"和"雨后送伞"的效果是不一样的。激励越及时，越有利于将人们的激情推向高潮，从而促使其将创造力连续有效地发挥出来。

7. 正、负激励相结合的原则

正激励就是对员工的符合组织目标与期望的行为进行奖励。负激励就是对员工的违背组织目的的非期望行为进行惩罚。正负激励都是必要且有效的，不仅能作用于当事人，而且能间接地影响周围其他人。

8. 按需激励原则

激励的起点是满足员工的需要,但员工的需要因人而异、因时而异,并且只有满足其最迫切需要(主导需要)的措施,效价才高,激励强度才大。因此,领导者必须深入地进行调查研究,不断了解员工需要层次和需要结构的变化趋势,有针对性地采取激励措施,才能收到实效。

(二) 激励原则的运用

正确运用激励原则,可以提高激励效果,达到人力资源管理预先设定的目标。运用激励原则时,应注意以下几个要点。

1. 准确地把握激励时机

在人力资源管理实践中,并不存在绝对有效的、时时适宜的激励时机,激励时机的选择是随机制宜的。从事人力资源管理,应根据具体的客观条件,灵活地选择激励时机,或采用综合激励的形式,以有效地发挥激励的作用。时间不同,激励原则产生的作用与效果有很大的区别。根据时间的快慢差异,可将激励时机分为及时激励和延时激励;根据时间间隔,可分为规则激励与不规则激励;根据工作周期,可分为期前激励、期中激励和期末激励。

2. 采取适当的激励频率

激励频率是指在一定时间实施激励的次数,它一般以一个工作学习周期为时间单位。激励频率与激励效果之间并不是简单的正比关系,在某些特殊条件下,两者可能成反比关系。因此,只有区分不同情况,采取适当的激励频率,才能有效发挥激励的作用。激励频率受到多种客观因素的制约,包括工作的内容和性质、任务目标的明确程度、激励对象的自身素质、工作学习状况及人际关系等。对于目标任务比较明确,短期见效的工作,激励频率应当高一些;反之,激励频率则应低一些。

3. 恰当地确定激励程度

激励程度是激励机制的重要因素之一,与激励效果有极为密切的联系。所谓激励程度是指激励量的大小,即奖赏或惩罚标准的高低。能否恰当地掌握激励程度,直接影响激励作用的发挥,过量激励和不足量激励不但起不到激励的作用,有时甚至会起反作用,挫伤员工的工作积极性。在人力资源管理过程中,如果设定的激励程度偏低,就会使被激励者产生不满足感、失落感,从而丧失继续前进的动力;如果设定的激励程度偏高,又会使被激励者产生过分的满足感,感到轻而易举,也会丧失上升的动力。所以,要求人力资源管理者把握激励程度,做到恰如其分,从而充分发挥激励作用。

4. 正确地确定激励方向

所谓激励方向是指激励的针对性,即针对什么来实施激励,它对激励的效果具有显著的影响。根据美国心理学家马斯洛的需要层次理论,当某一层次的优势需要基本得到满足时,激励的作用难以继续保持,只有把激励方向转移到满足更高层次的优势需要,才能更有效地达到激励的目的。需要指出的是,激励方向的选择应以优势需要的发现为前提条件。因此,管理者在管理实践中要努力发现员工在不同阶段的优势需要,正确区分个体优

势需要与群体优势需要，以提高激励效果。

■ 二、激励的方法

(一) 薪酬福利激励

在这里，薪酬主要指货币薪酬，包括基本工资、奖金、员工持股和股票期权等，它是员工获得生存和发展的基本物质保证。如果员工通过努力能够得到丰厚的物质保障，也直观地体现了其个人价值。薪酬要起到激励作用，首先，要做到以岗定薪，实行同岗同酬，建立员工工资公平分配的框架；其次，要制定适应各种人员需要的工资制度，如高级经理人员实行年薪制，一般管理人员实行晋级制，销售人员实行佣金制，生产一线人员实行岗位技能工资制等；再次，要实行员工持股计划，把员工利益与组织利益紧密联系在一起；最后，要建立与劳动力市场价位相适应的薪酬调节机制，保持薪酬有一定的竞争力。

福利激励主要指健康、保险、员工帮助计划、储蓄、休假等。随着经济的发展、组织间竞争的加剧，深得人心的福利待遇比高薪更能有效地激励员工。高薪只是短期内人才资源市场供求关系的体现，而福利则反映了组织对员工的长期承诺。正是由于福利的这一独特作用，使许多在各种各样的组织中追求长期发展的员工，更认同福利待遇，高薪早已不是唯一的指标。近年来，员工福利的内涵也日趋个性化与多元化。在这种形势下，弹性福利制度作为一种新的福利制度形式，注重员工的选择偏好，让员工依照自己的需求从企业提供的福利项目中来选择属于自己的一套福利组合，强调对员工福利愿望的最大满足，不仅对提高员工的工作满意度有着重要的积极意义，而且有利于控制企业福利成本，提升企业形象和竞争力。

(二) 目标激励

目标作为一种诱因，具有引发、导向和激励的作用。工作目标激励就是通过目标的设置来激发人的动机、引导人的行为，使被管理者的个人目标与组织目标紧密地联系在一起，以激励被管理者的积极性、主动性和创造性。在目标激励的过程中，目标设定一定要合理，既要有先进性和挑战性，又要切实可行。要对员工提出略高于其实际能力的工作要求与目标，只要员工在工作中愿意思考与努力，这项工作就有可能完成，目标就有可能实现。这样，才能真正激发员工奋发向上的精神，充分发挥自己的潜能，而且能使员工获得一种成就感，增添内在的工作热情。

(三) 奖惩激励

奖励是对人的某种行为给予肯定和表彰，使其保持和发扬这种行为。奖励的形式主要有金钱、口头肯定、休假、参与决策、升迁、自由安排工作时间、学习深造、管理训练等。为了提高奖励效果，实施奖励时，应该掌握奖励的差别性、社会性、现实性、结合性和层次性等奖励艺术，处理好物质奖励和精神激励的关系以及奖励的典型性与普遍性之间

的关系。惩罚则是对人的某种行为给予否定和批评，使其消除这种行为。惩罚要合理，要做到惩罚与帮助相结合，在实施惩罚的过程中，要一看性质、二看损失、三看影响、四看态度，以教育本人和他人为出发点，坚持教育从严、处罚从宽的原则，真正使受惩罚者从中得到启发和教训。

(四) 尊重与信任激励

员工之所以愿意积极地从事某项工作，是因为除了能获得物质回报，还能获得自我价值和社会价值等。人因期许而努力，因信任而忠诚，尊重与信任能使员工产生亲密感、荣誉感和责任感，能使人们将自己的前途与利益与团体和社会的前途与命运紧紧联系在一起，从而产生为团体、为社会努力工作的积极性，最终形成"激励—努力—绩效提高—满意—再激励"的良性循环。以尊重、信任员工的方式来激励他们，其效果远比物质激励更持久、更有效。为此，管理者要学会平等待人，尊重下属的人格，尊重下属的个人爱好和兴趣，尊重下属的劳动、职权和意见。在设计和分配工作时，在条件允许的情况下，尽可能地把个人从事的工作与其兴趣爱好结合起来，这样才能使员工产生被尊重感，激发其创造性。同时，还要做到"用人不疑，疑人不用"，通过有效的授权，激发下属的自信，提升其工作能力。

(五) 环境激励

人的行为发生在环境中，并受到环境的影响。环境主要是指工作与生活环境，包括组织中的行为规范、人际关系、工作与生活条件等方面。环境宽松，氛围温馨，生活安定，心情愉悦，人的潜能就能得到充分发挥。在组织中，职工遵守规章制度和行为规范的情况与自我肯定、社会舆论等精神需要相联系，其激励作用是综合的；上级主管人员以开诚布公的态度对待下属，经常与下属保持沟通，有助于构建良好的人际关系，激发员工的工作热情与创造性；良好的工作条件、清洁美化的工作环境，能使员工安心工作、心情舒畅，也是一项十分重要的激励手段。此外，人都有争强好胜的心理，在具有竞争性的环境中，组织成员会感受到外来的压力，这种压力将转变为员工努力工作的动力。科学的激励制度包含一种竞争精神，它的运行能够创造出一种良性的竞争环境，进而形成良性的竞争机制，从而对员工形成一种积极的、健康的、向上的引导和激励。

(六) 赏识激励

赏识是比表扬、赞美更进一步的精神鼓励，赏识激励能较好地满足这种精神需要，强化其团队意识。赏识激励是激励的最高层次，是领导激励优势的集中体现。社会心理学原理表明，社会群体成员都有一种归属心理，希望能得到领导的承认和赏识，成为群体中不可缺少的一员。适时地对下属的工作予以赏识，能起到"催化剂"的作用，激发下属的工作热情和积极性。因此，管理者应知人善任，对有才干的下属，应及时分配任务、压担子，尽可能为其实现自我价值创造条件。对下属的智力贡献，如提建议、批评等，要及时地给予肯定的评价。

(七) 培训教育激励

培训教育激励是指通过对员工思想、文化、专业技能等方面的培训，提高员工的素质，增强其进取精神，激发其工作热情。员工的工作热情和工作积极性通常与他们的素质有极大的关系。一般而言，自身素质好的人，自信心和进取心就强，比较注重高层次的追求，相对来说比较容易实现自我激励，在工作中表现出高昂的士气和工作热情。所以，通过教育和培训，增强员工的工作能力，提高员工的思想觉悟，是管理者激励和引导下属行为的一种重要手段。教育培训的内容主要包括思想教育和专业技能培训。思想教育涉及国内外形势、党和政府的方针政策、组织文化理念、厂纪厂规、职业道德、先进模范人物事迹介绍等；专业技能培训旨在提高员工的工作能力，需要根据员工的工作特点，从业务理论和实际操作技能这两个方面去组织培训工作，才能取得较好的效果。

技能训练单元

实训一：第一位黑人州长

【实训目标】分析精神激励对人的影响。

【实训内容与要求】认真阅读案例，编写发言提纲，要求语言流畅、条理清晰。

第一位黑人州长

美国诺必塔小学的董事兼校长皮尔·保罗对所有的学生都一视同仁，给予他们热忱的鼓励，从而在这些学生心中竖起一面旗帜。其中，有一位叫罗杰·罗尔斯的学生后来成为美国纽约州历史上第一位黑人州长。

罗杰·罗尔斯出生在纽约一个名为大沙头的贫民窟里，那里环境恶劣，充满暴力。罗尔斯和他的伙伴经常旷课斗殴，甚至砸烂教室的玻璃和黑板。校方用了很多方法来引导他们，都没有奏效。最后，皮尔·保罗想出了一个办法。他每天在课堂上都要为孩子们看手相，预测孩子们的未来。有一天，皮尔·保罗让罗杰·罗尔斯伸出他的小手。皮尔·保罗仔细观察后说："我一看你修长的小拇指就知道，将来你是纽约州的州长。"当时，罗杰·罗尔斯大吃一惊，因为长这么大，他听到的全是批评的话语，从来没有人这么评价过他，皮尔·保罗先生竟说他可以成为纽约州的州长，着实出乎他的意料。他记下了这句话，并且相信了它。

从那一天起，"纽约州州长"就像一面旗帜，约束、鼓舞着这个孩子。他的身上不再沾满泥土，说话不再夹杂污言秽语，他开始挺直腰杆走路，努力学习，勤奋向上。在以后的四十多年里，他没有一天不按州长的身份要求自己。五十一岁那年，他真的成为纽约第五十三任州长，也是纽约历史上第一位黑人州长。

在就职演说中，罗杰·罗尔斯说："信念值多少钱？信念是不值钱的，它有时甚至是

一个善意的欺骗，然而你一旦坚持下去，它就会迅速升值。"信念，可以成为所有奇迹的萌发点，能够成为一个人一生的动力。

资料来源：沈平，王丹.管理学[M].北京：中国电力出版社，2015.

【实训步骤】

第一步，实训准备。每个人认真阅读并分析案例，初步了解本次实训涉及的理论基础知识。

第二步，以小组为单位进行案例分析，各小组成员充分发表个人观点。

第三步，对小组成员的各种观点进行记录，如表7-2所示。

表7-2 "第一位黑人州长"案例分析记录

专业班级		组　别	
记　录　人		时　间	
小组成员			
讨论记录	1. 请运用马斯洛需要层次论来分析罗杰·罗尔斯的行为。 2. 精神激励的优势是什么？		成　绩
	组员1		
	组员2		
	组员3		
	组员4		
	组员5		

第四步，各小组选出一名代表发言，对小组讨论结果进行总结。

第五步，对小组成员的各种观点进行分析、归纳和要点提炼，各小组填写案例分析发言提纲，如表7-3所示。

表7-3 "第一位黑人州长"案例分析发言提纲

姓　　名		专业班级	
学　　号		成　　绩	
小组成员			

1. 简述本资料的总体分析思路。

2. 根据资料，谈谈你对精神激励的认识。

3. 试用马斯洛需要层次论分析精神激励对于人的作用。

【实训时间】 大约需要20分钟。

【实训场地】 多媒体教室。

【实训成绩评定】

按照是否掌握马斯洛需要层次论、能否理解精神激励的内涵和作用，将实训成绩分为

优秀、良好、中等、及格、不及格5个等级，并对各组进行评价。

实训二：高科技员工的激励

【**实训目标**】分析激励对员工行为的影响。

【**实训内容与要求**】认真阅读案例，编写发言提纲，要求语言流畅、条理清晰。

高科技员工的激励

一些人认为，典型的加利福尼亚人与世界上其他地方的人有所不同。尽管这是人们的某种成见，但至少有一部分加州人确实与众不同。这部分人在硅谷工作，就职于那些推动科技与信息发展的高科技公司。

以他们当中的一员凯西小姐为例，她典型的一天是这样度过的：白天工作12个小时后，晚上9点锻炼身体，然后接着工作。这就是她一贯的作息安排，每周6天，并能坚持好几个月。凯西是娱乐产品部的项目经理，主管电脑游戏光盘的制作业务。她一般每周工作一百个小时左右。和她在硅谷的那些同事一样，她并不需要遵守严格的时间规定，而只是在自己想工作的时候才工作，只不过她大多数时候都想工作而已。

什么因素可以激励人们过这样一种生活呢？在硅谷，很多特殊的机会层出不穷，这就为某些人提供了强大的激励机制。在这里，一种普遍的激励因素是金钱。在今天，硅谷有1/3以上的高科技公司授予员工股权。因此，在这一行业中，短时间内暴富是完全可能的。即使有人赚不到钱，他能得到的基本补偿金也非常诱人。例如，硅谷的软件、半导体研究技术人员每年平均可以得到7万美元的补偿金，而美国普通工人平均每年只能得到2.7万美元。

对于这个行业的人来说，热爱所从事的工作是另一个重要的激励因素。虽说钱很重要，但很多人承认，如果只是为了钱，他们是不会像现在这么努力的。事实上，很多人都认为自己的工作可以与音乐家的工作媲美，因为工作让他们发自内心地感到快乐，工作本身就是吸引他们的因素。

第三个激励因素是，在硅谷工作有很高的显示度，容易为人所认可。相较于其他行业的人来说，他们有更多的机会在顾客中闻名。比如，娱乐产品部发行了凯西监制的游戏光盘，成千上万的顾客会来买这种光盘，并在他们的电脑上使用。她的名字就会出现在制作人员的名单中，就像电影制片人的名字出现在屏幕上一样。

第四个非常重要的激励因素是同行给予的压力和认同。这个行业中的人工作时间都很长，这也成了整个行业通行的"标准"。人们去上班时就知道自己必定要工作很长时间，这是既定的事实。他们这样做是因为每个人都这样，不这样做的人就会遭到同行的讥讽。

最后一个激励因素是这些工作所提供的自主性。事实上，现在流行的很多管理方式，比如授权，就源自硅谷。诸如惠普和苹果之类的公司已经摒弃传统组织机构中指令控制式的管理，公司从不对员工的工作时间、工作进度以及服装等方面加以规定。员工来去自由，可以带宠物上班，也可以在家工作。简而言之，他们可以自主选择在何时、何地以及

以什么方式开展工作。对于今天的很多员工来说,这种弹性是非常有吸引力的。

资料来源:于英慧.高科技企业员工激励策略研究[J].现代经济信息,2015(23).节选,有改动

【实训步骤】

第一步,实训准备。每个人认真阅读并分析案例,初步了解本次实训涉及的理论基础知识。

第二步,以小组为单位进行案例分析,各小组成员充分发表个人观点。

第三步,对小组成员的各种观点进行记录,如表7-4所示。

表7-4 "高科技员工的激励"案例分析记录

专业班级		组 别	
记 录 人		时 间	
小组成员			
讨论记录	1. 如何运用马斯洛的需要层次论来解释硅谷员工的行为? 2. 如何运用赫茨伯格的双因素理论解释员工的行为?		成 绩
	组员1		
	组员2		
	组员3		
	组员4		
	组员5		

第四步,各小组选出一名代表发言,对小组的讨论结果进行总结。

第五步,各小组对成员的各种观点进行分析、归纳和要点提炼,填写案例分析发言提纲,如表7-5所示。

表7-5 "高科技员工的激励"案例分析发言提纲

姓 名		专业班级	
学 号		成 绩	
小组成员			

1. 简述本资料的总体分析思路。

2. 根据资料,谈谈你对马斯洛的需要层次论以及赫茨伯格的双因素理论的认识。

3. 尝试运用马斯洛的需要层次论或者赫茨伯格的双因素理论为硅谷高科技公司制定激励方案。

【实训时间】 大约需要20分钟。

【实训场地】 多媒体教室。

【实训成绩评定】

按照是否掌握马斯洛的需要层次论和赫茨伯格的双因素理论、能否理解激励与行为的关系,将实训成绩分为优秀、良好、中等、及格、不及格5个等级,并对各组进行评价。

本章主要参考文献

[1] 娄成武，魏淑艳. 现代管理学原理[M]. 北京：中国人民大学出版社，2012：280-282.

[2] 乔忠. 管理学[M]. 2版. 北京：机械工业出版社，2005：160-165.

[3] 沈平，王丹. 管理学[M]. 北京：中国电力出版社，2015：211-215.

[4] 王凤彬，李东. 管理学[M]. 北京：中国人民大学出版社，2003：195-198.

[5] 周三多，陈传明. 管理学：原理与方法[M]. 6版. 上海：复旦大学出版社，2014：244-248.

[6] 焦叔斌，杨文士. 管理学[M]. 4版. 北京：中国人民大学出版社，2014：258-265.

[7] 高闯，王海光. 管理学[M]. 北京：清华大学出版社，2006：206-210.

[8] 曾宪达，毛园芳. 新编管理学基础实训教程[M]. 杭州：浙江大学出版社，2012：200-206.

第八章　沟通

学习目标 :☀:

> ➢ 理解沟通的内涵和过程；
> ➢ 掌握组织沟通的功能和方法；
> ➢ 了解沟通的障碍，掌握改善沟通的途径；
> ➢ 了解和掌握冲突的起源及管理冲突的艺术。

管理故事 沟通才有天堂

　　有一次，上帝问一只被囚在笼中的画眉："你愿意到天堂去生活吗？"画眉问："为什么要去那里呢？"上帝回答："天堂宽敞明亮，不愁吃喝。""可我现在也很好啊。我的吃喝拉撒全由主人包办，风不吹头，雨不打脸，还能天天听见主人说话、唱歌。"画眉回答。"可是，你自由吗？"听了上帝的话，画眉沉默了。于是，上帝以胜利者的姿态，把画眉带到了天堂。他把画眉安置在翡翠宫里住下，便忙着处理各种事务去了。

　　一年后，上帝突然想起画眉，便去翡翠宫看望它。他问画眉："啊，我的孩子，你过得还好吗？"画眉答道："感谢上帝，我活得还好。""那么，你能谈谈在天堂里生活的感受吗？"上帝真诚地问。画眉长叹一声，说："唉，这里什么都好，就是没有人和我说话，使我无法忍受，您还是让我回到人间吧！"听了这话，上帝感到很困惑。

　　资料来源：https://wenku.baidu.com/view/bb37b5bbfd0a79563c1e72f1.html.

　　思考：画眉为什么请求上帝让它重回人间？

基础理论单元

第一节　沟通概述

　　对于人类来说，沟通与生存息息相关。从生物学的角度来说，人类先天不足，不能飞、跑不快、游不远，要生存必须适应群体生活，与他人和睦相处，取长补短，共同创造；从社会学的角度来说，只靠非常有限的个体能力很难达到预期目标，谋求发展必须"借力而行"。每个人都有自己的世界观，每个人对于同一件事都有不同的认知和想法，

要彼此了解对方的想法，个人与个人之间、个人与群体之间、群体与群体之间就需要进行思想与感情的传递和反馈。沟通恰恰是传递、理解信息和知识，了解他人思想、情感、观点及价值观的途径，是促进系统有效运作的润滑剂，它有利于人们实现思想的一致和感情的通畅，建立良好的人际关系。对管理者来说，与被管理者之间的有效沟通是管理艺术的精髓。

一、沟通的含义及过程

(一) 沟通的含义

沟通是对意义的传递与理解。这可能是对沟通最简单的解释，却包含沟通的内涵与广阔的外延。首先，沟通所传递的信息必须是有意义的，没有意义的信息是无法被人理解的，还可能会造成误解。其次，信息要经过传递，从信息发送者传递给信息接收者，然后将信息接收者收到信息后的反应反馈给信息发送者，由此形成信息沟通循环，实现双向沟通。信息交流的过程是一个动态的过程，在动态的流动中，信息有可能遗失或增加。最后，沟通是一个互动的过程，信息要被信息接收者所理解，而且被理解的信息应该与信息发送者的意图相一致，这才是人们期望的有效沟通。

沟通通常在人与人之间进行，在这个过程中，信息发送者和信息接收者都是沟通的主体，信息发送者同时也是产生信息的源泉。信息可以语气、文字或其他表达形式为媒介，沟通的内容除了信息传递，也包括情感、思想和观点的交流。

在沟通过程中，心理因素会对信息发送者和信息接收者产生重要影响。因此，沟通的动机与目的也直接影响信息发送者与接收者的行为方式。沟通过程可能是顺畅的，也可能会出现障碍。影响沟通效果的障碍既可能产生于心理，也可能源于不良的沟通环境。

(二) 沟通过程

沟通过程是发送者将信息通过选定的渠道传递给接收者的过程。简单地说，就是传递和反馈信息的过程。当人们之间需要沟通时，沟通过程就开始了。

1. 沟通过程中的基本要素

完整的沟通过程包括以下7个要素。

(1) 信息源(信息传递者)。信息传递者掌握或拥有要传递的信息，如事实、信息源思想、知识、观点、期望、要求等，在沟通过程中处于信息传递的主动地位，是整个沟通的起点。信息源可以是个人，也可以是群体。

(2) 编码(组织信息)。信息传递者利用信息符号系统对信息进行组织表达，所编辑的信息必须符合信息符号系统的要求。由于沟通的主体是人，所以信息的表示形式可以是语言、文字、图形、动作或表情等，丰富多样。

(3) 媒介。信息传递者通过诸如文字、言语声音、身体语言、图片符号等媒介和一定的渠道将信息传递给信息接收者。

(4) 信息接收(信息接收者)。相较于信息传递者，信息接收者在沟通过程中处于被动地位，往往借助听觉、视觉、触觉等的活动感知信息。

(5) 解码(接收信息并对信息做出解释)。信息接收者收到信息后，用同样的"信息-符号系统"对信息的意义进行解释。解码是编码的逆过程，在实际的沟通中，由于信息双方的主观意识和经验背景不同，接收方解码后获得的信息不一定就是发送方的本意。

(6) 反馈。信息接收者将自己的反应通过信息传递渠道传回信息源，是沟通过程的最后一个环节。反馈使沟通过程变成一个闭合循环的过程，也使信息传递双方在发送方和接收方两个角色之间不断切换，是双方实现信息准确交换目的的重要环节。在实际沟通过程中，信息接收方应积极向发送方做出反馈，信息发送方也应该主动向接收方索取反馈，以达到最终的信息传递目的。

(7) 噪音。噪音是指对信息传递有可能造成干扰的一切因素。噪音越大，信息传递障碍越大，信息传递效率越低。在实际的沟通过程中，噪音的影响无处不在。常见的噪音源有知觉选择、信息超载、语义问题或文化差异等。

2. 完整的沟通过程

完整的沟通过程如图8-1所示。

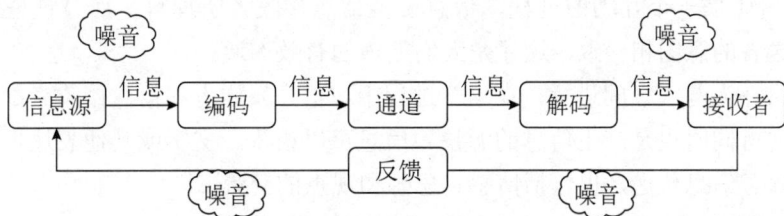

图8-1 完整的沟通过程示意图

从图8-1可以看出，完整的沟通过程是一次信息"旅行"的循环，它始于信息传递者(信息源)，基于"信息-符号系统"将信息进行编码，通过沟通媒介将信息发送给信息接收者，信息接收者收到信息后对信息进行"信息-符号系统"的解码，并对信息的意义产生理解、做出反应，最后通过沟通媒介将此反应反馈给信息传递者(信息源)。

沟通可以按照这个过程循环下去。这种完整的沟通过程实现了沟通双方之间的信息交流，被称为双向沟通。如果在沟通过程中缺少反馈环节，只是将信息传递给信息接收者，信息传递者并不了解对方的反应，这种沟通属于单向沟通。值得注意的是，噪音有可能对沟通过程中的每一个要素和沟通的每一个环节产生影响。

二、沟通的作用

通俗地说，沟通的作用就是在适当的时间，将适当的信息，用适当的方法，传递给适当的组织或个人，从而形成一个迅捷、有效的信息传递系统，帮助组织实现目标。具体而言，沟通有以下几个作用。

(一) 为科学决策奠定基础

任何决策都会涉及做什么、怎么做、何时做等问题。每当遇到这些急需解决的问题，管理者就需要从广泛的企业内部沟通中获取大量的信息情报，然后进行决策；或建议有关人员做出决策，以迅速解决问题。下属人员也可以主动与上级管理人员沟通，提出自己的建议，供领导者决策时参考；或经过沟通，获得上级领导的认可，自行决策。通常情况下，组织内外部存在大量不确定的信息，沟通可以澄清事实、交流思想、倾诉情感，从而降低信息的模糊性，为科学决策奠定基础。例如，为了有效解决企业管理中的问题，需要比较各种解决方案，这就需要大量收集组织内外部的信息以供参考，"知己知彼，百战不殆"说的就是这个道理。

(二) 为组织营造和谐的氛围

一个组织是否吸引人，组织员工在企业是否乐得其所、甘愿为之奋斗，并不仅仅在于组织是否有一个宏伟诱人的愿景，还在于组织内部是否拥有和谐的人际氛围。所谓和谐的人际氛围，是指人际关系和谐，即组织成员间友好相处，彼此和气敬重，彼此相知，即便产生了一些矛盾，各方也能妥善地当面处理，而不是剑拔弩张，或者背后搞小动作。人际关系的和谐与组织成员的素质修养有很大关系，但若没有畅通的信息沟通渠道、高效的沟通方式，和谐的组织氛围也难以维持。通过信息沟通可使员工互相了解，进而调整自己的行为，有利于友好相处、共同工作。

(三) 促进组织员工行为协调

企业中的各个部门和各个职务是相互依存的，依存性越强，就越需要组织的协调，而协调只有通过沟通才能实现。没有适当的沟通，管理者对下属的指导就不够充分，下属就可能对分配给他们的任务和要求他们完成的工作有错误的理解，导致工作任务不能圆满地完成，使企业在效益方面受损失。当组织领导机构做出某项决策或制定某项政策时，由于组织内部成员或部门之间所处的位置不同、利益不同、掌握的信息不同，对决策或政策的态度一般是不一样的，产生的行为也存在一定的差异。这种差异性有的是好的，与组织目标一致，可提升工作效率；有的则会给组织成员的工作造成障碍，导致其难以完成组织交代的任务。为使组织成员及部门明确目标和任务，就要时刻保持组织成员的行为协调一致，因而必须进行充分有效的沟通，以交换意见、统一思想、明确任务，并以最有效的方式完成组织任务。

(四) 架起组织与外部环境之间的联系桥梁

企业组织必然会与顾客、政府、公众、供应商、竞争者发生各种各样的关系，它必须按照顾客的要求调整产品结构，遵守国家法律、法规，担负自己应尽的社会责任，同时还要获得适用且廉价的原材料，努力在激烈的竞争中占得一席之地。因此，组织必须和外部环境进行有效的信息沟通。而且，由于外部环境永远处于变化之中，组织为了生存就必须适应这种变化。这就要求组织不断地与外界保持信息沟通，通过公共关系手段，利用大

众传媒、内部刊物等途径，与客户、政府职能部门、周边社区、金融机构等建立良好的关系，争取社会各界支持，营造有利的发展氛围，提高组织的知名度、美誉度、资信度，以实现组织的持续发展。

三、沟通的原则与方式

(一) 沟通的原则

人们沟通时使用的符号只是一种工具，其最终目的在于了解彼此的意图。但由于参与沟通的人的生活经验不同或沟通情境的差异，对于不同的人来说，同一个符号所代表的意义多少会有些区别。也就是说，同一个符号会因使用者或使用情况的不同而含有不同的意义。

在沟通过程中，要注意遵循下列几个原则。

1. 准确性原则

信息沟通的目的是确保信息的准确传递，因此信息沟通必须遵循准确性原则。由于信息沟通一般涉及两个方面，作为信息的发送者与接收者均应创造条件、共同努力，使信息在双方之间准确传递。

2. 完整性原则

在管理工作中，沟通是手段而不是目的。因此，在沟通过程中，应当注意保持传递信息的完整性，即在传递信息时，将完整、全部的信息传递给对方，以免影响信息传递的质量，影响组织任务的完成。

3. 及时性原则

在沟通过程中，还应注意信息传递的及时性。在实际工作中，经常会出现因信息传递不及时而造成工作延误的情况，应当引起高度重视。

(二) 沟通的方式及分类

依据不同的标准，可将沟通方式分为不同的类别。

1. 按信息载体和渠道分类

根据沟通所用的信息载体和传送渠道的异同，可将沟通分为语言沟通和非语言沟通两类，如图8-2所示。

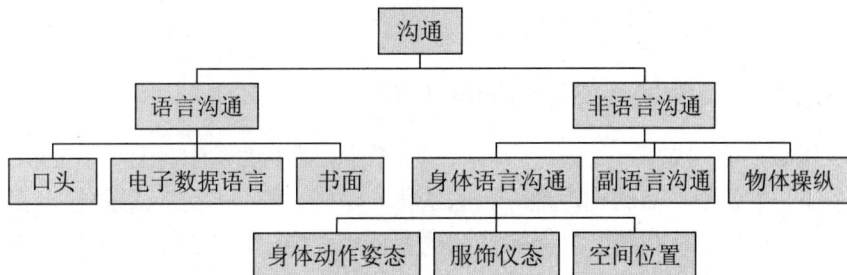

图8-2 沟通的分类

(1) 语言沟通。语言沟通是指建立在语言文字的基础上，以语言文字和言语声音为载体，即运用语言文字来传达信息的活动。语言沟通又可分为口头语言、书面语言及电子数据语言三类，如表8-1所示。

表8-1 语言沟通方式比较

沟通方式	举例	优点	缺点
口头	交谈、讲座、讨论会、电话	快速传递、快速反馈，信息量很大	传递中经过层次越多，信息失真越严重，核实越困难
书面	报告、备忘录、信件、文件、内部期刊、公告	持久、有形，可以核实	效率低，缺乏反馈
电子数据	传真、闭路电视、计算机网络、电子邮件、手机	快速传递，信息容量大，远程传递信息时可同时传递多人，廉价，可实现单、双向传递	易受电力、网络、通信信号等因素的影响

口头语言沟通是人们较为常用的一种沟通形式。按照它发生的不同方式，又可细分为演说、倾听、正式交谈、私人交谈、讨论、征询、访谈、闲聊、小组会议、小组讨论、传话(捎口信)、大型会议、传闻等多种具体形式。

书面语言沟通又可细分为正式文件、备忘录、信件、公告、留言便条、内部期刊、规章制度、任命书等多种具体形式。

在现代社会，随着有线及无线电技术与信息技术的发展，电子数据语言沟通成为企业管理沟通的必要形式。

所谓电子数据语言是指将包括图表、图像、声音、文字等在内的书面语言性质的信息，通过电子信息技术转化为电子数据进行信息传递的一种沟通方式或形式。它的主要特点和优势是，可以将大量信息以较低成本快速地进行远距离传送。电子数据沟通形式只存在于工业革命之后，即电子、信息技术被人类认识、应用之后。

根据具体设施和工具、媒介的不同，电子数据沟通又可细分为电话沟通、电报沟通、电视沟通、电影沟通、网络沟通、多媒体沟通6种主要形式。其中，电话沟通又可细分为有线电话和无线电话沟通形式，或电话交谈、电话会议、电话指令等多种形式。

(2) 非语言沟通。非语言沟通是指通过某些媒介而不是通过说话或文字来传递信息的一种沟通方式。在现实生活中，非语言沟通更为常见。例如，一个眼神，一个细微的动作，一个简单的身体姿态，一件衣服，一个特别的位置，一个物体，等等，都能形成沟通。

非语言沟通主要包括声光信号(红绿灯、警铃、旗语)、身体语言沟通(手势、肢体动作)、副语言沟通(语调、表情)、物体操纵及空间距离等多种形式。

身体语言沟通是指通过动态的目光、表情、手势等身体运动、姿势、空间距离及衣着打扮等人体形式来传递信息的沟通形式。

副语言沟通是指通过非词语的形式，如声音、声调、哭、笑、停顿、语速等，来传递信息的沟通形式。心理学家称非词语的声音信号为副语言。心理学研究成果显示，副语言在沟通过程中起着十分重要的作用，一句话的含义往往不仅取决于字面意义，而且取决于它的弦外之音。

物体操纵即道具沟通,是指人们通过运用物体、布置环境等方式来传递信息的沟通形式。下面以一个实例来说明:一位车间主任在和工长讲话的时候,心不在焉地拾起一小块碎砖。他离开后,工长马上命令全体员工加班半小时,打扫车间卫生。实际上,对于打扫卫生的要求,车间主任并未提到一个字。

【沟通知识】　　　　　　　　　身体语言解读

特定的表情、姿态和动作可以表露一个人的真实想法与个性。隐藏在身体语言中的情绪主要分为以下几类。

· 开放与接纳:咧着嘴笑;手掌打开;双眼平视。

· 配合:谈话时身体前倾,坐在椅子边缘;全身放松,双手打开;解开外套纽扣;手托着脸。

· 自信:抬高下巴;坐时上半身前倾;站立时抬头挺胸,双手背在身后;手放在口袋里时,露出大拇指;掌心相对,手指合起来呈尖塔状。

· 紧张:吹口哨;抽烟;坐立不安;以手掩口;使劲拉耳朵;绞扭双手;把钱、钥匙等物品弄得叮当响。

· 缺乏安全感:捏弄自己的皮肤;咬笔杆;两个拇指交互绕动;啃指甲。

· 遭受挫折:呼吸急促;紧握双手不放;握拳;绞扭双手;用食指点物。

· 防卫:双臂交叉置于胸前;偷瞄,侧视;摸鼻子;揉眼睛;笑时紧闭双唇;紧缩下巴;说话时眼睛看地;瞪视;双手紧握;抚摸后颈;摩拳擦掌;双手交握放在脑后,整个人靠在椅背上。

资料来源:邢以群. 管理学[M]. 2版. 北京:高等教育出版社,2011.

2.按是否有规定的正式渠道分类

在正式组织中,成员间所进行的沟通,因其途径的异同分为正式沟通与非正式沟通两类。正式沟通是通过组织结构或层次系统进行的,非正式沟通则是通过正式系统以外的途径进行的。

(1) 正式沟通。正式沟通一般是指在组织系统内,依据组织规定的原则传递与沟通信息。例如,组织间的公函来往,内部的文件传达,召开会议,传达命令,上下级之间定期的情报交换,等等。

正式沟通表现出来的具体网络形态有5种,即链式、轮式、Y式、环式和全通道式,如图8-3所示。

① 链式。链式形态是指信息在沟通成员间按顺序单线传递,形如链条状的沟通形态。在链式形态中,存在一个平行网络,其中居于两端的人只能与内侧的一个成员联系,居中的人则可分别与两人沟通信息,信息可自上而下或自下而上进行传递。在一个组织系统中,它相当于一个纵向沟通的网络。由于是单线连接,在这种沟通网络中,成员间的联系面很窄,平均满意度较低,信息经层层传递、筛选,容易失真。此外,这种网络还可表示在组织中,主管人员和下级部属之间存在若干个中间管理者,属控制型结构,在中小企业中较为常用。

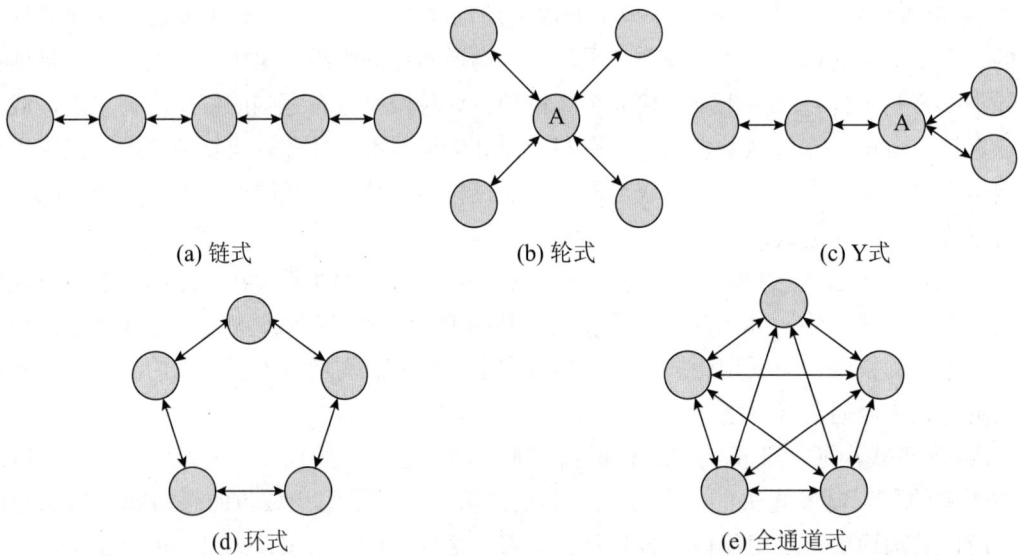

(a) 链式　　　　　　　　(b) 轮式　　　　　　　　(c) Y式

(d) 环式　　　　　　　　　　　(e) 全通道式

图8-3　正式沟通的网络形态

② 轮式。轮式属于控制型网络，这种网络中的信息是经由中心人物向周围多线传递的。在组织中，大体相当于一个主管领导直接管理几个部门的权威控制系统，该领导人物是各种信息的汇集点与传递点，其他成员之间没有交流，所有信息都通过他们共同的领导者来传递，故而信息沟通准确度很高，解决问题速度快，有利于领导者的控制。但是，组织中员工满意度较低，领导者也可能面临信息超载或因占用过多协调沟通时间以致挤占宝贵的用于决策的时间。这种沟通形式适用于处理紧急任务，是加强组织控制、争时间、抢速度的有效方法。如果组织接受紧急攻关任务，并要求严密控制，则可采取这种沟通网络。

③ Y式。它是轮式和链式相结合的纵向沟通网络。与轮式网络一样，Y式网络中也有一个成员位于沟通网络的中心，成为网络中因掌握信息而具有权威感和满足感的人，但这个人并不一定是最高级别的成员。在组织中，这一网络大体相当于从组织领导到秘书班子再到下级主管人员或一般成员之间的纵向关系。与轮式网络相比，Y式网络结构由于增加了中间的过滤和中转环节，沟通的准确性受到一定的影响，而秘书"举足轻重"的地位可能导致其他成员牢骚满腹、士气低落，但领导者不必面对信息超载的危险。此网络适用于主管人员的工作任务十分繁重，需要有人选择信息，提供决策依据，节省时间，且要对组织实行有效控制的情况。但此网络容易导致信息失真，影响组织中成员的士气，难以提高工作效率。

④ 环式。环式网络可以看成将链式网络两端的沟通环节相连接而成的一种封闭式的控制结构，所有组织成员都可不分彼此地依次联络和传递信息。每个成员都可同时和两侧的人沟通信息，因此大家地位平等。如果需要在组织中营造协作氛围、提升成员士气以实现组织目标，环式沟通是一种行之有效的措施。采用这种沟通形式的组织，集中化程度和领导人"预测度"都比较低，成员虽有较高的满意度，但由于沟通的渠道窄、环节多，渠道并不通畅，信息传递的速度很慢，准确度也难以保证。

⑤ 全通道式。这是一种全方位、开放式的沟通网络系统，所有成员之间都能进行相互的、不受限制的信息沟通与联系。采用这种沟通网络的组织，集中化程度低，成员地位差异小，有利于提升成员士气和培养合作精神。这种网络具有宽阔的信息沟通渠道，成员可以直接、自由、充分地发表意见，有利于提高沟通的准确性和解决复杂问题。但由于这种网络沟通的渠道太多，容易造成混乱，沟通过程通常耗费大量时间，因而缺乏效率。委员会方式就是全通道式沟通网络的应用实例。

上述几种沟通形态和网络，都有其优缺点。如果管理者注重解决问题的速度，可采用轮式和全通道式网络；如果注重信息传递的精确度，可采用链式、Y式和轮式网络；如果注重领导者的权威，可采用轮式网络；如果注重通过信息沟通来增强组织的满足感，则适宜采用环式和全通道式网络。

(2) 非正式沟通。非正式沟通和正式沟通不同，它是一种以社会关系为基础，与组织内部明确的规章制度无关的沟通方式。非正式组织是基于组织成员的感情和动机而形成的，所以其沟通渠道是组织内的各种社会关系，这种社会关系超越部门、单位层次，不受组织监督，可自由选择沟通渠道。非正式沟通的网络形态如图8-4所示。

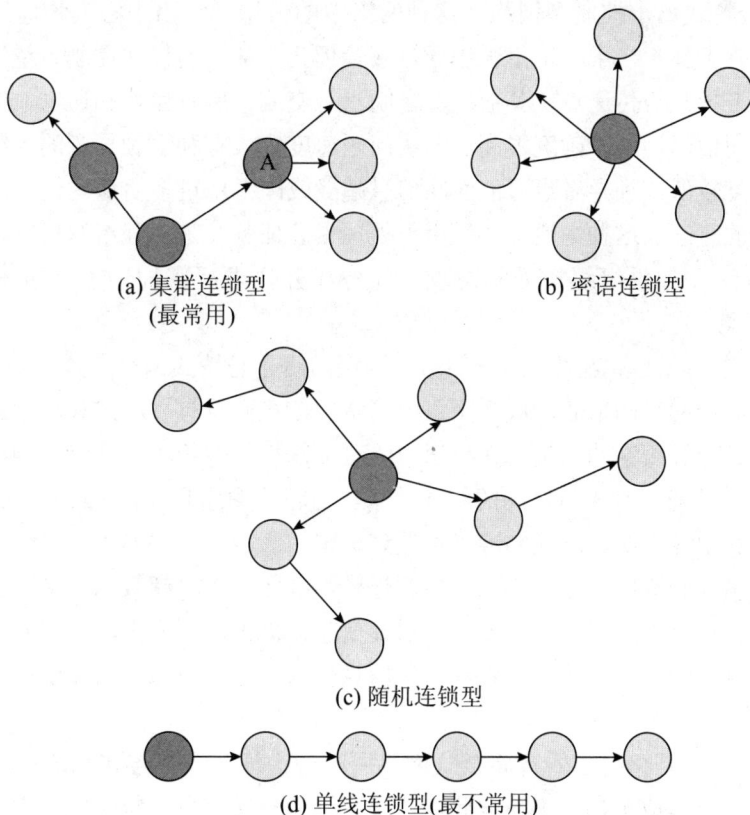

(a) 集群连锁型
(最常用)

(b) 密语连锁型

(c) 随机连锁型

(d) 单线连锁型(最不常用)

图8-4　非正式沟通的网络形态

① 集群连锁型。它是指信息发送者有选择地寻找一批对象传播信息，这些对象大多是一些与其亲近的人，而这些对象在获得信息后又会传递给自己的亲近者。在沟通过程

中，可能有几个中心人物，由他转告若干人，而且有某种程度的弹性。

② 密语连锁型。它是指信息发送者主动寻找机会，通过闲聊等方式向其他人散布信息。通常由一人告知所有其他人，犹如独家新闻。

③ 随机连锁型。它是指碰到什么人就转告什么人，并无一定的中心人物或选择性。

④ 单线连锁型。它是指由一人转告另一人，另一人也只再转告一个人，通过一长串的人际关系来传递信息，而这一长串的人之间并不一定存在正规的组织关系。

人们常认为单线连锁型是非正式沟通的主要形式，但事实表明，集群连锁型才是最普遍的非正式沟通方式。从信息传递效果分析，集群连锁型传播速度最快、面最广；单线式传递速度最慢，失真可能性也最大。

非正式沟通源于人类爱好闲聊的特性，闲聊时传递的信息称为传闻或小道消息(并非谣言)。这类信息不是完整的，更多与观感或情绪有关，具有多变性和动态性，不需要遵循组织结构原则。非正式沟通可以满足职工情感方面的需要，可以弥补正式沟通的不足；可以了解员工真正的心理倾向与需要；可以减轻管理者的沟通压力；可以防止某些管理者滥用正式通道，有效防止正式沟通中的信息"过滤"现象。在信息沟通中，有一些信息不适合通过正式组织传递，因此，应当鼓励各种非正式组织参与信息沟通过程，以辅助正式组织共同提升沟通效果。

非正式沟通几乎在所有的组织中都非常活跃。一个组织越是依赖于有限的或正规的正式沟通渠道，小道消息就越可能盛行。非正式沟通的存在有它的客观必然性，管理者不能阻止它的产生，只能引导它、利用它。例如，管理者可以通过非正式通道有计划地将某些信息传递给特定的个人，也可利用非正式沟通散布一些待决定的非官方问题或计划出台的措施，通过观察员工的反应来进一步修改决定，从而避免与员工发生正面冲突。

在现代公共关系活动中，不少组织开通了"高度的非正式沟通"，利用各种场合和各种渠道，排除拘束感和谨慎感，通过内部公众之间的信息沟通，在组织系统内形成一个开放的信息沟通网络。例如，在美国华特·迪士尼公司，上至董事长下至一般员工都统一佩戴一个标注姓名的标记，员工之间可直呼其名，以减弱在交往时因身份不同而产生的等级感，有助于形成富有人情味的家庭式氛围。

3. 按照主体的不同分类

按照沟通主体的不同，可以分为自我沟通、人际沟通、组织沟通等不同类型。

(1) 自我沟通。自我沟通也称内向沟通，即信息发送者和信息接收者为同一个行为主体，自行发出信息、自行传递、自我接收和理解。

(2) 人际沟通。人际沟通是指人和人之间的信息和情感相互传递的过程。它是群体沟通、组织沟通乃至管理沟通的基础，从某种程度上来说，组织沟通是人际沟通的一种表现和应用形式，有效的管理沟通都以人际沟通为保障。

(3) 组织沟通。组织沟通简单地说就是组织之间如何加强有利于实现各自组织目标的信息交流和传递的过程。一般来说，组织沟通又可分为组织内部沟通和组织外部沟通，组织外部沟通可以进一步细分为组织与顾客、股东、上下游企业、社区、新闻媒体等之间的沟通。

组织沟通不同于一般的人际沟通，它必须符合组织特质和管理要求，它以组织内的人际沟通为基础，强调沟通的科学性、有效性和理性。科学性是指组织沟通应该与组织文化、组织结构、管理流程及业务流程相匹配；有效性是指沟通要注重效率和效果，同时要注意沟通的三大成本，即经济成本、时效(时间)成本和心理成本；理性是指沟通者不能感情用事，应该多一些理性思考，倡导理性沟通。

组织沟通与人际沟通的区别在于：沟通双方的关系基础不同，人际沟通以人际关系为基础，而组织沟通注重人在组织中的职位关系，但又不能完全排除人际关系的影响；沟通的环境不同，人际沟通的环境是广阔的社会环境，而组织沟通的环境是组织环境；沟通的目的不同，人际沟通的目的大多数是情感交流，而组织沟通的目的是协调工作以完成组织任务。总之，组织沟通比一般的人际沟通复杂得多，需要管理者掌握更高的沟通技巧和更灵活的沟通策略。

关于自我沟通、人际沟通、组织沟通，我们将在下文中详细介绍。

第二节　自我沟通与人际沟通

■ 一、自我沟通

只有增强对自我的了解，才能改进与他人的沟通效果。自我沟通是所有沟通的基础，人们进行自我沟通是为了认识"自我"。

每一个人都有多个自我，作为一个具体的人，有高、矮、胖、瘦等不同体型，这是物理的自我；作为有感情的人，有喜、怒、哀、乐以及与此相应的生理变化，如心跳加速、肌肉紧张，这是情感的自我；作为有行为特征的人，不同的人会有一些不同的反复出现的行为习惯，如敲手指、咬嘴唇等，这是个性的自我。这三种自我是比较容易了解清楚的，不容易了解清楚的是第四种自我，即每一个人作为社会人的自我。作为社会人，每一个人都会有面对社会时公开的一面，也有独处时私下的一面。根据每一个人对自我的了解程度和愿意向社会公开自我的程度，人可分为四种类型：第一种人不仅了解自我，也愿意向社会公开自我，表里如一；第二种人也了解自我，但不愿意向社会公开自我，他对很多事心里明白，但绝不喜怒形于色，在众人面前表现得比较"有城府"；第三种人虽然对他人似乎很了解，分析起来头头是道，但对自我不甚了解，即"知人不知己"；第四种人不仅不了解自我，也不了解别人，却"自以为是"。

了解上述分类是为了让我们明白：一个人越是接近第一种类型，就越能与他人进行有效的沟通。人是很难被认识的，要真正了解自我则更难。很多时候，我们自认为的"自我"，只是我们的主观认识而已，这种认识准确与否，必须通过自我沟通来检验。

在自我沟通过程中，人们通过实践发出信息，通过反思接收信息，通过不断地实践和反思验证自己的价值观、兴趣爱好和能力结构。

(一) 通过实践发出信息

我们想要知道自己注重什么、反对什么、喜欢什么、不喜欢什么、什么能做、什么不能做，光靠思考和分析很难得出真实结论，只有通过实践，我们才有可能获得真实的感受，进而在此基础上通过分析获得对自我的准确认识。例如，当我们要判断自己是否喜欢某一个人时，从主观上分析，可能认为自己非常喜欢这个人，甚至认为自己愿意为他做任何事。但当我们真的有机会与此人共处并为其效力时，却可能发现自己并不兴奋，甚至不太愿意与其共事。当然，我们也有可能发现，我们真的很高兴与其相处，也真的愿意为其做各种事。不管发生何种情况，都表明只有通过实践反馈才能真正确认我们对自我的假设是否成立。

(二) 通过反思接收信息

只有思考没有实践是主观臆断，只有实践没有反思是謷言妄举。在自我沟通过程中，只有对通过实践获得的信息反馈进行反思，才能获得对真实自我的进一步认识。为了反思通过实践获得的信息，可采用独自反省实践经历、运用自我评估问卷进行系统反思和征询他人的反馈意见等方法。

1. 独自反省实践经历

在独处的过程中，通过反思自己过去一段时间内的所作所为以及自己做事前后的感受，可了解自己的真实价值观、自己真正喜欢的事和物、自己真正擅长做的事。

2. 运用自我评估问卷进行系统反思

我们也可以通过完成自我评估问卷对自己过去的实践做系统的总结，从中了解自己的个性能力和思维模式等。大多数的自我评估问卷是由专业人士设计并经过统计检验的，具有一定的系统性和科学性，且问卷大多数都是选择题型，简单易行。但由于每一个人在回答问卷时，都难免受到主观因素的影响，并且不同人之间存在个体差异，因此，自我评估问卷的分析结果往往只能作为参考，其准确性还需通过其他两种方法加以检验。

3. 征询他人的反馈意见

为了真正了解自我，向他人征询反馈意见是极为重要的。无论我们是否已进行独自反省或自我评估，为了获得真实的自我，我们还需要了解别人对我们的感觉。通过征询与自己来往较多、关系较好的人的意见，可进一步验证自己对自我认识的准确性。

自我沟通从某种意义上而言是每个人的本能，只不过不同的人在自我沟通技能上存在差别。无论是在生活中遭遇挫折，还是在工作中遇到困惑，我们都可通过自我沟通，说服自己接受现实，或者通过自己的努力去改变现实，从而使自己从不安、忧虑或困惑中解脱出来。对于管理者而言，更是如此。每一个管理者都应该通过实践，不断提高自我沟通能力。

■ 二、人际沟通

人际沟通是指在恰当的时间及适宜的场所将可理解的信息或思想在人群中传递或交换

的过程，目的是激励或影响人的行为。它是一个人获得他人思想、感情、见解、价值观的一种途径，是人与人之间交往的一座"桥梁"，通过这座"桥梁"，人们可以分享彼此的感情和知识，也可以消除误会、增进了解。

(一) 人际关系六要素

1. 交往者

交往者包括信息的发送者和接收者以及旁观者。其中，发送者和接收者在交往中不断转换，因此，一个人在交往中要交替扮演发送者和接收者的角色。交往者之间可以是一对一的关系，也可以是一个人对一群人的关系。

2. 信息

信息包括语言信息和非语言信息。沟通者的表达能力、接受能力、理解能力和认知能力将影响信息的发送和接收质量。

3. 人际认知

人际认知受个人知识、经验、兴趣、目的、第一印象、刻板印象、光环作用、迷信心理、文化差异、交往时的环境和个人精神状态等因素的影响。

4. 人际反应

人际反应包括：直接的人际反应，表达内心的真实想法；掩饰的人际反应，经过有意识的伪装，已不能表达内心的真实想法。

5. 人际关系

人际关系有许多类型，如夫妻关系、同事关系、上下级关系、伙伴关系、朋友关系、医患关系等。不同的人际关系包含不同的交往目的和交往方式，应该采用与人际关系相适应的交往方式。

6. 人际吸引

人际吸引是指人与人之间相互喜欢、愿意亲近的程度，决定了人际关系的质量和人际交往的成败。

(二) 个体行为对人际沟通的影响

人际沟通的效果与沟通主体的个体行为密切相关，从信息沟通过程分析，个体行为对人际沟通的影响主要表现在以下几个方面。

1. 态度

态度是指一个人对不同的人和事所持有的一种持久而一致的心理和行为倾向，通常表现为一个人对于不同的人或事的评价性陈述。每个人的价值观、信念、立场和偏好会呈现不同的倾向，这种倾向会影响他对接触的人和事所采取的态度，进而影响可能采取的行为。研究表明，每个人对他所接触的人或事物持有不同的态度，而且个体一般总是倾向于保持行为与态度之间的一致。因此，影响个体沟通行为的首先是态度，态度决定了个体的沟通行为。一般而言，人们对于自己感兴趣的东西会比较关注，对自己不喜欢的事物会采取疏远的行为，而对自己讨厌的人或事则会采取拒绝的行为。

2. 个性

个性是用来区别一个人相对稳定的心理特征的集合，它是由多种成分构成的一个有机整体。一个人的个性会影响他习惯采用的沟通方式。例如，性格外向的人往往具有热情开朗、健谈自信、感情丰富等特征，他们关注周围的环境，行动快捷，但往往缺乏耐心，在处理人际关系时，外向的人一般会开门见山、有话直说，喜怒形于色；而内向的人往往喜欢安静，不善交际，对细节认真，注重个人的思想和反应，因而在处理人际关系时，大多听得细心、说得谨慎。又如，控制欲比较强的人在与人沟通的过程中，考虑的重点往往是如何掌控对方，力图通过各种沟通渠道、施展各种技巧去控制与支配对方；自我感觉较好的人常常刚愎自用，无视客观事实和逻辑分析，听不进别人的意见；比较刻板的人则对每件事都要求有精确的表述，不允许在沟通中出现诸如"大概""可能"之类使人感到模棱两可的词汇。不同的个性决定了不同的沟通方式，不同的思维模式则直接影响与他人沟通的效果。

3. 情绪

情绪是对一系列主观认知经验的通称，是由多种感觉、思想和行为综合产生的心理和生理状态，它通常影响信息的接收效果。个体接收信息源于受到外界的刺激。外界的刺激分为两种：一种是显性刺激，它会使人有意识地、明显地感受到某种信息的刺激；另一种是隐性刺激，它能使人产生感觉，但不一定意识到已受到某种信息的刺激。例如，听人讲过某些事，当时并没有意识到什么，直到后来才醒悟过来，这种信息刺激在当时来说就是隐性的。当一个人受到了外界刺激时，可认为信息到达接收者这里，但这并不等于这个人已完全接收了外界刺激所带来的全部信息，接收者还要经过一个有选择的知觉过程，个体之前接收的只是他认为比较重要的那一部分信息。

当个体接收了外界刺激所带来的信息后，将从以下三个方面同时展开分析过程：一是逻辑判断过程。通过记忆存储、分类检索、归纳合并、联想分析等逻辑思维过程对信息进行处理，判断其是否有道理。二是情感分析过程。通过逻辑思维认识的事物，在情感上不一定能予以接受，在这个过程中起主要作用的是信念、价值观、态度和偏好等。三是生理反应过程。大脑的活动、血压、体温、心速等生理因素会由于外界刺激而改变，从而影响知觉和行动。在综合以上三方面结果的基础上，信息接收者才会对所接收到的外界信息做出相应的反应。

在分析过程中，当人的内心情感和外在的客观事实发生矛盾时，就会产生某种情绪或困惑。当这种情绪或困惑的程度相当严重时，人的自卫机制就会发生作用：对于事实证明是错误的或不合适，但内心无法接受的事物，竭力寻找一些理由做出"合理化"的解释；或坚持己见，用发牢骚等办法拒绝接收信息；或被迫接收那些自己不愿意接收的信息，带着情绪，故意偏激地执行指令；或竭力控制自己的不满。这些行为都会影响信息接收效果，从而影响沟通效果。

4. 知觉

知觉是指个体为了表明他对周围环境的认识而组织和表达其感觉、印象的过程。知觉是人脑对直接作用于感觉器官的客观事物的各个部分和属性的整体反映，是个体意识和解

释环境信息的过程。对同样的事物，不同的人有不同的看法，这表明不同的人的知觉过程是不同的。影响一个人的知觉结果的因素既包括观察者的个体主观因素，如态度、性格、兴趣爱好、经验和期望等，也包括被观察目标的特征(如在群体中比较活跃的人比安静的人更容易引起注意)，感知时所处的环境(如背景也会影响感知)和感知的方式。

知觉影响沟通效果，对于不同的人，其知觉过程和理解能力是不同的。在信息沟通过程中，接收者的个性、发送者的行为、信息传递的方式、信息传递时所处的环境都会影响接收者对信息的知觉和理解，而知觉和理解又在很大程度上影响接收者接收信息后所采取的行为。对同一信息，由于理解力的不同，会产生不同的理解和不同的行为。例如，当高层管理人员强调要千方百计地提高经济效益时，部分管理人员会理解为要千方百计地多赚钱，并因此在生产过程中以次充好、偷工减料，这在一定程度上就是由理解差异导致的。

管理者所在的组织是由一群人组成的，了解个体行为对沟通的影响，对于提高沟通的有效性是非常重要的。忽视这一方面的影响，常常是导致人际沟通和组织沟通不良的基本原因。

(三) 改善人际沟通的方法

人际沟通效果取决于沟通行为主体的个体行为，要提高人际沟通效果，就必须提高信息发送者和信息接收者的沟通水平。

1. 信息发送者方面

作为信息发送者，要做好以下几方面工作。

(1) 要有勇气开口，成为信息发送者。只有把心里的想法表达出来，才有可能与他人沟通。人与人之间存在很多矛盾的一个主要原因，就是当事人都只在自己心里想，而没有勇气把自己的想法说出来，从而导致很多误解。

(2) 态度诚恳，使对方成为信息接收者。人是有情感的，在沟通中，当事者相互之间所采取的态度对于沟通效果有很大的影响。由于态度决定沟通行为，且人们常常会对不可知的东西抱有戒备心理，因此只有当双方坦诚相待时，才能消除彼此间的隔阂，求得相互间的合作。

(3) 注意选择合适的时机，营造良好的沟通氛围。由于所处的环境、气氛会影响沟通效果，所以信息交流要选择合适的时机。对于重要的信息，在办公室等正规的地方交谈，有助于双方集中注意力，从而提升沟通效果；对于思想上或感情方面的沟通，则适宜在比较随意、独处的场合中进行，这样便于双方消除隔阂。此外，要选择双方情绪都比较冷静时进行沟通，不要让情绪影响沟通效果；要开好头，消除陌生感，寻找共同语言，营造相互配合的氛围。

(4) 准确传递信息，注重双向沟通。对信息发送者来说，无论是口头交谈还是书面交流，都要力求准确表达自己的意思，要了解信息接收者的文化水平、经验和接受能力，根据对方的具体情况来确定自己的表达方式和用词等，选择准确的词汇、语气、标点符号，注意逻辑性和条理性，对重要的地方要加上强调性的说明，借助手势动作、表情等，以加深对方的理解。此外，由于信息接收者容易从自己的角度来理解信息，从而导致误解，因

此信息发送者要注重反馈，提倡双向沟通，要善于体察他人、鼓励他人，不清楚就问，注意倾听反馈意见，或者请信息接收者重述所获得的信息，或表达他们对信息的理解，从而检查信息传递的准确程度和偏差所在。为达成沟通目的，不仅要晓之以理、动之以情，必要时还要诱之以利，站在对方的立场加以开导，有时还需要通过反复交谈来协商，甚至采取一些必要的让步或迂回措施。

2. 信息接收者方面

作为信息接收者，最重要的是注意仔细聆听。沟通是双向交流的过程，信息发送者讲或写，接收者听(或读)和响应。若不善于倾听，则可能难以收集到有用的信息，沟通就可能无的放矢。倾听是一种获取完整信息的方法，它包含4层内容，即听清、注意、理解、反应。

听清是要排除干扰，完整地接收信息。这不仅要有好的听力，还要注意相互间的距离，改善环境，切断噪音，控制自己的情绪，保持内心的平静。注意是指在听清内容的同时，信息接收者还要全神贯注，集中注意力以抓住传递来的信息要点。理解则是指要准确判断对方的语气及肢体语言，准确理解和客观评价对方的信息要点。反应则是指在理解的基础上做出回应，这种回应既可以是提出不同意见或做出反馈，也可以是按照对方传递过来的信息采取相应的行动。

第三节　组织沟通

行为科学理论告诉我们，组织成员并不是单纯的物质利益追求者，他们同时还有精神层次的需求，比如对组织(企业)的归属感、荣誉感和参与感，要满足这些需求，离不开有效的组织沟通。

组织沟通是管理中极为重要的一部分，以组织内的人际沟通为基础，涉及组织特质的各种类型的沟通。有效的组织沟通有利于信息在组织内部的充分流动和共享，可以提高组织的工作效率，增强组织决策的科学性、合理性。

■ 一、组织沟通及其信息流向

(一) 管理与组织沟通

在组织管理中，人们对于沟通的理解和认识各种各样、众说纷纭。

著名组织管理学家巴纳德认为"沟通是把一个组织中的成员联系在一起，以实现共同目标的手段"。

纽曼和萨默把信息沟通解释为"在两个或更多的人之间进行的关于事实、思想、意见和情感等方面的交流"。

著名管理学大师彼得·德鲁克认为"沟通作为管理的一项基本职能，无论是计划的制订、工作的组织、人事的管理、部门间的协调还是与外界的交流，都离不开沟通"。

美国著名未来学家奈斯比特指出"未来竞争是管理的竞争,竞争的焦点在于每个社会组织内部成员之间及其与外部组织的有效沟通上"。

美国传播学研究者G.M.戈德哈伯对组织沟通进行了多年的深入研究,他对组织沟通下的定义是"组织沟通是由各种相互依赖的关系结成的网络,是为应付环境的不确定性而创造和交流信息的过程"。这个定义包含几层意思:第一,沟通过程是一个不间断的信息交流过程,组织沟通永远随着组织存在,永远处于动态变化之中。第二,沟通实际上是信息交换的过程,这里所说的"信息",不是一般意义上的消息、情报、资料,而是对完成组织目标和任务有意义的那部分内容,包括外部环境信息、内部协调信息、组织成员个人信息等。组织领导者不仅要掌握各方面大量的动态信息,还要不断丰富有关的静态信息,并将两方面结合起来,为沟通奠定基础。第三,沟通不是无规则进行的,它要求依据担任各种不同角色的成员之间的关系,按照一定规则组织沟通网络。第四,任何组织都是在一定的社会、政治、经济环境之中生存和发展的,作为开放性系统的组织,要不断与所处的环境发生复杂多样的互动关系,受到环境深刻的影响。

可见,在组织中,任何一项沟通任务实际上都是一项管理工作,而每一项管理工作又都离不开沟通。良好的沟通是疏通组织内外部渠道、协调组织成员与部门之间的关系、完成组织目标的重要条件之一,还可以使组织内部成员之间、组织之间相互加深了解、融洽感情、增进友谊、激发斗志,从而使组织充满活力。

(二) 组织沟通的信息流向

组织沟通和组织结构息息相关,按照信息流向的不同,组织沟通又可细分为下向沟通、上向沟通、横向沟通、斜向沟通、外向沟通等几种形式,如图8-5所示。

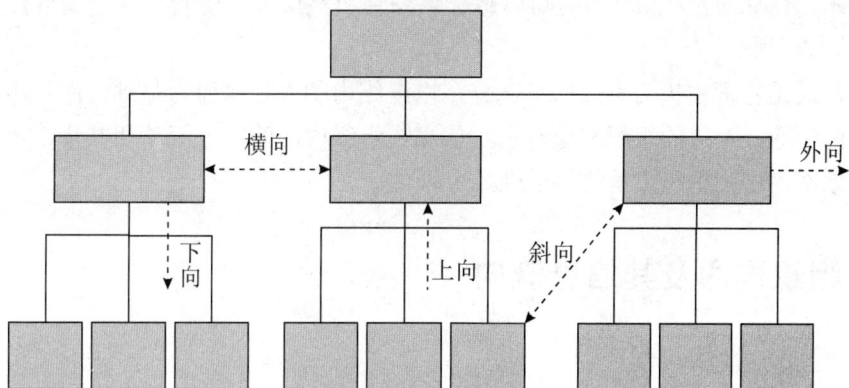

图8-5 组织沟通的信息流向

下向沟通是指在组织中信息从较高层次流向较低层次的一种沟通,包括主管对员工由上而下的沟通、通知组织的政策和规定、指出值得注意的问题、评价下属的绩效等。

上向沟通是指在组织中信息从较低层次流向较高层次的一种沟通,包括员工向上级主管报告或提建议、员工绩效报告、雇员民意调查、投诉、上下级讨论等。

横向沟通是指在组织中同一层次不同部门之间的沟通。

斜向沟通是指跨越职能部门和权力层次的信息沟通，包括组织内部非同一组织层次的单位或个人之间的信息沟通。

外向沟通是指组织成员旨在从公司外部收集信息和向外部表现形象的沟通活动，包括公共关系沟通、市场广告沟通和民意调查沟通等。

二、组织沟通的方法

(一) 组织内部信息沟通的方法

1. 发布指示与请示汇报

发布指示是在组织运作过程中较为常见的一种下行沟通形式(即信息从上级向下级流动)，请示汇报则是较为常见的上行沟通形式(即信息从下级向上级流动)。

上级在工作过程中要通过发布指示对下级进行指导，指示具有强制性与权威性。

下级在工作过程中一般通过请示来表达诉求，对于遇到的困难和问题以及工作进展等情况则要通过汇报向上级反映。

2. 召开会议

组织内部的会议种类很多，如汇报会、研讨会、论证会、总结会等。召开内部会议实际上就是提供交流的场所和机会。

3. 个别访谈

个别访谈是指组织内部为了收集决策依据及了解决策执行情况而对组织成员开展的访问谈话。由于它是面对面的直接沟通，消除了会议给人们造成的心理压力，所以获得信息的可信度较高。

4. 通过内部传播媒介进行信息沟通

组织内部可以通过各种书面媒介进行沟通，如内部刊物、墙报、员工手册、宣传材料、标语和公告等；也可通过调查问卷和意见箱等来沟通信息；还可以通过各种声像媒介，如录像、电影、幻灯、电脑光盘等进行信息沟通。

5. 综合沟通方法

综合沟通方法是指综合运用文字、口头、音像资料等开展信息沟通活动，常见的如陈列和展览等。

6. 内部非正式沟通

在组织中，非正式沟通较为常见。非正式沟通具有三个特点：一是其内容属于非正式消息，真假混杂；二是传播方向纵横交错；三是传播速度快，呈现多变性与动态性。传闻与小道消息是其主要形式。

(二) 组织外部信息沟通的方法

1. 组织形象塑造

组织形象是指组织在外部公众心目中的印象，是由组织的素养、品德、声誉、行为以

及组织的外观等叠加而成的图像。良好的组织形象可以博得外界各方的好感，从而为与外界各方保持高效的信息沟通奠定基础。因此，组织形象塑造是组织外部信息沟通的首要内容，具体包括以下三方面工作。

(1) 组织理念塑造与识别。塑造组织特有的价值观，并使这种价值观为公众了解、记忆，与其他组织相区别。

(2) 组织成员及组织行为规范与识别。要求组织成员按照组织价值观的要求规范自己的行为，并在外部沟通过程中使这种规范得到公众的接受与认可。

(3) 组织视觉形象塑造与识别。在组织价值观、发展目标等的指导下，设计出能够体现组织个性、价值观与精神的视觉表达符号，使外部公众对组织产生认同感和良好的印象。

2. 公共关系

公关作为一种最基本、最重要的组织对外沟通方式，是组织处理好与顾客、供应者、经销者以及新闻界关系的基本方法。社会上的任何组织都处于一定的公共关系状态中，组织在发展过程中必然要寻求公共关系状态的改善，即开展公共关系活动。没有良好的外部沟通，公共关系活动就无法进行。组织公共关系活动的内容，如聚会、文娱活动、广告宣传等，都可以起到增进外部信息沟通的作用。

3. 谈判

谈判是人们为了改变相互关系、达成一致意见而相互沟通的一种行为。在组织与外部各种单位、个人打交道的过程中，谈判是一种非常重要的方法。通过谈判，可以与对方就某些共同关心的问题进行信息交流，在平等协商的基础上达成共识，从而进行有效协作。

4. CI策划

CI策划是指企业有目的、有计划、战略性地创造出所希望的自身形象，由此提高企业的社会知名度，营造适合的经营环境。CI是一种有关公司个性特征、经营理念、经营风格的高度浓缩体，具有简洁、便于识别和记忆的特点。

(三) 信息社会条件下的电子化信息沟通方式

随着信息技术在管理工作中的广泛运用，出现了几种新的信息沟通方法。

1. 电子邮件

发送电子邮件的过程非常简单，其功能、效率远高于传统信件，成本远低于传统信件，很容易被人们接受和使用。

2. 网络平台

网络平台就是一个世界范围的电子平台，是一个多人参加、多向交流的网络平台，它把世界上具有共同兴趣的人联结在一起，借助这一平台，大家可互相交流自己的看法。网络平台的建立非常容易，与电子邮件相比，其一人对多人传递信息的效率更高，且可以打破空间局限。

3. 文件传输

文件传输就是在网络上复制文件，通过文件传输协议，使人们得以从互联网上的任何一台计算机上复制文件。通过文件传输获得的信息数量和种类是非常惊人的，它为人们提

供了进入有史以来的最大"图书馆"的途径，该"图书馆"包罗万象、永不闭馆，而且其规模在不断扩大。

4. 远程登录

远程登录就是将互联网上的一台计算机变为另一台计算机的终端。一旦登录成功，用户就可以访问远程计算机上对外开放的全部资源，并允许检索大型数据库，从而为用户提供巨大的信息资源。

5. 移动智能终端

移动智能终端是指安装具有开放式操作系统，使用宽带无线移动通信技术实现互联网接入，通过下载、安装应用软件和数字内容为用户提供服务的终端产品，通常包括手机、笔记本、平板电脑、POS机甚至车载电脑。它拥有非常丰富的通信方式，既可以通过GSM、CDMA、WCDMA、EDGE、WIFI、3G、4G等无线运营网通信，也可以通过无线局域网、蓝牙和红外进行通信。

与组织中传统的信息沟通方法相比，电子化信息沟通方便廉价、自由随意且效率极高，可以显著地改善信息沟通效果，甚至改变信息沟通乃至组织管理的方式。但同时也会减少人际沟通，造成垃圾信息泛滥，而且电子化信息沟通中的某些问题如病毒程序等，会给信息沟通带来隐患。

▍三、组织沟通的障碍及克服

(一) 组织沟通的障碍

在组织信息沟通过程中，常见的沟通障碍主要有下列几种。

1. 等级观念的影响

由于在组织中建有等级分明的权力保障系统，使组织中的个体在沟通过程中经常首先关注信息来源，其次才关注信息内容。同样的信息，由具有不同地位的人来发布，效果大不一样。一般来说，上级对下级沟通是无所顾忌的，而下级对上级沟通往往是有顾忌的，这样会使领导者难以获得充分而真实的信息，因为地位较低的人传递的重要信息往往不被重视。

2. 个人及小团体利益的影响

为了达到分工协作的目的，组织在形成过程中建立了各种各样的部门，把组织分成了若干个群体。由于每一个群体都有其利益诉求，当人们觉得某信息对自己的利益会产生不利影响时，就会自觉或不自觉地从心理上到行动上对此信息的传递采取对抗或抵制的态度，从而妨碍组织沟通。为了维护个人及小团体的利益，处于信息网络中心、能够获得他人得不到的重要信息的管理者常常会为了增强自己的影响力而截留信息，或有目的地修改来自上级或下级的信息，一些成员甚至可能会歪曲、掩盖或伪造信息。

3. 信息的超负荷

在快节奏的工作环境中，任何信息传递延误都会造成重大损失。信息大量地增加，

会使人难以抉择、无所适从。传递公文及召开会议本是组织准确而迅速地传递信息的好方式，但若在组织设计中没有明确哪些人应通过哪些渠道获得信息，就会因信息混杂而出现超负荷的情况。例如，由于电子信息传播非常便利，管理者和员工的电子邮箱中往往积压大量邮件，他们常常没有时间来阅读与工作相关的所有电子信息。信息的超负荷不仅造成了"文山会海"，而且导致人们对传递信息不够重视——当人们面对众多信息时，可能会无视某些信息或将其束之高阁。

4. 渠道设计的影响

一般来说，信息通过的等级越多，它到达目的地的时间越长，信息失真率则越大。这种信息连续从一个等级到另一个等级所发生的变化，称为信息传递链现象。传达和汇报是我们经常使用的沟通方式，但组织内存在信息漏斗，导致信息每经过一次传达，就多一层丢失和错误。一般情况下，每经过一个中间环节就要丢失30%左右的信息。如果组织机构过于庞大，中间层次太多，信息从最高决策层传至下级基层单位，会因空间距离太远、接触机会少而出现信息失真，从而造成沟通障碍。

5. 其他因素的影响

其他因素如沟通者信誉不良、情绪波动、地理障碍等也会影响沟通的效果。如果沟通者在信息接收者心中的形象不好或对其存有偏见，则后者往往不愿意听前者讲述的内容或专挑毛病；有时虽无成见，但认为前者传达的内容与己无关，从而不予理会、拒绝接收。在接收信息时，极端的情绪体验，如狂喜或抑郁，常常使接收者无法进行客观、理性的思维活动，而代之以情绪性的判断，这也会影响沟通效果。此外，企业组织庞大，地理位置分散，相距较远或地形复杂，缺乏面对面沟通，也会引起沟通困难。

(二) 沟通障碍的克服

1. 营造有利于沟通的组织氛围

现代企业组织中的沟通者不仅要做好企业运作的程序化信息沟通，同时应重视组织成员之间的心灵沟通。主管人员既要获得下属的信任，又要争取上司和同事的信任。管理者要提高沟通效率，应经常深入基层和工作现场，和上下级之间建立良好的关系，诚心诚意地倾听对方意见，要发扬民主作风、兼收并蓄、豁达大度。

2. 明确沟通的目的与内容

沟通者首先要对沟通的内容有正确、清晰的理解。对于重要的沟通，最好事先征求他人意见。此外，沟通不仅仅是下命令，还要统一思想、协调行动。所以，在沟通之前，对问题的背景、解决方案的依据和相关资料、决策的理由和对组织成员的要求等，都要做到心中有数。

3. 掌握倾听的艺术

对管理人员来说，"听"绝不是件轻而易举的事情。"听"不进去一般有下列三种表现：根本不"听"，只"听"一部分，不正确地"听"。要提升沟通效果，管理者应掌握倾听的艺术，具体见表8-2。

表8-2 倾听的艺术

有效倾听的要点	倾听中的禁忌
1. 表现出兴趣	1. 争辩
2. 全神贯注	2. 打断
3. 该沉默时必须沉默	3. 从事与谈话无关的活动
4. 选择安静的地方	4. 过快或提前做出判断
5. 留适当的时间用于辩论	5. 草率地给出结论
6. 注意非语言暗示	6. 让别人的情绪直接影响你
7. 当你没有听清楚时，请以疑问的方式重复一遍	
8. 当你发觉有遗漏时，直截了当地提问	

4. 拓宽组织沟通渠道

为保证信息的畅通无阻和完整性，可减少组织机构重叠，在设计固定沟通渠道、形成定期会议、报表、情况报告等正式沟通的同时，更多地运用管理信息系统、邮件、传真、电子会议等快捷方式，并开辟高层管理人员至基层管理人员的非正式沟通渠道，以便于信息的传递。当企业发生重大问题引起上下关注时，管理人员可以授命组成非管理工作组。该工作组由一部分管理人员和一部分职工自愿参加，利用一定的工作时间，调查企业的问题，并向最高主管部门汇报。同时，最高主管部门也要定期公布他们的报告，就某些重大问题或"热点"问题在企业范围内进行沟通。

5. 用好语言和非语言沟通工具

由于语言可能成为沟通障碍，管理者应该注意措辞并组织信息，使信息清楚明确，易于接收者理解。管理者不仅要简化语言，还要考虑到信息指向的听众，使所用语言适合于接收者。同时注重利用非语言信息，使其和语言相匹配，以达到更好的沟通效果。

第四节 冲突管理与沟通

■ 一、冲突及其分类

(一) 对冲突的认知

冲突是指人们由于某种抵触或对立状况而感知到的不一致的差异。在企业组织中，包括实质性冲突和情感性冲突两类。实质性冲突是指对资源配置、奖金分配、政策和程序、工作分派等方面的意见不一致。情感性冲突是指愤怒、不信任、不喜欢、害怕、怨恨或个性不合等感情方面的不一致。

无论哪一种冲突，它必须被各方感知到，冲突是否存在是一个知觉问题。同时，冲突是一种过程，当一方感觉到另一方对自己关心的事情已经或将要产生不利影响时，这个过程就开始了。产生冲突的双方或多方之间存在一种相互依赖的关系，如果双方或多方之间不存在相互依赖的关系，就不可能发生冲突。

从冲突观念的变化来看，存在三种观点，即传统观点、人际关系观点和相互作用观点。

传统观点是有关冲突的早期观点，这种观点认为所有的冲突都是有害的、不良的、消极的，它常与暴乱、破坏和非理性联系在一起，应该避免。

人际关系观点认为，对于所有群体和组织来讲，冲突是客观存在的、不可避免的，因此人际关系学派提倡正视、接纳冲突，并且认为，冲突不可能消除，有时还会对群体的工作绩效有益。

相互作用观点是在人际关系观点的基础上进一步发展起来的。它不仅接纳冲突，而且鼓励冲突。该观点认为，融洽、和平、安宁、合作的组织容易停滞不前，对变革与革新的反应也比较迟钝。从冲突相互作用的观点来看，存在两种不同的冲突：一种是功能正常的、具有建设性的冲突，指的是那些支持群体目标并能提高群体工作绩效的冲突；另一种是功能失调的、具有破坏性的冲突，指的是那些降低群体工作绩效的冲突。认为冲突都是好的或者都是坏的之类的看法是不合时宜的，也不够成熟。冲突是好还是坏，取决于冲突的类型和冲突管理。这一观点的主要贡献在于它鼓励管理者将冲突维持在一定的水平，从而使群体保持旺盛的生命力，善于自我批评并不断推陈出新。

(二) 冲突的分类

冲突既包括最温和、最微妙的抵触，又包括最激烈的罢工、骚乱和战争。在组织范畴，冲突有以下几种类型。

1. 根据内容分类

冲突根据内容可分为目标冲突、利益冲突、认知冲突、感情冲突。

目标冲突是由双方的目标不一致、预期的结果不同所引起的冲突。组织内不同部门的工作侧重点不同，不同部门的员工发展目标也有区别，各自目标的差异导致在实现目标的过程中不断产生分歧。

利益冲突是由组织内不同部门、群体、个体的利益诉求不完全一致甚至相互矛盾而导致的冲突。

认知冲突是由双方的教育背景、工作经验及认识事物的角度完全不同而导致的冲突。

感情冲突是由双方在情绪上的相互抵触和对抗而导致的冲突。例如，组织中的"空降兵"和"本土人士"就可能存在天然的抵触情绪，极有可能导致冲突。

2. 根据范围分类

冲突根据范围可分为人际冲突、群际冲突、组织间冲突。

人际冲突发生在人与人之间，当他们的目标不同或利益无法协调时就可能产生冲突。

群际冲突主要指部门之间的冲突，既包括同一层级的不同部门之间的横向冲突，也包括不同层级之间的纵向冲突。

组织间冲突是指两个或两个以上的组织之间的冲突。

3. 根据性质分类

冲突根据性质可分为建设性冲突、破坏性冲突。

建设性冲突对组织有益，会给组织带来正面影响，如优化决策程序、改善沟通效果、提高工作效率、增强竞争力等。

破坏性冲突是指对组织有害的冲突，这类冲突的存在不仅会导致员工之间互不信任、关系紧张、士气低落，而且会使企业的凝聚力下降、生产效率低下、绩效下滑、内耗严重。

■ 二、冲突的发展过程

人与人之间在利益、观点、掌握的信息或对事件的理解方面可能存在差异，有差异就可能引起冲突。不管这种差异是否真实存在，只要一方感觉到有差异就会发生冲突。美国学者庞迪提出了著名的"冲突五阶段发展模型"，他认为，冲突的发展经历了5个可辨认的阶段，分别为潜在的对立或失调、认知和人格化、行为意向、实施行为和结果。

(一) 潜在的对立或失调

冲突过程的第一阶段表明了可能发生冲突的条件，这些条件并不一定直接导致冲突，但它们是冲突发生的必要条件。总体来讲，这些必要条件可以归为3类：沟通变量，结构变量，个人变量。

沟通变量是指由于双方在沟通方面出现问题而造成的冲突。沟通变量主要包括3个方面：一是词汇含义存在差异、专业术语难以理解、信息交流不够充分以及沟通过程中的噪音干扰等因素会造成沟通障碍；二是由于教育培训差异、选择性知觉等所导致的语义理解方面的困难会成为冲突产生的潜在条件；三是沟通过少或过多时，沟通通道中的信息过滤和沟通偏差都会增加冲突发生的潜在可能性。

结构变量包括以下变量：群体规模，群体成员分配的任务的具体化程度，管辖范围的清晰度，员工与目标之间的匹配性，领导风格，奖励系统和群体间相互依赖的程度。这些变量往往会成为产生冲突的潜在条件。

个人变量是指人与人之间相处时会产生的一种微妙感受。社会背景、教育程度、阅历、修养塑造了每个人各不相同的性格、价值观和作风。这种个体差异造成了合作和沟通的困难，往往也容易成为导致某些冲突的根源。个人因素包括每个个体都拥有的价值系统和人格特征，它们构成了一个人与众不同的风格。研究表明，某些人格类型(如专制、教条)有可能导致冲突。另外，价值系统的差异也是导致冲突的重要原因。

(二) 认知和人格化

冲突是否发生关键在于人们是否意识到冲突，只有当一方或多方意识到冲突或感受到冲突时，潜在的对立和失调才会显现。在冲突发展的第二阶段，人们认识到了不一致，或一方对另一方关心的事情造成了某种程度的消极影响。在这个阶段，人们对冲突的感知可以分为认知的冲突和情感的冲突。认识到冲突的存在并不意味着它被人格化了，它并不会使人感到紧张或焦虑，也不一定会影响对另一方的情感。情感水平的冲突是指冲突的个体有了情感上的卷入，此时各方都会体验到焦虑、紧张、挫折或敌对等情绪。

在整个冲突发展过程中，第二阶段是最重要的一个阶段。冲突的双方在这一过程中确定了冲突的性质。同时，冲突的界定方式对于冲突的解决办法有着深远影响，因为它通常

可能勾勒出解决冲突的各种办法。另外，情绪对于知觉的影响十分重要。当一个人意识到冲突存在时，其情绪将会影响冲突发展的方向和解决的办法。研究发现，消极的情绪会导致问题被过于简单化处理，导致信任感降低，对对方的表现和行为会做出负面的解释；相反，积极情绪则增加了考虑各项影响因素潜在联系的可能性，使人们以更长远的眼光和更开阔的视野看待具体情境，采用的解决办法也更具创新性。

(三) 行为意向

行为意向介于个体的认知、情感以及外显行为之间，指的是在面对某种冲突情境时采取某种特定方式从事活动的想法和打算。在冲突情境中，冲突双方都会根据对方的行为意向做出反应。一方针对他人的行为意向做出反应时，必须首先推断他人的行为意向。很多冲突之所以不断升级，或者造成两败俱伤的结果，主要原因在于一方错误地推断另一方的行为意向。由于行为意向与行为之间还有一段明显的距离，因此，一个人的行为并不总能准确地反映他的行为意向，从行为意向到实施行为的过程中还存在许多变数。

(四) 实施行为

冲突行为通常是冲突各方实施各自行为意向的公开尝试。它首先在对对方行为意向进行判断和预测的基础上做出相应的反应，或对对方做出试探性的行为尝试，而对方也会依此做出自己的反应，由此交替进行、不断发展，形成冲突强度的连续体。冲突的行为过程是一个明显的相互作用的动态过程。行为过程也并不是一味地递进式发展，如果有一方改变行为意向，做出一个相反的行为姿态反应，另一方就有可能随之改变自己的行为，又回到原来的冲突状态。在冲突连续体的底部，冲突以微弱、间接、高度控制紧张状况为特点；而在冲突连续体的顶端，冲突具有很大的破坏性，双方的行为表现非常激烈，如争斗、攻击、斗殴、罢工、骚乱甚至战争等。大多数情况下，在冲突行为连续体底部的冲突是功能正常的，而在冲突行为连续体顶端的冲突是功能失调的。

冲突行为并不总是行为意向的表现。行为与行为意向是不同的，冲突行为的表现通常带有强烈的刺激性，加上对行为意向判断的失误，或在实施过程中缺乏经验，行为表现容易出现误差，外在行为有时会偏离原来的行为意向。

(五) 结果

冲突双方的"行为—反应"的互动导致了最终结果。结果可能有两种：一种是功能正常，提高组织绩效；另一种是功能失调，降低组织绩效。组织都期望通过冲突管理得到功能正常的结果，提高组织效益。管理者的管理水平对此将起到非常重要的作用。首先，管理者能够把握冲突的性质、类型，找到引发冲突的根源，并能够在冲突的适当阶段采取适当的管理手段适时解决冲突，将冲突引向理想的状态。其次，在冲突管理的过程中，管理者的沟通策略与技巧非常重要，激发冲突和控制冲突都需要高超的沟通技能。此外，最重要的冲突管理因素——组织文化环境也会影响冲突管理的结果。研究表明，抑制冲突的组织文化与鼓励创新的组织文化在冲突管理中将会产生截然不同的结果。

冲突的发展一般要经历上述5个阶段，但也不是绝对的。冲突过程是千变万化的，它的发展既受外部条件的客观因素的影响，也受冲突双方意愿的主观因素的影响。比如，有些冲突仅仅停留在潜伏阶段，因为发生冲突的原因消失了，冲突也就不可能表面化；而有些冲突一开始就进入对抗的表面化阶段。

三、冲突管理与沟通策略

在任何组织中，冲突都不可避免，但冲突是能够被管理的。

(一) 冲突管理

组织中的冲突有两重性——积极的一面和消极的一面。强度适宜的冲突可以刺激人们更努力地工作、合作和创新，冲突过多会影响合作和人际关系，而冲突过少则可能导致自满、保守和故步自封。面对冲突，管理者应采取不同的行为。当组织中缺乏冲突时，管理者应当运用一些激发冲突的技术，使组织内部产生适当的冲突；当组织内部存在冲突时，管理者应当分析冲突的性质、类型、水平、产生原因，采取必要的解决方法，控制和利用冲突以提高组织效益。

美国行为科学家托马斯提出了5种不同的冲突管理行为意向，分别是：竞争(自我肯定但不合作)，合作(自我肯定且合作)，回避(不自我肯定也不合作)，迁就(不自我肯定但合作)，折中(合作性和自我肯定性均处于中等)。

1. 竞争

竞争是一种对抗的态度。当一个人在冲突中寻求自我利益的满足，并自认为占据有利位置，具有讨价还价的能力时，就不会考虑对方的要求，而是试图说服对方服从自己的观点和利益，或者迫使对方让步。

2. 合作

合作是一种全局的态度。当面对冲突时，人们不仅会考虑自己的利益，而且会顾及他人的利益，并且积极寻求双方的利益共同点，以提升目标、解决问题，追求共同受益的结果，使双方的利益最大化。

3. 回避

回避是一种逃避的态度。个体可能意识到冲突的存在，但并不想应对目前的冲突。因此，他采取转移或回避的办法，使自己置身于冲突之外。

4. 迁就

迁就是一种退让的态度。个体在面对冲突时愿意放弃自己的利益和立场，以此来满足对方的利益。这大多数是为了维护双方的相互关系，或在某种强势之下不得已而采取的办法。

5. 折中

折中是一种妥协的态度。当冲突双方各自以牺牲自己的部分利益为代价而得到有限的利益时，则会带来折中的结果。折中的明显特点是双方都必须做出妥协和让步，没有明显的输和赢，也可以把折中理解为一种交换。

以上5种管理冲突的行为意向为人们管理冲突提供了总体的指导原则。在冲突产生过程中，人们管理冲突的行为意向不是一成不变的，冲突过程是一个动态的过程、互动的过程。在这个过程中，由于认识的改变，或情境的改变，或对方行为的改变，人们的行为意向会发生变化。从人格因素上讲，人们在采取某种方式管理冲突时总会有一种基本的倾向，有自己处理问题的偏好，这种偏好是稳定的、一致的。如果把个体的智力特点和人格特点结合起来，则可以有效地预测人们的行为意向。

(二) 冲突管理中的沟通技巧

在冲突管理中，沟通起着非常重要的作用，管理者必须掌握和能够运用必要的沟通策略与技巧。

著名的行为科学家汤普森总结自己多年的经验，归纳出有效沟通"五步曲"。

第一步：以倾听的态度进行背景询问。

第二步：告知来龙去脉，让对方知道自己的处境、立场、难处。

第三步：考虑对方的需要，提出双方都可以接受的要求。

第四步：提供两种务实的方案供对方选择，便于对方明确合作或不合作。

第五步：当机立断，进退适宜地采取行动。

当然，在具体解决冲突问题时，运用沟通技巧时必须考虑行为意向的运用情景，包括双方态势、各自利益和意愿等因素，具体见表8-3。

表8-3　行为意向的运用情景与沟通技巧

行为意向	运用情景(双方态势、各自利益和意愿)	沟通技巧
竞争	1. 自身利益非常重要，并占据有利位置，拥有良好的支持环境、很广的人脉，处于强势状态，极力维护自身利益； 2. 面对不合理或不正当的竞争，当自身合法利益受到损害时，无论自己处于弱势还是强势，都必须维护自身利益； 3. 时间紧迫，必须果断采取行为，自身占据强势的位置； 4. 对于不合理的要求，以及严重违反规章制度、侵害他人利益的行为，自己有责任予以纠正	1. 表明立场、态度和处事原则，寻求支持，显示自信和解决问题的决心，避免给人以势压人的感觉，以理服人，依法行事； 2. 指出对方的错误和认知偏差，以及坚持错误的后果，并与对方一起寻求解决问题的其他途径，避免对方产生挫败感，给对方退让的台阶和路径
合作	1. 双方目标一致，只是存在任务和过程的差异，关系冲突水平较低，双方相互依赖水平适中； 2. 双方必须与对方合作才能赢得各自的利益； 3. 双方面对外部压力和威胁，需要合作来应对； 4. 双方既相互依赖又相互制约，但只有合作才能达成更高层次的目标	1. 双方对目标达成共识，从而获得相互信任； 2. 寻求组合式的解决方案，实现双方利益最大化，避免有关冲突的情感问题，尊重和欣赏对方
回避	1. 目前的冲突并不重要，存在比冲突更重要的事件； 2. 冲突管理成本高于所获得的利益； 3. 应对冲突将会带来更大的损失； 4. 让别人管理冲突更合适	1. 将冲突转移，不予理睬，置身于冲突之外； 2. 请求让更合适的人管理冲突； 3. 以正式规则作为退出冲突的理由

(续表)

行为意向	运用情景(双方态势、各自利益和意愿)	沟通技巧
迁就	1. 和谐和稳定特别重要，放弃局部利益以保证全局利益； 2. 处于弱势或不利情景时，以迁就保证部分利益； 3. 发现自己有错在先，为赢得长远利益或更多利益，做出必要的退让； 4. 以退让赢得更多的支持和社会信誉	以诚恳的态度赢得对方的理解，表明与对方合作和做出让步的意愿，并提出保证自身利益的要求，放眼长远的利益和合作
折中	1. 势均力敌的双方争执不下，僵持下去对双方都不利； 2. 时间紧迫，不宜拖延，妥协成为权宜之计； 3. 竞争和合作策略都不奏效，将妥协作为一种选择； 4. 问题过于复杂，涉及面比较广，一时找不到更好的解决办法，以妥协达到暂时的和解	1. 使双方明确自己的处境，分析优劣态势与利益得失，权衡双方的权利关系； 2. 通过谈判达成协议，寻求满意的或可能的解决方案，当机立断，适度进退，解决冲突

技能训练单元

实训一：我说你剪游戏

【实训目标】

通过游戏让学生体会单向沟通与双向沟通的区别，了解不同沟通方式带来的不同效果。

【实训内容与要求】

组织者准备好长方形彩纸若干张、剪刀若干把，指挥同学完成两轮剪纸任务。要求在第一轮剪纸过程中，参与的同学不能讨论和提问；在第二轮剪纸过程中，参与的同学可互相参考、讨论及向主持人提问。游戏结束后，学生从沟通的角度分析两次剪纸结果不同的原因，从而认识有效沟通的重要性。

【实训步骤】

第一步，实训准备。每个游戏参与者向组织者领取彩纸两张、剪刀一把。

第二步，主持人发布指令：把长方形彩纸向上折，再向下折，剪去一个等腰三角形；向左折，再向右折，剪去一个等腰三角形。剪纸过程中，不允许提问，不允许讨论，必须独立完成。完成后，参与者展开剪剩的纸，互相比较。

第三步，主持人再次发布相同的指令，剪纸过程中，允许提问和讨论。完成后，参与者再次展开剪剩的纸，互相比较。

第四步，讨论交流并填写实训报告，如表8-4所示。分析两次剪纸过程最大的区别是什么，并说明从中得到了哪些启示。

第五步，活动点评。比较两轮过程与结果，认识沟通态度、理念的差别带来的不同沟

通效果，得出真正有效沟通的基础。

表8-4 "剪纸游戏"实训报告

姓 名		专业班级	
学 号		成 绩	

1. 记录剪纸的过程和结果。

2. 你两次剪纸的结果是否相同？其他同学两次剪纸的形状都一样吗？为什么？

3. 写出游戏感悟。

【实训时间】大约20分钟。

【实训场地】教室。

【实训成绩评定】

按照能否按要求开展游戏、能否对游戏结果进行认真分析并填写实训报告、能否对双向沟通的重要性有深刻的认识，将实训成绩分为优秀、良好、中等、及格、不及格5个等级，并进行评价。

实训二：关于沟通效果的自画像

【实训目标】对沟通的自我认识与评价。

【实训内容与要求】下面的陈述与沟通效果的各个方面相关，认真阅读并指出每一条陈述通常是正确的还是错误的。你也可以邀请另一个熟悉你的沟通行为的人帮助你回答问题，这会提高答案的准确性。

1. 当我开始在一群人中间说话时，大多数人会停止交谈，转向我，并听我说。

2. 我的文章质量受到了称赞。

3. 人们对我用答录机录制的对外留言反映很好。

4. 我喜欢在众人面前讲话。

5. 我已经发表了一些作品，包括给编辑的一封信，学校报纸上的一篇文章，或者公司通讯上的一篇评论。

6. 我有自己的网页。

7. 在学校里我的绝大部分书面业都得到了B或者A的成绩。

8. 当我讲笑话或者做出自认为诙谐的评论时人们一般都会发笑。

9. 我通过阅读报纸、观看电视新闻或者登录新闻网站来保持消息灵通。

10. 我听到有人曾用"热心的""活泼的""生动的"或"有活力的"这类词语来形容我。

【实训时间】大约需要10分钟。

【实训场地】教室。

【实训结果评定】在上列陈述中，如果有8条(含)以上是正确的，那么你很可能是一名有效的沟通者；如果有3条(含)以下是正确的，你可能需要实质性地改进你的沟通技能。还需注意，你的测验分数可能与领导魅力存在高相关。

实训三：与员工合作

【实训目标】学生能从案例中总结出沟通的重要意义，并对其重要性有较为充分的认识。

【实训内容与要求】认真阅读案例，编写发言提纲，要求语言流畅、条理清晰。

与员工合作

一名叫王强的老板拥有一家大公司。他善于与人沟通，能了解别人的态度、信念和想法，能用对方的观点说服对方。在工作中，他尽可能地让员工参与管理，这使员工备受鼓舞，心中充满受到嘉许的喜悦，很愿意说出自己的真实想法。他还善于发现员工的动机和需求，能准确预知各种拟定的行动方案会带来什么影响和结果。所以，他总能采取给公司带来最佳影响和产生最好效果的行动方案。王强与员工合作无间，员工也能群策群力，所以公司很快就取得突出业绩。在20世纪80年代，他的公司取得了年均35%的净利润增长率。

另一位才干、知识和精力都不亚于王强的老板，因缺乏交际能力，而使业绩相当好的广告公司关门。他名叫夏海泉，在20世纪80年代初，担任海泉广告策划公司的老总。夏海泉才华横溢，精明过人，也很有经商头脑，但不善于处理与部下的关系。他十分专断，对部下无理施压，使公司内部形成人人自危的局面，各部门之间也摩擦不断。部下在接受任务时，不是思考如何创造性地完成，而是思考如何去讨好他，花费了大量时间去揣测老板的意图。结果，4年后，这家曾业绩较佳、同行无法相比的企业倒闭了。

资料来源：曾宪达，毛国芳.新编管理学基础实训教程[M].杭州：浙江大学出版社，2009.

【实训步骤】

第一步，实训准备。每个人认真阅读并分析案例，初步了解本次实训涉及的理论基础知识。

第二步，以小组为单位进行案例讨论，并根据给出的相关问题列出发言提纲，如表8-5所示。

第三步，各小组选出一名代表发言。

表8-5 "与员工合作"案例分析发言提纲

姓　　名		专业班级	
学　　号		成　　绩	
小组成员			

1. 王强作为一位领导者,采用哪些方式获得了员工的拥戴?

2. 为什么王强会成功、夏海泉会失败?

3. 从案例中,你得到的启示是什么?

【实训时间】大约需要20分钟。

【实训场地】多媒体教室。

【实训成绩评定】

按照是否掌握不同领导理论和方式的特点、能否理解领导方式与特定环境的关系,将实训成绩分为优秀、良好、中等、及格、不及格5个等级,并对各组进行评价。

实训四：面谈沟通

【实训目标】培养学生灵活运用沟通技能。

【实训内容与要求】认真阅读案例,根据你学到的沟通相关理论对案例中的双方进行评价,要求依据充分、条理清晰。

一次面谈

王超是设计部一名很有能力的员工,工作上点子多,业绩突出,但经常迟到早退,引起同事的议论和部长常为的不满。常为曾私下提醒王超两次,效果并不明显。于是,常为把王超叫到自己的办公室。

常为："小王,你知道我为什么叫你来吗?上个月我们讨论过你的问题,但你根本没把我们的谈话当回事。这个月你迟到了4次,并且擅自多病休了3天,在部门内造成了很坏的影响,我再也不能容忍你这种行为了!"小王："不错,我们上个月谈过,但是最近交通确实很拥堵,经常堵车,我也没办法。工作的时候我是十分投入的,你应该多关注我的工作效率,我的工作量比别人大、效率也比别人高。一些人是很守时,但一点儿都不出活儿,还总说风凉话。"常为："这是两回事,我承认你的工作很出色,但你必须遵守公司的制度,否则就要付出代价!"小王："那您随便!"两人不欢而散。

资料来源：https://zhidao.baidu.com/question/208721377.html. 有改动

【实训步骤】

第一步,每个人认真阅读案例,初步了解沟通中的语言和非语言应用技巧。

第二步，以小组为单位进行案例讨论，各小组成员充分发表个人观点。

第三步，对小组成员的各种观点进行记录，如表8-6所示。

表8-6 "一次面谈"案例分析记录

专业班级		组 别	
记 录 人		时 间	
小组成员			
讨论记录	1. 谈话结果如何？为什么？ 2. 常为对这件事情的处理有何不妥？如果你是常为，你会怎么做？		成 绩
	组员1		
	组员2		
	组员3		
	组员4		
	组员5		

第四步，各小组选出一名代表，对小组的讨论结果进行总结。

【实训时间】大约需要20分钟。

【实训场地】多媒体教室。

【实训成绩评定】

按照是否掌握沟通理论和技巧、小组讨论记录是否完整、总结发言是否条理清晰等，将实训成绩分为优秀、良好、中等、及格、不及格5个等级，并对各组进行评价。

实训五：肢体表演游戏

【实训目标】掌握不同沟通方式的运用方法。

【实训要求】老师讲解口头语言、书面语言、电子媒介等沟通方式的含义，学生进行比较，并能结合生活实际情况举例及分析优缺点。

【实训内容】肢体表演。

【实训时间】45分钟。

【实训步骤】

第一步，实训准备。讲解规则，将一个班级分成几组，每组派一名代表上台进行肢体表演，同组学生竞猜，在规定的时间内猜出成语最多的组为获胜队。

第二步，开展游戏。

第三步，游戏分析。学生要在游戏结束后讲述游戏感悟，特别是沟通方式。

第四步，总结分析。讲解沟通方式的运用方法，填写实训报告，如表8-7所示。

【实训要求】要求学生上台认真表演，积极参与到肢体表演的游戏中，并能结合上文中所阐述的不同沟通方式进行分析。

【备选的成语】

手舞足蹈、咬牙切齿、摩拳擦掌、摇头晃脑、勾肩搭背、刻骨铭心、唇枪舌剑、虎背熊腰、掌上明珠、情同手足、提心吊胆、掩耳盗铃、画蛇添足、皮开肉绽、眉开眼笑、油嘴滑舌、愁眉苦脸、心直口快、胆战心惊、燃眉之急、闻鸡起舞、鹤立鸡群、杀鸡儆猴、狐假虎威，等等。

表8-7 肢体表演实训报告

姓　　名		专业班级	
学　　号		成　　绩	
小组成员			

1. 简述游戏要求。

2. 游戏结果如何？

3. 你觉得肢体语言作为一种沟通方式，其优缺点是什么？

4. 你觉得什么时候比较适合采用肢体沟通？

5. 选择沟通方式时应该遵循什么原则？

本章主要参考文献

[1] 邢以群. 管理学[M]. 2版. 北京：高等教育出版社，2011：282-296.

[2] 沈平，王丹. 管理学[M]. 北京：中国电力出版社，2015：241-249.

[3] 冯光明. 管理学[M]. 北京：北京邮电大学出版社，2011：371-379.

[4] 安德鲁·J. 杜伯林. 领导力[M]. 4版. 北京：中国市场出版社，2011：350-352.

[5] 杜慕群. 管理沟通[M]. 北京：清华大学出版社，2009：126-139.

[6] 曾宪达，毛园芳. 新编管理学基础实训教程[M]. 杭州：浙江大学出版社，2012：135-148.

[7] 周丹. 管理学实训教程[M]. 北京：电子工业出版社，2012：115-153.

[8] 康青. 管理沟通[M]. 北京：中国人民大学出版社，2006：66-79.

第九章　控制

> 掌握控制的内涵和分类；
> 了解控制的重要性；
> 掌握控制的过程；
> 理解检查纠偏方法。

管理故事 扁鹊答魏文王

　　魏文王问名医扁鹊："你们家兄弟三人，都精于医术，到底哪一位最好呢？"扁鹊回答："长兄最好，中兄次之，我最差。"魏文王再问："那为什么你最出名呢？"扁鹊回答："我长兄治病，是治病于病情发作之前。由于一般人不知道他能事先铲除病因，所以他的名气无法传出去，只有我们家的人才知道。我中兄治病，是治病于病情初起之时。一般人以为他只能治症状轻微的小病，所以他的名气只及本乡里。而我扁鹊治病，是治病于病情严重之时。一般人看到我在经脉上穿针放血、在皮肤上敷药、施行大手术，疗效对比明显，故以为我的医术高明，名气因此响遍全国。"魏文王连连点头称道："你说得好极了。"

　　资料来源：节选自《史记·鹖冠子》，有改动

　　思考：这个故事体现了什么样的控制理念？

基础理论单元

第一节　控制活动与控制过程

■ 一、控制及其重要性

(一) 控制的含义

　　"控制"这个词在不同的场合有着不同的内涵，如时局控制、宏观经济控制、质量控

制等。关于控制的含义，不同的管理学家有不同的说法。

亨利·法约尔认为，在一个企业中，控制就是核实所发生的每一件事是否符合制订的计划、发布的指示以及确立的原则，其目的就是指出计划实施过程中的缺点和错误，以便纠正和防止重犯。控制对每件事、每个人、每次行动都起作用。

霍德盖茨认为，控制就是管理者将计划的完成情况和目标(标准)对照，然后采取措施纠正计划执行中的偏差，以确保计划目标的实现。

孔茨认为，控制就是按照计划标准衡量计划的完成情况，并纠正计划执行中的偏差，以确保目标的实现。

对于控制，可以从两个方面加以理解：从职能(静态)的角度来看，控制是为了保证企业计划与实际作业动态相适应的管理职能；从过程(动态)的角度来看，控制是对各项活动的监视，从而保证各项行动按计划进行，并纠正各种显著偏差的过程。可以说，控制既是一项重要的管理职能，也是职能发挥的过程，这个过程包括以下3个要点。

(1) 控制有很强的目的性，即控制是为了保证组织中的各项活动按计划进行。

(2) 控制通过"监督"和"纠偏"来实现。

(3) 控制是一个过程。在管理实践中，要保证组织活动按照计划进行、按时完成任务，控制必不可少，它是所有管理者都必须履行的职能。

(二) 控制的重要性

控制并不意味着只是对已发生的事件做出反馈，控制的根本目的是保证既定目标的实现。在现代组织管理中，控制之所以重要，源于以下几点。

1. 组织环境的不确定性

组织的目标和计划是组织对未来一定时期内的努力方向和行动步骤的描述，任何组织的目标和计划都是在特定的时间、环境下制定的，如果组织的实际活动能按计划进行，那么也就无须进行控制，但这种情况只会发生在静态环境中。现代组织面临的环境大多是复杂多变和不确定的，在计划实施过程中，组织内外部的相关因素都有可能发生变化，甚至发生重大变化。为了使目标、计划能够适应变化的环境，为了保证组织目标、计划更好地实现，组织必须通过控制来及时了解环境变化的程度和原因。

2. 现代组织活动的复杂性

随着社会生产力的不断发展，现代组织的规模日趋庞大，内部结构也日趋复杂。每一个组织要实现自身的目标，都必须从事一系列艰巨的活动或工作，而每一项活动或工作又可能涉及组织的各个部门。因此，组织不仅要制定明确的目标来分解总目标，在实施过程中还要开展大量的协调工作。为了避免本位主义，使各部门的活动紧紧围绕组织目标，保证每一项具体活动或工作顺利进行，组织必须对各部门及其活动实施控制。

3. 失误的不可避免性

任何组织在其发展过程中都不可避免地会犯一些错误、出现一些失误，认识并纠正错误是管理水平提高的重要标志，也是组织发展的必要前提，而控制是组织发现错误、纠正错误的有效手段。通过对实际活动的检查，管理者可以及时发现失误；通过对产生偏差的

原因的分析，可以使管理者明确问题所在，从而及时采取纠偏措施。因此，控制是推动工作不断前进的有效手段。

4. 组织有提升效率和竞争力的迫切需求

组织要在竞争中脱颖而出，就必须在运营效率、产品和服务质量、对顾客的响应性等方面有出色的表现。管理者要提升运作效率，就必须掌握企业利用资源的现状，准确地评估组织已有的生产或服务效率。通过控制系统，组织能及时获得信息反馈，有助于不断改进产品质量，从而在竞争中脱颖而出。通过对员工的绩效评估，管理者可以有针对性地指导员工，使其更好地为顾客服务，并不断成长。此外，当一个组织拥有一个有效的控制系统时，就可加大对员工的创新授权，这有利于推动组织内部的创新。

5. 组织需适应内、外部环境的变化

组织所处的环境具有复杂性、多变性和不稳定性。在组织实施计划、达成目标的过程中，各种环境因素都可能发生变化，如新材料和新产品的出现、新的经济法律法规的公开实施和国内外经济形势的改变等，这些环境因素的变化都可能使组织原来建立的目标和制订的计划无法执行和实现。对一个企业来说，环境的变化主要表现在输入和输出环节。其中，原材料价格上涨、信息获取延迟、资金不足会给输入造成障碍；而市场变化、消者心理状况的改变会导致企业输出困难。这就要求组织调整原有计划，控制经营活动，从而使组织的经营活动与环境相适应。

此外，环境变化对组织计划的影响程度还与时间长短有关。一般来说，目标的时间跨度越大，控制工作就越重要。如果计划从制订到执行只需要一个很短的时期，这期间面临的环境变化相对较少，就需要较少的控制；如果组织计划从构思、制订到执行需要一个较长的时期，这期间组织环境的动态性表现得更加明显，必然会影响既定的计划与目标，如果没有有效的控制，很有可能导致原有计划失败、既定目标无法实现。因此，健全和完善的控制有助于组织根据环境变化，对原来的目标、计划做相应的调整。

▌二、控制的类型

管理中的控制可以在行动开始之前、进行之中或结束之后进行。按控制在计划执行过程中的实施时间，可将控制分为前馈控制、同期控制、反馈控制3种类型，如图9-1所示。

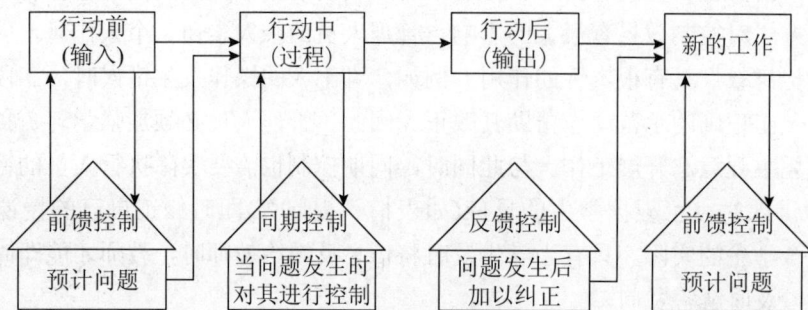

图9-1 控制的分类

(一) 前馈控制

前馈控制,又称预先控制,它是在企业生产经营活动开始之前实施的控制,因而也称为面向未来的控制。对于任何组织而言,前馈控制的建立需要具备以下几个条件。

(1) 对计划和控制系统做出透彻、详细的分析,确定重要的输入变量。

(2) 在组织中建立事前控制子系统。

(3) 保持事前控制系统的动态性,事前控制系统的结构应动态反映客观情况,也就是说,应当经常检查以了解输入变量及其相互关系能否反映实际情况。

(4) 定期收集输入变量的数据系统,并把它们输入控制系统。

(5) 定期或不定期地估计实际输入数据与计划输入数据之间的偏差,并评价这些偏差对最终成果的影响。

(6) 采取措施解决发现的问题,与其他各项管理职能相互配合。

不难看出,前馈控制的目的是防止问题的产生而不是当问题出现时再补救。它的最大优点是将注意力放在行动的输入端,将可能出现的各种偏差抑制在萌芽状态,防患于未然,避免组织发生较大的损失。同时,前馈控制适用于一切领域中的所有工作,它是对某项计划行动所依赖的条件进行控制,不针对具体人员,因而不易造成面对面的冲突,易于被员工接受并付诸实施。前馈控制的缺点也是显而易见的,它需要大量及时、准确的信息,需要对过程充分了解,并及时了解新情况及问题。从现实来看,要做到这些是十分困难的,因此任何组织都不能完全依赖前馈控制,还需要采用另外两种控制手段来加以补充。

(二) 同期控制

同期控制,也称现场或过程控制,即在计划实施过程中,于现场及时发现存在的偏差或潜在的偏差,即时提供改进措施以纠正偏差的一种方式,具体包括以下几项内容。

(1) 向下级指示恰当的工作方法和工作过程。

(2) 对计划实施过程进行仔细检查和有效监督,以保证计划目标的实现。

(3) 运用整个控制系统时,尽可能及时发现和纠正偏差。

(4) 淘汰局部性和阶段性不合格劳动成果,并输送计划,修订所需的各种内容。

同期控制主要被基层主管人员所采用,最常见的同期控制手段是视察,即管理人员深入现场,亲自监督、检查、指导和控制下属人员的活动。在同期控制中,管理者的工作作风和领导方式对控制效果有很大的影响。管理人员的个人素质、个人作风,尤其是主管人员的"言传身教"具有根本性的作用。例如,当工人的操作发生错误时,工段长有责任向其指出并做出正确的示范动作帮助其改正。因此,管理人员必须加强学习、提高业务能力,避免仅凭主观意志开展工作。与此同时,同期控制也需要实际执行人员的密切配合。例如,教师讲课时,可根据学生的反应(如表情、提问等)即时修正自己的授课内容和方式,使之符合学生的实际。只有当学生及时将信息反馈给教师时,教师才能即时调整授课内容和方式,及时解答疑问。

同期控制能及时发现偏差、及时纠正偏差,是一种较经济、有效的控制方法,它可以

引导下属以正确的方法开展工作，有助于提高员工的工作能力和自我控制能力。但是，实施同期控制往往受时间、精力、业务水平以及应用范围的限制，管理者不能时时事事都进行同期控制，只能偶尔或对关键性项目、便于计量的项目采用这种控制方法。另外，同期控制易产生对立情绪，损害被控制者的工作积极性。比如，企业销售部门由于空间上的隔离导致信息传递滞后，不能即时掌握产品库存数量，导致销售合同订好后，用户提货时却发现仓库库存不足的情况。

(三) 反馈控制

1. 反馈控制的内容

反馈控制，也称结果控制或事后控制，是指在某一个阶段的工作完成之后才着手控制。它的特点是把注意力集中在行动的结果上，并以此作为下次行动的依据，因而也称为面向过去的控制。例如，实施产品质量控制，往往先制定产品质量标准，再统计生产出的产品的检验结果，与标准进行比较，然后采取相应的行动。反馈控制的内容包括以下几项。

(1) 采取某种控制行动，对输出的劳动成果进行检验和筛选。

(2) 对控制行动的结果进行观察与评定。

(3) 将观察、评定的结果与标准相比较，通过总结对下一轮计划展开反馈控制。

反馈控制的目的并非即刻改变下次行动的依据，而是力求"吃一堑，长一智"，类似成语中所说的"亡羊补牢"。比如，企业发现不合格产品后，追究当事人的责任并制定防范再次出现质量事故的新规章；发现产品销路不畅后，相应做出减产、转产或加强促销的决定；学校对违纪学生进行处罚等，这些都属于反馈控制。

2. 反馈控制的优点

反馈控制的优点在于总结规律，为进一步实施控制创造条件，实现良性循环，提高工作效率，主要表现在以下3个方面。

(1) 在周期性活动中，可以避免下次活动发生类似问题。

(2) 可以消除偏差对后续活动过程的影响，如产品在出厂前进行最终的质量检验，剔除不合格品，可避免这些产品流入市场后对品牌信誉和顾客使用所造成的不利影响。组织成员可以总结经验教训，了解工作失误的原因，为下一轮工作的正确开展提供依据。

(3) 反馈控制可以提供员工奖惩的依据。

3. 反馈控制的缺点

反馈控制的最大弊端就是存在时间滞后性，只能事后发挥作用，在矫正措施实施之前，偏差已经产生，无法改变结果和挽回损失。例如，在企业会计报表中反映的情况，已是既定事实。11月份向经理报告的是10月份的亏损数据，而这些亏损又可能是因8、9月份发生的某些事情造成的。

通过对上述三种控制手段的介绍与对比，可以看出每种类型各有利弊，实践中不可能完全依赖某一种控制手段，组织中的管理者应该根据实际情况，将它们有机搭配、嵌套融合，以便设计出有效的组织控制系统，实现更好的组织绩效。

■ 三、控制的过程

控制是根据计划的要求设立衡量绩效的标准，然后把实际工作结果与预定标准进行比较，以确定组织活动中出现的偏差及其严重程度的过程。不论控制对象是什么，其过程都包括确定控制标准、衡量工作成效、纠正偏差3个基本环节，如图9-2所示。

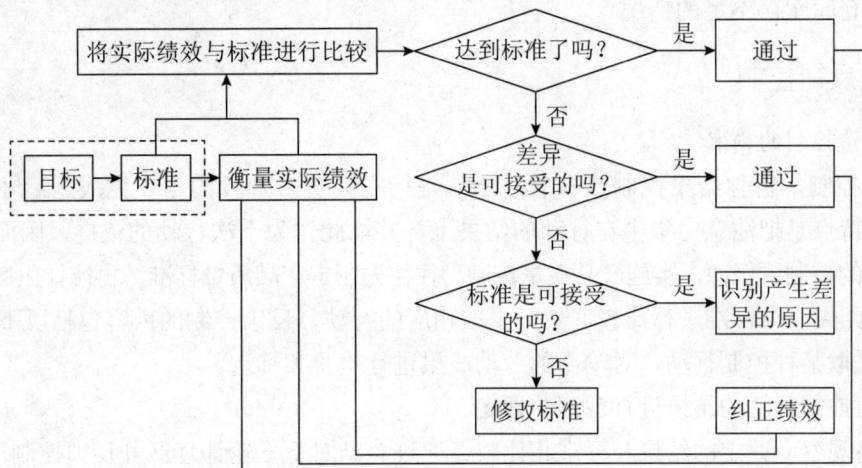

图9-2 控制过程

(一) 确定控制标准

控制标准是控制过程中对实际工作进行检查的衡量尺度，是实施控制的必要条件。因此，确定控制标准是控制过程的首要环节。

1.控制标准的种类

控制主要是对组织活动加以监督和约束，保证实际活动按计划进行。因此，控制过程开始时，必须确定某些标准，作为评估和衡量实际活动是否符合目标要求的尺度。组织的计划和目标，无疑是制定这些标准的依据。但是，由于计划的详细程度和复杂程度不一样，管理者也不可能了解每一项工作的进展情况，因此，不可能也没有必要对计划和实际活动的所有细节都制定控制标准。一般来说，可操作的控制标准，是从整个计划工作方案中选择对工作成效进行评判的关键控制点的标准。

选择关键控制点是一项管理艺术，因为健全的控制取决于关键点的合理选择。例如，影响企业成本的因素很多，但如果能有效节约人工费用、原材料费用、库存和运输及销售费用，就可能控制产品的成本消耗。同时，对关键点必须有相应的控制标准。控制标准可分为定性标准和定量标准两大类。

(1) 定性标准。定性标准指的是难以用计量单位直接计量的标准。这类标准主要用于有关服务质量、组织形象、组织成员的工作表现等方面，一般能够做出定性的描述，但难以定量化。尽管如此，为了使定性标准便于掌握和控制，有时也应尽可能地采用一些可度量的方法。例如，美国著名的麦当劳公司奉行"质量、服务、清洁、价值"的经营宗旨，

为体现这一宗旨，公司制定的工作标准是：95%以上的顾客进餐馆后3分钟内，服务员必须迎上前去接待；事先准备好的汉堡包必须在5分钟内热好供应顾客；服务员必须在顾客离开后5分钟内把餐桌打扫干净；等等。如此一来，对服务质量的控制也就有了明确的标准。

(2) 定量标准。定量标准指的是能够以一定形式的计量单位直接计量的标准。定量标准便于度量和比较，是控制标准的主要表现形式，主要包括以下几种。

① 实物标准，是指以实物量为计量单位的标准。主要用于在投入和产出方面可用实物计量的场合，反映定量的工作成果。例如，企业中原材料、能源、劳动力的消耗标准，产品的产量、销售量等；也可用于产品质量的衡量场合。例如，精确度、强度、可靠度等。实物标准是计划工作的常用指标，也是基本的控制标准。

② 财务标准，也称价值标准，是指以货币量为计量单位的标准，主要反映组织在各项活动中的资金效益方面的成果。例如，企业的产品直接费用、间接费用、投资回报率、流动资产与短期负债的比率、债务与净资产的比率、销售利润等。

③ 时间标准，是指以时间为计量单位的标准，反映组织在各项活动中的时间利用成果。例如，工期、生产周期、生产投入期和出产期、工时定额等。

2. 确定控制标准应注意的问题

(1) 选择控制重点。企业无力也无必要对所有成员的所有活动进行控制，只能在影响经营成果的众多因素中选择若干关键环节作为重点控制对象。美国通用电气公司关于关键绩效领域的选择或许能给我们提供某种启示。通用电气公司在分析影响和反映企业绩效的众多因素的基础上，选择了对企业经营成败起决定作用的8个因素，并为它们建立了相应的控制标准。

① 获利能力。通过提供某种商品或服务取得一定的利润，这是任何企业从事经营的直接动因之一，也是衡量企业经营成败的综合标志，通常可用利润额与销售额或资金占用量相比得出的利润率来表示。它们反映了企业对某个时期内投资应获利润的要求。利润率的实现情况与计划的偏离可能反映生产成本的变动或资源利用效率的变化，从而为企业改进生产方式指明了方向。

② 市场地位。市场地位是指对企业产品市场份额的要求，这是反映企业相对于其他厂家的经营实力和竞争能力的一个重要标志。如果企业占有的市场份额下降，就意味着由于价格、质量或服务等某个方面的原因，企业产品相对于竞争产品来说其吸引力降低了，因此，应该采取相应的措施。

③ 短期目标与长期目标的平衡。企业目前的生存和未来的发展是相互依存、不可分割的，因此，在制定和实施经营活动计划时，应统筹长期与短期的关系，检查各时期的经营成果，分析目前的高利润是否会影响未来的收益，以确保目前的利益不是以牺牲未来的收益和经营的稳定性为代价的。

④ 产品领导地位。产品领导地位通常指产品的技术先进水平和功能完善程度。通用电气公司是这样定义产品领导地位的：它表明企业在工程、制造和市场方面领导一个行业的新产品和改良现有产品的能力。为了维持产品的领导地位，必须定期评估企业产品在质量、成本方面的状况及其在市场上受欢迎的程度。如果达不到标准，就要采取相应的改进

措施。

⑤ 员工态度。员工的工作态度对企业目前和未来的经营成就具有非常重要的影响。测定员工态度的标准是多方面的，比如，可以通过分析离职率、缺勤率来判断员工对企业的忠诚度，也可通过统计改进作业方法或管理方法的合理化建议的数量来了解员工对企业的关心程度，还可通过对定期调查的评价分析来测定员工态度的变化。如果发现员工态度不符合企业的预期，那么任其恶化是非常危险的，企业应采取有效措施来提高他们在工作或生活上的满足程度，以改变他们的态度。

⑥ 人员发展。企业的长期发展在很大程度上依赖于人员素质的提高。为此，需要测定企业目前的活动以及未来的发展对员工的技术、文化素质的要求，并与他们目前的实际能力进行比较，以确定如何提高人员素质及采取何种必要的教育和培训措施，要通过人员发展规划的制定和实施，为企业及时供应足够的经过培训的人员，为员工提供成长和发展的机会。

⑦ 生产率。生产率标准可用来衡量企业各种资源的利用效果，通常用单位资源所能生产或提供的产品数量来表示。其中，最重要的是劳动生产率标准，企业其他资源的充分利用在很大程度上依赖于劳动生产率的提高。

⑧ 公共责任。企业的存在和延续是以社会的承认为前提的，而要争取社会的承认，企业必须履行必要的社会责任，包括提供稳定的就业机会、参与公益事业等多个方面。社会责任能否很好地履行，关系企业的社会形象。企业应根据有关部门对公共态度的调查，了解企业的实际社会形象与预期的差异，调整对外政策，提高公众对企业的满意度。

(2) 确定控制对象。标准的具体内容涉及需要控制的对象。那么，在企业经营与管理中需要对哪些事或物加以控制呢？这是在建立标准之前首先要分析的问题。无疑，经营活动成果是需要控制的重点对象。控制工作的初始动机就是促进企业有效地取得预期的活动成果，因此，要分析企业需要什么样的成果。这种分析可以从盈利能力、市场占有率等多个角度来进行。确定了企业活动需要的成果类型后，应尽可能明确地、定量地描述它们，也就是说，要规定需要的成果在正常情况下应达到的状况和水平。要保证企业取得预期的成果，必须在成果形成以前进行控制，纠正与预期成果要求不符的活动。因此，需要分析影响企业经营成果的各种因素，并把它们列为需要控制的对象。影响企业一定时期经营成果的主要因素有以下几个。

① 资源投入。企业经营成果是通过对一定资源的加工转换得到的，没有或缺乏这些资源，企业经营就会成为无源之水、无本之木，投入的资源不仅会在数量和质量上影响经营活动按期、按量、按要求进行，从而影响最终的物质产品，而且其取得费用会影响生产成本，从而影响经营的盈利水平。因此，必须对资源投入加以控制，使之在数量、质量以及价格等方面符合预期经营成果的要求。

② 组织的活动。投入生产经营过程的各种资源不可能自然形成产品，企业经营成果是通过全体员工在不同时间和空间利用一定的技术和设备对不同资源进行不同内容的加工劳动才最终得到的。企业员工的工作质量和数量是影响经营成果的重要因素，因此，必须建立员工工作规范，使企业员工的活动符合计划和预期结果的要求。

③ 关于环境特点及其发展趋势的假设。企业在特定时期的经营活动是根据决策者对经营环境的认识和预测来计划和安排的。如果预期的市场环境没有出现，或者企业外部发生了某种无法预料和不可抗拒的变化，原来计划的活动就可能无法继续进行，从而难以给组织带来预期的成果。因此，应将制订计划时所依据的对经营环境的认识作为控制对象，列出"正常环境"的具体标志或标准。

(3) 制定标准的方法。控制对象不同，为它们建立标准的方法也不一样。一般来说，企业可以使用的建立标准的方法有以下3种：利用统计方法来确定预期成果；根据经验和判断来估计预期成果；在客观的定量分析的基础上建立工程(工作)标准。

① 统计性标准。统计性标准也叫历史性标准，是以分析反映企业在历史各个时期的经营状况的数据为基础来为未来活动建立的标准。这些数据可能来自本企业的历史统计，也可能来自其他企业的经验。据此建立的标准，可能是历史数据的平均数，也可能是高于或低于中位数的某个数，比如上四分位值或下四分位值。

利用本企业的历史性统计资料为某项工作确定标准，具有简便易行的好处。但是，据此制定的工作标准可能低于同行业的卓越水平，甚至低于平均水平。在这种条件下，即使企业的各项工作都达到了标准，结果也可能是劳动生产率相对低下、制造成本相对高昂，从而导致经营成果和竞争能力劣于竞争对手。为了克服这种局限性，在根据历史性统计数据制定未来的工作标准时，充分考虑行业的平均水平并研究竞争企业的经验是非常必要的。

② 根据评估结果建立标准。实际上，并不是所有工作的质量和成果都能用统计数据来表示，也不是所有的企业活动都保存历史统计数据。对于新开展的工作，或统计资料缺乏的工作，可以根据管理人员的经验、判断和评估来为之建立标准。利用这种方法建立工作标准要注意利用各方面的管理人员的知识和经验，综合大家的判断，给出一个相对先进、合理的标准。

③ 工程标准。严格地说，工程标准也是一种用统计方法制定的控制标准，不过它不是对历史性统计资料的分析，而是通过对工作情况进行客观的定量分析来进行的。比如，机器的产出标准是其设计者计算的正常使用的最大产出量；工人的操作标准是劳动研究人员在对构成作业的各项动作和要素的客观描述与分析的基础上，经过消除、改进和合并而确定的标准作业方法；劳动时间定额是利用秒表测定的受过训练的普通工人以正常速度按照标准操作方法对产品或零部件进行某个(些)工序的加工所需的平均必要时间。

(二) 衡量工作成效

衡量工作成效是指在控制过程中将实际工作情况与预先确定的控制标准进行比较，找出实际业绩与控制标准之间的差异，以便发现组织目标和计划在实施中的问题，对实际工作做出正确的评估。

企业经营中的偏差如能在产生之前就被发现，则可指导管理者预先采取必要的措施以求避免，这种理想的控制和纠偏方式虽然有效，但其实现的可能性不太大。并非所有的管理人员都有远见卓识，也并非所有的偏差都能在产生之前被发现。在这种限制条件下，最

好的控制方式应是能在偏差产生以后迅速采取必要的纠偏行动，为此，要求管理者及时掌握反映偏差是否产生且能判定其严重程度的信息。用预定标准对实际工作成效和进度进行检查、衡量和比较，就是为了提供这类信息。

1. 衡量工作成效的目的

通过衡量工作成效，应达到以下几个目的。

(1) 通过调查、汇报、统计、分析等，比较全面、确切地了解实际的工作进展情况，掌握计划的执行进度。

(2) 找出实际成效与控制标准之间的差异，以便发现组织目标和计划在实施中的问题，为纠正偏差和改进工作提供依据。

(3) 为主管人员评价和奖励下级提供依据。

2. 衡量工作成效应注意的问题

为了及时、正确地提供能够反映偏差的信息，同时符合控制工作在其他方面的要求，管理者在衡量工作成效的过程中应注意以下几个问题。

(1) 通过衡量工作成效，确定适宜的衡量频度。

控制过多或不足都会影响控制的有效性，这种过多或不足不仅体现在控制对象和标准数目的选择上，而且表现在对同一标准的衡量次数或频度上。对影响某种结果的要素或活动过于频繁地衡量，会增加控制费用，而且可能引起有关人员的不满，从而影响他们的工作态度；检查和衡量的次数过少，则可能无法及时发现许多重大的偏差，从而无法及时采取措施。

以多大的频度、在什么时间对某种活动的绩效进行衡量，取决于控制活动的性质。例如，对产品的质量控制常常需要以"小时"或以"日"为单位进行，对新产品开发的控制则可能只需以"月"为单位进行。需要控制的对象可能发生重大变化的时间间隔是确定适宜的衡量频度所需考虑的主要因素。

在实际工作中，管理人员经常在他们方便时，而不是在工作绩效仍"处于控制中"(即可能因为人们采取的措施而改变)时进行衡量。这种做法必须避免，因为这可能导致行动的延误。

(2) 通过衡量工作成效，检验标准的客观性和有效性。

衡量工作成效是以预定的标准为依据的，而利用预定标准去检查各部门在各个阶段的工作，本身也是对标准的客观性和有效性进行检验的过程。

检验标准的客观性和有效性，就是要分析通过衡量标准执行的情况能否取得符合控制目标所需的信息。在为控制对象确定标准时，人们可能只考虑了一些次要因素，或只重视一些表面因素，因此，利用既定的标准去检查人们的工作，有时并不能达到有效控制的目的。比如，衡量员工出勤率是否达到正常水平，不足以评价员工的工作热情、劳动效率或劳动贡献；分析产品数量是否达到计划目标，不足以判定企业的盈利程度；计算销售人员给顾客打电话的次数和花费在推销上的时间，不足以判定销售人员的工作绩效。在衡量过程中对标准进行检验，就是指出能够反映被控制对象的本质特征，从而确定最适宜的标准。要评价员工的工作热情，可以考核他们提供有关经营或技术改造合理化建议的次数；

要评价他们的工作效率，可以计量他们提供的产品数量和质量；要分析企业的盈利程度，可以统计和分析企业的利润额及其与资金、成本或销售额的相对百分比；要衡量推销人员的工作绩效，可以检查他们的销售额是否比上年或平均水平高出一定数量；等等。

由于企业中许多类型的活动难以用精确的手段和方法加以衡量，建立标准也相对困难，因此，企业可能会选择一些易于衡量但并不能反映控制对象特征的标准。比如，科研人员和管理人员的劳动效果并不总能用精确的数字表示，有关领导可能根据研究小组上交研究报告的数量和质量来判断其工作进展，或根据科室是否整齐划一、办公室是否挂满了各种图表来判断管理人员的工作努力程度。然而，根据这些标准去检查，可能会产生误导：科研人员用更多时间去撰写数量更多、结构更严谨的报告，而不是将这些精力真正花在科研上；管理人员花更多的精力去制作和张贴更漂亮的图表，而不是用这些时间去扎扎实实地开展必要的管理基础工作。衡量过程中的检验就是要辨别并剔除这些不能为有效控制提供必要信息、容易产生误导的不适宜标准。

(3) 通过衡量工作成效，建立信息管理系统。

负有控制责任的管理人员只有及时掌握反映实际工作与预期工作绩效之间偏差的信息，才能迅速采取有效的纠正措施，不精确、不完整、过多或延误的信息将严重阻碍他们的行动。通常，并非所有的衡量绩效的工作都是由主管直接开展的，有时需要借助专职的检测人员。然而，管理人员接收的信息通常是零乱的、彼此孤立的，难免混杂一些不真实、不准确的信息。因此，应该建立有效的信息管理网络，通过分类、比较、判断、加工来提高信息的真实性和清晰度，同时将杂乱的信息变成有序的、系统的、彼此紧密联系的信息，并将反映实际工作情况的信息适时地传递给适当的管理人员，使之能与预定标准进行比较，及时发现问题。这个网络还应能及时将偏差信息传递给与被控制活动有关的部门和个人，以使他们及时知道自己的工作状况、错误原因，以及应该怎样做才能更有效地完成工作。建立这样的信息管理系统，不仅有利于保证预定计划的实施，而且能防止基层工作人员把衡量和控制视作上级检查工作、实施惩罚的手段，从而避免产生抵触情绪。

在掌握必要信息的基础上，可根据标准对实际成效进行衡量和比较，确定工作业绩与标准之间的偏差。对某些活动来说，偏差是难以避免的，因此确定可以接受的偏差范围十分重要。如果偏差明显超出这个范围，就应该引起管理者的注意。在比较的过程中，管理者要特别注意偏差的大小和方向，分析产生不同变化的原因，以便采取调整和修正措施。

(三) 纠正偏差

利用科学的方法，依据客观的标准，通过对工作绩效的衡量，可以发现计划执行中出现的偏差。纠正偏差就是在此基础上，分析偏差产生的原因，制定并实施必要的纠正措施。这项工作使控制过程变得完整，并将控制与管理的其他职能相互联结。通过纠偏，可使组织计划得以遵循，使组织机构和人事安排得到调整，使领导活动更加完善。为了保证纠偏措施的针对性和有效性，必须在制定和实施纠偏措施的过程中注意下列问题。

1. 分析偏差

通过比较实际业绩与控制标准，可以确定这两者之间有无差异。如果无差异，工作按

原计划继续进行。如果有差异，则首先要了解偏差是否在标准允许的范围之内，如果偏差在允许范围之内，工作可以继续进行，但要对产生偏差的原因进行分析，以便改进工作，尽可能缩小偏差；如果偏差超出允许范围，则应当深入分析产生偏差的原因。弄清产生偏差的原因是采取相应措施的基础，偏差分析首先要确定偏差的性质和类型。偏差的产生，可能是在执行任务过程中由工作失误造成的，也可能是由原有计划不周导致的，必须对这两类不同性质的偏差做出准确的判断，以便采取相应的纠偏措施。

偏差可分为正偏差和负偏差。正偏差是指实际业绩超出计划要求，负偏差则是指实际业绩未达到计划要求。对这两种偏差的产生原因都要进行分析。如果是由于环境变化导致有益的正偏差，则需要修改原有计划以适应环境变化。

2. 确定纠偏措施的实施对象

如果偏差是由绩效不足产生的，管理人员就应该采取纠偏行动。可以调整企业的管理战略，也可以改变组织结构，或制订更完善的选拔和培训计划，或改变领导方式。但是，在有些情况下，需要纠正的可能不是企业的实际行动，而是组织这些活动的计划或衡量这些活动的标准。例如，大部分员工没有完成劳动定额，可能不是因为全体员工抵制，而是因为定额水平太高；实施承包后企业经理的兑现收入高达数万元甚至数十万元，可能不是因为经营者的努力数倍或数十倍于工人，而是因为承包基数不恰当或经营者收入的挂钩方法确定得不合理；企业产品销售量下降，可能不是因为产品质量较差或价格不合理，而是因为市场需求饱和或周期性的经济萧条。在这些情况下，首先要改变的不是或不仅仅是实际工作，还有衡量这些工作的标准或指导工作的计划。

预定计划或标准的调整是由两个原因决定的：一是原先的计划或标准制定得不科学，在执行中发现了问题；二是由于客观环境发生了预料不到的变化，原来正确的标准和计划不再适应新形势的需要。负有控制责任的管理者应该认识到，外界环境发生变化以后，如果不及时对预定计划和行动准则进行调整，那么，即使内部活动组织得非常完善，企业也不可能实现预定目标；如果消费者的需求偏好发生转移，那么，企业的产品质量再好、功能再完善、生产成本和价格再低，依然可能找不到销路，不会给企业带来期望利润。

3. 选择恰当的纠偏措施

找到产生偏差的主要原因，即可制定改进工作或调整计划与标准的纠正方案。在选择和实施纠偏措施的过程中要注意以下几点。

(1) 使纠偏方案双重优化。纠正偏差，不仅可选择实施对象，而且对同一对象的纠偏可采取多种不同的措施。是否采取措施，要看采取措施纠偏带来的成果是否大于不纠偏的损失。有时，最好的方案也许是不采取任何行动，因为行动的费用可能会超过偏差带来的损失。这是纠偏方案选择过程中的第一重优化。第二重优化是在此基础上，通过比较各种方案的经济性、可行性，找出其中追加投入最少、解决偏差效果最好的方案来组织实施。

(2) 充分考虑原计划实施的影响。由于对客观环境的认识能力提高，或者由于客观环境本身发生了重大变化而引起的纠偏需要，可能导致对原计划与决策的局部甚至全部的否定，从而要求对企业活动方向和内容进行重大的调整。这种调整有时被称为追踪决策，即当原有决策的实施表明将危及决策目标的实现时，对目标决策方案进行的一种根本

性修正。

追踪决策是相对于初始决策而言的。做出初始决策时所选定的方案尚未付诸实施，没有投入任何资源，客观对象与环境尚未受到决策的影响和干扰，因此初始决策是以零为起点的决策。重大战略调整的追踪决策则不然，因为企业外部的经营环境或内部的经营条件已经由于初始决策的执行而有所改变，是"非零起点"。所以，在制定和选择追踪决策的方案时，要充分考虑伴随初始决策的实施已经消耗的资源，以及这些消耗对客观环境造成的种种影响。

(3) 消除人们对纠偏措施的疑虑。任何纠偏措施都会在不同程度上引起组织结构、关系和活动的调整，从而涉及某些组织成员的利益，不同的组织成员会因此对纠偏措施持不同的态度。特别是当纠偏措施属于对原决策和活动进行重大调整的追踪决策时，一些原先反对初始决策的人可能会幸灾乐祸，甚至夸大原决策的失误，反对保留其中任何合理的成分，而更多的人会对纠偏措施持怀疑和反对的态度。原决策的制定者和支持者因害怕改变决策意味着自己的失败，所以会公开或私下反对纠偏措施的实施；执行原决策、从事具体活动的基层工作人员则会对自己参与的已经形成或开始形成的活动结果怀有感情，或者担心调整会使自己失去某种工作机会，影响自己的既得利益，所以会极力抵制任何重要的纠偏措施的制定和执行。因此，控制人员要充分考虑组织成员对纠偏措施的不同态度，特别是要注意消除执行者的疑虑，争取更多人理解、赞同和支持纠偏措施，以避免在纠偏方案的实施过程中可能出现的认识障碍。

第二节　有效控制系统的构建

一、控制体系的构成

组织的控制体系由以下几个要素组成。

1. 控制对象

组织要建立控制体系，首先必须明确控制对象，即明确要控制什么。控制对象可从不同的角度进行划分。从横向看，组织内的人、财、物、时间、信息等资源都是控制对象；从纵向看，组织中的各个层次，如企业中的部门、车间、班组、各个岗位都是控制对象；从控制的阶段看，组织内不同的业务阶段和业务内容也是控制对象，如供、产、销三个阶段都需要控制；从控制的内容看，能力、行为、态度、业绩等都可以成为控制对象。因此，组织的控制应该是全面的控制，组织控制系统的控制对象原则上应是整个组织的各个方面。

不仅如此，组织的控制还应是统一的控制，即在控制活动中要把组织的各个方面当作一个整体来控制。只有统一控制才能使组织协调一致，达到整体的优化，从而有效地实现组织目标，否则就会顾此失彼。例如，在企业组织控制中，若仅仅着眼于对物的控制而忽视对人的行为的控制，就不可能收到良好的控制效果。

2. 控制目标体系

任何控制活动都有一定的目标取向，无目标的控制是不存在的。要建立控制系统，除要明确控制对象，还要明确控制目标体系，即要求控制在怎样的范围之内。

在一个组织中，控制目标体系常常以各种形式的控制标准体现出来，如时间标准、质量标准、行为准则等。控制应服从组织发展的总体目标和理念。因此，控制标准往往是根据总目标所派生的分目标及各项计划指标或制度要求来确定的，也就是说，控制目标体系是与组织理念体系、目标体系和计划体系相辅相成的。为了了解控制对象实际达到控制目标的程度，我们还需要明确衡量控制对象实际状况与控制目标之间差距的方法和手段。

3. 控制的方法和手段

控制的方法和手段是多种多样的，只要控制对象确定、控制目标要求明确，就一定可以找到相应的衡量指标和衡量方法，各个组织应视其不同的情境选用相应的控制方法和手段。

控制工作做得越差，越会加快组织走向失败的进程。因此，在实际工作中，应做到有计划、有组织、有领导，具体包括以下内容。

(1) 有计划，即开展控制工作，要制订一个科学的、切实可行的计划来明确控制对象、控制主体、控制方法。没有科学的控制计划，控制就难免顾此失彼。因此，有效控制是以科学的计划为前提的。

(2) 有组织，即有专司控制职能的组织或机构。控制工作主要是根据各种信息纠正计划执行中出现的偏差，以确保组织目标的实现。要做到这一点，就要有专司监督职责的组织机构或岗位，应建立、健全与控制工作有关的规章制度，明确由哪个部门、具体谁来负责何种控制工作。

一个组织如果没有专门的控制机构，而由各部门自行监督、自行控制，那么管理部门和执行部门出于对切身利益的考虑可能会故意掩盖事实、制造假象、阳奉阴违等，或由于相关部门忙于贯彻指令，无暇顾及调查、研究与分析评价而难以反映真实情况。

为了避免和防止出现上述情况，组织有必要建立专门履行控制职能的部门或岗位，即监督机构，由监督机构来负责监督管理机构和执行机构各项工作的开展情况。一般来说，监督机构的规章制度越健全，控制工作就越能取得预期的效果。

(3) 有领导，即有畅通的信息反馈渠道。控制工作中的一个重要步骤就是将决策和计划执行情况及时反馈给管理者，以便管理者对已达到的目标水平与预期目标进行比较分析。这种信息反馈的速度、准确性如何，直接影响决策机构决策指令的正确性和管理部门纠偏措施的准确性。因此，为了获得准确的信息反馈，防止监督机构与被监督机构串通一气、谎报信息，管理者在定好计划，明确各部门、各人在控制中的职责以后，还必须设计和维护畅通的信息反馈渠道，设立反馈机构，以充分发挥社会舆论的监督作用。

信息反馈渠道的设计要抓住以下三点：设立多个信息反馈渠道，确定与信息反馈工作有关的人员在信息传递中的任务与责任；事先规定好信息的传递程序、收集方法和特殊要求等事项；做好领导工作，调动各方面人员主动提供信息的积极性。只有加强组织和领导，才能建立畅通的信息反馈渠道，使控制工作卓有成效。

■ 二、实现有效控制的原则

(一) 客观原则

首先，有效的控制需要有客观的、准确的和适用的标准，没有标准和准确的检测手段，人们就难以对组织的实际工作形成正确的认识，也就难以制定出正确的措施，进行客观的控制。因此，在控制过程中采用的检查与测量的技术与手段必须能准确地反映组织在时空上的变化程度与分布状况，准确地判断和评价组织中各部门、各环节的工作与计划要求的相符或相背离程度。

同时，控制的过程也要保证真实性。管理难免受到许多主观因素的影响，比如，对下属工作的评价，不应仅凭主观来决定。管理人员或下级的个性也许会影响对工作的判断，如能定期检查过去的标准和计量规范，使之符合现时要求，将有助于人们客观地控制实际执行情况。

要解释清楚什么是客观的控制，并非易事。下面以两个基层管理人员汇报其部门人员情况为例。一个管理人员汇报说："员工的士气没问题，发牢骚的只有那几个人，离职情况已经得到控制。"而另一个管理人员汇报说："员工缺勤率为4%，今年记录在案的投诉人次为16人(去年为24人)，员工的离职率为12%。"这两份汇报哪一份更有用是不言自明的。但是，数据的客观性也不能代表一切，管理人员还应看到隐藏在数字背后的真实情况，如销售部门每月提高销量多少，上层管理部门当然更乐意看到这类报告，然而在销量提高的背后，也许是销售员擅自提供了折扣，对产品的功效做了不切实际的保证，或承诺较早的交货期等。因此，管理人员必须谨慎、适当地解释控制系统提供的信息。

(二) 适时原则

控制工作必须注意适时性，对于企业经营活动中产生的偏差，应当及时采取措施加以纠正，才能避免偏差的扩大，或防止偏差对企业造成的不利影响的扩散。纠正偏差较为理想的方法是在偏差产生以前就注意到偏差产生的可能性，从而采取必要的防范措施，防止偏差的产生。如由于某种企业无力抗拒的原因，偏差的出现不可避免，那么企业就应预先采取措施，消除或遏制偏差产生后可能对企业造成的不利影响。例如，某个设备安装项目，假如工期较紧，那么管理人员应要求以"天"或"周"为基准汇报工程进度，以便及时掌握工程的进展情况，汇报时应强调那些潜在的障碍，如某零部件缺失、某工作工人缺勤等会导致项目完工延期的因素。管理者需要及早了解这类信息，以便在形势失控前采取必要的纠正措施。

(三) 适度原则

有效的控制应该既能满足监督和检查组织行动的需要，又能防止与组织成员发生强烈的冲突。因此，控制的范围、程度和频度都要恰到好处，既要防止控制过多，又要避免控制不足。过多的控制会对组织成员造成伤害，会扼杀他们的积极性、主动性和创造性，从

而影响个人能力的发挥和工作热情的提高，最终影响组织绩效；过少的控制不能使组织活动有序地进行，更不能保证各部门活动进度和比例的协调，而且会造成资源浪费。另外，过少的控制还可能使组织成员无视组织需求，我行我素，甚至利用在组织中的便利地位谋求个人利益，最终导致组织涣散和崩溃。需注意，由于组织、部门性质不同，控制的多少也存在差异。一般来说，对科研机构的控制应少于生产劳动部门；对科室人员工作的控制应少于现场生产作业；对受过严格训练、能力较强的管理人员的控制应少于那些缺乏必要训练的新任管理者或单纯的执行者。

与此同时，还要处理全面控制与重点控制之间的关系。任何组织都不可能无时无刻地对每个部门、每个环节、每个员工的工作情况进行全面控制，这样做会浪费大量时间、精力，也是没必要的。而且，由于存在对控制者的再控制问题，这种全面控制甚至会造成组织中的控制人员远远多于现场作业者的情况。与此同时，并不是所有成员的每项工作都会发生相同的偏差，不同的偏差也不会给组织带来相同程度的影响。例如，在电算化会计信息控制系统中，人员控制是基础，也是会计监控的重点；技术控制是手段，也是全面控制的必要支持。人员控制离不开必要的技术手段，技术控制又为人员控制提供必要的技术支持。在整个会计信息控制系统中，既要进行全面的信息控制，也要对重要权限、重点环节进行重点控制。同时，重点控制必须在全面控制的基础上进行，要求对会计工作中的管理、技术、操作、核算、总结和预测等方面进行全面监控，因为会计工作中任何细微失误都可能造成企业会计信息的严重失真，给企业带来巨大的影响。

(四) 经济原则

管理者在开展控制活动时，通常希望控制得滴水不漏、非常完善，却往往忽视了控制制度或控制工作本身的运转与实施都是要花费成本的，如果控制支出的费用多于控制带来的经济效益，这种控制是无效率的。因此，控制工作必须讲究经济效益。例如，在对企业采购人员的控制中，为防止采购人员因收受供应商的回扣而降低采购标准，购买质量差、价格高的原材料，企业管理人员通常会设计一整套控制制度。如果不考虑控制运行成本，原则上可以设计出杜绝采购人员收取回扣现象的控制制度，如加大对收受回扣的惩罚力度、频繁检查采购人员的个人财务账户等，但不难看出，这样做将会带来极高的运行成本，得不偿失。在现实生活中，企业往往会在保证一定的采购质量的前提下，为采购人员留有一定的获得"灰色收入"的机会(比如对与供应商共餐并不完全禁止)。

同时，控制中的经济效益是相对而言的。一方面，控制随经营业务的重要性及其规模而不同，也随缺乏控制时的耗费情况和一个控制系统能够做出贡献的情况而不同。例如，为调查某种原因不明的流行病而花费大量的人力和时间去拟定调查表格，这被认为是值得的；但是，谁也不会说花费同样的费用去拟定一个旨在了解本单位医护人员技术状况的表格也是合算的。又如，在一个小单位中，只有两个职工从事文员工作，显然就没有必要配备专职人员来检查他们的工作错误，可采取自检或互检的措施；相反，在一个拥有数百名员工的生产大量小件产品的企业中，就有必要配备专职检验员或质量控制专家来检验产品。另一方面，由于组织工作、规模等的不同，控制活动不一定对所有的组织都是经济

的。例如，精心设计的复杂的计算机控制系统可能对大公司来说是经济的，但对小公司来说就未必经济。在控制工作中减少不必要浪费的一个常用方法就是将控制过程简化到足以保证目标得以实现的程度，比如尽量少地通过下属的工作报告和总结去了解情况，尽量多地深入生产经营第一线获取信息，掌握第一手资料。

(五) 弹性原则

组织在运行的过程中，可能会出现未预见的或计划不周的情况，进而引发某种突发的、无力抗拒的变化，这些变化使组织计划与现实条件严重背离。有效的控制系统应在这样的情况下仍能发挥作用，维持组织的运营，也就是说，控制在适应变化上应具有弹性或灵活性。

弹性控制通常与控制标准有关，一般来说，弹性控制要求企业制定弹性的计划和弹性的衡量标准。以预算控制为例，它通常规定了企业各部门主管人员在既定规模下能够购买原材料或生产设备的额度。这个额度如果规定得绝对化，一旦实际产量或销售量与预测数有差异，预算控制就可能失去意义。经营规模扩大，会使经营单位感到经费不足；而销售量低于预测水平，则可能使经费过于充裕，甚至造成浪费。有效的预算控制应能反映经营规模的变化，考虑到企业未来的经营水平，从而为经营规模的参数值规定不同的经营额度，使预算在一定范围内是可以变化的。

此外，企业环境的变化也要求控制具有一定的弹性，如控制系统不能随之变化，控制注定失败。例如，当某员工在执行工作期间，工作条件、工作状况发生变化时，管理者应该能够正确认识并对计划和标准做出适当的调整。此外，控制的灵活程度会影响人们对控制严厉程度的判断。例如，在市场疲软时期，为了共渡难关，部分职工会接受比较严格的行为限制；而在经济繁荣时期，员工则希望工作中有较大的自由度。

(六) 例外原则

所谓例外原则，是指组织对控制过程中出现的例外的、不寻常的现象和问题，尤其是生产经营中特别好的和特别差的活动，予以充分注意，并对其采取特别的控制措施。

对于一个组织来说，即使规模很小，它所产生的信息量也是十分惊人的，管理者不可能掌握所有的信息。因此，要实现有效的控制，管理人员必须学会区分信息的轻重缓急，运用好例外控制原则。一般而言，管理者将控制工作重点放在计划实施中的例外情况上，可以使他们把有限的精力集中在真正需要引起注意和重视的问题上，从而提高控制工作的效能和效率。

例如，在质量控制中广泛地运用例外原则来控制工序质量，工序质量控制的目的是检查生产过程是否稳定。如果影响产品质量的主要因素(原材料、工具、设备、操作工人等)无显著变化，那么产品质量也就不会发生很大差异。此时，工序质量处于控制状态中。反之，如果生产过程中出现违反规律性的异常状态，应立即查明原因，采取措施使之恢复稳定。

但是，仅仅注意到例外情况是不够的，有些偏离标准的情况无关紧要，但有一些偏

差意义重大，甚至某些方面的细小偏差所产生的影响也许比其他方面较大的例外情况产生的影响更大。例如，一名管理人员也许会关注办公室人工成本超出(偏离)预算50%这一情况，但不会担心邮资费用超出预算20%这一情况。这就要求在实际工作中，管理人员应当把例外原则同其他原则紧密地结合起来，只有这样才能保证控制的有效性，使组织取得良好的控制效果。

■ 三、控制的基本原理

实现有效的控制活动需要有一定的理论原理做指导。在管理学领域中，指导控制活动的基本原理主要包括行为控制原理、预防性控制原理和信息控制原理。其中，信息控制原理的应用离不开管理信息系统的支持。

(一) 行为控制原理

控制最终是通过人来实现的。除非控制能使人们改变行为，否则控制难以奏效。虽然控制的标准源自组织的目标和计划，但只有当相关的管理人员和操作人员因实行控制而提升工作绩效时，控制才算是有效的。因此，要使控制真正发挥作用，就必须认识和了解控制将会对人们的行为产生怎样的影响，以便促使人们对控制做出积极的反应。

1. 对控制活动产生不同反应的原因

人们对标准的确立、业绩的衡量以及各种纠偏措施的应用，实际上取决于各自的具体情况，并没有统一的标准。一个人对他的上级的印象、对工作的喜爱程度、自我实现的机会等都将影响他对控制活动的反应。一般情况下，人们会对控制活动产生不同的反应，主要取决于以下几个因素。

(1) 对组织目标的接受程度。控制活动旨在推动人们向某一目标和方向花更多的精力，但是组织成员对同一目标的认识和接受程度是千差万别的。而且，如果组织目标是多重的，那么情况就会更加复杂。因而，对目标的接受程度，特别是组织目标与组织成员个人需要的重合程度，会直接影响人们对控制活动的反应状况。

(2) 标准的合理化水平。经常出现的情况是，一个人可能会认可某一目标，但不愿意接受某种控制，原因在于有关工作成效的标准定得不合理，而且，特别容易让人产生不满的是标准本身的变化不定。标准的合理化水平也取决于其执行情况，在执行中应考虑到那些超出人们能力范围的事件也会影响实际工作绩效，如果生硬地执行标准，一旦出现处理不公平的情况就会引起人们对控制的持续厌恶。另外，标准的合理化水平还会受到控制频度的影响，大多数人可以承受组织对其工作的某些控制，但当他的工作受到各种报表和标准干扰、相关检查越来越多时，情况就会发生变化，人们可能会因为"受压迫的感觉"而形成对标准合理性的质疑。

(3) 衡量业绩是否恰当。当人们对业绩的衡量过程缺乏应有的信任时，控制也有可能引起不同部门间的冲突，进而促使人们对控制产生不良反应。在控制活动涉及许多部门和人员的利益的情况下，保持业绩衡量的公正性，并注意不要因为控制工作而损害部门间的

合作精神就显得非常重要。可以说，业绩衡量得恰当与否直接影响组织成员对控制的持续反应。

(4) 来自组织传统的压力。人们对控制的反应部分取决于谁在实行控制，以及这种控制是否"合法"，而组织活动中控制的"合法性"主要基于组织长期形成的正式或非正式的传统，即组织中的"社会结构"。一旦一个组织建立起"社会结构"，人们就会对控制行动的"合法"问题非常敏感。在实施控制过程中，如果控制被人们认为是不合法的，就会引起强烈反对。

2. 对控制做出积极反应的方法

在管理过程中，不管人们对控制的反应如何，控制都是不可缺少的。为了使控制工作更有效，必须关注人们对控制的反应行为，尽量减少人们对控制的消极态度，诱发人们对控制的积极态度，这也正是行为控制原理所要解决的问题。要诱发人们对控制的积极反应，一般应从以下几个方面着手考虑。

(1) 保持一种不带偏见的控制观。在控制过程中常常出现这种情况，一旦控制涉及两个或两个以上的人，特别是在纠正偏差的阶段，控制者往往会做出动感情的反应，会从个人身上查找和思考人们为什么这样做，这种倾向可能在控制者和被控制者两方面都存在。因此，要求控制者学会采取一种客观的、不动感情的方法来分析问题产生的原因和寻找解决方案。当然，这也并非要求控制者对个人感情无动于衷，而是强调控制者既要注意既定目标，也要考虑达到目标必须采取的行动。控制者应该知道，控制只是发现问题的手段，使用这种手段的目的在于寻求解决办法，而不是责备人。

(2) 鼓励下属参与制定标准。鼓励下属积极参与制定标准，有助于下属接受既定目标、行动标准和衡量业绩的标准等。当一个人真正地参与制定组织目标、计划和标准时，他常常会在心理上觉得介入了该项工作，并由于对该项工作有了更充分的了解而变得愿意承担责任。因此，鼓励下属参与制定标准，是诱发人们对控制的积极反应的重要措施。

(3) 运用"事实控制"。所谓"事实控制"，是指任何纠正偏差的控制行动都应是根据某一特定环境中的事实提出来的，而不应是在某一位负责监督的管理人员的权威或压力下提出来的。在很多情况下，使用详细的控制图和利用来自高层管理的压力，往往只能使工作绩效比平时稍好一些，并不能达到理想的控制目标；而如果让人们充分了解实际情况，并按事实要求做出反应，控制效果会好得多。更重要的是，运用"事实控制"，还可以避免由权威或压力控制所导致的紧张和不满情绪，调动人们的工作热情。

(4) 在实施控制中，应对个人需求和组织的"社会结构"的压力具有敏感性。既然控制的"合法性"基于组织的"社会结构"，而且个人需求又直接影响人们对控制的反应，那么在诱发人们对控制的积极反应时就必领对个人要求的变化以及组织的"社会结构"的压力保持高度敏感，尽量使控制行动和个人需求与"社会结构"相适应。

(二) 预防性控制原理

最好的控制是在问题出现之前实施，而不是在问题出现之时或之后才开始，防患于未然才能达到最佳控制效果。预防性控制原理的基本思想主要在于两方面：一方面，为了能

够在问题出现之前实施控制，就不能将控制与其他管理职能截然分开，控制应该与决策和计划活动一起开始，从准确预测、制定策略到建立合理的标准，从设计有效的组织架构到配备控制机构与人员等，都要有控制观点，运用控制方法；另一方面，控制不仅仅是高层管理人员或专职控制人员的事情，为了能够预先发现问题、及时采取措施，应将控制当作每一位计划执行者的责任，不管他处于哪个管理层次。只有真正做到全员控制，才能达到预防性控制原理关于"将问题解决在出现之前"的要求。

预防性控制原理的第一个基本思想是强调控制职能与其他管理职能的有机结合，具体包括以下几个方面。

(1) 在做出决策和制订计划的过程中，就要体现控制的观点和方法。决策和计划工作一般包括确定目标、设计方案、选择方案以及制订实施计划等几个环节，在每一个环节的进行过程中都应该考虑与控制有关的问题。例如，在确定目标时，应该有针对性地指明目标的优先顺序和不同的侧重方面，以使控制工作有所倚重；尤其是在将组织目标向有关责任部门分解的过程中，更要注意将目标分解与控制标准的确立相衔接，从而使控制融入部门目标的实现过程。另外，在方案设计与选择以及实施计划的制订过程中，同样应将控制职能纳入其中，以便在方案实施的全程中都有控制伴随，做到防患于未然。

(2) 应将组织职能与控制职能密切联系起来。一般劳动分工和管理劳动分工的必要性导致了部门和职务的划分，部门和个人的工作又必须相互协调才能实现组织目标。在分工与协调、分权与集权的交互作用中，控制也应随之发生变化，以适应组织职能发展的需要。一般来说，当组织权力较为集中时，管理人员要为工作的各个阶段制定详细的控制标准和控制方案，强调的是对工作细节的控制；而当权力较为分散时，管理人员的注意力将由工作细节转向取得的成绩，相应的控制标准也由关注细节变为强调结果，控制权力随之分散，这样将更有利于对"现场问题"的预见和防范。

(3) 实施领导职能的同时就是在进行控制。领导过程既是一个命令过程，又是一个激励过程，交织在双重领导过程中的控制观点要求领导者多辅导或激励、少命令或指挥，应该在领导者和下属之间建立一种辅导性关系，而不是单纯的命令关系。辅导性关系使领导者不必发号施令，而只需向人们提出有关如何达成预期成果的建议；控制工作(如制定标准、衡量业绩等)也仅是指明完成任务的要求，而领导者的辅导则是帮助下属完成任务的一种努力。在这种情况下，下属尤其是工作在第一线的人，就会有发现问题和解决问题的主动性，这会大大提高控制的预警性和效率。

预防性控制原理的第二个基本思想是强调控制过程中的全员参与和人本思想。既然控制工作贯穿管理的所有职能，那么从本质来说，组织中的所有成员都是控制者，都应该参与到控制工作中来，控制应该是以人为中心的控制。控制的人本思想强调，任何控制工作都是通过人的活动来实现的，在控制中不能"见物不见人"。为了在整个组织的控制活动中做到防患于未然，必须贯彻控制的人本思想。具体地说，一方面，要求所有的控制工作以及它的目的、意义和要求为全体组织成员所理解，只有全体组织成员都理解控制本身的意义，才能互相配合、齐心协力，共同实现控制目标。另一方面，要求将控制看作调动人们积极性的一种手段。事实上，控制并不是一种消极、被动的管理职能，要发挥控制职能

的主动性，关键在于调动全员控制的积极性。这就要求在控制过程中充分相信下属，提高下属参与控制的程度和责任心，尽量实现自我控制。

(三) 信息控制原理与管理信息系统

控制的基础是信息，一切信息传递都是为了实现控制，而一切控制又都有赖于信息传递。因而，从这个意义来说，控制就是信息控制，信息控制原理是指导控制工作的基本原理之一。

所谓信息控制，是指通过一种及时、准确、有效的方式来收集、存储、综合、比较、分析和传播组织内外部信息，以便实现有效控制的过程。在这里，信息的收集、存储、处理和传播，即信息控制的方式或手段是信息控制原理的核心。伴随计算机技术和通信技术的迅速发展，信息控制手段日益丰富和完善，大大提高了组织中控制工作的有效性。运用计算机和通信技术，管理人员可以及时、全面、详尽、准确地获得组织内外部的数据资料，有可能迅速掌握各种情况变化，及早预见偏差、避免偏差的发生，从而更有效地达到控制目的。同时，借助计算机模拟技术并利用大量数据资料，管理人员还可以预先进行各种组织活动的模拟和实验，从而实现虚拟或模拟控制，既可以提高控制的有效性，又可以节约控制成本。计算机技术和通信技术在管理及控制中的广泛应用，使信息控制原理有了更为坚实的理论和方法基础，这集中体现在管理信息系统的开发和应用中。

管理信息系统简单地说就是基于信息技术的信息采集和转换处理系统，它是计算机技术和通信技术综合发展的产物，一般包括数据收集、数据传输、数据存储、信息解释与显示、信息分发5个子系统，它们共同构成控制的信息基础设施。

管理信息系统的开发一般分为3个阶段，即系统分析、系统设计、系统实施。

在系统分析阶段，要明确系统目的和需要，主要包括决策分析、信息需求分析和决策集成3个环节。决策分析就是要识别所有管理决策需用到的信息，这涉及组织中的全部管理职能。另外，决策分析还应该考虑到不同决策者所属的部门、层次以及决策的性质。信息需求分析就是要确定不同的决策究竟需要哪些确切的信息。既然组织中不同的管理职能、不同的部门、不同层次的管理者所需要的信息是不同的，那么管理信息系统就应该适应这些不同的需要，信息需求分析就是在设计管理信息系统过程中满足不同管理者信息需求多样性的重要步骤。决策集成，就是在对每位管理者的需求和职能范围进行甄别后，将需求相互重叠的部分实施集成和共享，以便剔除冗余信息、减少重复信息，提高决策和控制的有效性。

在系统设计阶段，要研究详细的系统规格以满足系统的需要，在此基础上开发一个集收集、存储、传递和查询信息功能于一体的系统，同时确定需要的软硬件设备。在基本完成系统设计、将要进入系统实施之前，还要最后检查系统是否有能力满足每一级管理者对信息的需求。

系统实施阶段主要包括安装、调试、转换和操作等环节，这虽然属于技术性工作，但由于它也是管理的控制职能的重要组成部分，也应该做好相应的管理方面的准备工作，如用户培训、用户参与、对用户的抵触情绪进行疏导和解释等。只有充分做好管理准备工

作，才能保证系统的有效实施，才能使管理信息系统在控制工作中发挥重要作用。

管理信息系统一旦投入运行，将会给组织的控制工作带来革命性变化。管理信息系统能够极大地改变信息的数量和质量，提高信息传递速度，大大增强组织的控制能力，使组织真正成为一个有机整体。信息就是权力，接触机密和重要信息方式的任何改变，都会引起组织内权力关系的改变。管理信息系统改变了组织的管理层次结构，一方面，中层管理人员已不再是基层工作人员与高层领导之间传递信息和实施控制的关键纽带，他们在组织中的地位和影响力大大下降了；另一方面，高层管理者的控制手段因管理信息系统功能的日益强大而不断丰富，现场控制、前馈控制、自我控制等日益成为管理控制的主导类型。可以预见，伴随信息技术和网络技术的飞速发展，管理信息系统将借助交互网络和电子商务进一步完善和发展，为管理的控制职能构筑更为坚实的信息基础设施、提供更加强大的信息支持。

综上所述，控制过程基本上是一个在标准形成、衡量、比较和管理行动之间连续流动的过程。

四、建立有效的控制系统

对于任何组织而言，仅仅按照有效控制的原理，遵循相应的原则，是难以实现有效控制的。因此，组织需要建立一整套控制系统来确保控制的有效性，确保组织目标的实现。斯蒂芬·罗宾斯曾说过，一件事情无论计划得多么完善，如果没有令人满意的控制系统，在实施过程中仍然会出问题。因此，要实现有效的管理，必须考虑到设计良好的控制系统所能带来的好处。

组织的控制系统主要用来解决控制什么、谁来控制、控制的手段和方法的问题。总体来说，一个完整的控制系统(见图9-3)由以下3个部分构成。

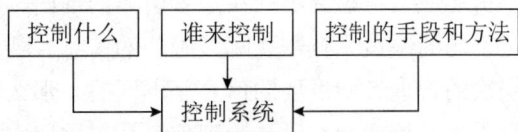

图9-3　一个完整的控制系统

(一) 控制什么

控制什么，即组织控制的对象，是控制的客体，具体可分为3个方面：从横向看，组织内的人、财、物、时间、信息等资源都是控制对象；从纵向看，组织中的各个层次，如企业中的车间、班组、部门，企业集团的部门、子集团、事业部、子公司都是控制对象；从控制的阶段看，组织内不同的业务阶段和业务内容是控制对象，如在企业中，对供、产、销3个阶段都需要进行控制，它们都是主要的控制对象。

可以看出，组织的控制是全面的控制，同时在控制活动中，还应把组织的活动当作一个总体，因此也是统一的控制。例如，在企业组织控制中，如果仅仅着眼于对物的控制而

忽视了对人的控制，就不可能收到好的控制效果。由此得知，组织控制系统的控制对象是整个组织的活动。

(二) 谁来控制

谁来控制，即确定组织控制的实施者，是控制的主体。组织的控制系统必须确定由谁来控制，由谁来承担控制的职责。在进行组织设计的时候，就已经明确了履行控制职能的具体人员及其所在的部门，在组织中不同的层级上，都有承担控制职责的人员。一般来说，越是高层的管理者，拥有的控制权力越大，控制的手段也更丰富。在企业中，董事会、总裁、经理层和各级管理层，依据组织赋予的不同职责，来完成相应的控制工作。

(三) 控制的方法和手段

要想最终实现对组织的控制，必须借助一定的控制方法和手段。组织性质的不同，组织目标的差异，加之各种内外部因素的影响，决定了控制系统不可能只采用一种控制方法与手段，具体的方法将在第三节中详细介绍。

第三节　管理控制方法

■ 一、管理控制的含义及功能

管理控制就是按照既定的目标和标准，对组织活动进行监督、测量，以发现偏差并分析原因，运用行政、法规、经济等手段使组织活动符合既定要求的过程。

管理控制有两个目的：一是"维持现计划"，即在变化的环境中，通过控制工作，随时将计划的执行结果与标准相比较，一旦发现偏差，及时采取纠正措施，以保证系统恢复原来的状态，实现组织目标；二是"打破现计划"，即在某些情况下，环境的变化会对组织提出新的要求，主管人员会对现状不满，要改革创新，要开拓新局面。这时就要通过确定新的目标和控制标准，引导系统状态，使之变化到一种新的更合理、更先进的预期状态。

控制工作的第一个目的，与监控相近；第二个目的，又并非监控。虽然有时很难将控制与监控区分开来，但监控与控制在很多情况下还是会表现出一定的区别：监控是一种衡量尺度，而控制则是指导方向；监控针对已经发生的事实，而控制立足于事实并针对期望；监控是施加压力，控制是激发动力；监控是对目标的维护，而控制则是对目标的促成。

■ 二、管理控制的方式

常见的管理控制方式有以下几种。

(1) 法律法规控制。国家政府运用法律法规的威慑与调节作用，对企事业单位组织和

行业发展的方向、规模、质量与形象等进行较为宏观的管理控制。这是最根本性的手段，也是最强有力的手段，如《中华人民共和国公司法》《中华人民共和国破产法》等法律，会在必要的时候成为企业内部重组的依据。

(2) 行业政策规划。通常，一个行业的发展总格局是由国家政府或有关主管部门进行整体规划的，而在不同层级的政府或政府部门中，采取的具体形式又有区别。国家级政府主管部门常常以出台某些专门性的政策、控制某些审批权来引导行业发展，而地方政府则以优惠、制约或限制性政策来具体引导行业的发展。

(3) 人员的专业化。对于现代组织和行业，控制工作的核心是对人的控制，通过对相关人员的培训，使其掌握或理解有关规定及其意义，将外在控制内化为执行人员的内在控制。在某些时候，由政府主管部门制定一些强制性执行标准，如专业证书制度和"持证上岗"制度，将外在控制与内在控制有机结合，效果会更佳。

(4) 问题曝光。对于一些严重违反相关规定、违反道德和逃避基本社会责任的组织和做法，可进行曝光，实施新闻舆论监督，从而形成社会和公众压力，也是一种行之有效的控制方法。在其他机制失灵的情况下，各类媒体出于"社会良心"的报道与披露往往能起到重要作用。另外，由各类会计师、律师事务所等职业外部审计机构参与的企业内部审计活动，将会形成另一股起审核、监督作用的控制力量。

(5) 定期公布"排行榜"，根据企业效益、在顾客心目中的形象、顾客对服务质量的评分等标准，经常性地对企业进行排序，通过激发企业的自尊心，促进企业工作质量的改进。

(6) 评选"最佳企业"。根据某些特定的标准，定期评选行业中某方面的"最佳"企业，如最佳雇主企业、最受消费者好评企业、最具社会责任感企业等，并公布其成为该方面"最佳"的成绩以及做法，以此起到激发进取、交流先进经验的目的。

(7) 政策倾斜。对于行业中的企业实行年检制度，是政府主管部门对企业实施宏观控制的基本方法之一。对于一些年检不合格的企业，区分不同的情况给予相应处理；对于连续几年年检优秀者，除每年仍然例行年检手续外，可授予"免检企业"称号，作为一种特殊荣誉授予企业，运用"模范"约束机制促进企业不断完善自我约束机制。

■ 三、管理控制方法的分类及内容

管理控制方法是指管理者在对控制对象实施控制的过程中所采用的方法和手段。总体而言，根据控制主体的不同，控制方法可分为两大类：传统的控制方法(组织控制方法)，基于责任感的控制方法(自我控制方法)。其中，传统的控制方法通常是管理者以某种方式从外部施加影响来保持员工的行为协调一致。

按控制对象的不同，组织中较为常见的控制方法有资金(财务)控制、时间控制、数量和质量控制、安全控制、人员控制和信息控制。

(一) 资金(财务)控制

一个组织中，所有业务活动的开展几乎都伴随资金运动，因此，管理控制中较常运用

的一种方法就是资金控制。资金控制是通过对一个组织中资金运动状况的监督和分析，来对组织中各个部门、人员的流动和工作实施控制的方法，主要致力于资金的合理运用和增值。常见的资金(财务)控制方法包括预算控制、财务审计、财务报表分析等。

预算是一种以货币和数量表示的计划，是关于为完成组织目标和计划所需资金的来源和用途的一项书面说明。预算能够监督各个职能部门和人员按照事先设定的目标执行，并在执行的过程中，通过一些信息反馈，及时获知预算在执行过程中出现的问题，并进行相应的调整，避免资源浪费，从而控制各项活动的开展，并可作为工作效果检验标准。预算(或利润计划)可以说是控制范围最广的技术，因为它关系整个组织机构而不仅仅是其中的几个部门。一项预算就是一种定量计划，用来帮助协调和控制给定时期内资源的获得、配置和使用。编制预算可以看成将构成组织机构的各种利益整合成一个所有各方都同意的计划，并在试图达到目标的过程中，说明计划是可行的。贯穿正式组织机构的预算计划与控制工作把组织看成一系列责任中心，并努力把测定绩效的一种系数与测定该绩效影响效果的其他系数区别开来。

财务审计是指通过对财务成本计划和财务收支计划的审查，以及对会计报表的复核，及时发现会计中存在的问题，以便及时采取纠正措施。审记分为外部审计和内部审计。外部审计是由组织雇佣的外部专家对组织会计、财务和营运系统的独立评估，重点在于确定组织的会计程序和财务报表编制是否以客观和可核实的方式合法进行；内部审计由组织内部的员工进行，审计目的和外部审计相同。

财务报表是用于反映组织期末财务状况和计划期内的经营成果的数字表。几乎所有组织都会使用的财务报表有资产负债表、现金流量表和损益表。财务报表分析就是以财务报表为依据来分析并判断组织的经济状况，从中发现问题。其中，较为常见的财务报表分析就是财务比率分析。

(二) 时间控制

时间是一种重要的资源，从某种意义上来说，时间是比人、财、物等更加重要的资源。任何组织的活动都是在一定的时间内进行的。对时间进行控制的目的是促使组织对其实现目标过程中的各项工作做出合理的安排，以求按时实现组织目标。因此，时间控制也是管理控制的一个重要方法。时间控制就是用技巧、技术和工具帮助人们完成工作，实现目标。时间控制并不是要把所有事情做完，而是更有效地运用时间。时间控制的目的除了决定你该做些什么事情，还要决定什么事情不应该做。时间控制不是完全地掌控，而是降低变动性。时间控制最重要的功能是通过事先规划，对组织活动进行提醒与指引。

时间控制的关键是确定各项活动的进行是否符合预定进度表中的时间安排。在时间控制中，甘特图和网络图是较为常用的工具。它们都有助于物资、设备、人力等在指定的时间到达预定的地点并紧密地配合，以完成任务。

时间控制的技巧包括利用便条与备忘录，调配时间与精力；利用行事历与日程表；依据轻重缓急设定短、中、长期目标；注重维持产出与产能的平衡。

(三) 数量和质量控制

管理人员只有做到心中有"数"，才能综观全局。大多数组织的投入和产出都可用各种数量和质量指标来衡量。因此，加强对数量和质量的控制对于控制组织活动十分重要。

控制数量和质量，关键是要事先确定数量和质量的控制标准。数量控制标准可通过动作分析、时间研究、经验、企业资料等来确定，质量控制标准则要从工作需要和顾客价值出发来确定。

数量和质量是一个问题的两个方面，在对数量的控制中，明确时间、数量很重要，但其前提是要保证一定的质量水平，质量不合格的产品不能计入产品产量。通常而言，数量和质量相比较，质量更为重要。

质量控制方法是通过研究、分析产品质量数据的分布，揭示产生质量差异的规律，找出影响质量的原因，采取技术措施，消除或控制产生次品或不合格品的因素，使每一个产品生产环节都能正常、理想地进行，最终使产品具备应有的自然属性和特性，即产品的适用性、可靠性及经济性。常见的质量控制方法有分层图表法、排列图法、因果分析图法、散布图法、直方图法、控制图法、关系图法、KJ图法、系统图法、矩阵图法、矩阵数据分析法、PDPC法、网络图法。在控制产品质量的过程中，这些方法相互交错，应灵活运用。

常用的数量和质量控制方法是统计分析法，即通过统计分析以前发生的情况的相关数据，制定相应的控制措施。

(四) 安全控制

安全控制包括人身安全、财产安全、资料安全等方面的内容，这些内容直接关系组织人心的稳定、财产的保障、组织的运营，因此安全控制也是经营控制中的一个重要方面。

人身安全控制的核心是控制各种工伤事故和职业病的发生。在我们的社会财富中，人是最宝贵的，作为管理者有责任保证组织成员的人身安全。为此，要努力营造安全的工作环境；实施定期体检制度；设置安全控制保护系统，以便及时采取措施消除可能产生的各种隐患；要加强对全体人员的安全教育，使之遵守安全操作流程；对于已发生的事故，要做好事故调查和记录，深入分析原因，防止重犯。

组织中的各种财产是组织各项工作得以开展的物质保证，因此，对于组织中的各种物资要妥善保管。要建立适当的保管制度，根据不同物资的特性确定不同的保存要求，防止丢失、火灾事故的发生；要建立警卫制度，对保存重要物资的部门设置安全门、警报灯等系统及其他警备设施；要建立检查制度，定期或不定期地清点各类物资，做到账物相符，并检查各种设备是否保持正常状态，以便在需要时能及时投入使用。

各种文件、资料、档案、数据库都是对历史、商业情报和组织知识的记录，对于组织工作和各类问题的处理极为有用。有些资料在不同的时期对不同的人具有一定的机密性，或因为时机不成熟不宜公开，或因可能产生副作用而需加以保密，或因竞争需要而需实施封锁。因此，对于各种文件档案资料，均应根据制度规定妥善地加以保管。有些资料对于知情的人来讲似乎微不足道，而对想了解的人来讲可能举足轻重，若因思想麻痹、言行随意而泄露机密，可能会造成许多意想不到的损失，因此，组织中的各级人员都要注意资料

的安全控制。

(五) 人员控制

控制从根本上来说是对人的控制，因为任何组织活动的开展都有赖于员工的努力，其他几方面的控制也都要靠人来实行和推行。怎样选择员工和怎样使员工的行为更有效地趋向组织目标，涉及对员工行为的控制问题。人的行为是由人的价值观、品格、能力、社会背景等多种因素综合作用的结果，而这些因素本身又很难用精确的方法加以描述，这就使得对员工行为的控制成了控制中最复杂和困难的部分。

在员工行为控制中，经常用到的控制方法是理念引导、规章约束和工作表现鉴定。文化理念表明了组织对组织运作过程中所涉及的各个方面的主张和组织的共同价值观，通过明晰和强化企业文化理念，有助于引导员工的思想趋向组织所需要的方向。规章制度规定了在一个组织中员工必须遵守的行为准则。无论是上班迟到还是工作不尽力，都会给组织目标的实现造成阻碍，正因如此，绝大多数组织都有一整套的规章制度，表明组织可以接受的行为限度和组织倡导与鼓励的行为，并认真考核员工遵守规章制度的情况，以规范员工的行为。

对员工的工作表现制定评价标准并定期鉴定，根据鉴定结果进行奖惩，是较为重要的组织控制手段之一。常用的绩效评价方法有鉴定式评价法和指标考核法。

鉴定式评价法是较为简单、常用的人员绩效评价方法，其具体做法：由评价人写出一份针对被评价者长处和短处的鉴定，管理者根据这种鉴定给予被鉴定者一个初步的估计。采用这种方法的基本条件是有人确切地知道被评价者的优缺点，对其有很好的了解，并能客观地撰写鉴定。

在评价中，要克服偏见和主观臆断，就必须建立比较客观的评价标准。指标考核法就是通过事先建立一系列评价指标，由管理者列出每个指标的评价标准，然后由评价者在评价标准中选择最适合被评价者的条目并打上标记，由管理者据此加权评分，最后根据得分的高低评定员工的表现。对于这种评价方法，如果评价标准客观，评价结果相对比较准确客观。

(六) 信息控制

在现实中，任何组织活动一般表现为3种运动方式：物流，资金流和信息流。

物流是指组织中物质形态的输入(资源)变为物质形态的输出(成品)的过程。物流是反映组织活动的基本运动过程，由于物流纷繁复杂，采用直接控制的方式来加强管理有可能使管理者陷入日常事务中无法脱身(不过，物联网技术的发展将会改变这种状况)。

资金流是组织中物流的反映，通过资金流来控制物流，有助于摆脱物流具体形态的纠葛，从而提高管理效能。但资金流的控制并不能完全代替物流的控制，而能够综合反映物流和资金流的是信息流。

信息流可以表现为各种文件、指示、合同、制度、报告等。信息流一方面伴随物流和资金流的运动而产生，另一方面又对物流和资金流的方向、速度、目标起着规划和调节的作用，使之按一定的目的和规则运动。通过掌握和控制信息，可以掌握和控制物流与资金流的情况，分析和掌握物流和资金流的运动规律，从而实现对物流和资金流的控制。

常见的信息控制方法有管理信息系统、会议和报告制度、合同评审等。在经营全球化时代，距离的增加导致行为控制难度加大，而太多的外部控制则可能导致相反的结果。事实上，管理者并不能仅仅依靠外部控制来保持员工的工作协调有序。随着员工越来越多地得到管理者的授权，在复杂多变的环境中，基于责任感的控制方法得到了越来越多的重视。

基于责任感的控制方法是通过员工的责任感和自我控制来保持对事务的控制。它强调的是自我控制，前提假设是员工自己想要正确地工作。管理者通常通过使用激励方法、倡导正确的信仰和价值观、建立员工责任感来培养自我控制。受到高度激励的员工通常会更自觉地做好他们的工作；当员工树立了"每件事都要做到最好"的价值观时，他在工作中也一定会尽力往"做得最好"的方向努力；当员工确实感受到企业的使命就是自己的使命，或拥有一个协作的团队时，员工也会自觉地努力工作。

传统控制方法和基于责任感的控制方法的比较如表9-1所示。

表9-1 传统的控制方法与基于责任感的控制方法的比较

传统的控制方法	基于责任感的控制方法
依据详细的规章、程序和标准	依靠价值观、团队和成员的自我控制能力
用可衡量的标准定义最低工作要求	强调目标和结果，鼓励创新
运用正式的权力系统进行监督检查	柔性权力、扁平结构、专家权力、人人参与
强调外部的激励方式：薪资、福利、地位	外部激励和内部激励相结合
有限的、拘泥于形式的员工参与	员工广泛参与各项活动，从确定目标到纠偏

技能训练单元

实训一：麦当劳的管理控制系统

【实训目标】了解麦当劳的管理控制系统是如何在为消费者提供服务的过程中体现作用的。

【实训内容与要求】参加实训者必须按要求进行，以便达到较好的实训效果。

麦当劳(中国)有限公司已于2017年10月12日正式更名为"金拱门中国有限公司"，一夜之间，"麦当劳"变成"金拱门"，引发一场网络狂欢。一直以来，麦当劳公司以经营快餐闻名遐迩。1955年，克洛克在美国创办了第一家麦当劳餐厅，其菜单上的品种不多，但食品质量高、价格低廉、供应迅速、环境优美。连锁店迅速发展到每个州，至1983年，国内分店已超过6 000家。1967年，麦当劳在加拿大开办了首家国外分店，此后国外业务发展迅速。2013年，公司在全球119个国家的自营、授权合资和加盟店共有33 144家，其中81%是加盟店、15%是自营店。每天，全球的麦当劳餐厅都有约6 800万名顾客光顾。

麦当劳允诺：每个餐厅的菜单基本相同，而且"质量超群，服务优良，清洁卫生，货真价实"。它的产品、加工和烹制程序乃至厨房布置，都是标准化的，实施严格控制。它撤销了在法国的第一批特许经营权，因为这些分店尽管盈利可观，但未能达到快速服务和

清洁方面的标准。

麦当劳各分店都由当地人所有和经营管理。鉴于在快餐饮食业中维持产品质量和服务水平是其经营成功的关键，麦当劳公司在采取特许连锁店经营这种战略开辟分店和实现地域扩张的同时，特别注意对各连锁店的管理控制。如果管理控制不当，让顾客吃到不对味的汉堡或受到不友善的接待，其后果就不仅仅是这家分店将失去这批顾客及其周围人的问题，还会影响其他分店的生意，甚至损害整个公司的信誉。为此，麦当劳公司制定了一套全面、周密的控制办法。

麦当劳公司主要通过授予特许权的方式来开辟连锁分店，其考虑之一，就是使购买特许经营权的人在成为分店经理人员的同时也成为该分店的所有者，从而在直接分享利润的激励机制下把分店经营得更出色。特许经营使麦当劳公司在独特的激励机制中形成了对其扩展中的业务的强有力控制。麦当劳公司在出售其特许经营权时非常慎重，总是通过各方面调查了解后挑选那些具有卓越经营管理才能的人作为店主，而且事后如发现其能力不符合要求则会撤回这一授权。

麦当劳公司还通过详细的程序、规则和条例规定，使分布在世界各地的麦当劳分店经营者和员工都遵循一种标准化、规范化的作业流程。麦当劳公司对制作汉堡、炸土豆条、招待顾客和清理餐桌等工作都事先进行动作研究，确定开展各项工作的最好方式，然后编成书面规定，用以指导各分店管理人员和一般员工的行为。公司在芝加哥开办了专门的培训中心——汉堡包大学，要求所有的特许经营者在开业之前都接受为期一个月的强化培训。回去之后，他们还被要求对所有工作人员进行培训，确保公司的规章条例得到准确的理解和贯彻执行。

为了确保所有特许经营分店都能按统一的要求开展经营活动，麦当劳公司总部的管理人员还经常走访、巡视世界各地的经营店，直接监督与控制。例如，管理人员在一次巡视中发现某家分店自作主张，在店厅里摆放电视机和其他物品以吸引顾客，这种做法因与麦当劳的风格不一致，被责令纠正。除了直接控制，麦当劳公司还定期对各分店的经营业绩进行考评。为此，各分店要及时提供有关营业额和经营成本、利润等方面的信息，这样总部管理人员就能把握各分店的经营动态和出现的问题，以便商讨和采取改进的对策。

麦当劳公司的另一个控制手段是在所有分店中塑造公司独特的组织文化，即大家熟知的"质量超群，服务优良，清洁卫生，货真价实"口号所体现的文化价值观。麦当劳公司的共享价值观建设，不仅在世界各地的分店、在上上下下的员工中进行，还将公司的一个主要利益团体——顾客也纳入这支建设队伍中。麦当劳的顾客虽然要求自我服务，但公司特别重视满足顾客要求，如为他们的孩子开设游戏场所、提供快乐餐厅和组织生日聚会等，以营造家庭式氛围，这样既吸引了孩子，也增强了成年人对公司的忠诚感。

资料来源：芮明杰.管理学：现代的观点[M].3版.上海：格致出版社，上海人民出版社，2013.

【实训步骤】

第一步，实训准备。每个人认真阅读并分析案例，初步了解本次实训的目标要求。

第二步，以小组为单位进行案例分析，各小组成员充分发表个人观点。

第三步，对小组成员的各种观点进行记录，如表9-2所示。

表9-2 "麦当劳的管理控制系统"案例分析记录

专业班级		组 别	
记 录 人		时 间	
小组成员			
讨论记录	1. 麦当劳的管理控制系统是如何在为消费者提供服务的过程中发挥作用的？试推测麦当劳改名"金拱门"的原因。 2. 控制系统是如何促进了麦当劳公司全球扩张战略的实现？与行业市场份额更大的肯德基相比，麦当劳还需要从哪些方面做出努力？		成 绩
	组员1		
	组员2		
	组员3		
	组员4		
	组员5		

第四步，各小组选出一名代表发言，对小组讨论结果进行总结。

第五步，对小组成员的各种观点进行分析、归纳和要点提炼，填写案例分析发言提纲，如表9-3所示。

表9-3 "麦当劳的管理控制系统"案例分析发言提纲

姓 名		专业班级	
学 号		成 绩	
小组成员			

1. 麦当劳的管理控制系统是如何在为消费者提供服务的过程中发挥作用的？

2. 试推测麦当劳改名"金拱门"的原因。

3. 控制系统是如何促进了麦当劳公司全球扩张战略的实现？与行业市场份额更大的肯德基相比，麦当劳还需要从哪些方面做出努力？

【实训时间】大约需要20分钟。

【实训场地】多媒体教室。

【实训成绩评定】

按照是否掌握控制系统在企业中的应用方法、能否理解控制系统与其他职能部门的有效结合，将实训成绩分为优秀、良好、中等、及格、不及格5个等级，并对各组进行评价。

实训二：制度的力量

【实训目标】了解万雄集团的制度化管理思想是如何指导企业实践的。

【实训内容与要求】 参加实训者必须按要求进行，以便达到实训目标。

万雄集团股份有限公司是经国家工商总局批准成立，无行政区域、无行业的综合性商业组织，主要从事产业投资、钢铁贸易，并致力于国内中小型企业的整合和运营模式的创新，投资领域涉及金融业、农业、传媒、法律、旅游和快速消费品等行业。万雄集团在国家大力发展民营经济的宏观政策下，在辽宁省市政府的正确指导下，坚持"通过机制创新把企业做活，通过管理创新把企业做实，通过理念创新把企业做强，通过连锁加盟把企业做大"的发展思路，实现了跨越式发展。15年来，万雄集团专注于提升服务的专业品质，以超出想象的毅力与耐心，一如既往地"卖好每一根钢材"，并与中冶恒通冷轧技术有限公司签署战略合作协议，成为东北地区最具竞争实力的涂镀产品贸易公司。今天的万雄持续提升服务内涵与品质，为客户提供更多的资源选择、更好的"最适合"商品，赢得了越来越多的社会认可。自1995年公司创立起，万雄集团秉承以客户为中心的营销宗旨，采用"计划型，订单式""自来水库存"等具有战略意义的贸易模式，为客户提供"最适合"的商品，满足客户日益增长的多样化和个性化需求，不断提升客户满意度，在行业内率先通过ISO 9001：2000国际标准质量体系认证。万雄与众多世界知名企业和高等院校建立了战略合作关系，通过行业整合、模式创新建立"万雄钢铁贸易模式"。"万雄模式"是当时中国钢铁贸易唯一的标准模式，在行业中率先倡导品牌建设、连锁经营、标准化管理，为中小钢铁贸易企业搭建了与国际接轨的桥梁。这一桥梁不但把生产企业的资源引入中国一汽、北方重工、沈阳机床等高端用户，还帮助为数众多的中小企业解决了批量小、品种特殊等采购难题。万雄集团钢铁贸易国际连锁已在沈阳、哈尔滨、长春、大连及伦敦等地相继成立子公司，下一步还将继续在世界各地重点城市及客户密集的地区设立子公司，形成全球化的钢铁营销网格局，为行业未来发展提供了新思路。"万雄模式"的创立与实践，得到了中央、省、市各级领导的亲切关怀和大力支持，在学术界也引起了强大的反响。

万雄拥有一支把公司理念当成信仰的卓越团队，"专业的人，做专业的事"是万雄的用人理念。万雄不提倡发展家族企业，但提倡发展企业家族，公司为每名员工制定完备的职业规划，打造事业发展的平台，帮助员工在这个和谐的大家庭里实现"用思想创造财富"的目标。万雄肩负"为员工搭建发展平台，为客户提供有价值的服务，为股东创造利润，为社会创造财富，引领行业进步"的使命，本着"执着、感动、专业、共好"的企业精神，努力创建全球最具影响力的钢铁贸易品牌企业，不断开拓钢铁贸易新模式。

"与其说制度高于一切，不如说制度是一切的基础"，这是万雄集团秉承的"制度观"。万雄集团制度化管理思想具有国际化视野和本土化的特点，紧密结合国际先进企业的制度规范与中国企业的发展实情，实践也证明这样做可以很好地解决国外的理念在中国"水土不服"或"形似神不似"的问题。如果万雄的制度化管理思想深度不够，就不会产生诸多良好效果，势必导致制度本身可操作性差、制度执行不到位。对于万雄而言，制度化管理思想的核心基础作用集中表现为以下两点。

(1) 制度是一种保证。在万雄人看来，制度是一种保证，它代表团队共同的利益与需要。作为团队中的一员，遵守制度是对集体的一种诚信，而不遵守制度就是在破坏诚信，也是对自我和企业发展的一种否定。事实上，企业制度化管理规章本身就是一种规范员工

开展生产经营活动的行为准则，其表现形式或组成包括企业组织结构设计、职能部门划分及职能分工、岗位工作说明、专业管理制度、工作或流程、管理表单等管理制度类文件。企业因为生存和发展需要制定的这些系统性、专业性统一的规定和准则，就是要让员工在职务行动中按照企业经营、生产、管理相关的规范与规则来统一行动。如果没有统一的、规范性的制度化管理章程作保证，企业就不可能实现自身的发展战略。当制度成为人们的习惯，人人都能遵守制度，制度就会释放一种"无形胜有形"的强大助推力，促进企业发展。

(2) 制度是一种标准。万雄的制度是一种标准，这种标准凝聚大众的智慧、经验，是绝大多数企业成员认可的、优秀的工作方法。率先在钢铁贸易行业通过ISO国际质量认证和无形资产评估就是万雄重视标准建设的证明。一个具体的、专业的制度化管理章程一般是由一些与此专业或职能方面的规范性的标准、流程或程序，以及规则性的控制、检查、奖惩等因素组合而成的，在很多场合或环境里，制度=标准+程序。从具体的企业管理制度的内涵及其表现形式来讲，企业管理制度主要由编制企业管理制度的目的、编制依据、使用范围、管理制度的实施程序、管理制度的编制形成过程、管理制度与其他制度之间的关系等因素组成。在共同的价值取向与标准面前，制度往往会起到促进、帮助的积极作用，而不会使人处处畏首畏尾、时时提心吊胆。

制度化管理是万雄实现规范化管理的手段，制度化管理能够不折不扣地执行是万雄实现经营效益的根本保障。坚持执行企业管理制度是一项极具难度的工作，在执行过程中，会遇到习惯势力、旧传统的影响甚至阻挠。万雄在执行企业制度化管理时，始终能够及时转变旧观念、补充新内容，因而一直在行业中独领风骚。

资料来源：刘福龙. 钢铁贸易企业制度汇编[M]. 沈阳：辽宁大学出版社，2011.

【实训步骤】

第一步，实训准备。每个人认真阅读并分析案例，初步了解本次实训的目标要求。

第二步，以小组为单位进行案例分析，各小组成员充分发表个人观点。

第三步，对小组成员的各种观点进行记录，如表9-4所示。

表9-4 "制度的力量"案例分析记录

专业班级		组　　别	
记　录　人		时　　间	
小组成员			
讨论记录	1. 万雄集团的制度化管理思想是如何指导其企业经营管理实践的？ 2. 制度化管理是如何在万雄集团内部落实的？与行业竞争对手相比，万雄的优势是什么？		成　　绩
	组员1		
	组员2		
	组员3		
	组员4		
	组员5		

第四步，各小组选出一名代表发言，对小组讨论结果进行总结。

第五步，对小组成员的各种观点进行分析、归纳和要点提炼，填写案例分析发言提纲，如表9-5所示。

表9-5 "制度的力量"案例分析发言提纲

姓　　名		专业班级	
学　　号		成　　绩	
小组成员			

1. 万雄集团的制度化管理思想是如何指导其企业经营管理实践的？

2. 制度化管理是如何在万雄集团内部落实的？与行业竞争对手相比，万雄的优势是什么？

【实训时间】大约需要20分钟。

【实训场地】多媒体教室。

【实训成绩评定】

按照是否掌握控制的类型及特点、能否理解控制职能在企业中的重要作用，将实训成绩分为优秀、良好、中等、及格、不及格5个等级，并对各组进行评价。

本章主要参考文献

[1] 孙晓红，闫涛，冷泳林.管理学[M].大连：东北财经大学出版社，2016：284-290.

[2] 黄涌波，王岩，等.管理学基础——理论、案例、实训[M].大连：东北财经大学出版社，2016：118-130.

[3] 周丹.管理学实训教程[M].北京：电子工业出版社，2012：165-188.

[4] 曾宪达，毛园芳.新编管理学基础实训教程[M].杭州：浙江大学出版社，2012：202-232.

[5] 王方华，吕巍.战略管理[M].北京：机械工业出版社，2011：288-291.

第十章 技术与管理创新

学习目标 💡

➢ 理解创新的内涵、原理和实施步骤；

➢ 了解技术创新的核心、特征和模式；

➢ 掌握管理创新的内涵、方法和应用技法。

管理故事 三个和尚

三个和尚的故事大家都很熟悉。一个和尚挑水喝，两个和尚抬水喝，三个和尚没水喝，老方丈为此十分懊恼，三个和尚意见也很大。

一天，老方丈把一个徒弟叫来说："我们立下了新庙规，你们三个都去挑水，谁挑得多，晚上吃饭加一道菜；谁挑得少，吃白饭，无菜。"三个和尚闻言便拼命挑水，一会儿缸就满了。

过了一段时间，三个和尚凑在一起商量，庙离河这么远，一天下来不停地挑水太累，咱们得想个办法。他们商定用接力的方法，每人挑一段，第一个人从河边挑到半路，停下来休息，第二个继续挑，再传给第三个，挑到缸边倒进去，挑着空桶回来再接着挑水。这样安排，尽管从早到晚不停地挑，但大家都不算太累，缸很快就满了。这种工作方式效果不错。

又过了一段时间，三个和尚凑在一起商量，接力挑水还是很累，于是他们又想出了新办法。山上有竹子，竹子中心是空的，可把竹子砍下来连在一起。然后买一个辘轳，第一个和尚摇辘轳，使水从竹管中流过来；第二个和尚专管倒水；第三个和尚在地上休息。三个人轮流换班，一会儿缸就灌满了。这个办法，又快又省力。

资料来源：王子水.寓言新编中的经济学——提高企业经济效益趣味案例三则[J].中学政治教学参考，2004(22).节选，有改动

思考：三个和尚要喝水，由过去的没水喝到现在的喝不完，靠的是什么？

基础理论单元

第一节 创新原理与过程

一、创新的内涵及原理

(一) 创新的内涵

对创新的系统论述出自经济学家约瑟夫·熊彼特于1912年出版的《经济发展理论》一书。在该书中，他确定了创新的含义，并论证了创新在经济发展过程中的重要作用。

熊彼特认为，创新就是"新的组合"，它包括下列5种情况。

(1) 采用一种新产品——消费者还不熟悉的产品，或突出一种产品的一种新特性。

(2) 采用一种新生产方法，也就是在有关制造部门中尚未通过鉴定的方法，这种新方法绝不需要建立在新的科学发现的基础之上。

(3) 开辟一个新市场，也就是有关制造部门以前不曾进入的市场，不管这个市场以前是否存在。

(4) 掠取或控制原材料或半成品的一个新供应来源，不管这个来源是已经存在的，还是第一次创造出来的。

(5) 建立一种新工业组织，比如形成垄断地位(如"托拉斯化")或打破垄断地位。

熊彼特用列举具体创新领域的方法对创新进行了描述，所涉及的创新领域包括产品创新、技术创新、市场创新、环境创新和组织创新等方面。

自从熊彼特提出"创新"概念以来，人们把创新的定义归纳为：创新是对原有事物的改变或新事物的引入，是创造新的理念并将其付诸实践的过程。创新具有创造性、高风险性、高效益性、时效性、动态性、综合性等特点。

(二) 创新的原理

1. 综合原理

综合是在分析各个构成要素基本性质的基础上，综合其可取的部分，使综合后所形成的整体具有优化的特点和创新的特征。

2. 组合原理

这是将两种或两种以上的学说、技术、产品的一部分或全部进行适当叠加和组合，用以形成新学说、新技术、新产品的创新原理。组合既可以是自然组合，也可以是人工组合。在自然界和人类社会中，组合现象与产品是非常普遍的，如电动自行车、轮滑鞋。

3. 分离原理

分离原理是对某一创新对象进行科学的分解和离散，使主要问题从复杂现象中暴露出来，从而理清创造者的思路，便于抓住主要矛盾。在创新过程中，分离原理提倡将事物打破并分解，鼓励人们在创新过程中，冲破事物原有面貌的限制，将研究对象予以分离，创造出全新的概念和全新的产品，如隐形眼镜是眼镜架和镜片分离后的新产品。

4. 还原原理

还原原理要求我们善于透过现象看本质，在创新过程中，能回到设计对象的起点，抓住问题的原点，将最主要的功能抽取出来并集中精力研究其实现的手段和方法，以取得创新的最佳成果。创新的原点是唯一的，寻根溯源找到创新原点，再从创新原点出发去寻找各种解决问题的途径，用新思想、新技术、新方法重新创造该事物，在原点处解决问题，这是还原原理的精髓所在。

5. 移植原理

移植原理的实质是借用已有的创新成果进行创新目标的再创造。

创新活动中的移植依重点不同，可以是沿着不同物质层次的"纵向移植"，也可以是在同一物质层次内不同形态间的"横向移植"，还可以是把多种物质层次的概念、原理和方法综合引入同一个创新领域中的"综合移植"。

6. 换元原理

换元原理是指创造者在创新过程中采用替换或代换的思想或手法，使创新活动内容不断展开、研究不断深入的原理。通常指在发明创新过程中，设计者可以有目的、有意图地寻找替代物，如果能找到性能更好、价格更省的替代品，这本身就是一种创新。

7. 迂回原理

迂回原理实用性强。在很多情况下，在创新过程中，会遇到许多暂时无法解决的问题。迂回原理鼓励人们开动脑筋、另辟蹊径，如遇难点，不妨暂时摆脱僵持状态，转而开始下一步行动或另外的行动，带着创新活动中的这个未知数，继续探索创新问题，不要钻牛角尖、走死胡同。因为有时候，解决了侧面问题或外围问题以及后继问题后，可能会使原来的未知问题迎刃而解。

8. 逆反原理

逆反原理首先要求人们敢于并善于打破常规思维模式的束缚，对已有的理论方法、科学技术、产品实物持怀疑态度，从相反的思维方向去分析、思索、探求新事物。实际上，任何事物都有正反两个方面，这两个方面相互依存于一个共同体中。人们在认识事物的过程中，习惯于从显而易见的正面去考虑问题，因而阻塞了自己的思路。如果能有意识、有目的地与传统思维方法"背道而驰"，往往能得到更好的创新成果。

9. 强化原理

强化就是对创新对象进行精炼、压缩或聚焦，以获得创新成果。强化原理是指在创新活动中，对创新对象采取各种强化手段，从而提高质量、改善性能、延长寿命、增加用途，或缩小体积、减轻重量、强化功能。

10. 群体原理

在科学不断发展的环境中，要想有所建树，获得创新成果，越来越需要发挥群体智慧。早期的创新多是依靠个人的智慧和知识完成的，但随着科学技术的进步，要想"单枪匹马、独闯天下"，去完成像人造卫星、宇宙飞船、空间试验室和海底实验室等大型高科技项目的开发设计工作，是不可能的。这就需要创造者摆脱专业知识范围的束缚，依靠群体智慧的力量、科学技术的交叉渗透，将创新活动从个体劳动的圈子中解放出来，焕发更强的活力。

在创新活动中，创新原理是运用创造性思维分析问题和解决问题的出发点，也是人们使用何种创造方法、采用何种创造手段的凭据。因此，掌握创新原理，是人们取得创新成果的先决条件。但创新原理不是治百病的"万应灵丹"，不能指望在浅涉创新原理之后，就能对创新方法了如指掌并使用自如，就能解决创新过程中的任何问题。只有在深入学习并深刻理解创造原理的基础上，人们才有可能有效地掌握创新方法，也才有可能成功地开展创新活动。

■ 二、创新的过程

创新的"四阶段理论"影响较大、传播较广，是一种具有较强实用性的过程理论，由英国心理学家沃勒斯提出。该理论认为，创新的发展分为4个阶段，即准备期、酝酿期、明朗期和验证期。

(一) 准备期

准备期是准备和提出问题阶段。一切创新都是从发现问题、提出问题开始的，问题的本质是现有状况与理想状况的差距。在准备期，应使问题概念化、形象化和具有可行性，具体包括以下3个步骤。

(1) 对知识和经验进行积累和整理。

(2) 搜集必要的事实和资料。

(3) 了解自己所提问题的社会价值、能满足何种社会需要及发展前景如何。

(二) 酝酿期

酝酿期也称沉思期和多方思维发散阶段。在酝酿期，要对收集的资料、信息进行加工处理，探索解决问题的关键，因此需要耗费很长时间，花费巨大精力，是大脑高强度活动时期。在这一时期，要从各个方面，如前文提到的纵横、正反等角度发散思维，让各种设想在头脑中反复组合、交叉、撞击、渗透，按照新方式进行加工。加工时应主动使用创新方法，不断选择，力求形成新的创意。著名科学家彭加勒认为："任何科学的创造都发端于选择。"这里的选择，就是充分思索，让各方面的问题都充分地暴露出来，从而把思维过程中那些不必要的部分舍弃。在创新思维的酝酿期，特别强调有意识的选择，富有创造性的人会关注选择。所以，彭加勒还说："所谓发明，实际上就是鉴别，简单说来，也就

是选择。"

为使酝酿过程更加深刻和广泛，还应注意把思考范围从熟悉的领域扩大到表面上看起来没有联系的其他专业领域，特别是常被自己忽视的领域。这样，既有利于冲破传统思维方式和"权威"的束缚，打破成见，独辟蹊径，又有利于获得多方面信息，利用多学科知识"交叉"优势，在一个更高层次上把握创新活动的全局，寻找创新的突破口。有时，也可把思考的问题暂时搁置一下，有意识地切断习惯性思维，以便产生新思维。同时，灵感思维的诱发规律告诉我们，大脑长时间兴奋后有意松弛，有利于灵感的闪现。

酝酿期的思维强度大，困难重重，常常百思不得其解，屡试难以成功。此时，具有意志力、进取心就显得格外重要，这是酝酿期取得进展直至获得突破的心理保证。

创造性思维的酝酿期通常是漫长的、艰巨的，也很有可能归于失败。但坚持下去，配合正确的方法，就会充满希望。

(三) 明朗期

明朗期即顿悟期或突破期，即找到了解决办法。明朗期很短促、很突然，呈猛烈爆发状态，久盼的创造性突破在瞬间实现。人们通常所说的"脱颖而出""豁然开朗""众里寻他千百度，蓦然回首，那人却在，灯火阑珊处"等描述的都是这种状态。如果用"踏破铁鞋无觅处"来描述酝酿期，那么"得来全不费工夫"则是对明朗期的形象刻画。在明朗期，灵感思维往往起决定作用。

这一阶段的心理状态是高度兴奋甚至感到惊愕，就像阿基米德那样，因在入浴时获得灵感而裸身狂奔，欣喜呼喊："我发现了！我发现了！"虽不多见，但完全可以理解。

(四) 验证期

验证期是评价阶段，是完善和充分论证阶段。在明朗期，突然获得突破，飞跃出现在瞬间，结果难免稚嫩、粗糙，甚至存在若干缺陷。验证期是把明朗期获得的结果加以整理、完善和论证，并且进一步充实。对于创新思维所取得的突破，假如不经过这个阶段，就不可能真正取得创新成果。论证包括两方面：一是理论上验证，二是放到实践中检验。

验证期的心理状态较平静，但需耐心、周密、慎重，应避免急于求成和急功近利，这是很关键的一点。

第二节　技术创新的内涵与模式

■ 一、技术创新的内涵

技术创新，是指企业应用新知识、新技术、新工艺，采用新生产方式和经营管理模式，提高产品质量，开发生产新产品，提供新服务，占据市场并实现市场价值的过程。企

业是技术创新的主体，要想在激烈的竞争中胜出，就必须不断进行技术创新，以顺应甚至引导行业的技术进步。

二、技术创新的模式

技术创新是始于研究开发、终于市场实现的动态过程，人们据此可以对技术创新进行各种各样的界定和分类。既可以按宏观与微观分类，又可以按主体与客体分类，还可以按技术开发型和市场开发型分类。根据创新过程中技术变化强度的大小，可将技术创新分为渐进性创新和根本性创新；根据创新对象的不同，又可将技术创新分为产品创新和过程创新(又称工艺创新)。

技术创新的过程涉及许多因素，这些因素组合与配置方式及结构上的差异，就构成了技术创新的不同模式，常见的有以下几种。

(一) 根据技术创新动力源分类

1. 技术推动模式

技术推动模式是指由技术发展的推动作用而产生的技术创新。技术推力表现为科学和技术的重大突破，使科学技术明显地走到生产的前面，从而创造出全新的市场需求，或激发市场的潜在需求。在经济发展过程中，许多重大的技术创新成果，如尼龙、人造纤维、核电站、半导体等都属于这一模式。在实践中，从科学技术突破到创新，并非一件简单的事情。有时，从一项科学技术突破到大规模生产，需要10年左右的时间，短的也需要2~3年。原因是科学技术突破常常是实验室里的产物，从实验室样品到大规模生产，需要解决工艺、试验、生产制造、消费者接受这一过程中的一系列问题。因此，科技成果转化需要大量的资金投入并且风险很高。技术推动模式的创新过程如图10-1所示。

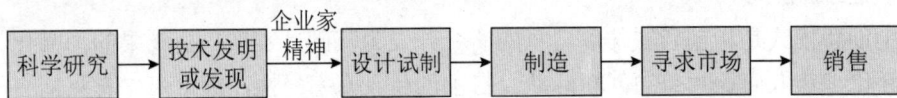

图10-1 技术推动模式的创新过程

2. 市场需求拉动模式

在市场需求拉动模式中，技术创新始于市场需求。具体表现为由于存在市场需求，对产品和技术提出了明确需求，从而导致科学技术的发展，进而制造出适销的产品，最终满足市场需求。随着社会、经济与科技的发展与进一步融合，近代的众多技术创新都属于这种模式，如通信产业、化工产业、汽车产业、工业用仪表、测试仪器以及大多数改进产品的创新等。美国学者施穆克勒通过研究19世纪上半叶到20世纪50年代美国铁路、炼油、农业和造纸工业等的投资、存量、就业和发明活动，发现投资时间序列和专利时间序列表现出高度的同向特性，投资序列往往趋向领先于专利序列，相反的可能性则较小。因此，他认为，通过外部事件、外部需求来解释技术创新比用发明本身来解释更好。这种技术创新模式始于市场需求，通过创新过程复归市场来满足需求。市场需求拉动模式的创新过程如

图10-2所示。

```
市场需求 → 研究开发 → 设想 → 市场需求 →(企业家精神) 制造 → 市场
```

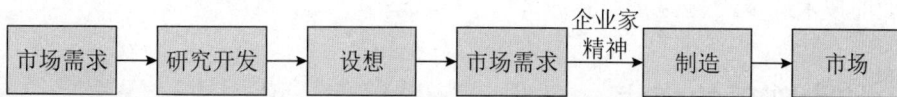

图10-2　市场需求拉动模式的创新过程

3. 双重作用模式

双重作用模式是指在技术创新时，创新者在拥有或部分拥有技术发明或发现的条件下，受到市场需求的诱发，并由此开展技术创新活动的一种模式。事实上，由于技术与经济的相互渗透，以及技术创新过程越来越复杂，涉及的因素越来越多，很难断定技术推动和市场需求拉动哪个才是技术创新的决定性因素。例如，电子计算机成功进入家庭消费领域，使电子计算机制造业取得了极大的商业成功。在这个例子中，就很难说是消费需求推动了创新，还是由于微电子技术的发展使成本不断降低，从而激发了消费需求。其实这两种作用都是客观存在的，也很难明确区分其强弱，这样的例子还有很多。双重作用模式强调综合考虑技术与需求，认为技术创新是在科学技术研究可能得到的成果和市场对此成果需求平衡的基础上产生的，即技术机会和市场机会合成的结果，促进了技术创新。双重作用模式的创新过程如图10-3所示。

```
技术发明或发现 →(提供手段)
                                双重作用力合成 →(企业家精神) 制造 → 市场
市场需求 →(提供需求)
```

图10-3　双重作用模式的创新过程

(二) 根据技术创新方法分类

1. 自主创新模式

自主创新模式是指创新主体以自身的研究开发为基础，实现科技成果的商品化、产业化和国际化，获取商业利益的创新活动。自主创新具有率先性，通常率先者只能有一家，其他只能是跟随者。自主创新有时也用来表示一国的创新特征，与技术引进相对，仅指依靠本国自身力量独立开发新技术和实现创新过程的活动。自主创新所需的核心技术源于企业内部的技术积累和突破，如美国英特尔公司的计算机微处理器、我国北大方正的中文电子出版系统就是典型的例子，这是该模式区别于其他创新模式的本质特点。另外，技术创新后续过程也都是通过企业自身知识与能力支持实现的。

自主创新作为率先创新，具有一系列优点：一是有利于创新主体在一定时期内掌握和控制某项产品或工艺的核心技术，在一定程度上左右行业的发展，从而赢得竞争优势；二是一些技术领域的自主创新往往能引致一系列的技术创新，带动一批新产品的诞生，推动新兴产业的发展；三是有利于创新企业更早积累生产技术和管理经验，获得产品成本和质量控制方面的经验；四是自主创新产品初期都处于完全垄断地位，有利于企业较早建立原料供应网络和牢固的销售渠道，获得超额利润。自主创新模式也有自身的缺点：一是需要

巨额投入，不仅要投巨资于研究与开发，还必须拥有实力雄厚的研发队伍，具备一流的研发水平，如微软公司一年的研发投入就相当于我国一年的科技经费；二是高风险性，自主研究开发的成功率相当低，在美国基础性研究的成功率仅为5%，在应用研究中有50%能获得技术上的成功，有30%能获得商业上的成功，只有12%能给企业带来利润；三是时间长，不确定性高；四是市场开发难度大、资金投入多、时滞性强，市场开发投入收益较易被跟随者无偿占有；五是在一些法律不健全、知识产权保护不力的地方，自主创新成果有可能面临被侵犯的危险，"搭便车"现象难以避免。因此，自主创新模式主要适用于少数实力超群的大型跨国公司。

2. 模仿创新模式

模仿创新模式是指创新主体通过学习率先创新者的方法，引进、购买或破译率先创新者的核心技术和技术秘密，并以其为基础进行改进的做法。模仿创新是各国企业普遍采用的创新行为，日本是模仿创新最成功的典范，日本松下公司、三洋电机等都依靠模仿创新取得了巨大成功。纵观世界各国，当今市场领袖大多不是原来的率先创新者，更多是模仿创新者。模仿创新并非简单抄袭，而是站在他人的肩膀上，投入一定的研发资源，进行进一步的完善和开发，特别是工艺和市场化研究开发。因此，模仿创新往往具有低投入、低风险、市场适应性强的特点，其在产品成本和性能上也具有更强的市场竞争力，成功率更高，耗时更短。模仿创新模式的主要缺点是存在被动性，在技术开发方面缺乏超前性，当新的自主创新高潮到来时，就会处于非常不利的境地，如日本企业在信息技术革命中就处于从属地位。另外，模仿创新往往还会受到率先创新者的技术壁垒、市场壁垒的制约，有时还面临法律、制度方面的障碍，如专利保护制度就被率先创新者利用作为阻碍模仿创新的手段。

3. 合作创新模式

合作创新模式是指企业间或企业与科研机构、高等院校之间联合开展创新的做法。合作创新一般集中在新兴技术和高技术领域，以合作进行研究开发为主。由于全球技术创新的加快和技术竞争的日趋激烈，企业技术问题的复杂性、综合性和系统性日益突出，依靠单个企业的力量越来越困难。因此，利用外部力量和创新资源，实现优势互补、成果共享，已成为技术创新的发展趋势。合作创新有利于优化创新资源组合，缩短创新周期，分摊创新成本，分散创新风险。合作创新模式的局限性在于企业不能独占创新成果，难以获取绝对垄断优势。

以上3种创新模式各有优缺点，采用这些模式也需要满足不同的条件和要求。自主创新要求创新主体有强大的经济实力、雄厚的研发力量和大量的成果积累，在技术上具有领先优势，起点和要求是最高的；相对来说，模仿创新和合作创新的起点和要求就低得多。因此，自主创新模式更多为少数发达国家和大型跨国公司所采用；模仿创新则是后进国家实现快速创新、缩小与发达国家差距的一种有效途径，是发展中国家较为现实的选择。日本、韩国就是靠模仿创新发展起来的，经济发展较为成功的其他新兴工业化国家、地区也大多是这样发展起来的。

当然，上述3种模式也不是完全排斥的，可以相互结合。首先，具有不同实力和研发

水平的企业可以根据自身情况选择适宜的创新模式，少数有实力的大企业可以在某些有优势的领域选择自主创新，而大多数中小企业则适宜选择模仿创新和合作创新模式。其次，从时间上看，模仿创新往往是自主创新必经的过渡阶段，一家新建企业只有通过模仿创新才能逐步积累自己的技术成果、资金实力、管理经验和人才队伍，为进行自主创新提供条件。在一批这样有实力的大企业崛起之前，发展中国家过早地提出以自主创新为主是不现实的，也是难以做到的。最后，大型跨国公司在其不同发展阶段、对其不同产品、在不同技术领域，也可以同时分别采取3种不同的模式，以扬长避短，改善创新效果。

我国在选择技术创新模式时，既要尊重技术创新的一般规律，又要考虑我国的国情。在我国，集中一定人力、物力、财力，有选择地加强自主技术创新，不仅是占领国际竞争制高点、发展高新技术产业的需要，也对我国政治军事安全有着特殊的意义。作为一个人口大国，我们不应完全依赖技术引进和模仿跟随，还应有选择地在一些战略领域有所突破。我国巨大的市场潜力、一定的科技基础、日益壮大的科技人才队伍、大量高素质的劳动力以及作为世界制造业基地的种种优势和条件，都使我国开展必要的自主创新成为可能。因此，我国可本着"有所为、有所不为"的原则，在局部企业和重点技术领域鼓励开展自主创新。同时，我们必须面对现实，利用一切有利机遇和条件，特别是技术创新全球化的有利机遇，提高与跨国公司的合作水平，加强对外科技交流与合作，大力推动模仿创新和合作创新，提高我国的创新水平。我们尤其要完善专利制度、产权制度，加强知识产权保护，为自主创新和吸收跨国公司来华从事研发活动创造良好的法律制度环境。

第三节　管理创新思维与技法

■ 一、管理创新及其特点

(一) 管理创新的含义

从国内现有的文献来看，对于管理创新主要有以下几种观点。

常修泽等人认为，"管理创新是指一种更有效而尚未被企业采用的新的管理方式或方法的引入"，进一步而言，"管理创新的主要目标是试图设计一套规则和服从程序以降低交易费用"。

芮明杰认为，"管理创新是创造一种新的更有效的资源整合范式，这种范式既可以是新的有效整合以达到企业目标和责任的全过程式管理，也可以是新的具体资源整合及目标制定等方面的细节管理"。根据这一概念，管理创新包括5种情况："提出一种新经营思路并加以有效实施""创设一个新的组织机构并使之有效运转""提出一种全新的管理方式方法""设计一种新的管理模式""进行一项制度的创新"。其中，新经营思路和新管理模式要求对所有企业而言都是新的，而且这些创新必须都是可行的，并有助于资源的有效整合。

创新是管理的一项基本职能。周三多认为，"创新首先是一种思想以及在这种思想指导下的实践，是一种原则以及在这种原则指导下的具体活动，是管理的一种基本职能。创新工作作为管理的职能表现在它本身就是管理工作的一个环节，它对于任何组织来说都是一种重要的活动。创新工作也和其他管理职能一样，有其内在逻辑性，建构在其逻辑性基础上的工作原则，可以使创新活动有计划、有步骤地进行"。进一步来讲，周三多认为，"传统的管理职能属于管理'维持职能'，有效的管理在于适度维持与适度创新的组合"。

(二) 管理创新的特点

如果从字面上直观地来理解，管理是指综合运用人力资源和其他资源以有效实现目标的过程，那么管理创新就应该是指为了更有效地运用资源以实现目标而进行的创新活动或过程。一方面，管理创新着眼于更加有效地运用资源以实现目标，不仅注重新颖，也注重预期效益的实现，从而把管理创新与其他创新区别开来；另一方面，管理创新是一个过程，从一种新思想的提出一直到付诸实施并取得预期效益的过程，这一过程可以是非连续性的，但有规律可循。综上，管理创新具有以下几个特点。

1. 管理创新与其他管理职能不同，它着眼于资源的更有效运用

管理创新是一个将资源从低效率使用转向高效率使用的过程，它与传统的管理职能不同。传统的管理职能都是保证资源的有效运用和目标的有效实现所必不可少的，一般都有其固定的内容、工作程序和特有的表现形式，一旦展开，具有相对稳定性。创新则不同，尽管也有一定的规律，但它本身并没有某种特有的表现形式，它贯穿组织的各项管理活动之中，通过组织中的各项管理活动来体现自身的存在与价值。管理过程一般从计划开始，通过组织、领导，到控制结束，各职能之间交叉渗透、循环往复，把工作不断向前推进；创新则是通过对计划、组织、领导、控制职能的创新，推动组织管理向更有效地运用资源的方向前进。

管理四大职能与创新是相互联系、相互补充的。创新是管理四大职能在维持原有基础上的发展，而管理四大职能则是创新的逻辑延续；创新为更好地履行管理基本职能、实现资源的更有效利用提供依托和框架，管理基本职能的履行则为有效地创新提供了保证。任何管理工作都应围绕组织运转的维持和创新展开，只有创新，没有维持，组织就会陷入无时无刻不在变化的混乱状态；而只有维持，没有创新，组织就会因缺乏活力成为一潭死水，因不能适应环境变化而最终被淘汰。因此，卓越的管理应该是实现维持与创新相结合的管理，就这一点而言，创新也应成为管理的主要职能之一。

管理创新不仅不同于传统的管理职能，而且不同于一般意义上的创新。一般的创新只强调创造和新颖性，而管理创新不仅强调新，更强调成功的实际应用，即管理创新的目的并不只在于推动管理学进步，更主要的目的是通过管理创新促进组织发展，进一步提高管理的效率与效益，以更有效地实现组织目标。因此，衡量管理创新成功的标准不只在于其内容的新颖性，更在于它能否在管理实践中取得比以往更高的效率和效益。成功的实际应用包含两层意思：一是管理创新成果必须得到应用；二是应用结果必须直接或间接地表现为实际效率的提高或效益的增长。管理创新的这一目的性是由管理的目的性所决定的。

2. 管理创新是企业其他各类创新的基础

管理创新是组织根据内外部环境的变化，调整经营管理观念和管理方式、手段的过程，它通过打破陈规陋习，提高组织的运转效率，激发员工的创新意识和企业活力，从而促进组织的发展。在企业各类创新活动中，管理创新是基础。在企业的经营活动中，致力于营销创新以取得更好的市场开拓效果，致力于产品开发以更好地满足顾客需求，或致力于技术开发以获得更大的竞争优势，对于企业的生存和发展而言都是十分重要的。但是，在从事各类创新的过程中，若不进行相应的管理创新，技术创新或营销创新等就可能难以取得良好的效果，即使成功也只能风光一时，难以辉煌一世。因为无论是技术创新还是营销创新，它们要付诸实施，都必然会对现有的管理体系、生产组织方式造成一定的冲击，并有赖于新的管理体系和组织方式的建立。没有相应的管理创新作为基础，其他创新就很难实现或难以为继。我国有不少高技术企业之所以昙花一现，并不是因为它们技术不行，而是因为管理跟不上。

各类创新要以管理创新为基础，管理创新也要通过为其他创新创造良好的环境、通过其他创新的成功实施来体现其功能。在更有效地利用资源以实现目标的过程中，技术或营销创新也起着重要的作用。管理创新确实并不一定要辅之以其他创新，但如果管理创新能促进更多的其他创新的成功实施，则管理创新的成效会更大。管理创新与其他创新之间的关系如图10-4所示。

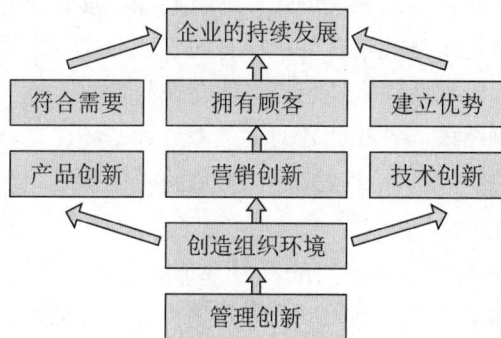

图10-4　管理创新与其他创新的关系

3. 管理创新需要有组织的管理

和企业中的其他创新一样，管理创新是一个系统的过程。一项管理创新从提出到取得成果，一般要经过4个阶段：提出创新目标阶段，创意产生阶段，创意评估筛选阶段，创意实施与修正阶段，如图10-5所示。在不同的阶段，需要依据阶段特点实施管理。

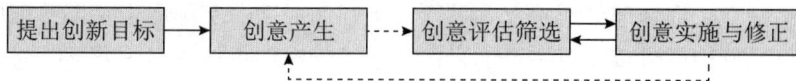

图10-5　管理创新过程

(1) 提出创新目标阶段。创新要有明确的目标，没有目标的行动是盲目的行动。正如其他管理活动一样，开展管理创新活动，必须首先明确创新目标，而且管理创新目标必须

与组织目标保持一致，才能保证管理创新工作的有效性。如果缺乏明确的目标指引，创新往往会演变成管理者显示自己才能和突出自己与众不同的工具，导致管理者为创新而创新，注重个人目标而忽视组织目标。所以，组织创新必须建立在明确的目标基础之上。管理创新的目标一般为解决难题、树立新标杆等。

(2) 创意产生阶段。有了明确的创新目标之后，就要形成创意。有了新观念、新思想、新方法的创意才会有创新，能否产生创意是能否进行管理创新的关键。要产生好的创意并非一件容易的事情，它受人的素质、阅历、知识积累及当时各种因素的影响和制约。

(3) 创意评估筛选阶段。产生了许多创意之后，还需要根据企业的现实状况与资源条件、企业外部环境的状况对这些创意进行评估与筛选，看其是否有实际操作意义，能否达到预期目标。在这个过程中，选择参与创意评估的人员十分重要。这些人员需要有丰富的管理经验、一定的创造性潜能以及敏锐的分析判断能力，否则极易扼杀优秀的创意。同样，在评估最高管理者提出的创意时，如没有外部专家参与评估，一个不切实际的创意就很容易通过并进入实施阶段，从而给企业经营带来风险。

(4) 创意实施与修正阶段。经评估与筛选后的创意需要通过一系列具体的操作设计，将创意变成一项有益于企业资源配置的新的管理方法。创意的实施是整个管理创新过程中极为重要的阶段，许多好的创意往往因找不到合适的操作方法而无法成为创新成果。例如，国有企业从分配的平均主义到按劳分配再到按贡献分配是一种进步、一种创新，但如果缺乏科学的考核与衡量方法，则最终还是难以消除分配中的平均主义，或只能采用"红包"等暗箱操作的方式进行折中处理，这就会使报酬的激励功能大打折扣。即使有具体的操作方法，若不注重实施的艺术性，同样会导致一项完善的创意难以得到实施或难以取得预期的实施效果，从而大大削弱创新成效。

管理创新过程是企业和外界环境相互作用的社会过程，也是随机性与逻辑性统一的过程，这一过程充满风险和不确定性。因此，管理创新同样需要实施人员具备胆量和降低创新过程中的风险的能力。在管理创新过程中，设立正确的创新目标、形成大量创意、对创意进行正确评估、保证创意的顺利实施，都需要进行有组织的管理。要达到创新的目的，组织中各级管理者应积极参与、全体员工应深刻领会。管理创新思想的实际应用，需要具体部门根据实际情况进行具体化，也需要全体员工在运用过程中进一步完善。因此，有效的管理创新是一个系统的过程，只有加强对管理创新过程本身的管理，管理创新才能取得预期的效果。

■ 二、管理创新的分类

对管理创新进行分类的目的，是便于我们在实际工作中能够针对不同类型的管理创新采取不同的创新方法和管理手段，从而更有效地开展管理创新活动。

(一) 根据创新内容分类

按照创新内容，管理创新可分为管理观念创新、管理手段创新和管理技巧创新。

1. 管理观念创新

管理观念创新是指形成能够比以前更好地适应环境变化并更有效地利用资源的新概念或新构想的活动。

2. 管理手段创新

管理手段创新是指创建能够比以前更好地利用资源的各种组织形式和工具的活动，可进一步细分为组织创新、制度创新和管理方法创新。其中，组织创新是指创建适应环境变化与生产力发展的新组织形式的活动；制度创新是指形成能够更好地适应环境变化和生产力发展的新规则的活动；管理方法创新是指创造更有效的资源配置工具和方式的各种活动。

3. 管理技巧创新

管理技巧创新是指在管理过程中为了更好地实施调整观念、修改制度、重组机构，或更好地进行制度培训和贯彻落实、员工思想教育等活动所进行的创新。

在实际创新过程中，从管理观念创新到管理技巧创新并不一定是连续的。也就是说，并不是每次创新都要经历管理观念创新、管理手段创新和管理技巧创新，这3个不同层次的创新可以在不同的时间、不同的组织中进行。例如，当某个组织提出"创新是企业的主要职能"时，该组织可能由于各种原因只是将这一新观念停留于口号；另一个组织则可能在此观念的影响下，进行管理手段创新，形成"创新型组织"管理体系；第三个组织可以在向第二个组织学习的基础上，根据自身的实际情况，对如何实行"创新型组织"管理体系进行方法和技巧创新，总结出一整套实施原则、实施中应注意的问题和相应对策。在这一过程中，没有管理观念创新，就不可能产生"创新型组织"管理体系和实施原则；而管理观念创新也只有通过管理手段创新和管理技巧创新，才能最大限度地发挥其价值和功效，从而最大限度地达到创新的目的。

在管理创新体系中，管理观念创新是各项创新工作的基础，管理观念创新为各类创新活动指明方向并扫清思想上的障碍，奠定更有效地利用资源的基础；管理手段创新是对管理观念创新的进一步具体化，它使管理观念创新变得切实可行，可大大加快组织的应变速度，更好地保证各种资源的合理使用；管理技巧创新则保证了管理观念创新和管理手段创新能够为大家所接受，保证管理观念创新和管理手段创新能取得预期的效益，或进一步提高原有管理手段的有效性。三类创新相辅相成，形成了一个完整的管理创新体系。

(二) 根据创新程度分类

根据创新程度，管理创新可分为重大管理创新、一般管理创新和综合管理创新。

1. 重大管理创新

重大管理创新始于管理观念创新，是从根本上改变原有管理思想或管理手段的创新。如企业再造理论，它的提出就是源自对传统的分工理论前提条件的否定。

2. 一般管理创新

一般管理创新中，管理基本思想改变不大，创新发生在管理手段和技巧方面，而且与原方法相比变化不大，即主要是根据实际情况对现有管理思想的实现手段或运用领域、范围进行改进，管理技巧创新一般属于此类。另外，变化较小的管理手段创新如管理信息系

统的进一步开发也属此类。

3. 综合管理创新

综合管理创新是指既有管理思想的改变，又有管理手段或管理技巧的改变，但变化程度不大的这类管理创新，如股份合作制、员工持股制度等。

(三) 根据创新主体分类

根据创新主体，管理创新可以分为自主管理创新、模仿管理创新、合作管理创新3种模式。

1. 自主管理创新

自主管理创新是指企业通过自身的努力，依靠自身的力量，不断发现问题、解决问题的管理创新活动。自主管理创新是一个渐进过程，往往从局部小创新开始，再过渡到较为系统的管理创新。自主管理创新由于与组织文化兼容，因此，创新成果在组织内部容易推广与扩散，但创新成果对外移植相对比较困难，会受到外部不同文化的抑制和影响。

自主管理创新所形成的成果在高层管理者发生变动，或组织内外部环境发生重大变化时可能会失效，这时新的一轮较大规模的管理创新活动又需要重新开始，但此时的创新阻力往往会比以前大得多。因为这时的创新需要从企业基本价值观开始，对整个企业管理系统进行较大程度的创新与改造，也就是说，可能存在新旧文化不兼容的问题。如果说技术创新主要是由于竞争的推动，那么管理创新更需要自己对自己的否定。任何一种管理创新成果，由于组织文化的惰性，其管理效用会逐渐降低。自主管理创新如果突破不了这种障碍，又没有借助外部力量来推动，那么企业会因此消亡，这也是自主管理创新的最大局限。

2. 模仿管理创新

模仿管理创新是通过学习、模仿别人的创新思路和创新行为，吸取别人的先进经验与管理模式，在此基础上形成独特的管理模式的创新过程。技术上的模仿创新是风险最小的创新，管理上的模仿创新则是风险最大、难度最大的创新，因为真正有生命力的管理创新肯定是根植于特定企业文化之上的，而文化的移植是相当困难的，没有相应文化支撑的先进经验与管理模式是苍白无力的。因此，简单照搬别人的管理经验与管理模式的模仿管理创新往往是失败的创新。

由于模仿管理创新有一定的先例可循，成本低，相对而言容易在内部达成共识，因此在管理实践中仍然有较多的运用。如我们通常所说的"标杆学习"就是模仿管理创新手段之一。要进行模仿管理创新，企业首先要具备一定的管理创新能力，其中主要为判断能力、吸收能力和转换能力。判断能力主要表现在对于所要模仿的管理创新的前提条件或适用性的判断，判断能力不强，就会在错误的时机引入先进的思想或在合适的时机引入不适当的创新。吸收能力则关系企业能否正确理解先进管理思想和方法的本质，如果吸收能力不强，就会导致企业只模仿了"形"，而没有获得"神"，自然难以取得实效。转换能力也是实施模仿管理创新的一个重要能力，它是一种将新观念和新思想转化为可操作的具体工作方案的能力。转化实际上是结合企业实际情况的进一步创新，需要更多的工作经验与相关技能。总而言之，模仿管理创新的成功秘诀在于将先进的管理理论、方法和企业的实

际情况有效结合，结合得越好，可能取得的管理成效就越大。

3. 合作管理创新

合作管理创新是指企业与科研机构、高等院校、管理咨询公司等联合进行的创新。合作管理创新是以合作伙伴的共同利益为基础，以资源共享或优势互补为前提，通常有明确的合作目标、合作期限和合作规则，相互之间高度信任、共同参与的管理创新活动。合作管理创新是管理创新中最重要、最富有创新成效的一种创新模式，它的最大特点是能够突破原有的思维定式，否定原有的管理模式，进行较大规模的管理创新活动。

合作管理创新的领域十分广阔，小到通过管理培训推动观念创新，大到通过管理系统的整体设计推动企业的系统创新。合作管理创新成功的关键是合作的基点一定要正确。企业始终是管理创新的主体，合作单位应帮助企业突破思维定式、厘清思路，而具体管理方法的创新主要还需要靠企业自己来完成，如合作单位一手操办管理创新工作就会面临模仿管理创新需解决的问题。

▌三、管理创新原则

管理创新是重要的，可以进行管理创新的领域是广阔的，具备良好的创新意识和创新氛围，掌握一定的创新方法，是持续、高效创新的必要条件。

管理创新原则是在管理创新过程中带有一定的普遍性，可以用于指导管理创新工作的法则和标准。在管理创新中遵循这些原则可以提高创新行为的自觉性和主动性，帮助我们少走弯路、降低创新成本。下面介绍一些比较有效的管理创新原则。

(一) 还原原则——寻求事物的本质

现有的管理方式或方法都是建立在一定的前提假设基础之上的，当我们通过事实调查推翻了这些假设时，就有可能形成新的管理方式或方法。因此，创新的一条重要原则就是检验并推翻原有的假设前提。

所谓管理创新的还原原则，就是打破现有事物的局限性，寻求形成现有事物的基本创新原点，改用新的思路、新的方式实现管理创新。任何创新过程都有创新原点和起点，创新的原点是唯一的，而创新的起点可以很多。例如，在管理上，实现目标的手段是多种多样的，在当时的条件下，我们可能选择了一种合适的解决方法，但是随着环境的变化，原来的方法并不一定是最好的，这就需要回到最初的目标上来重新制定一种更为合适的新方法。管理创新的还原原则就是要求创新主体在管理创新过程中不要就事论事，就现有事物本身去研讨管理创新问题，而应进一步寻求源头，从前提假设出发寻找创新原点。只有这样，所产生的创意才不容易受现有事物的结构、功能等影响，从而能够有所突破。

(二) 木桶原理——关键要素创新

木桶原理是指由几块长短不一的木板所围成的一个水桶，该水桶的最大盛水量由最短的一块木板所决定。木桶原理所要说明的是：在构成事物的诸因素中，最为薄弱的因素就

是瓶颈因素，事物的整体发展最终受制于该因素，只有消除这一瓶颈因素，事物整体才能有所发展。在管理创新中，如果能抓住这个影响事物发展的关键环节或因素，那么就会达到"加长一块木板使水桶的总盛水量很快增加"的目的。

木桶原理在企业管理创新中有很大用处。一方面，企业组织有不同的层次、不同的职能部门、不同的经营领域，而企业整体管理水平的高低既不是由董事长、总经理决定的，也不是由那些效率最高、人才济济的部门所决定的，而是由那些最薄弱的层次和部门决定的。因此，只有在最薄弱的环节上取得突破性创新，才能提高企业整体管理水平。

另一方面，如果企业中各个层次、各个部门的工作质量都符合企业整体的要求，那么增加木桶总盛水量的方法，应该是先拉长一块木板，然后一块一块地补齐其他木板的高度，这种方式可以使木桶的总盛水量平稳增加。

(三) 交叉综合原则——发挥杂交优势

交叉综合原则是指管理创新活动的展开或创新意向的获得可以借助各种学科知识的交叉与综合。目前，科学发展的趋势是综合和边缘交叉，许多科学家把目光放在这两个方面，以求创新。管理作为一门学科，它的发展也呈现这一态势。例如，计算机学科与管理学科的交叉综合就形成了一系列具有革命性的管理方法和手段，如管理信息系统(MIS)、决策支持系统(DIS)、企业资源规划(ERP)等。

从管理创新的历史来看，有两种创新方式是值得重视的：一是用新的科学技术、新的学科知识来研究、分析现实的管理问题；二是将以往的学科知识、方法、手段综合起来，系统地看待管理问题，这样也能产生不同于以往的思路和看法。

(四) 兼容性原则——兼收并蓄，自成一家

管理创新要坚持"古为今用，洋为中用，取长补短，殊途同归"，既要学习外国的先进经验，也要学习中国古代的管理思想，并结合中国企业的实际情况。管理理论与方法的发展不同于自然学科，自然学科理论的发展与创新是一种否定之否定的关系，新理论的创新意味着对旧理论的否定；而管理理论的创新往往存在一种兼容关系，是从不同角度对旧理论的完善和补充。例如，组织行为理论的出现，并不意味着泰勒制的结束，即使在美国，泰勒的科学管理方法仍然是其管理的基础。兼容性原则是指根据自身的实际情况，在吸收别人先进的管理思想、管理方式、管理方法的基础上进行综合、提高和创新。从企业管理诸多领域的创新来看，很多企业根据该原则获得了创新成果。

兼容性创新是在原有基础上的发展，因此要对原有基础的问题加以分析研究，把握深层次原因，同时把握自己的特点与长处，进行深层思考，就可能发掘许多新的创意，进行管理创新。

(五) 宽容失败原则——失败是成功之母

人人都有这样的信念：最好把事情做对而不要做错，把事情做好而不要做失败。几乎所有的组织都会惩罚失误者，而绝对不惩罚服从命令的人。就此，许多人形成了怕犯错误

的恐惧心理，并竭力避免犯错误，做事只求完美无缺，而不求有创造性。这些所谓的聪明人为了避免犯错误，什么事情也不做，即使是好的决策也尽量少做，结果，害怕犯错误的人做得越少，取得的成就也越少。管理者最大的错误在于怕犯错误，没有新尝试，就没有新作为，而要进行管理创新，就有可能面临失败。

企业永远需要勇于创新、敢于行动、不怕犯错误、好学上进的员工，只有营造不怕犯错误、宽容失败的氛围，才会有致力于创新的行为。现在一些企业家开始避免犯不让企业犯错误的错误。例如，美国3M公司就提出了"允许犯错误，不允许不创新"以及"允许犯错误，但不允许犯相同的错误"等理念，积极鼓励员工参与企业各类创新活动。

四、管理创新思维方法

人的智力在与思想的全部认知技能结合时才能发挥最大效用。认知技能分为8种，分别是记忆、逻辑、推理、判断、感知、直觉、想象、悖论。前4种是基本的认识技能，对日常习惯性的生活都有好处，可以称之为逻辑技能。记忆使我们将现在和过去联系起来，逻辑让我们从事实和原则中得出结论，推理帮助我们估量行为后果，判断帮助我们根据已知或未知的事物进行选择。同时，创新者还更多地运用另外4种技能，即感知、直觉、想象、悖论。感知使创新者从不同的角度看待事物，直觉使他们看见和感觉到事物的内在含义，想象能让他们看到不存在的东西，而悖论有助于人们采用逆向思维。管理者需要具备逻辑思维的技能，但更需要具备超逻辑思维的技能。不具备逻辑思维会败业，只具备逻辑思维止于守业，具备超常规的思维才能兴业。

人最可怕的不是行动上的惰性，而是思维上的惰性，企业管理创新的最大障碍是思维的障碍。企业先前的成功做法往往会使企业领导人形成思维定式，从而失去创新力。思维定势是一种严重的创新障碍，它的危害之处在于顽固性。人们一旦突破思维定式，就可以产生巨大的创新潜能。增强创新意识、学习创新技法及经常性地参加创新性实践，将有助于突破思维定式。具体来说，突破思维定式的方法主要有以下几种。

(一) 不按常理出牌

逻辑思维对创新活动来说是必需的。逻辑思维的主要特征是遵从"无矛盾"法则，即凡事都要说出个道理来。然而，创新思维的胚芽都根植于逻辑的中断处，这就要求我们必须大胆地抛弃硬性的逻辑思维而涉足于弹性较强的非逻辑思维，这样才能找到你所需要的东西。例如，马是交通工具，在现代社会中可能比不上汽车、飞机，但作为娱乐、健身的项目魅力无穷；手表是计时工具，用来送人它就是礼物，用来装饰它就是时尚品，为了与其他装饰品配套，一个人可能需要5或6只手表甚至更多。

(二) 放纵模糊性思维

人脑的思维习惯总是追求清晰、明白，模棱两可经常被排斥。事实上，模糊性思维是人类思维中不可分割的一部分，正是清晰与模糊的对立统一，才推动了人类思维的发展。

当你的思维处于模糊状态时，可能会出现一些自相矛盾的观念，这些观念可能会激发你的想象力去突破原有的狭隘思想，产生新的创造性思维的萌芽。

例如，在企业管理实践中，企业薪酬和考核的绝大部分内容、规则应该是清楚的，但也需要保留一部分模糊，以更好地适应很多特殊情况。也正是这一部分模糊的存在，给我们的管理者提供了更大的管理技巧创新的空间。在企业管理中，通过定岗定编可实现分工清楚、责任明确，但是分得太清楚了，会减弱部门与部门之间、岗位与岗位之间的合作意识，增加协调工作量；而分工不分家，在明确责任的基础上鼓励互相帮助，在大部分工作职责是明确的同时保留一小部分模糊，将有助于人力资源的合理调配和组织整体力量的发挥。

(三) 主动向规则挑战

迷信规则，可能是产生思维定式的重要原因之一。在一定范围内，当然应当遵守规则，因为它毕竟是前人经验和知识的总结。但随着环境的变化，当它不适用实际情况时，就应该大胆舍弃。在管理创新中，如果我们能勇敢地质疑过去的概念、法则、规律、公式、定理、方案等并提出挑战，我们的思维定式就会慢慢消除。

为了能够主动地向规则挑战，在企业内部，可形成定期评审企业的各项制度、流程、作业方式的制度，以促使企业废除与企业发展不相适应的老规则，建立与企业发展相适应的新规则。

(四) 克服思想上的"随大流"

"随大流"也叫从众行为，是指在社会行为的影响下，个人放弃自己的意见、想法，采取与多数人一致的行动的现象。在现实世界中，大多数人想做的事情一定是正统的、稳定的，新意甚少，"随大流"现象普遍存在，因为"随大流"的安全系数较大。然而，安全又常与稳定、保守相通，有时也未必是真的安全。在市场经济中，产品滞销的厂家多属"随大流"之列；相反，那些受到市场欢迎的产品，多是不"随大流"的特色产品。"人无我有，人有我优，人优我新"是一些企业的成功之道，它们追求的是差异化而不是"随大流"。

(五) 善于寻求多种答案

人的思维定式有相当一部分是在学习前人的知识和经验时形成的。思维定式的主要特点，就是它的确定性、单一性。但是，事物的发展总是指向多样化、复杂化，分形是宇宙万物进化的基本特征。只满足一种状态、一个答案，世界就会凝固，创新就会停止。如果我们能打破已有的经验和知识，主动寻求多种答案，就可能克服思维定式，全方位、多角度地看问题，从而获得更多的创新成果。

在打破思维定式的过程中，大胆假设、充分发挥想象力有助于我们克服思维惯性和惰性。尽管假设不会直接产生创新成果，却可以激发人的想象力，从而萌发全新的思维胚芽。其中，最有效的假设，就是把现有事物推向极端，引出新的矛盾或问题。这时，思维定式就不起任何作用了。随着年龄的增长、知识的增加以及社会种种条条框框(包括法律、规章、制度、传统等)的限制与约束，人的想象力在不断降低。我们需要恢复以往丰

富的想象力，"如果"思考法是个有效工具。当一个人思考时有了"如果"的意识，那么他的想象力将从法律、规章、制度、传统等束缚中解放出来。许多成功的产品都来自大胆的想象，例如，免削铅笔来自"如果铅笔不用刀削还能继续使用"的想象，微波炉来自"如果炉子不用火也能煮东西"的想象。

(六) 逆向思维

对于逆向思维，通俗地说就是站在对立面思考问题，或者指与一般人、一般企业思考问题的方向不同。人家不想的、认为是正常的事情，你却加以思考，从中发现问题，这就是逆向思维。在企业经营中存在大量的通过逆向思维取得成功的例子。例如，缝纫机的发明，关键就在于不把针孔放在针头，而把针孔放在针尖，这是逆向思维；华歌尔前扣文胸，把扣环从传统的后背移到前胸，也是逆向思维。

▌五、管理创新技法

创新技法是帮助人们实现创新、提高创新效率的方法。科学家对创新方法进行了深入研究，提出了许多适合各种创新工作的方法。由于技术创新、产品创新、市场创新与管理创新在性质、内容上有所差异，因此所使用的创新方法也会有所不同。下面介绍几种较为适合管理创新的技法。

(一) 识别问题方法

正确地界定问题是实现有效管理创新的基础。人们往往为了追求结果，而没有耐心去界定问题。我们经常只花几分钟提出问题，却花几个月的时间去解绝不是问题的问题。其实，如果我们善于界定问题，把问题简单化、明确化，那么问题也就解决了一半。明确问题的性质有助于创新性地解决问题，而不是头痛医头、脚痛医脚。

1. "为什么"法

"为什么"法是最为简单的识别问题的方法，通过不断改变对原始问题的定义，能够获得新的问题视角，而新的问题视角又可以产生解决问题的可行方法，直到获得最高层次的问题答案。运用这种方法的具体步骤如下所述。

(1) 把问题作为最初定义陈述出来。

(2) 提出问题：我们为什么要做问题中所述的工作？

(3) 回答步骤(2)所提出的问题。

(4) 作为一个新问题对答案再定义。

(5) 重复(2)(3)两步，直到获得最高层次的问题答案。

"为什么"法对扩大问题范围及探索各种各样的边界十分有效，还有助于管理者评定基本目标。

2. 五大问技术

五大问技术也是一种常用的界定问题的方法，具体步骤如下所述。

(1) 问原因。问做什么、为什么做、还可以做什么、应当做什么，从而确定最合适的工作。

(2) 问地点。问在哪里做、为什么在那里做、还可以在哪里做、应当在哪里做，从而选定最合适的工作场所。

(3) 问时间。问什么时间做、为什么在这个时间做、还可以在什么时间做、应当在什么时间做，从而选取最恰当的工作时机。

(4) 问人员。问由谁来做、为什么要他来做、还有谁也可以做、应当由谁来做，从而选择最合适的作业者。

(5) 问方法。问怎么做、为什么要这样做、还有什么更好的方法、应当怎么做，从而确定最佳工作路线和工作方法。

(二) 头脑风暴法

头脑风暴法(Brain Storming)是通过无限制的自由联想和讨论以产生新观念或激发新设想的一种创新方法。

头脑风暴法何以能激发创新思维？根据A. F. 奥斯本及其他研究者的看法，主要有以下几个关键点。

1. 联想反应

联想是产生新观念的基本过程。在集体讨论问题的过程中，每提出一个新观念，都能引发他人的联想，相继产生一系列新观念，引发连锁反应，从而形成新观念堆，为创造性地解决问题提供了更多的可能性。

2. 热情感染

在不受任何限制的情况下，集体讨论问题能激发人的热情。每个人自由发言、相互影响、相互感染，能形成热潮，有助于突破固有观念的束缚，最大限度地发挥创造性思维能力。

3. 竞争意识

在有竞争意识的情况下，人人争先恐后、竞相发言，不断启动思维机器，力求有独到见解、新奇观念。心理学原理告诉我们，人类有争强好胜的心理，在有竞争意识的情况下，人的心理活动效率可增加50%或更多。

4. 个人欲望

在集体讨论解决问题的过程中，保持个人欲望自由，不受任何干扰和控制，是非常重要的。头脑风暴法有一项运用原则，即不得批评仓促的发言，甚至不许有任何怀疑的表情、动作、神色。这就有助于每个人畅所欲言，提出大量的新想法、形成新观念。

头脑风暴法主要适用于解决开放性问题，许多管理创新的问题都可以运用该法来解决，具体适用的问题类型有：关于产品或市场的新观念；管理问题，如拓宽就业面、帮助下岗人员再就业、改善职业结构；改善管理流程，如对生产流程进行价值分析；新技术的应用，如开发并获取一项专利权。

(三) 列举法

列举法是指对特定对象从逻辑上进行分析，并将其本质内容全面地罗列出来，再针对所列项目提出改进的方法。列举法主要有3种，即特性列举法、缺点列举法和希望点列举法。另外，我们常见的SAMM法(属性改善排列矩阵法)、功能目标法等，都是列举法的延伸应用。

1. 特性列举法

特性列举法是通过列举现有事物的特征，针对其中需要改进的问题提出创新设想的一种方法。这种创新技法特别适合老企业改进管理，是老企业进行管理创新的重要辅助工具。特性列举法的优点在于能够促使我们全面地考虑问题，防止遗漏，而且较易找到解决问题的切入点。它是在把要解决的问题分解为局部子问题的基础上，将对象的特点与属性全部罗列出来，并分门别类地加以整理，然后详细地分析，提出问题，找出缺陷，再将功能、结构、人员、原理等其他管理要素置换为其他相类似的属性，产生管理创新的设想。特征列举法所列出的特征很多，逐个分析需要较长时间，为了加快分析速度，人们又进一步发展了缺点列举法和希望点列举法。

2. 缺点列举法

缺点就是问题，解决问题的前提是发现缺点、找出问题。缺点列举法认为，之所以要改进事物，主要是因为旧事物存在缺点，不能满足要求，并认为缺点就是改进事物的方向。因此，只要列举出事物特征中那些令人不满的缺点，就可以找到存在的问题，并可针对缺点逐项分析，形成各种克服缺点的方案。缺点列举法围绕旧事物的缺点加以改进，因而通常不触动原事物的本质与总体，属于被动型方法，一般多用于企业管理中，解决属于"事"一类的软技术问题。

3. 希望点列举法

希望点列举法认为，旧事物基本上不能满足人们的要求，必须用新事物来替代它，这个新事物应当具有满足人们愿望的特点。所以，希望点列举法是从整体上对旧事物不满，把旧事物整体看成缺点，其所列举的希望点，往往是旧事物本质上难以具备的特征。希望点列举法是一种主动型方法，常常能突破旧事物的框框，形成较大规模的创新。

(四) 联想类比法

联想类比以比较为基础。人们在探索的过程中，借助类比的方法，把陌生的对象与熟悉的对象相对比，把未知的东西和已知的东西相对比，从而由此及彼，起到启发思路、提供线索、举一反三的作用。联想类比法的核心是通过已知事物与未知事物之间的比较，根据已知事物的属性去推测未知事物有类似的属性。类比推理的不确定性可以帮助我们突破逻辑思维的局限性，去寻找一个新的逻辑起点。在日常生活中，人们常常用众人皆知的事例来说明某些难懂的事物或概念，这实际上就是运用了联想类比法。

联想类比法大致有3种类型，即直接类比、结构类比、综合类比。直接类比是在两事物之间直接建立联系的方法；结构类比是由未知事物与已知事物在结构上的某些相似来推断未知事物也有某种属性的方法；当已知事物与未知事物内部各要素的关系十分复杂，而

两者又有可比性的相似之处时，就可以采用综合类比法。

(五) 移植法

移植法是指将某个领域的技术、方法、原理或构思移植到另一个领域而产生新事物的方法。例如，把生产管理中标准化的管理技术运用到商业经营领域，就产生了全新的经营方式——连锁经营，通过统一形象、统一进货、统一价格、统一管理制度等方法实现商业规模化经营。移植法最大的好处是不受逻辑思维的束缚，当想把一项技术或原则等从一个领域移植到另一个领域时，并不需要在理性上有多清楚的理解，往往是做了再说，这就为新事物的形成提供了多种途径，甚至也为许多外行进行创新提供了可能。

上述创新技法有助于我们在一段时间里集中精力解决一个问题，避免被过多的问题压垮；有助于我们在创造性地解决问题的过程中减少失败和挫折；有助于我们充分利用自己的情感、热忱以及大脑的全部功能；有助于我们开发无意识思维的宝库，从而有力地促进管理创新活动的开展。

■ 六、管理创新的管理

创新是一项可以组织并需要管理的系统工作。尽管管理者对灵机一动的创新也应该给予赞赏和鼓励，但管理者更应该致力于在组织中积极地引导员工进行有组织、有目的的系统创新，以此推动组织稳定、快速地发展。从这个意义上来说，我们必须对管理创新进行管理，使之能够更有效地开展。

管理创新的管理实质上是要解决如何使管理创新活动更加有效，如何使管理创新行为持续、稳定地进行，如何使管理创新成为管理者必须履行的重要管理职能的问题。

(一) 管理创新的障碍

从管理实践来看，管理创新失败大多是由管理不善导致的。组织管理创新的障碍来自组织层面和个体层面，具体包括以下几个方面。

1. 资源短缺与缺少管理层的支持

管理创新的障碍之一是组织缺乏对管理创新的投入和支持。绝大多数企业的管理者注重的是经营活动和日常管理工作，对管理者没有创新要求，也没有安排一定的时间、资金和人力用于管理创新。在管理创新过程中，没有一定的资源作为保障，创新活动就难以开展。造成这种局面的本质原因是许多企业没有意识到管理创新的重要性，单纯地把企业发展的希望寄托在抓机会、抢资源或技术创新、营销创新上，没有把管理创新列为组织的战略目标之一。由于企业对管理创新既没有要求，也没有投入，有组织的管理创新活动自然也不可能产生。

2. 僵化的组织机构与官僚主义

在变化多端、难以预期的环境中，我们最需要创造和创新；反过来，创造与创新也需要有一个能迅速对环境变化做出反应的组织结构。也就是说，一个能对环境变化做出快速

反应的组织机构是实施有效创新的必要条件，只有这样的机构，才能迅速发现管理中的问题，并及时通过管理创新予以解决。层次太多、办事刻板、部门本位主义和官僚主义盛行的组织机构必然会阻碍创新工作的开展。

许多企业是按照职能部门组织起来的。从总体上说，这种组织形式工作效率较高，但也存在明显的缺点，即职能部门的本位主义化会使组织的创造力与创新能力的发挥受到制约，因为一个组织中的系统创新有赖于各部门之间的通力配合。

同样，官僚主义也是创新能力的大敌。官僚主义是指脱离实际、脱离群众、做官当老爷的领导作风，具体特征为：领导者高高在上，不了解下情；贪图舒适，满足现状；饱食终日，无所作为；遇事推诿，办事拖拉，不负责任；不按客观规律办事，独断专行；讲求官样文章、繁文缛节等。它的存在会严重削弱组织的创新能力。同时，官僚主义与灵活性是相对立的，而灵活性是创新能力的有机组成部分。进行管理创新就意味着向官僚主义宣战，这会侵犯官僚主义者的利益，因此，组织中的官僚们会千方百计地阻碍管理创新。官僚主义是构建创新性组织的重大障碍，如果管理者想要激发组织的创造力与创新性，就必须采取有效措施，降低官僚主义所带来的负面影响。

3. 害怕失败、抵制变化

人们之所以不愿意发表自己的创新性、建设性观点，多半是因为害怕失败，遭受嘲笑和批评，而创新的一个基本条件便是不怕失败。创新确实有风险，而且有很大的风险。但创新意识淡化，结果便是不进则退。因此，我们要有创新意识，敢于冒风险。与此同时，通过对创新过程实施有效管理，可最大限度地减少创新工作中的不确定性，最终取得创新成功。

创新的障碍还来自我们对生活一成不变、习惯成自然的态度。习惯是我们已经熟练掌握的、不假思索的、自动调节的反应行为和适应行为，它会压制合理的思想而不给它出头的机会。创造和创新则与变化相关。创新意味着员工之间、部门之间利益的重新分配，意味着工作习惯的改变或组织的变化、工作或责任的重新分配、工作方法的改变等。各方利益的调整必然会带来矛盾，既得利益者会抵制变化、阻碍创新，而许多管理者为了息事宁人、安于现状也会反对创新。

4. 从众或对创新行为过分挑剔

在大部分情况下，从众行为并不是由某个人指挥而形成的，它是一种存在于群体环境中的心理默契和群体经验。它给予每个人的经验是：用不着费心，人家怎么办我就怎么办，要错大家一起错，法不责众。正是这种规避风险的从众行为，压制了组织中人们的创新冲动。

从众行为有时是必要的。社会生活需要相互合作，如果没有一致的行动，社会组织势必崩溃。而且，在特定的情况下，当你茫然不知所措时，仿效他人的行为和见解不失为一种权宜之计。然而，从众心理牺牲了我们的个性，妨碍我们产生新的创意，压制了个人的独创精神。从一定意义上讲，从众的态度不利于创造性思维的发展，而独立思考的个性则有助于发展创造力。

创新就意味着其观念有别于一般人，这样就与组织现行的行为规范不一致，那么创新

者就有可能被认为行为古怪或思想偏执。为了减少创新风险，可对创新行为进行评价与分析，以确保这项创新是好的、有价值的，本身无可厚非。但如果过分挑剔，就会导致时间的浪费和竞争优势的丧失。因为创新本身就包含对先机的把握，把大量的时间和精力用于检验观念的优劣，往往会错过许多机遇，导致新奇感和影响力的消失。

5. 创新中贪大求洋、急于求成

人们在遇到问题或困难时往往急于求成，不愿忍受找不到答案的焦虑，不愿忍受悬而未决的痛苦。往往问题刚出现，我们就迫不及待地抛出一个方案，而且只有当这一方案无法推行时，才会去考虑和尝试第二个方案。

在管理创新中，有的企业热衷于引进国外先进管理模式，希望通过一次创新解决所有的管理问题；有的管理者则为创新而创新，为求"政绩"而创"亮点"。但创新只有立足于现实，结合本组织的实际情况来实施，才能取得效果。制度创新也好，资本经营也罢，都需要在一定的条件下进行。管理创新是多层次、全方位的，而且多数创新都是从细节开始的，贪大求洋、急于求成的结果往往适得其反。

(二) 管理创新的组织

为了保证管理创新工作的顺利进行，需要做好组织工作。

管理创新的组织工作要求管理者按照创新目标和计划要求建立合理、高效、能保证计划顺利实施的组织结构与体系，合理安排和调配各种组织资源，以保证管理创新计划的顺利完成，具体包括以下几个方面。

1. 建立和完善创新制度

制定鼓励创新的规章制度是企业开展创新活动的基础工作。通过创新制度的建立和完善，可以使管理创新活动制度化、规范化、持续化，可以将创新工作纳入组织体系之中，明确组织创新理念、与创新有关的职责分工和工作规则，有效保证从事创新活动所需要的各种资源，为创新工作的开展提供组织保障。

2. 保证对管理创新的投入

管理创新需要的投入既包括资金方面，又包括时间、精力、信息等方面。管理者要舍得在管理创新与管理创新的组织上花一定的时间与精力，也要给员工一定的时间和条件使其能够进行管理创新。把每个人的每个工作日都安排得非常满，使每个人都"满负荷工作"，人们就没有时间思考，也就无法产生创新的构想。美国成功的企业往往让员工自由利用部分工作时间去思索，如IBM、3M及杜邦公司等都允许员工利用5%～15%的工作时间来开发他们的兴趣和设想。

3. 成立创新小组，有效开展管理创新

在企业内部，从事管理创新的组织形式可以多种多样，如成立质量管理小组(简称QC小组)、攻关小组、管理专项工作推进小组、模拟董事会等。其中，运作较有成效的是QC小组。QC小组是由企业内部员工组成的从事改善工作和产品质量的自主团队，通过鼓励、引导、支持员工开展QC小组活动，可以提高员工参与管理的意识和参加管理工作的积极性；通过QC小组成员自我学习和相互启发，可以提高员工的创新能力，增强员工的

责任感，为员工管理创新活动的持久开展打下良好的基础。

4. 广泛开展创新思维与创新技法教育

目前，我国许多企业的员工没有接受过创新思维与创新技法的教育，甚至许多人不知道什么是创造学，创新意识十分薄弱，源于个人的创新障碍普遍不同程度地存在，许多人不想也不知道如何开发自己的潜能，因而很少有人把心思放在各类创新活动上，这是一种极大的人力资源浪费。广泛、深入地开展创新教育，特别是结合管理、科研、生产方面的实际问题开展创新教育，很容易收到既解决实际问题又开启人的创造性思维的双重效果。事实证明，一般员工经过短时间的培训就可以收到明显效果，对员工进行创新技能的开发投资也是投资回报率较高的投资之一。

5. 善用创新性人才

创新性人才是企业的财富，管理者一定要设法用好他们。创新性人才通常优点明显，缺点也不少，因此管理者在使用创新性人才时应注意：一是让组织中最具创新性的人去解决组织中最难的那些问题。问题越难，工作越有挑战性，就越能激发创新性人才的创造力和积极性。二是用具有创新激情的人去激发那些缺乏创新热情的人，对创新行为和创新成果给予表彰。这样，创新者自身会感受到激励，缺乏创新热情的人也会受到激发，从而推动组织中创新氛围的形成。作为管理者，对于有创新才能的人，既要根据他的专长和特点敢于启用，又要让他们在自己职责范围内大胆工作。支持他们的工作，珍惜他们的积极性，关心他们的思想、工作和生活，积极为他们创造发挥才干、做好工作的条件，主动为他们"开绿灯"，是创新管理者的主要工作内容之一。

6. 强化创新激励机制

要激发每个人的创新热情，还必须建立合理的评价和奖惩制度。创新的原始动机既可能是出于责任心、个人的成就感和自我实现的需要，也可能是为了生存，为了得到更多的收入。不管出于何种动机，如果创新努力不能得到组织或社会的承认，不能得到公正的评价和合理的奖酬，没有压力，则创新的动力就有可能渐渐消失。所以，强化创新激励机制是十分重要的。同技术创新一样，对于管理创新成果也要给予奖励，如设立合理化建议奖、管理创新奖、质量管理创新奖等。奖励的方式可以多样化，可给予一次性奖励，也可以从创新项目所产生的直接经济效益中分成，可以结合平时工作的考核，对创造性的工作分配更多的权重，或者把员工的工资晋级、职务晋升等同其创新成果联系起来，从而充分调动全体员工的创造积极性。

技能训练单元

实训一：创造型人格测试

【实训目标】测试创造能力。

【实训步骤】

第一步，实训准备。实训指导老师将测试题卡按学生人数打印分发。

【测试题卡】

(1) 我认为，只提出问题而不想获得答案，无疑是浪费时间。

(2) 无论什么事情，想要激发我的兴趣，总比别人困难。

(3) 我认为合乎逻辑的、循序渐进的方法是解决问题的最好办法。

(4) 有时，我在小组里发表意见，似乎会使一些人感到厌烦。

(5) 我会花大量时间来考虑别人是怎么看我的。

(6) 我认为，做自认为正确的事情，比力求博得别人的赞同要重要得多。

(7) 我不尊重那些做事情似乎没有把握的人。

(8) 我需要的刺激和兴趣比别人多。

(9) 我知道如何在考验面前保持自己内心镇静。

(10) 我能坚持很长一段时间来解决难题。

(11) 我对有些事情过于热心。

(12) 在无事可做时，我反而常常想出好主意。

(13) 解决问题时，我常单凭直觉来判断"正确"和"错误"。

(14) 解决问题时，我分析问题较快，而综合分析搜集的资料则较慢。

(15) 有时我会打破常规去做我原来并未想到要做的事。

(16) 我有搜集东西的癖好。

(17) 幻想帮助我提出许多重要的计划。

(18) 我喜欢客观又理性的人。

(19) 如果我在本职工作之外的两种职业中选择一种，我宁愿做一个实际工作者，而不是探索者。

(20) 我能与我的同事或同行很好地相处。

(21) 我有较高水平的审美感。

(22) 我一直在追求名利和地位。

(23) 我喜欢那些坚信自己的结论的人。

(24) 灵感与成功无关。

(25) 争论时使我感到最高兴的是，原来与我观点不一致的人变成了我的朋友，即使需要我放弃原先的观点也是值得的。

(26) 我更大的兴趣在于提出新建议，而不在于设法说服别人接受建议。

(27) 我喜欢一个人整日"深思熟虑"。

(28) 我往往会避免做那种使我感到"地位低下"的工作。

(29) 在评价资料时，我觉得资料的来源比内容更为重要。

(30) 我不喜欢那些不确定和不可预计的事。

(31) 我喜欢一味苦干的人。

(32) 自尊比别人敬慕更为重要。

(33) 我觉得做事力求完美的人是不明智的。

(34) 我愿意和大家一起工作，不愿意单独工作。

(35) 我喜欢做那种会对别人产生影响的工作。

(36) 在生活中，我常碰到不能用"正确"或"错误"来判断的问题。

(37) 对我来说，"各得其所""各在其位"是很重要的。

(38) 我觉得那些使用古怪和不常用的词语的作家，纯粹是为了卖弄。

(39) 许多人之所以感到苦恼，是因为他们把事情看得太认真了。

(40) 即便遭到不幸、挫折和反对，我仍能对我的工作保持原来的精神状态和热情。

(41) 想入非非的人是不切实际的。

(42) 我对"我不知道的事"比"我知道的事"印象深刻。

(43) 我对"这可能是什么"比"这是什么"更感兴趣。

(44) 我经常为自己在无意中说话伤人而闷闷不乐。

(45) 即使没有收获，我也乐意为新颖的想法花费大量时间。

(46) 我认为"出主意没什么了不起"这种说法是中肯的。

(47) 我不喜欢提出那种显得无知的问题。

(48) 一旦任务在肩，即使受到挫折，我也要坚决完成。

(49) 我不做盲目的事，也就是说我总是有的放矢，用正确的步骤来解决每一个具体问题。

(50) 表10-1列举了一些描述人物性格的词，从中挑选10个你认为能描述你性格的词。

表10-1 描述人物性格的词

精神饱满的	有说服力的	实事求是的	束手无策的	有献身精神的
有独创性的	性急的	高效的	乐意助人的	坚强的
老练的	有克制力的	热情的	时髦的	自信的
不屈不挠的	有远见的	机灵的	好奇的	有组织力的
铁石心肠的	思路清晰的	脾气温顺的	爱预言的	拘泥于形式的
不拘礼节的	有理解力的	有朝气的	严于律己的	精干的
讲实惠的	感觉灵敏的	无畏的	严格的	一丝不苟的
谦逊的	复杂的	漫不经心的	柔顺的	创新的
泰然自若的	渴求知识的	实干的	好交际的	善良的
孤独的	不满足的	虚心的	观察敏锐的	果断的
谨慎的	足智多谋的	自高自大的	有主见的	易动感情的

资料来源：曾宪达，毛园芳.新编管理学基础实训教程[M].杭州：浙江大学出版社，2009.

第二步，让学生在安静的状态下根据自己的情况进行选择。

第三步，分组讨论并对比自己与别人的创造力水平，并做好记录，如表10-2所示。

表10-2 "创造型人格测试"讨论记录

专业班级		组 别	
记 录 人		时 间	
小组成员			
讨论记录	将自己的测试结果与小组其他成员进行创造力水平对比，分析自己的不足之处		成 绩
	组员1		
	组员2		
	组员3		
	组员4		
	组员5		

　　第四步，对小组成员的各种观点进行分析、归纳和要点提炼，完成"管理创新"实训报告，如表10-3所示。

表10-3 "管理创新"实训报告

姓 名		专业班级	
学 号		成 绩	
小组成员			

　　1. 谈谈你对创新的认识。

　　2. 你认为什么样的环境和条件对于团队创新而言更为有利？

　　3. 团队创新与个人创新各有哪些优点和缺点？

　　4. 你认为自己的创新能力如何？该如何提高和改进？

　　【实训要求】学生拿到指导老师发的测试题卡后，根据自己的情况对每题做出判断，这些题没有正确答案，即它只重视过程而不是结果。做题的过程也是审视自己的过程，所以做题时不要思前想后，一切凭直觉才是最真实的，得出的结果才是最准确的。各小组成员都应学会分析记录，并积极参与讨论，发表个人观点，认真完成实训内容。实训报告要求语言流畅、文字简练、条理清晰。

　　【实训时间】大约需要40分钟。

　　【实训场地】多媒体教室。

　　【实训成绩评定】按照是否掌握管理创新的过程及组织的相关内容、能否通过游戏和讨论理解管理创新，将实训成绩分为优秀、良好、中等、及格、不及格5个等级，并对各组进行评价。

实训二：海尔的流程再造

　　【实训目标】了解海尔的流程再造。

【实训内容与要求】认真阅读案例，编写发言提纲，要求语言流畅、条理清晰。

海尔的流程再造

海尔的流程再造主要体现在两方面：一是商业模式的转型，就是从原来的传统商业模式转型到人单合一双赢模式；二是企业的转型，就是从单纯的制造业向服务业转型，从卖产品向卖服务转型。海尔商城提供的定制化服务是海尔向服务型企业转型的体现。海尔在其他制造企业还在"卖库存"的时候，转向"卖服务"，走在行业发展前沿。海尔的流程再造，颠覆了传统的企业运作模式。

一、"人单合一双赢"模式

海尔依靠互联网在第一时间了解用户需求，然后安排生产，展开营销，将传统的"先产品、后市场"模式转变为"先市场、后产品"模式，从根本上解决供需矛盾，也使企业与市场的互动更加良性。"人"是指企业的员工，"单"表面上是指订单，本质上是指用户，包括用户的需求、用户的价值，也就是把员工的价值与用户联系在一起。"双赢"指员工不根据完成任务的多少和好坏拿钱，而是由员工为用户创造的价值决定。"人单合一双赢"是为了适应互联网时代的要求提出的，因为传统的管理以企业为中心，而互联网时代以用户为中心，这是两者的本质区别。海尔利用互联网打造了一个平台，让员工在这个平台上满足用户需求，并根据信息系统提供的数据来判断员工的价值，这是海尔"人单合一双赢"模式的诞生条件。海尔利用互联网进行"人单合一双赢"的管理创新，颠覆了传统的管理模式，让用户决定生产，打造了真正意义上的企业竞争力。

二、"正三角"变为"倒三角"

与"人单合一双赢"模式相匹配的，是海尔实施的企业内部组织架构调整，即由传统的上级命令下级的"正三角"模式转变为上级为下级提供资源支持的"倒三角"模式。为了让一线员工掌握更多的主动权，海尔将组织架构颠倒过来，让领导为员工"服务"，让员工组成自主经营体，针对市场需求进行灵活决策，形成了著名的"倒三角"模式。海尔企业内部提出了两个"零"的概念：一个"零"是内部的"零"，指员工与领导之间协同的零距离；另一个"零"是指企业与用户之间的零距离。只有这两个零结合起来，企业所有员工才能高度团结，为用户创造价值。海尔把八万多名员工变成两千多个自主经营体，实际上是将市场机制引入企业内部，让企业内有小企业，所有的小企业目标一致：为用户服务。这些小企业自负盈亏，为自身创造价值的同时也为整个公司带来利益。所有的资源都直接给到一线员工，以便提升他们的产品生产和服务能力，从而为用户创造最大的价值。海尔的自主经营体有三条准则，即端到端、同一目标、倒逼体系。"端到端"是指一线经理从客户的需求出发，到客户需求得到满足为止；"同一目标"是指全体员工的目标一致，不同部门之间紧密协作；"倒逼体系"是指根据目标，所有部门承担相应的任务，必须按时按量完成。

三、"自组织"理论

海尔在自主经营体的基础上，又创造了"自组织"理论，海尔的每个自主经营体都是一个自组织，有一套完整的运作理念和运作方式。"自组织"是指在外部环境无序化的状态下，组织能够自动感应外部的变化，并做出正确的反馈。海尔的"自组织"理论包括自

创新、自驱动、自运转。自创新是指找准战略，设定目标；自驱动是指找到路径，实现目标；自运转是指建立体系，优化目标。这三者之间相互联系，相辅相成。为了激励"自组织"的员工，海尔特别划分了AB类员工，即能够在机制的引导下自创新、自驱动、自运转，持续创造AB类产品、用户的员工。AB类产品是指既给用户创造了价值，又给企业带来了高增值的产品；AB类用户是指对海尔忠诚度高、多次购买海尔产品并将海尔产品推荐给身边的人的用户。海尔还提出了"自主挣薪"的概念，让员工自己决定自己的薪酬，只要为用户创造了足够的价值，就可以拿到高薪。每一位海尔人都要填三张表格，即损益表、日清表、人单酬表。根据这三张表格，员工可以享受相应的待遇。海尔对自主经营体的要求是：缴足公司利润，挣够市场费用，自负盈亏，超利分成。依靠自组织模式，海尔使每一位员工的能力发挥到极致。

【实训步骤】

第一步，实训准备。每个人认真阅读并分析案例，初步了解本次实训涉及的理论基础知识。

第二步，以小组为单位进行案例分析，各小组成员充分发表个人观点。

第三步，对小组成员的各种观点进行记录，如表10-4所示。

表10-4　"海尔的流程再造"案例分析记录

专业班级		组　　别	
记　录　人		时　　间	
小组成员			
讨论记录	1.海尔的流程再造的优势体现在哪些方面？产生的条件有哪些？ 2.请运用创新理论来分析海尔的流程再造		成　　绩
	组员1		
	组员2		
	组员3		
	组员4		
	组员5		

第四步，各小组选出一名代表发言，对小组讨论结果进行总结。

第五步，对小组成员的各种观点进行分析、归纳和要点提炼，填写案例分析发言提纲，如表10-5所示。

表10-5　"海尔的流程再造"案例分析发言提纲

姓　　名		专业班级	
学　　号		成　　绩	
小组成员			

1.简述本资料的总体分析思路。

2.根据资料，谈谈你对管理创新的认识。

3.尝试用管理创新理论分析海尔的流程再造。

【实训时间】大约需要30分钟。

【实训场地】多媒体教室。

【实训成绩评定】

按照是否掌握管理创新理论、能否理解管理创新的内涵和运用方法，将实训成绩分为优秀、良好、中等、及格、不及格5个等级，并对各组进行评价。

实训三：苏宁的O2O之路

【实训目标】了解互联网条件下苏宁的创新之路。

【实训内容与要求】认真阅读案例，编写发言提纲，要求语言流畅、条理清晰。

苏宁的O2O之路

苏宁是一家体量庞大的零售企业，它在零售O2O领域进行了漫长又独特的探索：在线上方面，苏宁从2009年开始启动营销变革，上线B2C网购平台"苏宁易购"，开启互联网转型之路，2015年8月10日又与阿里巴巴携手互相入股；在线下方面，苏宁经过25年的发展和积累，已有超过1700家门店，数千个售后服务网点以及下沉到四五线城市的服务站，还有布局全国的物流体系。为提供更佳的用户体验，苏宁对线下门店做了很多尝试，改变了传统线下门店的形象。

第一，开放门店拍照。由于电商的冲击，在购买大件物品时，消费者希望能够现场体验产品，同时又因为网上购物价格的优势，不少百货商超实体店都沦为电商的线下体验店。商家为减少损失，只能禁止消费者在门店内拍照。互联网思维崇尚的是开放与免费，着力转型O2O的苏宁选择了放开门店拍照的限制。

第二，门店销售流程的全面互联网化。全面互联网化的门店可以不受限制地展示所有苏宁易购平台上的商品，用户既可以通过导购员的讲解又能通过在线商城了解商品信息、用户评价等，多种自助及移动支付方式让消费者不用排队等待。同时，用户在线上购物时，还可以选择在最近的门店内提货等。

第三，营销的互联网化。转型O2O的苏宁在营销方面做了很多探索。比如，用免费贴膜把消费者引流到门店内。手机膜的成本很低，需求量却越来越大，消费频次很高。苏宁用免费——这一颇具互联网思维的方式得到了消费者的欢迎和认同，同时也让消费者在无形中建立了对苏宁的好感。

另外，从2013年开始，苏宁每年都在11月份举办线上线下融合的苏宁O2O购物节，在商品、价格、活动、数据、体验、入口、服务等方面实现线上线下协同，为消费者打造全渠道购物方式。在移动互联网时代，线上线下的深度融合越来越成为共识。苏宁V购就是苏宁O2O融合的产物，针对消费者提供私人专属的一对一全程导购、售后保姆服务，使消

费者在购物时更加省时、省力、省钱、省心，从而提高用户体验。苏宁打通会员体系，通过线下扫码的方式，与线上同步进行优惠补贴，同时消费者线上下单也可实现线下取货。苏宁已由单一的线下渠道商变为线上线下融合的互联网零售渠道商，产品也从单一的3C和家电品类，拓展到包括超市、百货、母婴等在内的全品类。这就是苏宁独有的O2O模式，即"一体、两翼、三云、四端的互联网零售模式"。一体，是坚持"零售"的本质。顾客服务、商品经营的零售本质不变，运用互联网、物联网、云计算等新工具，让商品经营模式和顾客服务方式迎合时代需求，持续创新。两翼，指"线上苏宁云台"和"线下苏宁云店"。云台向社会开放企业前后台资源，促进商品的良性流动；云店围绕本地生活，创建顾客服务场景。三云，即把零售企业的"商品、信息和资金"这三大核心资源社会化、市场化，建立面向供应商、消费者以及社会合作伙伴开放的物流云、数据云和金融云。四端，分别对应POS端(实体门店)、PC端、移动端、电视端。为用户体验苏宁O2O零售，打破时间、空间限制，最大限度地呈现"一体、两翼、三云"的成果。

在从传统的连锁零售商转型O2O的路上，苏宁改变了传统的形象，它的O2O之路还将继续。

资料来源：https://www.iyiou.com/p/20241/. 有改动

【实训步骤】

第一步，实训准备。每个人认真阅读并分析案例，初步了解本次实训涉及的理论基础知识。

第二步，以小组为单位进行案例分析，各小组成员充分发表个人观点。

第三步，对小组成员的各种观点进行记录，如表10-6所示。

表10-6　"苏宁的O2O之路"案例分析记录

专业班级		组　别	
记录人		时　间	
小组成员			
讨论记录	1. 苏宁O2O模式效果如何？其创新之处体现在哪里？ 2. 苏宁O2O模式是否适合所有同类企业？在什么条件下才有效？为什么？ 3. 试预测苏宁O2O模式的发展前景		成　绩
	组员1		
	组员2		
	组员3		
	组员4		
	组员5		

第四步，各小组选出一名代表发言，对小组讨论结果进行总结。

第五步，对小组成员的各种观点进行分析、归纳和要点提炼，填写案例分析发言提纲，如表10-7所示。

表10-7　"苏宁的O2O之路"案例分析发言提纲

姓　　名		专业班级	
学　　号		成　　绩	
小组成员			

1. 你认为苏宁O2O模式效果如何？其创新之处体现在哪里？

2. 苏宁O2O模式是否适合所有同类企业？在什么条件下才会有效？为什么？

3. 试预测苏宁O2O模式的发展前景。

【实训时间】大约需要30分钟。

【实训场地】多媒体教室。

【实训成绩评定】

按照是否理解和掌握创新理论和创新方法、能否运用创新理论分析案例，将实训成绩分为优秀、良好、中等、及格、不及格5个等级，并对各组进行评价。

本章主要参考文献

[1] [美]约瑟夫•熊彼特. 经济发展理论[M]. 郭武军，吕阳，译. 北京：华夏出版社，2015：58-65.

[2] 柳御林. 技术创新经济学[M]. 2版. 北京：清华大学出版社，2014：120-125.

[3] 仲伟俊. 企业技术创新管理理论与方法[M]. 北京：科学出版社，2017：170-176.

[4] 雷家骕，洪军. 技术创新管理[M]. 北京：机械工业出版社，2012：150-173.

[5] 周三多，陈传明. 管理学：原理与方法[M]. 6版. 上海：复旦大学出版社，2014：357-365.

[6] 赵炎. 创新管理[M]. 2版. 北京：北京大学出版社，2017：64-69.

[7] 方振邦，鲍春雷. 管理学原理[M]. 北京：中国人民大学出版社，2014：269-275.

[8] 陈传明，周小虎. 管理学原理[M]. 2版. 北京：机械工业出版社，2012：349-358.

[9] 曾宪达，毛园芳. 新编管理学基础实训教程[M]. 杭州：浙江大学出版社，2012：285-288.

第十一章　综合实训

学习目标

➢ 通过对企业管理案例的学习，分析企业管理成功与失败的原因，并能从这些案例中总结出企业管理技巧；
➢ 理解和掌握管理学的相关理论；
➢ 掌握分析和解决具体管理问题的方法；
➢ 提高分析和解决具体管理问题的能力。

教学要求

(1) 课前熟悉材料。学生在课前详细阅读案例材料，并做出书面分析，完成课后作业并上交。

(2) 案例阐述。上课时请几名学生阐述案例。教师就案例中的内容当场提问，以检查学生对案例的熟悉程度，形成初步认识。

(3) 课堂内小组讨论。将4～6名学生分为1组，小组成员集中讨论案例材料。将每个成员在熟悉材料时发现的问题集中到一起，相互补充，综合分析问题关键所在，提出解决问题的方案。加强小组的组织与管理，要求组长或小组指定代表记录各成员的观点并总结。

(4) 阐述小组观点。由各组代表上台向全班同学阐述本小组的观点，比较各小组观点的差异性。要求发言同学注意风度、言辞，有条理地阐明小组的见解。

(5) 提问和回答。对各小组的观点，其他同学如有不同看法，可及时提问，要求提问与本案例有关的问题。发言的同学当场回答，允许别人补充回答。通过全体同学的辩论，比较各自解决问题的方案或观点，来突出较为正确的见解。

综合案例分析一：高科技人才的管理

■ 一、案例材料

2015年10月的一天，启明公司会议室的氛围比较沉闷。郑总经理、人力资源部蔡经理和新进公司的15名技术人员正在进行严肃的对话。

郑总经理："听说你们要集体辞职，能把你们的想法告诉我吗？"

回答他的是一片沉默。

郑总经理："这段时间以来，公司业务发展很快，平时我忙于处理各种事务性工作，一直没有抽出时间来关心你们，很抱歉。今年能从我向往的名牌大学中招到你们，你们愿意来我们公司，我非常高兴，也非常重视你们，不希望你们离开。"

还是一片沉默。

郑总经理："今天我真心诚意来听取你们的想法和意见，有什么话大家尽管说，我尊重大家的各种想法。"

会议室内稍有动静。

甲开口："今年4月份贵公司到我们学校招聘，出于毕业后有所作为的想法，我们慕名来到这里。但是，公司的管理令我们感到很失望。从进公司的第一天起，我们只是接受任务，一天到晚埋头干活，干得不明不白，无从了解我们工作是为了什么。"

乙接着说："招聘的时候，林经理(林经理是某项目的负责人，被临时抽调去招聘新员工)承诺的工资是4 000元/月。7月23日，我们来报到，方知试用期工资仅2 000元/月。月底拿到的第一份工资是按天计算的，8天总计516元，这无疑给我们泼了一盆凉水。第二个月的工资，扣掉有关人事手续费100元，午、晚餐伙食费400元，再扣掉住宿费300元，到手的仅有1 200元。工资并不是最重要的，但这种计算报酬的方法是对我们的轻视，也是对我们母校的公开蔑视，我们会告诉母校以后不要推荐同学来这里工作。"

丙也开口了："你们这么斤斤计较，按天付酬，我们也只好按小时来计算工作。以往我们为了完成项目，考虑到工作的连续性，经常自愿加班到晚上12点。我们愿意这么做，也从工作中得到不少乐趣。但我们现在学乖了，不必那么卖力，到了下班时间，该下班就下班。我们清楚手上的项目要在10月10日前完成，但现在明确告诉你，就是到了年底也交不了差。"

甲又说："不过，我们已经商量好了，现在暂且不辞职。等学到本领后，再离开这里。"

听到这里，郑总经理说："谢谢你们都讲了真心话。公司成立两年来，我和几个副总经理白手起家、奋斗打拼，才有今天的局面。由于订单做不完，我们一直没有时间认真考虑管理上的问题。前些日子，我碰巧听了一场有关人力资源管理的讲座，深受启发。回来后，我马上成立了人力资源部，还聘请了省委机关部门的处长来负责企业管理部，你们看(指着人力资源部蔡经理)，我还请来一位受过正规MBA教育的研究生来帮助我制定各项规章制度，希望能做到公司所有成员和公司一起发展。现在，提高管理水平是公司迫在眉睫的事情。请你们相信我，给我一段时间，我会做得让你们满意，你们先回去安心工作。"

技术人员离开后，郑总经理回头对蔡经理说："你一定要帮帮我，把他们的积极性马上调动起来。"

蔡经理回到办公室后，开始分析公司的基本情况，并着手开展问卷调查计划。

■ 二、企业概况

启明公司是专门从事计算机软件开发的民营高科技企业。两年前，郑总经理和另外4名技术人员共同筹资成立该公司。目前，该公司在全国拥有10家分公司，职工417人(见表11-1)，大部分人员都是技术出身。

表11-1 启明公司人员结构表

年龄结构	25岁以下		26~35 岁		36~45岁		46岁以上	
	299 人	71.7%	104 人	24.9%	12人	2.9%	2 人	0.5%
文化结构	硕士以上		本科毕业		大专毕业		中专毕业		高中毕业	
	19 人	4.5%	238 人	57.1%	84人	20.1%	63 人	15.1%	13 人	3.1%

启明公司根据项目来设立负责人，形成柔性的组织结构(见图11-1)。除了4个副总经理和5个职能部门，其他成员的责任随项目变化而变化。所有员工均通过各种渠道招聘而来，部门经理年龄为26~30岁。

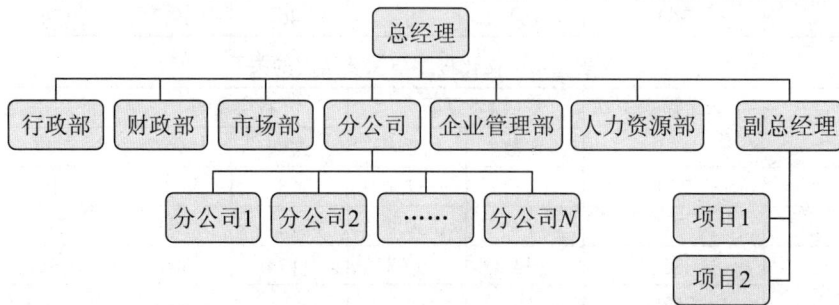

图11-1 启明公司组织结构图

(1) 公司的报酬政策。在报酬管理方面，公司实行保密工资制，由总经理和职工直接商定职工的工资。工资确定后，员工之间不得相互打听，不得泄露各自的工资收入额。基本可以说，整体工资管理事务完全由总经理控制，除财务部外，其他人无从了解工资确定的标准和发放的依据。据不完全数据估计，员工的工资水平为：①试用期(3~6个月)，本科生2 000元/月；大专生：1 500元/月；②试用期合格后，一般技术人员可达4 000元/月；③中高层管理人员6 000元/月左右；④技术骨干及高级管理人员则无法估计。

(2) 公司的福利情况。由于年轻职工多来自外地，公司就近租用公寓，采取补贴的方式为他们提供住宿，每套两室一厅住4人，每人每月交300元的住宿费。另外，公司提供午餐和晚餐，价值600元，每人收取400元伙食费。企业还为员工按国家规定办理了社会保险，并在企业内部建立了医疗互助基金会。除此之外，尚未有更多的考虑。

(3) 人员考核的管理。会司对人员的考核形式较为简单，到了年终，一张大白纸分两栏，其中一栏由员工自己填写个人鉴定，另一栏则由小组负责人填写小组评价，由此得来的结果是所有人员的考核结果基本一样。

三、问卷调查结果

为了全面了解员工需求,蔡经理开展了一次"企业现有激励方法调查"。问卷按3种类型的需要进行统计:第一类是物质需要,包括工资、奖金、福利待遇、工作条件及稳定性等;第二类是社会需要,包括归属感、友谊、人际关系、被人尊重与承认、领导的认可及领导水平等;第三类是发展需要,包括潜力的发挥、成就感、自我发展、工作本身的意义等。调查问卷发出400份,回收有效问卷363份,调查结果如表11-2、表11-3所示。

表11-2 年龄结构与需要层次的关系

年龄 \ 需要层次	人数	物质需要		社会需要		发展需要	
		人数	比例/%	人数	比例/%	人数	比例/%
25岁以下	263	109	41.5	27	10.3	127	48.2
26~35岁	89	27	30.3	16	18	46	51.7
36~45岁	9	5	55.6	3	33.3	1	11.1
46岁以上	2	2	100	0	0	0	0
合计	363	143	39.4	46	12.7	174	47.9

表11-3 文化程度与需要层次的关系

年龄 \ 需要层次	人数	物质需要		社会需要		发展需要	
		人数	比例/%	人数	比例/%	人数	比例/%
本科以上	224	71	31.7	15	6.71	138	61.6
大专毕业	71	28	39.4	12	16.9	31	43.7
中专毕业	56	34	60.7	17	30.4	5	8.9
高中以下	12	10	83.3	2	16.7	0	0
合计	363	143	39.4	46	12.7	174	47.9

资料来源:何国玉.人力资源管理案例集[M].北京:中国人民大学出版社,2004:10-12.

四、案例分析题

(1) 启明公司在招聘环节有没有漏洞?

(2) 保密工资的制度有什么得失?是否需要改变?

(3) 表11-2与表11-3中的数据说明了什么问题?

(4) 启明公司在沟通方面是否需要改善?如何进行?

(5) 启明公司可以通过哪些手段来扭转目前的管理困境?

【教学用途】

本案例属于综合性管理教学案例,适用于人力资源管理中有关激励、薪酬制度、考核制度、招聘等章节的课程教学,也适用于企业计划的制订和实施及目标管理章节的课程教学。

【分析要点】

(1) 人的需要是多样化的,有表象的,也有内在的。案例中,15名技术人员表面上是

争取工资，实质上是表达了他们对成就、尊重等的追求。

(2) 启明公司的薪酬、招聘、培训等方面都存在一定的问题，并随企业的发展而日益突出。

(3) 管理不仅需要规章制度，还需要创造并维持一种环境。在此环境里，大家会为了完成共同目标而努力工作。

(4) 设计合理的激励机制是领导者应具备的能力，也是公司留住人才的重要手段。

综合案例分析二：一个成功企业家的困惑

■ 一、案例材料

伟业集团公司是一家大型综合性主营铜冶炼加工的企业集团，拥有16亿元资产，下属9家境内独资或控股子公司、4家境外独资公司。伟业集团最近投资2亿元购入中原铜加工厂的一条板带连铸连轧生产线，该生产线是中原铜加工厂花了近6000万美金从德国购进的，由于缺乏配套设备和流动资金，该生产线一直闲置，日损失数万计，企业不得不忍痛割爱。伟业集团在生产线购入后3个月内就生产出第一批优质铍青铜带，并直接出口美国，效益十分可观。企业经营状况良好，前景一片光明，公司决定实施低成本扩张战略，已成功兼并几家关联企业，按计划将在5年内成为中国铜业的霸主。对此，年届不惑的集团老总胡董充满信心。然而，深谋远虑的胡董并非盲目乐观之人，他隐约感到公司似乎正处在某种生死攸关的嬗变阶段，许多问题操作起来都不如以前那么得心应手，第六感告诉他，潜在的危机越来越大。经过几天的冥思苦想之后，他请来了新近担任公司高级人事顾问的杨教授。

此时，杨教授正坐在一间非常简陋的办公室里，如果不是门口挂的牌子上赫然写着"总经理办公室"，他还以为自己走进了一间乡村中学教师的办公室，屋内有一张书桌、一把椅子、一张单人床。办公室内有一扇门直通隔壁会议室，公司全体高层管理干部正在开会，门未关严，烟味呛人，在激烈的争论声中，胡董的声音最洪亮。

"真不可思议，这就是一个拥有16亿资产的大型企业集团的高层会议室，这间屋子里的决策者竟然没有一个受过正规的高等教育。"即便杨教授是长年泡在企业里为企业提供各类咨询服务的实务型管理专家，也不得不惊叹于家乡这一知名企业迅速崛起的奇迹。凭经验，他感觉此行担子不轻，也预感到面临的可能是中国当代企业遇到的典型难题，不由得涌起一股无法形容的激动与兴奋……

两个星期后，通过与公司所有高层管理成员的深入接触，以及一系列规范化的调查分析，杨教授带着经研究小组反复讨论的初步诊断意见，与胡董花了一整天时间就有关重要问题专门探讨并交换意见，初步得出以下研究纲要。

二、企业概况

伟业集团创业25年，逐渐发展成为一家以铜冶炼加工为主体，多行业并存，集科、工、贸、服务于一体的大型跨国集团。公司在岗职工3 500余人，资产总值16亿元，其中固定资产11.5亿元。公司形成了10万吨冶炼、10万吨电解铜、10万吨铜加工材的生产能力。产品有各类铜及铜合金板、带、管、棒、线材系列。2007年实现工业总产值19.5亿元，利润1.6亿元。该公司铜冶炼加工综合能力位居全国第4位，是铜加工行业中具备一定竞争实力的企业之一。该公司产品已通过ISO 9000认证，铜锭取得了进入伦敦金属交易所(LME)的免检资格，公司也成为上海金交所的会员单位并取得两个席位。集团公司下属的独资或控股子公司有13家，其中9家为境内企业，4家为境外企业，基本情况见表11-4。

表11-4　伟业集团子(分)公司构成状况

分公司、控股子公司	企业性质及集团公司股权	职工人数及在集团公司地位	主要业务领域及产品	技术装备水平
1. 资产经营公司	分公司	50人	房地产等	
2. 进出口公司	分公司	50人	原料及废渣铜进口，铜产品出口	
3. 有色合金厂	分厂	400人，主干企业	精铜冶炼，铸锭	国内先进
4. 伟业贸易分公司	分公司	60人	国内供销及贸易	国际先进
5. 伟业复合金属有限公司	中外合资控股公司，51%	600人，主干企业	铜板带(复合)	国际先进
6. 伟业铜带有限公司	中外合资控股公司，51%	500人，主干企业	紫铜板带	国际先进
7. 伟业管棒有限公司	中外合资控股公司，70%	400人，主干企业	管棒铜材	国内先进
8. 伟业电缆有限公司	全资子公司，100%	400人，主干企业	电线电缆	国内先进
9. 江兴铜业公司	中外合资、控股子公司，70%	300人，主干企业	铜板带材	国内先进
10. 伟业冶炼有限公司	中外合资、控股子公司，51%	400人，主干企业	电解铜	国内先进
11. 伟业上海保税区贸易公司	全资子公司	50人		
12. 伟业深圳贸易公司	全资子公司	49人		
13. 美国鑫金属有限公司	境外全资子公司	39人		
14. 澳洲鑫金属有限公司	境外全资子公司	15人		
15. 墨西哥四达有限公司	境外全资子公司	20人		
16. 中国香港四达有限公司	境外全资子公司	30人		
集团公司总部		200人	管理、研究及后勤服务等	

伟业集团是先有一个核心企业，再由"核"扩散发展起来的，产权纽带紧密，实质上属于一种较典型的母子控股公司模式。集团公司对下属子公司的经营战略、重大投资决策和人事任免均有绝对控制权。胡董是集团公司董事长兼总经理，又是所有二级控股(独资)公司的董事长、法人代表。集团公司总部管理班子十分精干，总共不到80人。"新老三会"在职能上实际是交叉互兼的：党委会、工会与职代会的主要领导是监事会的主要成员，集团董事会是最高权力和决策机构，由集团正副总和各二级公司总经理组成的理事会实质上是协商和执行机构，无决策权。这是一种较典型的中小型企业集团的管理模式。

在职能部门设置方面，董事会下实际上只有董事会办公室是实体，其职能并未与董事会的需求相吻合；理事会的"一办四部"是最近才设立的，职能也未明确界定。从人员配置上看，各部部长都是由对应的主管副总兼任，形式上是"直线—职能"模式，实质上是职能式组织模式，即职能部门除了能实际协助所在层级的领导人工作外，还有权在自己的职能范围内向下层人员下达指令。这种模式运行起来可能会不利于集中统一指挥，各副总之间协调工作量大，主要负责人易陷入事务性工作之中，不利于责任制的建立和健全。公司组织机构变动频繁，高层管理人员的职位更迭频繁，许多高层经理都弄不清公司现在的组织结构，杨教授三易其稿才确定了如图11-2所示的集团公司最新组织结构图。

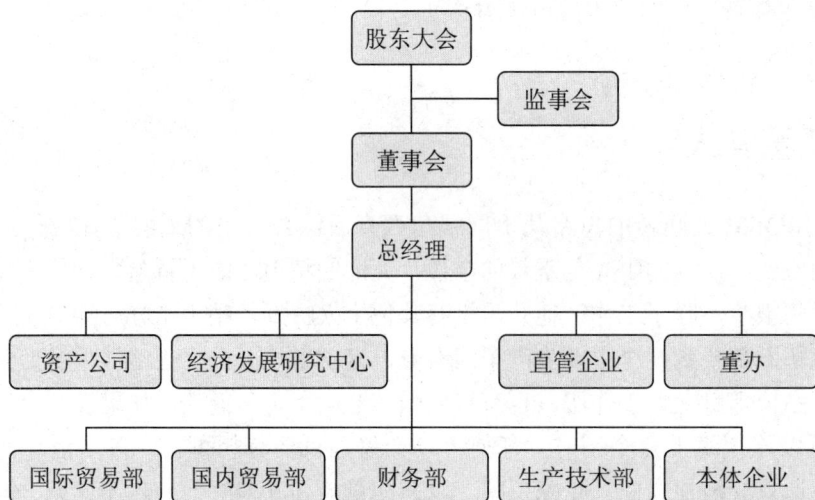

图11-2 伟业集团公司组织结构图

三、成功经验

胡董最得意的事情就是他成功的用人之道。只有小学文化程度的胡董最喜爱《三国演义》和《毛泽东选集》这两套书，他能随意指出某一段故事在书的第几章、第几页。刘备的"尊老敬贤"与毛主席的群众路线思想是他用人的主要原则，公司内部处处体现了他的"仁德""民本"和"重义""尊贤"思想。集团公司专门成立的总工程师办公室(总师办)完全不同于其他企业作为职能部门的总工办，它由几位专职工作人员管理着从全国聘请来的56位铜冶炼、加工专家，其中有11位是国家级有突出贡献的专家，18位曾担任国有大中型铜冶炼加工企业的厂长、副厂长或总工，公司为他们专门修建了高级专家公寓楼，并为每一位专家配备了一名专职服务员。专家的月薪从6 000元到数万元不等，在进入企业时由双方商定，没有统一的标准。此外，胡董还根据各人的贡献大小以红包形式发放奖金。他们都有具体的岗位，总师办只负责其生活后勤管理及参谋咨议的组织工作。胡董把他们统称为"军师"，对他们十分尊敬。

跟随胡董一起打天下的一班老功臣最叫人头痛。他们历经艰辛，劳苦功高，但大多数

文化水平低，又居功自傲，排斥外来人才和年轻人。矛盾尖锐时，胡董亲自出面调解都不管用。为此，几经周折，胡董终于下决心于2006年进行了一次全面清理，对在公司工作时间较长的员工逐一"论功行赏"，根据工龄、职位和贡献大小，一次性"买断功绩"：最早跟随胡董创业的元老每人得到一栋小别墅；8年以上工龄者可得到一笔可观的奖金；工作5年以上者则各得到一份以工龄为依据的退休保险单，可以每月从银行支取一笔固定的收入。同时，所有管理者和员工都下岗，胡董组织专门力量根据"能力面前人人平等"的原则，按工作需要重新聘用员工。此举使公司的许多外来优秀人才和年轻人脱颖而出，从而开创了公司2006年后快速发展的新局面。胡董对这一决策颇为自得，认为历史上李自成没有解决的难题，在他手上成功地解决了。他表示，以后每隔5年都要清理一次，以保持公司的活力。

■ 四、胡董其人

杨教授按360°大回转的思路从不同视角调查后综合列出胡董的秉性特征：敏捷的思维，快速的应变，犀利的眼光，坚毅的个性，充沛的精力，敢于冒险，行事果断。胡董每天的休息时间很少，除了工作，他几乎没有其他个人嗜好，精力十分充沛，是一个典型的工作狂。他每天都要到几个主要生产车间看看，喜欢现场办公，也常常现场处分员工。公司上下都熟悉他那身灰色工作服，也有点惧怕他。胡董十分健谈，如果没有事情迫使他停下来，他可以连续说上几个小时。任何一场会议，只要有胡董在，自始至终他都是发言人，别人讲话总会被他打断。专家反映，以前胡董能静下来听他们陈述意见，但现在似乎越来越没耐心了，他们只好采用书面形式对一些重大问题提出意见，但胡董又不太喜欢看书面报告，对此他们十分苦恼。好在胡董思维敏捷、反应快，总是能及时发现问题并立即调整方案，化险为夷。管理层普遍反映难以跟上胡董的跳跃式思维、难以沟通，但也基本形成一个共识：按胡董的意见办，准成。

■ 五、面临的困惑

从胡董自身的角度来说，他请来杨教授，主要是为了解决以下3个难题。

(1) 集权分权问题。胡董觉得自己太累了，每天签审公司上下报账的财务票据就要花2个小时，公司其他大小事情几乎都要他拍板，总有做不完的事。他每天平均只睡3个小时，最近就有两次晕倒在办公室，再这样下去肯定不行。

当杨教授听说公司采购员报销差旅费也要胡董亲自签字时，不禁惊讶地问："其他副总和部门负责人怎么不为您分忧？不分权怎么能经营这种大型企业？"胡董敏感地解释道："我也懂得要分权，而且曾坚决奉行'用人不疑'的原则，可是教训太大了。2005年放权，贸易公司经理用假提单卷走了980万元人民币，至今没有下落，我只得集权。这样工作不到2年，身体实在受不了，只好再度放权，没想到这次是总经理携款1500万元跑到国外去了，他还是我的亲戚、公司的创业元老，我只好再次集权。如今是董事长、总经理

一肩挑，每天上午 8:00—10:00就成了审批资金报告的专门时间。我知道这不是长久之计，但现在实在不知道该相信谁、该怎么办。到底人家外国人是怎么分权的？请你帮我筹划一下。"

(2) 决策风险问题。公司越做越大，大小决策的责任都集中在胡董身上。"我总是胆战心惊的，"胡董恳切地说，"过去我拍板下去，涉及的资金少的只有几千元，多的也就几万、几十万元；现在任何决策动辄几千万元甚至上亿元，弄不好就要全军覆没。我心里没底，但也得硬着头皮拍板。我表面故作轻松，其实心理压力特别大。这不，才四十岁，头发几乎全白了。"

(3) 控制问题。在深入的交谈中，胡董向杨教授剖白了心迹："外面的人总以为我在公司里是绝对权威，甚至耀武扬威、随心所欲，其实我感觉要控制这家公司是越来越困难了。过去，我给员工发一个小红包、拜个年，就会得到员工真诚努力的回报。近年来，尤其是2005年有关部门界定我个人在公司的产权占90%、镇政府只占10%后，员工的心理似乎在悄悄发生变化，过去最亲密的战友都和我疏远了，他们表面上工作很努力，实际上大多是在应付我。我给他们的工资一加再加，现在高层经理年薪为20万~30万元，还给每人配备了专车、司机和秘书，但他们就是提不起劲。现在公款消费和浪费的现象也开始在公司蔓延，原有民营企业的优势正在逐步消失，两起携款外逃事件似乎是必然的，而且以后还可能发生类似事情。我感觉我的公司在全面地腐化堕落。更糟的是，我控制不了局面，面对这个庞大的公司感到无能为力，我对公司前景感到害怕……

资料来源：厉以宁，曹凤岐. 中国企业管理教学案例[M]. 北京：北京大学出版社，2000.

六、案例分析题

(1) 你对胡董"买断功绩"的做法如何评价？请你帮助伟业集团制定激励机制。

(2) 你认为胡董应如何分权？请你帮助公司设计科学的决策制度。

(3) 你将如何设计伟业集团的管理模式？

(4) 你将如何制定并实施企业经营理念？

(5) 如果你是咨询专家，你将如何帮助企业有效地解决案例中提及的3个难题？

【教学用途】

本案例属于综合性管理教学案例，可以加深学生对组织模式、集权分权问题的认识和理解，帮助学生切实理解人本主义管理与组织结构的密切关联。适用于组织结构设计、激励制度、企业文化建设、决策制定、组织变革以及管理创新等章节的课程教学。

【分析要点】

(1) 公司正处于一个重要的嬗变阶段，出现了特有的"企业中老年期嬗变综合征"。

(2) 企业管理模式已不再适应日益壮大的现代大企业的内在需要。

(3) 公司缺乏优秀企业文化的支撑，不能对员工形成强有力的向心力和凝聚力。

(4) 公司必须全面重构现代化企业管理基础，实施系统的管理革新。

综合案例分析三：海底捞的世界

▋ 一、案例材料

海底捞餐饮有限责任公司是一家以经营川味火锅为主，集餐饮、火锅底料生产、连锁加盟、原料配送、技术开发于一体的民营企业。自1994年成立以来，该公司以其自然朴实的服务、真诚热情的待客之道、"融合川人川味、蜀地蜀风"的文化特色获得了消费者的欢迎，发展迅速，在竞争激烈的火锅餐饮行业取得了骄人的业绩。目前，公司已在北京、上海、西安、郑州、天津、南京、杭州、深圳等21个城市拥有82家直营店，拥有员工19 000余人，有4个大型现代化物流配送基地、1个底料生产基地和1个羊肉厂。

▋ 二、企业经营特色

(一) 致力于顾客满意的服务

许多人去海底捞就餐，并不是因为它口味独特，而是冲着它的服务去的。海底捞的服务颇具特色，从以下这些方面可见一斑。

(1) 充满乐趣的等待。就餐排队通常会让顾客厌烦。一般的店家都是让顾客在座位上干等，最多送一杯水。在海底捞，等待充满了乐趣。当你在海底捞等待区等待的时候，热心的服务员会立即送上西瓜、橙子、苹果、花生、炸虾片等各式小吃，以及豆浆、柠檬水、薄荷水等饮料(都是不限量免费提供)。这里还可以打牌、下棋，免费上网冲浪，甚至可以免费修剪指甲、擦皮鞋。排队等位成为海底捞的特色和招牌之一。

(2) 节约当道的点菜服务。如果客人点菜的量过多，服务员会及时提醒。服务员还会主动提醒客人，各式食材都可以点半份，客人花同样的价钱可以享受到两样菜品。

(3) 及时到位的席间服务。服务员在席间会主动为客人更换热毛巾，次数绝对在两次以上；会给长头发的女士提供橡皮筋、小发卡；会给客人提供小塑料袋装手机以防进水；戴眼镜的朋友如果需要，还可以赠送擦镜布；此外，为就餐者提供的围裙更是一道靓丽的风景。

(4) 儿童天地。带孩子去餐馆经常使父母感到为难，有时候淘气的孩子会破坏就餐的氛围，让原本美味的食物索然无味。为此，海底捞创建了儿童天地，让孩子们可以在这里尽情玩耍。服务员可以免费带孩子玩，还可以帮忙给孩子喂饭，让父母安心吃饭。

(5) 小恩惠。一般的餐馆在饭后会送上一个果盘，但在海底捞，如果你向服务员提出再送一个果盘的要求，他们会面带笑容地说没问题，随后立即从冰柜里拿出果盘奉送给你。

(二) 致力于员工满意的管理

海底捞的这些服务细节并不难模仿，但其员工的热情和对客人的贴心服务不是一朝一

夕可以复制的。海底捞的管理层懂得，要支持这样的服务，并不能一味对员工提出要求，而是要做好员工工作，让员工愿意在这里干，觉得在这里工作有意义、有价值。大多数企业都认为"顾客"就是最终购买和使用公司产品或服务的那些人，而海底捞则视其服务员为"内部顾客"，并且认为让"内部顾客"满意是实现"外部顾客"满意的前提。在管理方面，海底捞倡导"双手改变命运"的价值观，为员工创建公平、公正的工作环境，实施人性化和亲情化的管理模式。为此，海底捞建立了一套完整的、有特色的员工管理体系。

1. 轮岗和晋升

餐饮行业的大部分岗位都要从事单调的重复性劳动，长时间工作很容易产生厌倦感。为了最大限度地避免这种情况发生，让员工"快乐工作、微笑服务"，海底捞推行轮岗制。员工可以在工作组内自由地调换岗位，也可跨组调换，但要经店面经理同意。轮岗制使员工不再局限在一个岗位上，丰富了工作内容，有助于员工保持对工作的新鲜感，可以让员工学习和掌握更多的技能，成为多面能手。员工体会到工作、学习和成长的快乐，在很大程度上会消除因工作内容单调而产生的枯燥感和厌倦感。

海底捞一直践行"平等主义"，从服务员到大区经理甚至副总经理，能者居之，任何人都有可能通过自己的努力成为管理者，不具备管理才能的人也可以通过认真工作成为"功勋员工"，收入与店长差不多。海底捞现任的高管团队都是从服务员一步步做起的，这些例子对普通员工形成巨大的激励。

2. 薪酬与福利

海底捞实行薪酬领先战略，员工收入在同类企业中处于领先地位，整体高出平均水平10%～20%。海底捞还给员工提供了比较丰厚的福利，主要包括员工保险、廉价员工集体公寓、免费的集体食堂、家政服务、每月的带薪休假、重大节日的公司礼品等。高级别员工还可以得到给父母的赡养金和给儿女的教育补助金，管理层定期进行员工家访。

海底捞员工可以住在市区居民楼而非地下室，还可以享受免费的家政服务。公司有专门的家政服务人员，负责员工宿舍的日常清扫以及员工衣服、床单、被褥的清洗等。这项福利成本不高，效用却很显著。一方面，辛苦一天的员工夜晚回到宿舍，不必再为洗衣服或洗床单而发愁，也不必再为整理宿舍而烦心，节省了员工的体力、精力，有利于第二天工作时有一个好心情。另一方面，家政服务让他们也"享受"到被别人服务的感觉，感受到公司对自己的重视和自身的价值，有利于他们以一种平和、平等的心态而非自卑、压抑的心态去为顾客服务。

海底捞的高薪酬和高福利策略既有利于吸引优秀人才，也有利于增强现有员工的安全感和稳定感，有利于增强员工的自尊、自信，有利于员工"快乐工作、微笑服务"。

3. 考核与奖惩

(1) 考核。海底捞员工的考核指导思路是：正面激励为主，负面激励为辅；奖励为主，惩罚为辅，惩罚只是一种象征性手段。海底捞的考核方法主要是关键事件法，主管将员工的平时表现记录下来作为考核依据，记录的内容包括：是否受到顾客的评价，评价内容，同事的评价，上级的评价。然后主管根据这些内容对员工进行粗线条、不定期的考核。这种考核思路和方式营造了宽松的管理氛围、和谐的工作环境，是员工能"快乐工

作、微笑服务"的一个基础性条件。

(2) 奖励。海底捞每个月评选一次先进员工并发放奖金。海底捞的员工多数来自农村,他们面对城市生活的各种挑战,他们内心有骨气,重视名誉,渴望得到他人的认可和尊重。"标兵""先进员工""优秀员工"这些称号对他们而言或许比奖金更为重要,这些称号满足了他们的精神需要,让他们感觉到公司对他们的认可和尊重,有效地激发了他们的工作热情和积极性。同时,优秀员工还具有榜样效应,可以激发其他员工向榜样学习、向榜样靠拢。

海底捞专门设立了创新奖,奖金为10~1 000元不等。创新奖主要通过每天一小时的午会制度来实现。所有员工,包括卫生间的保洁员在内,都平等地坐在一起。会议形式类似头脑风暴,员工争相举手发言,把工作中存在的问题以及自己的解决方法都提出来。如果建议得到认可并付诸实施,则会获得创新奖。会议的主持人由店面经理担任,他可以叫出每个员工的名字,其中既有工作10年以上的老员工,也有进店不到3个月的新员工。会议气氛真诚热烈,让人感到大家都在齐心协力、全心全意地为海底捞的发展而积极贡献自己的智慧和力量。

(3) 惩罚。员工在工作中出现失误,会受到通报批评。如果屡教不改、连续出错,则会被处以一定数量的象征性罚款。但如果该员工之后表现出较大的进步,则会原数加利息返还。因此,海底捞的惩罚更倾向于一种象征意义上的提醒和警示。海底捞认为,过多的罚款不利于激励,会影响员工对工作的积极性;而从轻惩罚既能起到警示的作用,又能维持一种较为和谐与积极的氛围。

这样粗线条又不遗漏重点的考核,小额的象征性罚款,对员工精神层面的奖励,对创新的推动,每天领导与员工头脑风暴式的平等交流,促使海底捞形成了一种宽松的工作氛围。

■ 三、启示与问题

认可公司,快乐工作,展现自然的、发自内心的微笑,将顾客当作亲人般照料,是海底捞实施一系列让员工满意的措施的自然结果。海底捞把使员工满意的目标融合到整个企业经营管理的系统工程之中。然而,海底捞引以为傲的服务也不无隐忧,一位客人评价说,海底捞的服务确实非常周到,但他其实更想拥有自己的空间。有的员工也意识到,过多地和客人交谈、过度的热情未必能取得好的效果。

国外很多快餐连锁企业都注重制定标准化的流程和制度,员工的所有动作都由详细的标准来进行控制,从而能做到所有店面服务质量统一;而海底捞主要靠向店长和员工高度授权,由他们自己来决定如何提升顾客的满意度,没有体现高度的标准化。在快速的扩张中,单靠店内师徒的传帮带和店员之间的相互感染,人员的成长速度难以赶上新店开张的速度。此外,海底捞"大后台、小前台"的模式未完全建立起来,在集中营销、服务的标准制度和培训、集中研发和供应链等这些后台领域相对比较薄弱。如何在服务的标准化与创新方面取得平衡,海底捞仍在摸索之中。

资料来源:焦叔斌,杨文士.管理学[M].4版.北京:中国人民大学出版社,2014.

四、案例分析题

(1) 应用适当的激励理论来分析海底捞公司的员工激励模式。

(2) 海底捞公司的管理理念主要有哪些特征？主要面临哪些挑战？

(3) 探讨海底捞如何保持企业竞争力。

【教学用途】

本案例属于综合性管理教学案例，通过分析海底捞的经营模式，让学生理解在具体的管理实践中，应采用不同的管理方式，适用于管理性质、管理理论、组织理论、激励理论、发展战略等章节的课程教学。

【分析要点】

(1) 管理是科学性和艺术性的统一。

(2) 海底捞对人性假设理论的应用。

(3) 非正式组织对企业发展的作用。

(4) 海底捞对激励理论的应用。

综合案例分析四：比亚迪公司

一、案例材料

比亚迪股份有限公司创立于1995年，是一家在我国香港上市的高新技术民营企业。目前，比亚迪在广东、北京、陕西、上海等地共建有9大生产基地，总面积将近700万平方米，并在美国、欧洲、日本、韩国、印度等地设有分公司或办事处。2002年7月31日，比亚迪在中国香港主板发行上市(股票代码：1211HK)。2007年，比亚迪电子(国际)有限公司(股票代码：0285HK)在中国香港主板上市。2008年9月27日，美国著名投资者巴菲特向比亚迪投资2.3亿美元，拥有其10%的股份，扩大了比亚迪品牌的世界影响力。

比亚迪现拥有IT、汽车和新能源三大产业群。公司IT产业主要包括二次充电电池、充电器、电声产品、连接器、液晶显示屏模组、塑胶机构件、金属零部件、五金电子产品、手机按键、键盘、柔性电路板、微电子产品、LED产品、光电子产品等，以及手机装饰、手机设计、手机组装业务等。目前，比亚迪作为全球领先的二次充电电池制造商，其IT及电子零部件产业已覆盖手机所有核心零部件及组装业务，镍电池、手机用锂电池、手机按键在全球的市场份额均排名第一。2003年，比亚迪正式收购西安秦川汽车有限责任公司，成立了比亚迪汽车有限公司，开始涉足汽车制造与销售领域，至今比亚迪已建成西安、北京、深圳、上海四大汽车产业基地，在整车制造、模具研发、车型开发等方面都达到了国际领先水平，产业格局日渐完善，迅速成长为中国最具创新力的品牌之一。汽车产品包括各种高、中、低端系列燃油轿车，以及汽车模具、汽车零部件、双模电动汽车及纯电动汽

车等。

回顾比亚迪的发展历程，创始人王传福认为最重要的一点是，比亚迪奉行独特的成本领先策略。

20世纪90年代初，三洋、东芝、松下和其他日本电池制造商垄断全球90%的充电电池市场。为了保持技术优势，维系垄断地位，日本禁止出口充电电池技术和设备。如将一条完整的充电电池生产线予以分解需要数千万元甚至上亿元的投资，比亚迪根本无力承担。在这种情况下，比亚迪将自动化生产线予以分解，能够由人工完成的工序完全由手工操作，只有极小部分由机器完成。由此，与日本的自动化生产线完全不同，比亚迪创造了独特的"人+夹具=机械手"的生产作业方式，六七十米长的流水线旁坐着四五十名熟练工人，每个人使用手中的夹具，快速、准确地进行焊接、分拣、贴标等工作。

日本厂商使用全自动生产线，每条生产线只能生产一种产品，如果要投产新品，必须投资建设新生产线，花费少则几千万元，多则几亿元。自动化程度越高，初始投资越大，更新换代的成本就越高，手工作业则显示出难以比拟的灵活性。生产线对设备投入的需求越大，这种"落后"作业方式的优势就越明显。

采用这种流程再造方式，比亚迪成功地将电池制造这一资本密集型产业变成劳动密集型产业，最大化地将技术与劳动力相结合，凭借成本优势超越外国竞争对手，生产出比索尼、三洋便宜15%且品质更高的锂电池。

比亚迪利用客户群和技术原理的相通性，准确地抓住电池、手机零部件和汽车产业之间的契合点，实施相关多元化战略。2003年，比亚迪收购西安秦川，正式进军汽车业。王传福曾经去日本的汽车模具厂参观，工人们在流水线上打磨模具的场景令他震撼，生产汽车模具95%的工序需要由手工操作来完成，这就意味着中国企业能够拥有成本优势。比亚迪通过对外招募和内部培养，将手机模具的制造技术和外壳设计经验成功地复制到汽车制造中，显著节约了成本，提高了产品质量。不仅如此，充电电池的制造技术和经验，使比亚迪在电池和汽车之间找到了结合点，即铁电池。这种电池具有能量密度高、安全性高、成本低、环保等优点，帮助比亚迪在汽车领域获得了难以模仿的成本优势。2008年10月6日，公司收购了半导体制造企业宁波中纬，整合了电动汽车上游产业链，加速了比亚迪电动车商业化步伐。比亚迪将利用技术优势不断制造清洁能源的汽车产品。2008年12月15日，比亚迪推出全球第一款不依赖专业充电站的双模电动车——比亚迪F3DM双模电动车。2011年10月26日，比亚迪推出第一款纯电动汽车。

从进入充电电池制造领域，到推出传统技术驱动的比亚迪F3、F6汽车系列，两大领域的成功让王传福坚定了生产电动汽车的决心。在2009年北美国际车展上，比亚迪展示了双模电动车F3DM、F6DM以及纯电动车E6，比亚迪正在走向一个电动汽车的世界。

王传福相信2020年将迎来电动汽车的时代，并且坚信电动汽车将给传统的汽车产业带来颠覆性的变革，就像电子表对机械表的冲击一样强烈。在他看来，内燃机时代即将终结，内燃发动机汽车制造商使用的技术，如四轮驱动技术、变速箱技术、燃油喷射技术等将变得毫无用处，因为电动汽车不需要这些。

比亚迪拥有的制造电动汽车的核心技术为外界所认可，而王传福认为，这种技术上的

颠覆性变革，将是比亚迪特别是缺乏新技术的中国汽车产业的一个机会。为了走在这次新能源汽车大潮的前列，比亚迪投入巨资成立了电动汽车研发项目小组，王传福亲自担任项目总负责人，并从比亚迪的电池、电子部件事业部调集大批精兵强将，以实现两大产业群的核心技术无缝对接。

无论是在手机电池领域还是在汽车制造领域，比亚迪相信最核心的是前端的研发设计。王传福认为，制造工艺弥补不了设计缺陷，实际上产品品质的70%～80%源于设计，20%～30%源于制造。设计得好，70%～80%的品质就保证了。现在，比亚迪汽车电池研发团队已经由最初的十几人扩充到4 000人，还将继续增加到1万人甚至更多。比亚迪现有员工约14万人，其中致力于基础项目研发的工程师12 000人，约占员工总数的9%。2008年，比亚迪研发投入为11.6亿元，比2007年增长66%。与大型跨国公司相比，比亚迪拥有一大批低成本的研发人员，公司内部把这种优势称为"301效应"，即要用300%的工程师人数换取1%的领先。

2010年，比亚迪遭遇了渠道风波，许多经销商要求退网，企业及产品形象严重受损，市值也大幅缩水。在低潮中，王传福经过反思，将比亚迪的错误总结为三个方面：一是渠道扩张过快，过度看重网点数量而忽略了经销商质量；二是产品品质有待提高；三是品牌宣传不够，没有着重打造品牌内涵。在经历2012年5月26日比亚迪纯电动汽车自燃事件后，比亚迪苦苦建立的质量监控保障体系受到了前所未有的质疑。面对各界媒体的报道和公众广泛的讨论，尽管比亚迪一再澄清事故非电池所引起，但各界仍对其新能源汽车的安全性和稳定性甚至新能源技术产生了疑虑。故比亚迪必须对其技术的安全性和稳定性进行反复的论证和测试并且重点加强产品质量管理，增加质量检测相关部门的人员和经费投入，并引以为戒，避免类似争议的再次发生，努力消除该事件的后续影响。作为这个新产业的领军式人物，树立品牌，打造一个正面的、积极的、负责任的企业形象对于比亚迪来说是极其重要的。

资料来源：焦叔斌，杨文士. 管理学[M]. 4版. 北京：中国人民大学出版社，2014.

▌ 二、案例分析题

(1) 试分析及评价比亚迪各个发展阶段的战略选择。

(2) 比亚迪如何打造国际化品牌？

(3) 如何防范战略转型的风险？

【教学用途】

本案例具有综合性，通过分析比亚迪公司的管理实践，可领会战略分析、战略管理的方法与思路，并掌握战略制定的方法、不同战略类型的特点。本案例适用于战略管理、管理创新、品牌管理、企业文化建设等章节的课程教学。

【分析要点】

(1) 运用PEST分析方法、波特的五力模型和SWOT分析方法对比亚迪进行内外部环境分析。

(2) 分析比亚迪各个阶段的发展战略思路、采取的具体措施，以及这些措施发挥的作用和取得的效果。

(3) 三种基本竞争战略的优缺点及适用条件。

(4) 品牌战略的实施要点。

综合案例分析五：欧阳健的领导风格

■ 一、案例材料

蓝天技术开发公司成立时即瞄准成长中的国际市场，在国内率先开发出某高技术含量的产品，实现销售额的超常规增长，公司发展速度惊人。然而，在竞争对手如林的今天，该公司和许多高科技公司一样，也面临来自国内外大公司的激烈竞争。当公司经济上陷入困境时，公司董事会聘请了一位新的常务经理欧阳健负责公司的全面工作，而原先的自由派风格的董事长仍然留任。欧阳健来自一家办事古板的老牌企业，他照章办事、十分古板，与蓝天技术开发公司的风格相去甚远。公司管理人员对他的态度是：看看这家伙能留多久！看来，一场潜在的"危机"迟早会爆发。

第一次"危机"发生在常务经理欧阳健首次召开的高层管理会议上。会议定于上午9点开始，可有一个人姗姗来迟，直到9点半才进来。欧阳健厉声道："我重申一次，本公司所有的日常例会要准时开始，谁做不到，我就请他走人。从现在开始一切事情由我负责，你们应该忘掉老一套，从今以后，就是我和你们一起干了。"到下午4点，竟然有两名高层主管提出辞职。

此后，蓝天公司发生了一系列重大变化，由于公司各部门没有明确的工作职责、目标和工作程序，欧阳健首先颁布了几项指令性规定，使已有的工作有章可循。他三番五次地告诫公司副经理徐钢，公司一切重大事务向下传达之前必须先由他审批。他抱怨下面的研究、设计、生产和销售等部门之间互相扯皮、踢皮球，导致蓝天公司一直没能形成统一的战略。

欧阳健在详细审查了公司人员工资制度后，决定将全体高层主管的工资削减10%，导致公司一些高层主管提出辞职。

研究部主任这样认为："我不喜欢这里的一切，但我不想马上走，因为这里的工作对我来说太有挑战性了。"

生产部经理也对欧阳健的做法心怀不满，可他的一番话颇令人惊讶："我不能说我很喜欢欧阳健，不过至少他给我那个部门设立的目标我能够达到。当我们圆满完成任务时，欧阳健是第一个来感谢我们并称赞我们干得棒的人。"

采购部经理牢骚满腹，他说："欧阳健要我把原料成本削减20%。他一方面拿着一根胡萝卜来引诱我，说假如我能做到就给我丰厚的奖励；另一方面则威胁说如果我做不到，

他将另请高明。但这个目标是不可能实现的，欧阳健这种'大棒加胡萝卜'的做法是没有市场的。从现在起，我要另谋出路。"

被人称为"爱哭的孩子"的销售部胡经理的态度则令人刮目相看。以前，销售部胡经理每天都到欧阳健的办公室去抱怨和指责其他部门。欧阳健对付他很有一套，让他在门外静等半小时，见了他对其抱怨也充耳不闻，而是一针见血地谈公司在销售方面存在的问题。过不多久，大家惊奇地发现胡经理开始更多地跑基层而不是去欧阳健的办公室。

随着时间的流逝，蓝天公司在欧阳健的领导下恢复了元气。欧阳健也渐渐地放松控制，放手让设计和研究部门做事。然而，对生产和采购部门，他仍然勒紧缰绳。蓝天公司内再也听不到关于欧阳健去留的流言蜚语，大家这样评价他：欧阳健不是那种对这里的情况很了解的人，但他对各项业务的决策无懈可击，而且确实带领我们走出了低谷，公司也开始走向辉煌。

资料来源：黄颖.管理学案例精析[M].北京：电子工业出版社，2015.

■ 二、案例分析题

(1) 欧阳健进入蓝天公司时采取了何种领导方式？这种领导方式与留任的董事长的领导方式有何不同？他对研究部门和生产部门各自采取了何种领导方式？当蓝天公司各方面的工作走向正轨后，为适应新形势，欧阳健的领导方式将作何改变？为什么？

(2) 蓝天公司一些高层管理人员因为工资被削减而提出辞职。按照双因素理论，工资属于保健因素还是激励因素？研究部主任的话反映他当前的需要属于哪一种？

(3) 生产部经理愿意留下来跟着欧阳健，而采购部经理却想离职，对于其中原因，请用期望理论进行分析。

(4) 有人认为，对一个经理来说，对下属人员宜采取敬而远之的态度，所谓的"亲密无间"会松懈纪律。你如何看待这种观点？你认为欧阳健属于这种领导吗？

(5) 试用强化理论说明欧阳健对销售部经理采取了何种激励方式。

【教学用途】

本案例具有综合性，通过本案例的教学，可以使学生较好地掌握具有代表性的激励与领导理论及其在管理实践中的应用，同时更好地理解任务型、关系型、领导环境、强化、期望值、效价等概念。本案例适用于领导行为理论、需要层次论、双因素理论、强化理论、期望理论等章节的课程教学。

【分析要点】

(1) 双因素理论认为，引起人们工作动机的因素主要有两个：一是激励因素，二是保健因素。只有激励因素才能给人们带来满意感，而保健因素只能消除人们的不满意，但不会带来满意感。

(2) 根据菲德勒的领导权变理论，领导者究竟应该采取什么样的领导方式，取决于领导者的特征、被领导者的特征和领导环境等因素。

(3) 由期望理论可知，激励力=效价×期望值。

(4) 强化是指不断通过改变环境的刺激因素来达到增强、减弱或消除某种行为的过程。

本章主要参考文献

[1] 厉以宁，曹凤岐. 中国企业管理教学案例[M]. 北京：北京大学出版社，2000：370-374.

[2] 杨淑萍. 管理学案例与实训[M]. 成都：西南财经大学出版社，2013：145-148.

[3] 焦叔斌，杨文士. 管理学[M]. 4版. 北京：中国人民大学出版社，2014：109-111.

[4] 黄颖. 管理学案例精析[M]. 北京：电子工业出版社，2015：98-101.

[5] 李永清，钱敏. 现代管理学导论[M]. 北京：化学工业出版社，2010：148-149.

参考文献

[1] 孙晓红，闫涛，冷泳林. 管理学[M]. 大连：东北财经大学出版社，2016.

[2] 黄涌波，王岩，等. 管理学基础——理论、案例、实训[M]. 大连：东北财经大学出版社，2016.

[3] 仲伟俊. 企业技术创新管理理论与方法[M]. 北京：科学出版社，2017.

[4] 伊恩·帕尔默，理查德·邓福德，吉布·埃金. 组织变革管理[M]. 金永红，奚玉芹，译. 2版. 北京：中国人民大学出版社，2016.

[5] 赵炎. 创新管理[M]. 2版. 北京：北京大学出版社，2017.

[6] 高良谋. 管理学高级教程[M]. 北京：机械工业出版社，2015.

[7] 黄颖. 管理学案例精析[M]. 北京：电子工业出版社，2015.

[8] 姬定中. 管理学实训指导[M]. 北京：科学出版社，2015.

[9] 沈平，王丹. 管理学[M]. 北京：中国电力出版社，2015.

[10] 陈俊梁，袁炜，陆静丹. 组织理论与设计[M]. 北京：中国人民大学出版社，2015.

[11] 周三多，陈传明. 管理学：原理与方法[M]. 6版. 上海：复旦大学出版社，2014.

[12] 方振邦，鲍春雷. 管理学原理[M]. 北京：中国人民大学出版社，2014.

[13] 焦叔斌，杨文士. 管理学[M]. 4版. 北京：中国人民大学出版社，2014.

[14] 暴丽艳，林冬辉，等. 管理学原理[M]. 2版. 北京：清华大学出版社，2014.

[15] 柳御林. 技术创新经济学[M]. 2版. 北京：清华大学出版社，2014.

[16] 杨淑萍. 管理学案例与实训[M]. 成都：西南财经大学出版社，2013.

[17] 曾宪达，毛园芳. 新编管理学基础实训教程[M]. 杭州：浙江大学出版社，2012.

[18] 陈畅，衣庆栋. 公司管理概论[M]. 沈阳：辽宁大学出版社，2012.

[19] 陈传明，周小虎. 管理学原理[M]. 2版. 北京：机械工业出版社，2012.

[20] 海因茨·韦里克，哈罗德·孔茨. 管理学——全球化与创业视角[M]. 马春光，译. 13版. 北京：经济科学出版社，2012.

[21] 冯光明. 管理学[M]. 北京：北京邮电大学出版社，2011.

[22] 安德鲁·J. 杜伯林. 领导力[M]. 4版. 北京：中国市场出版社，2011.

[23] 邢以群. 管理学[M]. 2版. 北京：高等教育出版社，2011.

[24] 刘松博，龙静. 组织理论与设计[M]. 2版. 北京：中国人民大学出版社，2009.

[25] 邓志阳. 管理学[M]. 广州：暨南大学出版社，2008.

[26] 王凤彬，李东. 管理学[M]. 北京：中国人民大学出版社，2008.

[27] 戴庾先. 现代企业管理[M]. 北京：电子工业出版社，2007.

[28] 高闯，王海光. 管理学[M]. 北京：清华大学出版社，2006.

[29] 乔忠. 管理学[M]. 2版. 北京：机械工业出版社，2005.

[30] 胡立君，俞小江. 管理学[M]. 北京：中国财政经济出版社，2005.

[31] 王志美. 管理学[M]. 北京：中国物资出版社，2004.

[32] 施斌. 管理学基础[M]. 海口：南海出版社，2004.

高校转型发展系列教材 | **编 委 会**

内 容 简 介

本书是为适应应用型本科高校课程改革而编写的管理学教材。全书共分十一章，内容包括管理学总论、管理理论的形成与发展、计划与决策、组织、人力资源管理、领导、激励、沟通、控制、技术与管理创新、综合实训。本书以管理的基本职能为主线搭建结构框架，将管理理论与案例实训融为一体，充分吸收管理领域最新研究成果和管理实践经验，并针对教学中的核心知识点，设计了内容丰富的实训环节，以增强学生对实际管理活动的深刻体验，帮助学生将管理学基础知识内化为分析解决实际问题的管理能力、创新能力与协作精神。

本书理论知识重点突出，实训环节便于操作，既可作为普通高等院校管理类专业管理学课程的教学用书，也可作为相关在职人员的培训用书。

图书在版编目(CIP)数据

管理学：概念、案例与实训 / 沈平 主编. —北京：清华大学出版社，2018
(高校转型发展系列教材)
ISBN 978-7-302-50721-5

Ⅰ.①管… Ⅱ.①沈… Ⅲ.①管理学—高等学校—教材 Ⅳ.①C93

中国版本图书馆 CIP 数据核字(2018)第 170621 号

责任编辑：施 猛
封面设计：常雪影
版式设计：方加青
责任校对：牛艳敏
责任印制：丛怀宇

出版发行：清华大学出版社
　　　　　网　　址：http://www.tup.com.cn，http://www.wqbook.com
　　　　　地　　址：北京清华大学学研大厦A座　　　　　邮　　编：100084
　　　　　社 总 机：010-62770175　　　　　邮　　购：010-62786544
　　　　　投稿与读者服务：010-62776969，c-service@tup.tsinghua.edu.cn
　　　　　质 量 反 馈：010-62772015，zhiliang@tup.tsinghua.edu.cn
印 装 者：北京嘉实印刷有限公司
经　　销：全国新华书店
开　　本：185mm×260mm　　　印　　张：22.5　　　字　　数：519 千字
版　　次：2018年8月第1版　　　印　　次：2018年8月第1次印刷
定　　价：49.80元

产品编号：074490-01

高校转型发展系列教材

管理学

概念、案例与实训

沈 平 主编

王 丹 陈 畅 李玉龙 陈 默 副主编

清华大学出版社

北京